학생들이 만든 한국 현대사
서울대 학생운동 70년

/

제1권 시대사

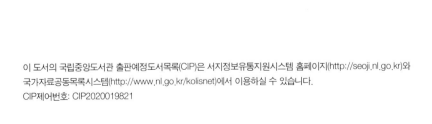

이 도서의 국립중앙도서관 출판예정도서목록(CIP)은 서지정보유통지원시스템 홈페이지(http://seoji.nl.go.kr)와
국가자료공동목록시스템(http://www.nl.go.kr/kolisnet)에서 이용하실 수 있습니다.
CIP제어번호: CIP2020019821

학생들이 만든 한국 현대사

서울대 학생운동 70년   제1권 시대사

유용태·정승교·최갑수 지음

제3장 대결: 1970년대

제4장 **혁명**: 1980년대

제6장 갈등과 균형: 21세기

올해는 4·19혁명 60주년이다. 60년이란 세월은 동양적 시간관념에서 볼 때 개인에게든 집단에게든 남다른 의미가 있다. 더구나 올봄의 4·15총선으로 촛불항쟁의 개혁 과제를 완수할 의회권력이 형성됨으로써 미완의 과제를 해결할 가능성이 열렸다는 점에서 60주년의 의미는 더욱 각별하다.

한국 현대사에서 4·19혁명은 '민주화의 전형'을 창출함으로써 그것을 재현하고자 애쓴 학생과 시민의 마르지 않는 샘이 되었다. 학생이 앞장서고 시민이 합류하여 민의에 반하는 정권을 무너뜨리고 민주주의를 진전시킨 '민주화의 전형'은 6월항쟁과 촛불항쟁에서 재현되었다. 부마항쟁과 광주항쟁은 비록 계엄군에 의해 진압되어 전국화하지 못했지만 그 전후를 연결함으로써 전형성을 지속시켰을 뿐 아니라 그것을 비극적으로 더욱 강화했다. 4·19 당시 동학을 잃은 학생들이 "젊은 학도 봉화를 들었으니 사랑하는 겨레여 4·19의 웨침을 길이 새기라"라고 한 바람이 줄기차게 이어진 것이다.

이처럼 학생운동은 4·19혁명의 정신을 이어받아 한국의 민주화 과정에서 지대한 역할을 담당했음에도 그 역사를 체계적으로 연구하고 서술하는 작업은 지체되었다. 그동안 특정 시기, 특정 단체, 일부 개별 대학의 사례가 정리되었을 뿐이다. 이런 점을 감안해 우리는 해방 직후부터 촛불항쟁에 이르는 70년간의 학생운동을 하나의 통사로서 파악해 이 책에 담았다. 다만 운동의 주체 면에서는 서울대 학생들에 중점을 두되, 전체 학생운동과의 상호작용을 중시해 특정 대학의 안과 밖을 넘나드는 스토리, '학생들이 만든 한국 현대사'가 될 수 있도록 힘썼다.

비록 특정 대학을 중심으로 한 학생운동사이긴 하지만 뒤늦게 70년에 걸쳐 긴

호흡으로 정리하는 것은 처음인 만큼 이 책의 집필에는 자료 문제를 비롯해 여러 가지 어려움이 적지 않았다. 그래도 우리는 실사구시라는 역사 연구의 원칙에 의거하면서 서술의 초점을 민주화에 맞추고 그 시대별 추이와 각 분야별 활동의 활력을 재현하려 노력했다. 흔히 학생운동은 정치민주화운동이고 이는 1990년대 중반에 끝난 것으로 이해되어 왔다. 그러나 우리는 학생운동이 추구한 민주화는 그 후에도 학내 민주화를 위한 운동으로 지속되었고, 바로 그때 '민주화운동'에서 '운동의 민주화'로 진화하는 새로운 면모를 보였음을 확인했다.

이에 우리는 학생들이 21세기에도 늘 새로운 꿈을 꾸는 청년으로 깨어 있기를 소망하면서, 다음과 같이 편찬의 큰 줄기를 설정했다.

첫째, 학생운동의 개념을 확장해 정치민주화운동에 한정하지 않고 대학의 공공성 등을 추구하는 대학개혁과 학생인권, 남녀평등을 포함한 학내 민주화운동까지 담아낸다.

둘째, 학생운동의 생태계에 주목해 학생의 각종 자치활동과 동아리활동, 정치의식과 가정형편 등의 일상생활을 재현하고, 이것이 정치적 학생운동에 미친 영향을 드러낸다.

셋째, 여성의 시각을 반영해 여학생의 발언권과 활동 범위가 확대되는 모습을 집회와 시위에서 페미니즘운동에 이르는 다양한 영역에 걸쳐 드러냄으로써 학생운동이 남학생운동에 한정되지 않도록 한다.

넷째, 다루는 시간 범위를 정치민주화가 진전된 1990년대 중반 이전으로 한정하지 않고 그 후의 학내 민주화를 향한 운동도 포함해 2016년 촛불항쟁에 이르는 70년의 지속과 변화를 드러낸다.

다섯째, 근현대 한국사의 맥락을 고려하되 일국사의 좁은 시야에서 벗어나 세계 학생운동사의 조류와도 관련지어 이해한다.

이상과 같은 대강에 의거해 우리는 학생운동사를 제1권 시대사, 제2권 사회문화사, 제3권 증언집, 제4권 자료집으로 편성했다. 1권에서는 운동의 시기별 변화와 특징을 통시적으로 서술하고, 2권에서는 운동을 다양한 분야로 나누어 캠퍼스 라이프의 사회문화적 측면을 세밀하게 부각시켰다. 3권에는 81학번부터 08학번에 이르는 20명의 증언을 그대로 수록했고, 4권에는 1~2권의 스토리와 관련된 각종 자료를 수록했다. 우리는 여러 가지를 고려한 끝에 그중 제1권만 종이책으로 출간하고, 2~4권은 서울대 도서관을 통해 온라인으로 누구나 볼 수 있게 개방하기로 했다. 이 네 권을 함께 읽으면 학생운동의 전체상을 좀 더 입체적으로 파악할 수 있을 것이다.

이 책은 원래 2016년 초 6월항쟁 30주년을 앞두고 기획되어 진행된 공동연구의 결과물이다. 그때 우리는 개교 70주년이 되도록 현대사의 고비마다 큰 희생과 함께 중대한 역할을 담당한 자기 학교의 학생운동조차 정리하지 못했다는 부끄러움에 이 작업을 시작했다. 이를 위해 대학의 연구비를 지원받아 공동연구팀(연구책임자 유용태)을 꾸리고, 다양한 전공의 교수와 민주동문회 대표로 편찬위원회(위원장 최갑수)를 구성했다.* 연구팀은 자료의 수집과 분석에서 내용 구성과 서술에 이르는 작업을 진행하고, 편찬위원회는 교내외의 다양한 의견을 수렴해 편찬의 원칙과 대강을 마련함으로써 이를 뒷받침했다.

연구팀은 2년 5개월 동안(2016.5~2018.9)의 연구 결과를 종합해 초고를 작성했다. 이 과정에서 전임편수원 정숭교 교수가 한국사 전공자의 안목과 전문성을 살려 복잡하게 뒤얽힌 스토리의 가닥을 잡아 초고 작성의 난관을 돌파했다. 그가 없었으면 우리는 초유의 이 작업을 감당하기 어려웠을 것이다. 편찬위원회는 초고를 검토하기 위해 외부 전문가를 모시고 세미나를 열어 의견을 수렴했다. 김동춘(성공회대), 이기훈(연세대), 오제연(성균관대) 교수와 권형택(민주화운동기념사업회) 간사가 귀한 논평을 해주었다. 이렇게 검토와 논의를 거쳐 수정·보완된 원고를 최갑수와 유용태가 다시 점검하면서 간명하게 가다듬은 끝에 최종고를 확정했다. 일반 독자들도 편하게 읽을 수 있도록 유의하고 근거 자료는 참고문헌으로 대신했다.

●   편찬위원회(15인): 최갑수(서양사학과), 유용태(역사교육과), 조흥식(사회복지학과), 정용욱(국사학과), 이정훈(중문과), 배은경(사회학과), 이준호(생명과학부), 최영찬(농경제학부), 박배균(지리교육과), 한인섭(법대), 유성상(교육학과), 황상익(의대), 김성철(전기공학부), 정병문(민주동문회), 양춘승(민주동문회).
공동연구팀(7인): 유용태·정숭교·이정훈·홍성욱 교수, 최혜린·박지수·김민지 대학원생.

그 후 뜻하지 않은 사정으로 출간 작업이 늦어져 4·19의 경자년이 한 갑자를 돌아 다시 맞은 경자년에 책을 펴내게 되었다. 돌이켜 보면 지난 60년간 한국 사회는 학생운동을 전위이자 주요 동력으로 하는 '민주화의 전형'을 실천해 왔으나 바로 그러기에 번번이 정권교체에 그칠 뿐이었다. 이제 냉전체제가 저물어가는 국내외적 조건 속에서 마침 촛불 민의가 반영된 의회 권력이 형성되었으니 그 힘으로 코로나 위기를 넘어 사회경제 구조를 혁신하는 '촛불혁명'으로 나아간다면 세계사의 한 페이지를 명예롭게 장식할 수 있을 터이다. 한국의 민주화에 관심을 갖는 외국인을 위해 우리는 영문판을 내기 위한 후속 작업을 진행하고 있다.

지난 4년 동안 우리는 많은 분들의 도움을 받았다. 성낙인 전총장과 오세정 총장은 전후 두 차례에 걸쳐 필요한 연구비를 지원해 주었고, 연구팀과 편찬위원은 지혜를 함께 모았다. 20명의 동문은 내밀한 얘기도 포함하는 귀중한 증언을 남겨 문헌자료의 공백을 채워주었고, 서울대 민교협와 민주동문회는 증언 채록을 도왔다. 민주화운동기념사업회 한국민주주의연구소장 김동춘 교수가 추천사를 써주었다. 한울엠플러스(주)의 김종수 대표는 어려운 여건 속에서도 흔쾌히 출판을 맡아 서둘러 편집을 마무리해 주었다. 도움을 주신 모든 분들께 감사드린다. 이 책이 학생운동사와 현대사를 이해하는 데 작은 기여라도 할 수 있기를 고대하며 독자의 질정을 구한다.

2020년 4월

유용태·정숭교·최갑수

추천사

1990년대 초반까지의 한국 민주화운동사는 사실 학생운동의 역사라고 해도 과언이 아닐 것이다. 대학 캠퍼스나 거리에서 튀어나와 목이 터져라 구호를 외치고 진압 경찰들을 향해 돌을 던지던 대학생, 그들을 쫓아가 붙잡으면서 마구 폭력을 휘두르던 백골단, 독가스를 품어대던 페퍼 포그 차, 거리를 가로막은 중무장한 전투경찰, 보기만 해도 사람을 질리게 하는 '닭장차' 등 모두 지난 시절의 풍경이었다.

학생 시위 다음 날부터 대통령과 당국의 '엄단' 발언, 대학 측의 학생 징계 발표, 일부 대학생들이 '체제 전복'이라는 무서운 음모를 꾸몄다는 언론의 대서특필과 앵무새 방송이 이어졌다. 그로 인해 일반 시민들의 침묵과 공포가 늘 반복되었다. 이런 흑백사진 속의 기억이 오늘날 '민주화운동'이라는 아름다운 언어로 포장된 그 시절의 실제 모습이었다.

1980년대 초반까지는 같은 해 태어난 사람 중 10% 내지 20% 정도의 선택받은 청년들만 대학생이 되었다. 그중에서도 시골에서 머리를 싸매고 공부해 세상 사람들이 부러워하는 대학에 당당히 합격한 청년들이 부모와 일가친척들의 큰 기대에도 불구하고 미래가 보장된 길을 포기하고, 불합리한 현실에 항거하다가 스스로 제적·투옥, 노동 현장 투신의 길을 갔다. 그들에게 독재정권을 무너뜨리고 나라를 제대로 만들어보자는 의지와 열정은 개인의 입신출세보다 훨씬 우선하는 가치였다. '비정상인 시대'의 '비정상적인 인간들'이었으나 한국이 지금까지 오기 위해서는 그러한 청년들의 헌신과 열정이 필요했다.

서울대학교 학생운동은 서울대가 지닌 세속적인 위상보다 지금까지 한국 현대사에서 훨씬 더 중요한 역할을 해왔다. 학생운동은 1960년 4·19혁명 이후 1987년

민주화에 이르기까지 한국 민주화운동의 가장 큰 역할을 한 정치 주체였다. 그중에서도 서울대 학생운동은 적어도 1980년대 초반까지는 전체 학생운동의 압도적인 부분을 차지했다고 해도 과언이 아니다. 정치적 영향력도 컸지만, 서울대 학생운동은 전국 모든 대학 학생운동의 사상적·문화적 진원지 역할을 했다. 1970년대 중후반 시기의 경우 한국 학생들의 저항이나 비밀 독서 조직의 대부분은 서울대와 관련되어 있었고, 그것이 교회 등을 통해 여타 대학에 큰 영향을 미쳤다. 그래서 서울대의 학생운동과 학생운동 출신들은 민주화운동과 농민운동, 노동운동, 여성운동, 평화운동, 환경운동 등 오늘날 한국의 각종 사회운동에 심대한 영향을 끼쳤다.

이러한 역사적 비중을 가진 서울대 학생운동사를 연대기적으로 다룬 책이 처음으로 나오게 된 것은 정말 반가운 일이다. 이뿐만 아니라 학생운동사를 분야별로 조명해 정리한 전자책과 관련자의 증언집을 비롯한 자료집도 함께 나왔다. 그동안 서울대학교의 역사를 다룬 책은 여러 번 출간되었지만, 학생운동을 본격적으로 조사·연구한 것은 이 책이 처음이 아닌가 생각한다. 이 책의 필자들도 강조하고 있지만, 한국에서 학생운동의 역사는 단순한 대학사·문화사·지성사의 일부가 아니라 가장 중요한 정치사이다. 한국에서 정치적 학생운동의 뿌리는 일제강점기까지 거슬러 올라가지만, 학생들은 단순히 학원자율화, 대학개혁, 학생들의 권익보장 차원을 넘어서서 애초부터 민족통일, 정치적 민주화, 사회개혁을 분명한 목표로 삼았다. 그래서 서울대의 학생운동사 역시 청년문화운동사와 대학개혁운동사를 포함하고 있기는 하나, 한국 정치사와 사회운동사의 가장 중요한 사건들과 언제나 맞닿아 있다.

한편 학생운동사는 수많은 학부모들의 가슴에 못을 박은 아픈 가족사이기도 하다. 입학과 더불어 "데모하지 말라"라는 부모님들의 만류에도, 학생운동에 몸담은 사람들은 부모의 기대를 차갑게 저버렸다. 일부 부모는 정신적 물리적 상처를 입어 일찍 세상을 떴고, 아들과 딸을 민주화의 제단에 바친 부모들은 자식을 대신해 민주화운동에 뛰어들기도 했다. 학생운동에 가담한 사람들은 가족과 주변의 친척들에게는 큰 실망과 고통을 안겨주었지만, 학업과 미래보다는 운동을 전업으로 삼았던 투사들의 희생 위에 오늘의 한국 정치가 이 정도로 민주화되고, 한국이 앞선 나라가 될 수 있었다.

물론 순간적인 열정이나 분노로 시위나 조직에 가담한 사람도 많았지만, 애초부터 학교의 학업보다는 거의 전업 운동가처럼 학생운동에 전력을 투구했던 사람도 있었다. 이 극소수의 학생들이 동료 학생들에게 큰 영향을 주었고, 적어도 1980년대까지는 대학사회에서 지적 권위와 도덕적 정당성을 가졌다. 그들은 엄혹한 군사정권하에서 정치사회적 낙인을 피할 수 없었지만, 그들이 추구했던 공적인 대의나 헌신을 누구도 감히 비판하기 어려웠다.

냉정히 말해 1990년대 초까지 서울대학교는 학문의 전당이 아니라 집회와 시위, 수업 거부, 휴교로 얼룩져 있었다. 당시 정치권과 교수 사회는 '문제 학생'들의 행동을 개탄했지만, 사실 학생들이 학업에 몰두하지 못하게 만든 원인과 책임은 다름 아닌 한국 정치의 후진성, 독재체제에 있다고 보아야 마땅할 것이다. 학생 데모는 분명히 후진국의 현상이지만, 정치와 사회문화 현실에 눈을 뜬 열혈 청년들이 없었다면 한국의 지성사, 청년문화사도 만들어질 수 없었을 것이다. 그 독재와 부패와 부정의의 시절에 학생운동에 눈길 한 번 주지 않고 자신만의 길을 간 사람들이 여전히 한국 사법부와 고위 관료 및 기업 임원의 대다수를 형성하고 있지만, 이들이 국가와 사회에 공인으로서 역할을 제대로 한다고 말할 수 있을까?

서울대 학생운동이 없었다면, 학생운동 내부의 학습과 조직과 훈련 과정이 없었다면, 이들에 대한 권력의 탄압과 그것을 온몸으로 겪어낸 청년들이 없었다면, 1990년대 이후 지금까지 한국의 정치, 사회, 학문, 문화예술, 노동, 과학, 의료 각 영역에서 새로운 자극과 실험, 그리고 혁신과 도전적 문제 제기를 해온 인물이 양성되었을지 의심스럽다.

이제 학생운동의 시대는 확실히 지나갔다. 1960년대의 학생운동은 다소 낭만적인 요소도 있었고, 민주화가 진행된 1990년대 이후의 학생운동은 생활운동의 측면이 강화되었다. 그에 따라 정치적 학생운동은 크게 약화되어 결국 오늘의 대학사회는 거의 완전히 탈정치화되었지만, 학생운동 참여가 개인의 큰 결단과 희생을 요구하지 않는 경우는 거의 없었다. 물론 일부 사람들은 학생운동의 경력을 지렛대로 삼아 정치권에 진출해 나름대로 역할을 하기도 했고, 기득권층의 일원이 되기도 했지만, 압도적 다수는 학생운동 이력 때문에 그 이후 삶의 과정에서 큰 고통과 불이익을 당했고, 정신적으로 불구 상태에 빠지거나 짧은 생을 마친 사람도 많다.

오늘날 한국이 민주화되었다고 하나 학생운동의 경력은 대체로 주홍글씨처럼 평생을 따라다니는 멍에가 되었다. 그들의 희생에 대해 한국 사회는 물론이고 대학과 후배들도 제대로 인정해 주지 않았다는 안타까움을 금할 수 없다. 특히 오랜 투쟁 과정에서 수많은 서울대 학생들이 경찰이나 공안 당국의 고문, 군의 녹화사업 등으로 희생당했고, 일부는 지금도 여전히 고통을 안고 살아가고 있다. 하지만 캠퍼스 안에는 몇 개 기념비석 외에 그들에 대한 기억의 공간을 찾아보기 어렵다. 지금 이 거대하고 화려한 캠퍼스의 어느 한구석 방에도 서울대 학생운동사의 기억과 기록을 정리·전시할 공간이 없고, 관련된 강의 하나 개설되어 있지 않다.

안타까움은 여기서 그치지 않는다. 그동안 셀 수 없을 정도로 많은 학생들이 학교 당국에 의해 제명·제적·정학을 당했고, 그러한 전력 때문에 그 이후 큰 어려움과 불이익을 당했지만, 서울대 당국으로부터 공식 사과나 위로의 말을 듣지 못했다. 특히 아쉬운 점은 한국 대학의 역사나 정치사에서 이렇게 중요한 부분을 차지하는 서울대의 학생운동사가 대학의 공식 기구에 의해 편찬되지 못하고 소수 연구자들의 헌신적 노고로 세상에 나올 수밖에 없다는 점이다.

이러한 안타까움이 있지만, 이 책이 지금에라도 출간되는 것은 정말 다행한 일이다. 이 책이 이제 흩어진 학생운동의 기억을 정리하고, 서울대의 정체성을 새롭게 세우는 데 일조할 수 있을 것으로 생각한다. 이 기억이 당사자들만의 회고가 아니라 대학의 역사, 한국 민주화의 역사, 한국 현대사의 일부로서 당당하게 자리 잡는 데 기여하기를 기대한다.

2020년 4월
한국민주주의연구소 소장, 성공회대학교 교수 김동춘

서장
학생운동을 보는 시각과 방법

1. 학생운동이란

한국 현대사에서 1960년 4·19혁명으로부터 1990년대 중반까지를 흔히 '학생운동의 시대'라 부른다. 전국 각지의 학생들은 이 기간 동안 민주화운동을 치열하게 전개했다. 그 과정에서 4·19혁명, 한일협정 반대운동, 유신반대운동, 부마항쟁, 서울의 봄, 5·18광주민주화운동, 6월항쟁 등이 일어났다. 학생들은 그 주역으로서 많은 희생을 치렀고, 이를 바탕으로 한국의 민주주의가 한 걸음씩 앞으로 나아갈 수 있었다. 따라서 학생운동을 빼놓고는 한국 민주주의의 역사를 이야기할 수 없다. 일제강점기에도 마찬가지여서 한국의 독립운동사는 학생들이 흘린 피와 땀으로 물들어 있다고 해도 지나치지 않다.

이러한 이유로 한국에서 학생운동이라고 하면 곧바로 독립운동과 민주화운동 등 정치적 운동을 떠올리는 것이 보통이다. 그리고 그에 따라 학생운동을 학생들이 전개하는 정치적 활동이라고 보는 고정관념도 형성되었다. 그러나 학생운동의 개념을 좀 더 따져보면 그렇게 단순하지 않음을 알 수 있다.

● 학생운동의 개념

학생운동에 대한 사전적 정의는 다음과 같다. 『표준국어대사전』(1999)에서는 "학생들이 교내 문제나 정치·사회 문제 따위에 관하여 일으키는 활동"이라고 했다. 『한국민족문화대백과사전』(1995)에서는 "대학 및 정치·사회 개혁을 목표로 하는 학생 주도의 집단적·조직적·지속적인 사회운동"이라고 했다. 서울대 역사연구소가 펴낸 『역사용어사전』(2015)에서는 "학생들이 학문의 자유, 학원의 자치, 학생의 권리를 추구하는 한편 사회적으로 체제와 권력을 비판하고 모순을 해결하기 위해 현실에 참여하는 적극적·조직적 움직임"이라고 했다.

이상에서 인용한 사전적 정의에 따르면 학생운동은 다양한 내용을 포함하고 있음을 알 수 있다. 이것을 단순화해서 정리하면 ① 학내문제를 해결하기 위한 운동, ② 외부의 압력으로부터 학문의 자유와 대학의 자율성을 지키기 위한 운동, ③ 정치·사회 문제를 해결하기 위한 운동으로 나눌 수 있다. ②와 ③은 정치적 성격을 띨 수밖에 없고 특히 ③은 그 자체가 정치적 운동이다.

이 세 종류의 운동은 다음과 같이 세 개의 동심원으로 설명할 수 있다. ①은 가장 안쪽 동심원에 해당하고 그 바깥으로 ②와 ③이 위치한다. 가운데 동심원은 학생 자신의 문제를 해결하기 위한 영역으로 학생운동의 본령에 속한다. 대학 운영의 민주화를 비롯해 학생들의 각종 권리를 지키기 위한 운동으로서 학교 당국이나 교수를 상대로 한다.

두 번째 동심원은 대학의 자율성과 학문의 자유를 주로 국가권력의 간섭으로부터 지키기 위한 영역으로 학생 자신의 자유·권리를 지킨다는 필요와 결부되어 있다. 교수나 대학원생이 함께할 수 있으며, 드물게는 학교 당국과도 보조를 맞출 수 있다.

세 번째 동심원은 학생 자신과 대학 차원을 넘어서 정치·사회 문제를 해결하기 위한 영역으로, 시민·국민의 자유와 권리를 지키려는 필요에서 나온 것이다. 민주화운동이나 사회적 약자를 돕기 위한 운동이 모두 여기에 해당한다.

이 중 세 번째 동심원에 해당하는 운동이 가장 두드러진 정치적 성향을 보인다. 따라서 외부에서 보면 학생운동이 온통 정치적인 운동으로만 보이는

정치·사회 문제를
해결하기 위한 운동

대학의 자율성을
지키기 위한 운동

학내문제를
해결하기 위한
운동

학생운동의 개념

것이다. 하지만 앞에서 본 대로 학생운동의 출발점은 첫 번째 동심원, 곧 학생들의 일상적인 자유와 권리를 비롯한 학내문제를 해결하기 위한 운동이라는 사실을 알 수 있다.

● 학생운동의 범위와 이슈: 정치냐 복지냐

'학생운동의 시대'에 학생운동은 당연히 정치문제에 주력했다. 이와 달리 1990년대 후반부터 총학생회장 선거에서 학생복지 등 학내문제가 정치문제를 제치고 핵심적인 공약으로 등장했다. 21세기에 들어서면 비운동권 후보들이 '탈정치'를 표방하고 나서기도 했다. 그 과정에서 '정치인가 복지인가'라는 선동적인 선거 구호가 등장하기도 했고, 그러다 보니 양자가 서로 대립하는 것처럼 여겨지기도 했다.

하지만 엄밀히 말하면 학내문제와 정치문제는 결코 서로 대립하는 것이 아니다. 실제 역사에서 살펴보더라도 학생복지 등 학내문제를 해결하는 것은 학생운동이 담당해야 할 주요한 과제 중 하나였다.

가령 1946년 국립 서울대학교가 설치되는 과정에서 발생한 이른바 '국대안 파동'은 결국 정치투쟁으로 번지고 말았지만, 대학의 자율성 문제에서 비롯되었다. 4·19혁명 직후에는 아예 학생 자신의 경제적 이득을 지키기 위한 기성회비 납부 거부운동도 벌였다. 1971년의 교련반대운동도 결국 박정희 정권에 저항하는 반정부 시위로 비화했지만, 대학 자율성을 포함한 학내의 교육 문제를 둘러싼 갈등의 성격을 갖고 있다. 1984년 재건된 총학생회가 정치적 학생운동을 전개하는 와중에도 학생복지문제를 실천 과제에서 배제한 적은 없었다.

특히 1990년대에 들어서는, 여러 학생정치조직들이 총학생회장 선거에서 치열하게 다투면서도 득표를 위해 경쟁적으로 복지 공약을 내놓아야만 했다. 사실 21세기에 들어 이른바 비운동권 후보들이 전매특허처럼 내세운 '복지'라는 카드는 1990년대에 운동권 후보들이 이미 써먹은 해묵은 카드에 불과했다.

이처럼 실제 학생운동 속에서도 정치와 복지는 결코 서로 대립되는 것이 아니다. "정치냐 복지냐"라는 비운동권의 구호는 운동권을 '매일같이 정치만 생각하는 집단'으로 몰아가려는 일종의 선거용 프레임에 불과하다. 정치와 복지는 상황에 따라 중요도를 달리하면서 학생운동을 지탱하는 두 기둥이라고 할 수 있다.

그런데 불행하게도, 20년 간격으로 두 차례나 군사력으로 집권한 세력이 정부 정책에 대한 국회와 법원의 감독과 견제라는 헌법적 원리를 짓밟는 독재체제를 구축하면서, 이에 맞서는 정치적인 학생운동의 시대가 장기간 지속되었다. 언론이 제구실을 못한 탓도 크다. 그 결과 격렬한 정치적 학생운동이 마치 일상적인 것처럼 여겨졌다. 원론적으로 말해 한국의 학생들이 '학생운동의 시대'에 경험한 정치적 학생운동은 정치가 비정상인 조건에서 불가피하게 나타난 비정상적인 현상이라 하지 않을 수 없다.

21세기에 들어서 학생운동의 탈정치화 현상이 나타난 것은 어느 정도 사실이다. 그것은 정치적 학생운동의 쇠퇴를 의미하지만, 그렇다고 학생운동 자체의 쇠퇴나 소멸을 뜻하는 것은 아니다. 정치민주화가 진행되면서 학생운동이 비일상적인 상태에서 일상적인 상태로 복귀하는, 학생운동의 새로운 변화가 시작된 것이다. 21세기 학생운동이 어떠한 길을 걸어갈지는 좀 더 열린 시각에서 지켜볼 필요가 있다.

● 학생운동과 학생활동

학생운동은 다양한 형태로 전개되는 학생활동의 일부이다. 뒤집어 이야기 하면 학생활동은 학생운동을 포함하는 상위범주라고 할 수 있다. 양자의 관계를 보여주는 사례들은 서울대가 1966년 이래 10년마다 편찬하는『교사(校史)』에 자주 등장한다.

초창기 학교의 역사에 대한 서술의 목차에는 '학생운동' 대신 '학생활동'이라는 용어가 주로 사용되었다. 『서울대학교20년사』(1966)는 '학생활동' 속에 학도호국단과 학생회 등 학생자치활동, 학술·문예·체육·종교 활동 등 학생 과외활동, 향토개척단 등 계몽 및 봉사활동을 포함했다. 그뿐만 아니라 4·19혁명, 한미행정협정촉구운동, 한일협정 반대운동 등도 '학생의 사회참여'라는 이름으로 '학생활동'의 일부로 포함시켰다. 이러한 서술방식은 『서울대학교30년사』(1976)와 『서울대학교40년사』(1986)에서도 이어졌다. 다만 신문과 학보의 간행 등 학생언론활동 항목이 추가되었으며, '학생의 사회참여'라는 이름으로 서술된 내용이 늘어났다는 차이가 있을 뿐이다.

이러한 서술방식은 1987년 6월항쟁 이후 조금씩 바뀌기 시작했다. 『서울대학교50년사』(1996)는 '학생활동'을 상위범주로 설정하고 학생회와 학생운동 그리고 대학문화를 그 하위범주로 설정했다. 그에 따라 이전까지 '학생의 사회참여'라는 이름으로 다뤘던 내용을 '학생운동'이라는 이름으로 서술했다. 학술 및 언론활동, 예술공연활동, 체육활동, 종교활동, 봉사활동 등은 모두 '대학문화'의 이름으로 서술했다. 『서울대학교60년사』(2006)에서는 '학생활동'이라는 상위범주가 사라지고 '학생운동의 발자취'가 장 제목으로 승격되었다. 그 속에서 이전에 '학생의 사회참여'로 분류되었던 내용들이 서술되었다.

이상의 사례들은 처음에 '학생활동'이라는 용어가 주로 사용되다가 뒤늦게 그 일부인 '사회참여활동'을 지칭하는 의미로 '학생운동'이라는 용어가 등장했음을 말해준다. 그에 따라 학생회 활동과 기타 다양한 학생활동은 학생운동과 분리되어 다른 항목 속에 서술되었다. 학생운동이라고 하면 정치적 학생운동이라는 통념이 여기에도 은연중 드러나 있는 것이다.

● **학생운동의 생태계**

학생운동이란 학생들이 주체가 되어 벌이는 특정한 목적을 달성하기 위한 집단적인 행동이다. 학생들이 집단적 행동을 지속적으로 펼치기 위해서는 그것을 가능하게 해주는 여러 조건, 곧 '학생운동의 생태계'가 조성되어야 한다. 행동을 뒷받침할 수 있는 이념, 조직적인 네트워크, 이념을 전파하고 공유하기 위한 매체, 단합된 행동을 뒷받침해 주는 정서적 공감대와 지지자 등이 그것이다.

이러한 학생운동의 생태계는 다양한 형태로 전개되는 학생활동을 통해 만들어질 수 있다. 이념은 학생들의 자율적인 학술활동을 통해, 조직적 네트워크는 학생자치활동을 통해 만들어질 수 있다. 이념의 전파와 공유의 수단은 학생언론활동을 통해, 정서적 공감대는 학생들의 문화공연활동 등을 통해 형성될 수 있다. 이처럼 다양한 학생활동은 제각기 고립되어 있는 것이 아니라 일정 부분 겹치기도 하면서 서로 긴밀히 영향을 주고받는다. 학생운동은 이들을 하나로 묶어주는 역할을 하기도 한다.

따라서 학생운동의 전개 과정을 깊이 있게 파악하기 위해서는 학생들의 집단적 행동이라고 하는 사건사에만 머물지 말고 그것을 떠받친 사회문화적 토양과 다양한 학생활동에 나타나는 연쇄적 변화까지 추적해야만 한다. 우리는 학생운동을 둘러싼 생태계 자체가 어떻게 변화하는지를 시야에 넣고 학생운동을 살펴볼 것이다.

2. 세계사의 맥락에서 본 한국 학생운동

20세기의 후반기는 한국에서뿐만 아니라 세계적으로도 학생운동이 분출한 시대다. 세계 여러 나라의 학생들이 저마다의 시대적 과제를 해결하기 위해 떨쳐 일어나 학생운동을 전개했다. 제3세계의 학생들은 후진국의 질곡에서 벗어나기 위해 분투했고, 프랑스·독일·미국·일본 등 선진국의 학생들도 그들 나름대로 혁명적 열정을 불살랐다. 이에 '스튜던트 파워'라는 말이 세계적으로 유행어가 되었다.

제3세계와 선진국 사이에 나라가 처한 사정이 매우 달랐던 만큼 그들의 학생운동은 이념과 방법 및 정서 면에서 각기 달랐다. 이처럼 다양한 세계의 학생운동 속에서 한국의 학생운동은 과연 어디쯤에 있었을까?

● 제3세계의 학생운동으로 출발하다

20세기 후반 한국의 학생운동은 4·19혁명을 계기로 분출되기 시작했다. 4·19혁명은 이승만정권의 3·15부정선거에 대한 항의에서 촉발된 민주주의 운동이다. 하지만 그 직후 열린 해방의 공간에서 가장 먼저 분출된 이념은 민족주의였고, 이는 억압되었던 통일 논의와 일제 잔재 청산의 요구로 나타났다. 바로 그때 식민사학을 극복하기 위한 학계의 노력이 본격화한 것은 우연이 아니다. 5·16군사정변 직후 그 주도 세력이 '민족적 민주주의'를 내세운 것도 같은 맥락에서다.

이처럼 1960년대의 학생운동은 민족 자주 속의 민주주의를 추구했다. 민족의 단결과 통일을 위해서는 각계각층의 이해와 요구를 수렴하는 민주주의가 불가결하기 때문이다. 당시 학생들의 민족주의는 식민지배의 역사에 눈을 감는 일본을 겨냥했다. 이는 3·1운동과 광주학생운동 등 일제강점기 독립운동의 일환으로 전개된 학생운동의 전통을 계승한 것이다. 이런 민족주의적 계승 의식은 4·19혁명 당시 나온 각 학교 학생들의 선언문에 잘 나타나 있다.

당시 학생운동의 민족주의 조류는 제3세계라고 불리던 이른바 후진국 일반의 현상이었다. 아시아와 아프리카의 많은 민족들이 갓 독립했거나 아직도 독립운동을 벌이는 민족운동의 시대가 1950~1960년대에도 이어졌다. 이 국가들의 지도자들은 반둥회의(1955) 이후 미국 중심의 자본주의 진영(제1세계)과 소련 중심의 사회주의 진영(제2세계)에 가담하기를 거부하고 양쪽 모두에 거리를 둔 비동맹중립주의를 추구하면서 제3세계를 자처했다.

이런 국제적 조류 속에 당시 한국의 진보적 학생들은 식민 통치를 경험한 같은 신생독립국가로서의 현실을 직시하면서 스스로 제3세계의 일원이라는 정체성을 갖고 있었다. 그들은 한국전쟁과 굴욕적 한일협정으로 소련 중심의 제2세계에 대해서도 미일동맹을 축으로 하는 제1세계에 대해서도 비판적 시각을 갖게 되었다. 그 속에서 한국 학생운동은 제3세계의 학생운동과 연대의식을 느끼고 있었다. 이러한 정체성과 연대 의식은 그 후에도 상당 기간 이어졌다. 남미의 해방신학과 종속이론을 다룬 책들, 『사이공의 흰옷』(1986)처럼 제3세계 학생운동의 경험을 담은 책들이 주목받은 것은 이를 말해준다.

그렇다고 이 시기 학생운동이 민족주의에 경도되어 계급문제를 간과한 것은 아니다. 그 당시는 아직 산업화가 본격화되기 전이라서 농민문제가 계급문제의 중심에 있었고, 학생들은 학회활동과 방학 중 농촌활동 등을 통해 이 문제에 지속적으로 관심을 기울였다. 특히 당시 대학생들 상당수가 농민 가정 출신이었기에 농민문제는 다름 아닌 그들 자신의 문제이기도 했다.

● 68혁명의 물결과 한국의 학생운동

한국에서 4·19혁명을 거치면서 학생운동이 한창 분출되고 있었던 1960년대에 프랑스와 미국 등 이른바 선진국에서도 학생운동이 활발했다. 이 나라들에서는 1960년대 전반기부터 학생들이 꿈틀대기 시작하다가 1968년에 마침내 폭발했다.

프랑스 낭테르대학에서 시작된 혁명의 불길은 독일을 거쳐 미국으로까지 번졌다. 미국에서는 흑인민권운동으로부터 시작된 학생운동이 베트남전쟁에 반대하는 대규모 반전운동으로 확산되었다. 태평양 건너 일본의 도쿄대학 학생들은 이른바 '전공투'라는 투쟁 조직을 만들어 화염병을 들고 야스다 강당을 점령했다. 이러한 일련의 사건이 모두 1968년에 일어났다고 해서 '68혁명'이라고 부르기도 한다.

68혁명 당시 서구의 학생들은 사회주의 혁명을 추구했다. 하지만 이들은 스탈린주의로 대표되는 구좌파를 비판하면서 소련 모델과는 다른 형태의 사회주의를 추구했기에 '뉴레프트(New Left)' 즉 '신좌파'로 불린다. 1960년대의 유럽에서는 산업화 후기에 도달한 상태여서 대중소비사회가 형성되고 대학교육도 대중화되는 가운데 노동자의 계급운동이 약화된 대신 학생들이 새로운 사회운동의 주체로 등장했다. 이들이 기존 좌파정당의 울타리를 넘어서 직접 행동을 추구한 결과가 바로 68혁명이다. 비록 68혁명은 실패로 돌아갔지만 신좌파들은 이후 환경운동과 여성운동 등 신사회운동을 추구해 나갔다.

신좌파들이 주도한 68혁명은 한국의 학생운동에도 얼마간 영향을 미쳤다. 1971년 봄 서울대 총학생회와 대학원생들이 교련 반대를 명분으로 학원민주화를 요구하면서 대학 운영의 모든 의사결정과정에 학생들이 참여할 수 있는 제도장치를 마련하라고 촉구했는데, 이는 68혁명 당시 서구의 학생운동에서 나온 요구와 흡사하다. 10월에는 서울대의 각기 분산돼 있던 모든 단과대학 학생들이 동숭동의 문리대에 집결하여 교련 반대 시위를 벌였는데, 이때 거리에 바리케이트를 설치하고 불을 질렀으며 화염병도 등장했다. 이것은 종전에는 좀처럼 볼 수 없었던 색다른 장면이었다.

이에 박정희 정권은 당시 세계적으로 번져가고 있던 이른바 '스튜던트 파워'의 불길이 한국에도 옮겨 붙지 않을까 우려해 각종 조치를 취했다. 우선 이 시위 직후 당국은 이른바 '서울대생내란음모사건'을 조작해 학생들이 화염병으로 국가를 전복하려 했다는 누명을 뒤집어씌워 구속했다. 더 많은 다수의 학생을 겨냥한 조치도 이어졌다. 대학생들 사이에 유행한 장발과 포크음악에 대한 통제가 그런 예인데, 모두 1975년 긴급조치 9호의 발동과 함께 시행되었다. 그것은 미국 대학생들의 베트남전쟁 반대운동 과정에서 탄생한 저항문화의 상징이었다. 길거리에서 경찰이 학생들의 장발을 단속했고, 반전 메시지를 담은 포크송은 금지되었다.

당시 대학생들에게 극히 큰 영향을 미친 리영희의 『전환시대의 논리』(1974)를 당국이 판매 금지 처분하고 저자를 구속한 것도 바로 68혁명의 이념이 한국에 전파될 것을 우려했기 때문이다. 이 책은 베트남전쟁의 실상과 중국 문제를 다루었는데, 이 둘은 모두 68혁명의 주요 이슈였다. 당시 유럽의 신좌파들은 마르크스레닌주의에 대한 대안을 마오쩌둥사상에서 찾고 있었다.

이렇게 68혁명의 그림자가 한국 학생운동의 주변을 배회하고 있었지만, 그 영향은 크지 않았다. 서구의 68혁명은 산업화시대가 막을 내리는 시점에 발생한 데 비해, 당시 한국의 학생운동은 이제 막 산업화의 길에 들어서는 조건에서 전개되었다는 객관적 조건의 차이가 컸다. 따라서 한국의 학생들이 68혁명과 신좌파 이념에 전반적으로 공감하기는 힘들었고, 한국의 학생운동은 제3세계형 학생운동의 단계를 크게 벗어나지 못하고 있었다. 한국에서 68혁명의 이념은 1997년 이후의 새로운 시기에 가서야 뒤늦게 비로소 관심의 대상으로 떠올랐다.

● 산업화 시대의 학생운동

한국의 산업화가 진전되면서 학생운동의 성격과 양상도 점차 변화했다. 제3세계형 운동의 기조 위에 산업사회형 운동의 요소가 가미되어 중첩되는 양상을 보이기 시작한 것이다. 그 중요한 변화의 계기는 전태일 사건이다.

1970년 11월 13일, 봉제공장 노동자 전태일이 노동조건 개선을 요구하며 분신한 사건은 학생들에게 큰 충격을 주었다. 학생들은 이제 비로소 노동문제에 관심을 기울이기 시작했다. 한국의 산업화가 진전될수록 노동조건은 악화되었다. 그 결과 사회적 갈등은 더욱 심화되었다. 당시 박정희 정권이 채택한 경제개발 전략은 이러한 사회적 갈등을 더욱 가중시켰다. 그래서 이것을 일컬어 '개발독재'라고 부르기도 한다.

당시 한국이 선진국이었다면 노동조합과 진보정당이 노동자들의 이익을 대변했을 것이다. 하지만 당시 한국에서는 노동조합이 본래의 역할을 할 수 없었고, 국회에는 보수정당 이외에 노동자의 이익을 대변할 수 있는 정당이 존재할 수 없었다. 따라서 1970년대 학생들은 노동조합과 진보정당이 맡아야 할 역할까지 모두 자신들이 떠맡아야만 한다고 생각했다. 이 때문에 학생들은 더욱 급진적인 대안을 모색할 수밖에 없었고, 학생운동이 점차 혁명적 성격을 띨 가능성이 커졌다.

실제로 한국의 학생운동은 1980년대에 접어들면서 혁명을 꿈꾸기 시작했다. 이는 1970년대 후반 유신체제가 학생운동을 체제의 바깥으로 축출한 것에 대한 반작용이라 할 수 있다. 1980년 봄에 광주에서 벌어진 비극은 이런 변화를 촉진한 직접적인 계기로 작용했다. 당시 혁명을 추구한 한국 학생운동의 이념적인 구도는 크게 NL(national liberation)과 PD(people's democracy)라고 하는 두 정파로 나뉜다. 전자가 민족문제를 중시했다면 후자는 계급문제를 중시했다고 볼 수 있다. 이 두 문제는 상호 연관돼 있었으니 양자를 어떻게 통일적으로 파악하고 실천할 것인지는 1920년대 이래 한국, 중국, 베트남 등 동아시아 혁명운동의 핵심과제였다.

NL은 민족주의 이념을 고수하면서 전통적인 반일의 범위를 넘어서 반미까지 포함하는 반제민족혁명을 추구했다. 한편 PD는 한국의 산업화가 진전되어 노동문제가 사회문제의 중심으로 부각된 데 주목해 마르크스레닌주의에 기초한 계급혁명을 꿈꾸었다. 한국 민주주의의 진전을 가로막는 핵심 장애물을 전자는 대외 종속과 남북분단으로, 후자는 불평등과 독점자본으로 본 결과이다. 따라서 그 이념은 68혁명을 이끌었던 신좌파의 그것보다 구좌파로서의 면모에 더 가까웠다. 이렇게 한국의 학생운동은 1980년대에 제3세계형 학생운동과 산업사회형 학생운동이 경쟁하는 단계로 접어들었다.

● 어느새 가라앉은 혁명의 열기

1980년대에 한국의 학생운동에서 고조되었던 혁명의 열기는 1990년대 중엽을 넘기지 못하고 사그라졌다. 서구에서도 68혁명 때 학생들을 사로잡았던 혁명의 열기가 너무나도 빨리 식어버린 바 있으니, 이를 이상하게만 생각할 필요는 없다.

여기에는 내외의 요인이 작용했다. 외인으로는 소련의 붕괴가 핵심이다. 당시 혁명적 학생운동은 마르크스레닌주의를 암묵적인 논리적 전제로 삼고 있었는데, 1991년 소련을 비롯한 현실사회주의체제가 붕괴하면서 그 논리적 전제가 송두리째 무너져 내렸다. 내인으로는 한국의 경제성장 효과가 중요하다. 경제가 고도성장을 거듭하고 격렬하게 전개된 노동운동 덕택에 분배 구조가 상당 수준 개선되었다. 그 결과 한국에도 대중소비사회가 열렸고, 1987년을 기점으로 절차적 민주주의도 진전되었다.

이와 함께 주목해야 할 또 하나의 내인은 학생운동 경력자를 포함하는 재야 진보 진영의 상당수가 6월항쟁으로 성취된 대통령과 국회의원 직선제를 통해 제도권 정치에 진출한 사실이다. 이후 선거가 거듭될수록 국민의 시선은 청와대와 여의도로 쏠렸고, 그에 따라 시간이 갈수록 거리의 정치는 축소되었다. 1998년의 실질적 정권교체는 그 연장선에서 나온 변화이다. 혁명적 열정의 정점에 도달했던 1987년 이후 나타난 이러한 일련의 긍정적 변화들은 혁명의 열기를 가라앉히는 결과를 초래했다.

1987년 6월항쟁을 전후한 시기 학생운동을 비롯한 진보 진영의 동향을 면밀히 살펴보면 사회혁명이라고 하는 급진적 사고와 정치민주화라는 현실적 실천이 공존하는 일종의 이중구조가 존재하고 있었음을 발견할 수 있다. 6월항쟁 당시 '제헌의회 소집' 구호와 '직선제 쟁취' 구호는 이러한 이중구조의 두 측면을 대표한다. 학생운동을 파도에 비유한다면 혁명은 파도의 마루에, 정치민주화는 파도의 골에 해당한다고 할 수 있다. 바다에 폭풍우가 몰려오면 눈에 보이는 것은 온통 파도의 마루들뿐이다. 하지만 파도가 시작되는 곳은 마루가 아니고 골이다. 따라서 혁명적 열기가 가장 고조되었던 1980년대 후반에도 학생운동의 출발점은 역시 정치민주화운동이었던 것이다.

하지만 그렇다고 해서 혁명이 단지 정치민주화라고 하는 맥주잔 위에 떠 있는 거품이었던 것은 아니다. 당시 혁명은 반공이데올로기라고 하는 정신적 감옥을 깨부수고 나가 사상의 자유를 획득하고, 이를 통해 온전한 시야를 확보하기 위한 일종의 정신적 해방운동이었다. 이러한 측면에서 볼 때, 1980년대의 혁명적 실천은 그 나름의 의미가 있다.

● 대안의 모색과 68혁명 이념의 소환

1990년대에 들어서 혁명의 열기가 가라앉으면서 한국의 학생운동은 마르크스레닌주의를 대신할 이론적 대안을 찾기 시작했다. 이 과정에서 안토니오 그람시의 진지전 이론도 관심을 끌었지만, 그보다는 68혁명과 그것을 이끌었던 신좌파의 이념이 더욱 주목을 받았다.

68혁명의 경험을 한국의 학생운동권에서 가장 먼저 자신의 활동에 접목시킨 것은 1990년대 진보학생연합이다. 하지만 당시 진보학생연합은 68혁명의 경험을 자신들이 대안으로 제시하던 부문별 운동의 활성화를 위한 근거로만 협소하게 받아들였기 때문에 그 영향력이 그리 크지는 않았다. 당시 다른 정파들은 진보학생연합의 68혁명에 대한 검토를 개량주의 논리의 확산이라며 부정적인 시각에서 바라보았다.

하지만 1990년대 중반 이후 안토니오 네그리를 비롯한 신좌파의 이론이 본격적으로 소개되면서 양상이 바뀌기 시작했다. 이제는 여러 정파가 경쟁적으로 68혁명의 경험을 받아들이기 시작한 것이다. 1995년 가을 총학생회장 선거에서는 "주류 질서의 전복" 등 68혁명과 신좌파에게서 영향을 받은 급진적 슬로건이 대거 등장하기 시작했다.

이 과정에서 '대학개혁'이 학생운동의 새로운 이슈로 떠오르기 시작했다. 이를 실현하기 위해 전개한 이른바 '교육투쟁'은 서구의 68혁명 당시 중요한 이슈였던 '대학개혁'에 속하는 문제로서, 1971년 서울대 총학생회 등에 의해 이미 제기된 바 있다. 그것이 25년을 지난 1990년대 중엽에 다시금 소환된 것이다. 이는 그제야 한국 사회가 68혁명의 경험을 온전히 이해하고 수용할 수 있는 단계에 도달했음을 반영한다.

서구의 경우 68혁명 때 이미 탈공업화사회 단계에 있었는데, 한국의 경우도 1990년대를 거쳐 2000년대에 들어 그와 비슷한 사회에 걸맞은 학생운동의 양상이 각 방면에서 나타나기 시작했다. 우선 대학교육이 대중화되면서 학생들의 엘리트 의식이 약화되었다. 특히 1997년 외환위기를 계기로 청년실업 문제가 대두하면서 학생들도 취직 문제를 신경 쓰지 않을 수 없었다. 자신의 앞길부터 챙겨야 하는 세상이 된 것이다. 민족과 민중에 대한 사명감에 뿌리를 둔 금욕적이고 질박한 생활윤리, 공동체를 중심으로 하는 사고방식이 점차 약화되고 그 자리를 개인주의가 대신하기 시작했다.

학생운동의 조직 형태도 바뀌었다. 전통적인 피라미드형 조직에서 네트워크형 조직으로 바뀌었다. 중앙집권적이고 하향식으로 운영되는 조직에서 자발적이고 수평적인 조직으로 바뀐 것이다. 서울대에서는 1990년대 중반 '네트워크 학생회론'이 제기된 바 있으며, 여성주의자들도 '관악여성주의모임연대'라는 수평적 연대조직을 중심으로 활동했다. 집회와 시위의 양상도 달라졌다. 과거 산업화시대의 집회와 시위 현장은 최루탄과 화염병이 난무하는 일종의 전쟁터였다. 21세기에 들어서면서 집회와 시위 현장이 마치 축제장 같아졌다. 2011년 법인화 반대 시위 당시 행정관 앞 잔디밭에서 벌어졌던 록페스티벌인 '본부스탁'이 그런 예라고 할 수 있다.

무엇보다도 중요한 변화는 학생들의 집단적 의사결정 과정에서 절차적 정당성을 중시했다는 점이다. 학생운동의 시대에는 공유된 이슈가 있으면 곧 다수의 학생이 쉽게 모였기 때문에 집회를 통해 곧바로 행동 방침이 결정되었으나 이제는 각 단계마다 참여자의 의사를 묻고 토론하며 정족수를 따져 표결하는 등의 절차를 거치지 않으면 안 되었다. 민주화운동을 넘어 운동의 민주화를 추구한 셈이다.

이렇게 21세기에 들어서면서 한국의 학생운동은 탈산업사회의 학생운동을 닮아가기 시작했다. 즉 한국의 학생운동은 짧은 시간 안에 제3세계형 학생운동의 단계로부터 시작하여 산업사회형 학생운동의 단계를 거쳐 탈산업사회형 학생운동으로 진화한 것이다. 한국의 경제와 마찬가지로 한국의 학생운동도 압축적 성장을 이룬 셈이다.

3. 서술 방향과 책의 구성

앞에서 살펴본 바를 바탕으로 이 책은 다음과 같은 몇 가지 원칙적 서술 방향을 견지하고자 한다.

① 학생운동은 곧 정치적 운동이라고 하는 전통적인 학생운동관에서 벗어나 더 넓고 입체적인 시각에서 학생운동의 중첩된 변화를 추적한다.

② 1990년대 이후 학생운동의 변화를 쇠퇴 내지 소멸의 과정이 아니라 새로운 학생운동이 만들어지는 과정이라는 동태적이고 전향적인 시각을 견지한다.

③ 단순한 학생운동 관련 사건의 연대기를 넘어서 다양한 학생활동에 나타나는 연쇄적인 변화 과정, 즉 학생운동 생태계 전체의 변화 과정을 추적한다.

④ 학생운동의 주체를 남학생으로 한정하지 않고, 여학생의 자발적이고 주체적인 각 분야의 활동상을 적극 담아낸다.

⑤ 근현대 한국사의 맥락을 고려하되, 일국사의 좁은 시야에서 벗어나 세계 학생운동사의 조류와도 관련지어 서울대 학생운동의 전개 과정을 조명한다.

이상의 기본 방향을 견지하면서 서울대 학생운동 70년사를 서술하되 특정 대학만의 이야기로 고립시키지 않고 동시대 한국 대학생들과 함께한 이야기가 될 수 있도록 열린 시야에서 접근하려고 한다. 이들의 스토리는 그 성취와 한계를 포함해 결국 한국 현대사의 일부라는 사실을 자각하는 것이 필자에게도 독자에게도 긴요하다.

이때 우리는 학생들이 만든 현대사이기에 넘어설 수 없는 특징적 제한이 있음을 고려해야 한다. 학생사회는 지속되지만 그 구성원은 4년 주기로 바뀌는 데다가 학생운동의 추진력은 기본적으로 열정과 패기여서 운동 주체의 경험이 제대로 축적되어 계승되기 어렵고, 시행착오도 상대적으로 많을 수밖에 없다. 성찰이 더 절실하게 요청되는 까닭이다. 한 사람이 20~30년 넘게 한 분야에 종사해 풍부한 경륜과 전문적 식견을 갖춰가는 학교 밖의 일반 사회와는 다른 것이다. 기성세대가 학생들에 대해 포용의 미덕을 발휘할 때 인간다운 사회는 한 걸음 앞당겨질 수 있다.

그럼에도 우리는 70년간 학생들이 학생사회의 구조적 한계 속에서도 한국 현대사의 진전 과정에 남긴 뚜렷한 족적을 확인할 수 있다. 무엇보다도 정의 감에 의거한 민주화의 촉진자였다는 점이 그것이다. 정치·사회의 민주화와 대학민주화라는 상호 연동된 두 과제가 늘 함께 추구되었으되 군사력으로 집권한 세력이 정권을 장악하던 전기 30여 년 동안은 전자가 중시된 반면, 그 후 30여 년간은 후자가 중시되는 차이를 보였다.

이러한 서술 방향과 관점 아래 우리는 학생운동사를 연대기 순서로 정리하되 사건사에 치우치지 않고 그것을 떠받친 학생사회의 생태계 변화까지 담아냈다. 70년이나 되는 긴 기간을 편의상 대략 10년 단위의 여섯 시기로 나누고 각 시기의 특징을 하나의 키워드로 표현해 장 제목으로 삼았다. '태동: 초창기', '분출: 1960년대', '대결: 1970년대', '혁명: 1980년대', '대안: 1990년대', '갈등과 균형: 21세기' 등이 그것이다. 이를 통해 독자들이 한 대학을 넘어 한국 학생운동의 역사를 간명하게 파악하도록 돕고자 했다.

제1장

태동

초창기

1. 서울대의 개교와 '국대안 파동'

● **국립 서울대학교의 개교**

국립 서울대학교는 해방 이듬해인 1946년 10월 미군정 당국의 고등교육 정책에 의거해 개교했다. 이 과정에서 학생과 교수들은 국립대 설치안(이하 국대안)에 저항하는 측과 지지하는 측으로 나뉘어 격렬하게 대립했으니, 이를 '국대안 파동'이라 한다. 이 파동은 이윽고 연희대학과 동국대학을 비롯한 각 대학은 물론이고 중등학교로까지 확산되었다.

미군정의 고등교육 정책은 일본식 대학을 미국식 대학으로 개조하는 것이었다. 이 일은 군정청 교육부 차장 오천석과 학무국장 리커드 대위의 주도하에 진행되었다. 오천석은 봉건적 신분 차별주의 교육과 일제강점기의 군국주의 교육을 청산하고 민주 정신에 의거한 민주주의 교육을 추구하는 미국식 진보 교육관을 한국에 적용하려 했다.

이러한 교육관에 의거해 미군정은 당초 기존의 경성대학(경성제국대학이 해방 직후 개명됨)을 그대로 국립 종합대학으로 발전시킨다는 방안을 세웠다. 그러나 이 계획은 그 후 여러 사정으로 인해 경성대학과 여러 관립 전문학교들을 통합해 새 종합대학을 만드는 쪽으로 바뀌었다.

미군정이 1946년 7월 13일 발표한 「국립 서울대학교 설립에 대하야」에 따르면, 거기에는 경성대학, 경성사범학교, 경성경제전문학교, 경성공업전문학교, 수원농림전문학교, 경성법학전문학교, 경성의학전문학교, 경성여자사범학교, 경성광산전문학교, 경성치과전문학교, 경성음악학교가 포함되었다. 이를 8개 단과대학으로 재편하고 예술대학을 신설하는 한편, 대학원을 설치하기로 했다. 당시 이를 줄여 국대안이라고 불렀다. 미군정은 8월에 '미군정법령' 제102호로 '국립 서울대학교 설립에 관한 법령'을 공포했다. 이에 따라, 8개 단과대학의

개교 당시 서울대 대학본부의 모습

캠퍼스를 제각기 따로 유지한 채 10월 15일 국립 서울대학교가 개교했다.

국대안이 처음 발표되자 경성대학을 비롯한 전신 학교들의 학생과 교수들이 대부분 반대하고 나섰다. 그 이유는 우선 전신 학교들의 통폐합이 초래할 파장을 우려했기 때문이다. 하지만 단과대학마다 통합의 양상이 달랐기에 반대의 양상도 조금씩 달랐다.

문리대는 경성대학 문학부와 이학부로부터 그대로 이어졌고, 농대·사범대·상대 등도 전신 학교에서 그대로 해당 분야의 단과대학으로 이어졌기 때문에 통합을 거칠 필요가 없었다. 하지만 법대·의대·공대의 경우는 달랐다. 이들은 경성대학의 해당 학부와 해당 분야의 관립 전문학교의 통합을 거쳐야 했다. 경성대학 법학부와 경성법전이 통합해 법대가, 경성대학 의학부와 경성의전이 통합해 의대가, 경성대학 공학부와 경성공전 및 경성광전이 통합해 공대가 되었다.

이 과정에서 경성대학 학생들은 여러 관립 전문학교를 새로운 종합대학에 통합하지 말고 경성대학을 그대로 확대·발전시켜 종합대학으로 만들 것을 주장했다. 한편 관립 전문학교 학생들은 통합으로 인해 각 학교의 전통이 단절될 것과 차별 대우를 받을 것을 우려해 반대했다. 실제 의대의 경우 통합 이후 상당 기간 두 학교 출신을 제1부와 제2부로 구분해 가르쳤으며, 졸업장에도 이를 표시했다. 따라서 국대안은 공대·법대·의대 등 기구 통폐합(오늘날의 구조조정)이 수반되는 단과대학 학생들에게 더 민감한 문제였고, 반대운동도 거기서 가장 먼저 시작되었다.

● 국대안 반대운동, 학내문제로 시작

기구 통폐합이 수반된 의대·법대·공대의 학생들이 국대안 반대운동에 앞장섰지만, 문리대·사범대·상대 등 통합을 수반하지 않은 단대 학생들도 가세했다. 이는 국대안에 기구 통폐합 문제뿐만 아니라 그런 직접적인 이해관계를 넘어서 여러 학생들이 공감하는 쟁점이 있었기 때문이다.

학생들이 공통적으로 문제를 제기한 것은 새로운 대학 지배구조였다. 당시 국대안은 이사회를 정점으로 하는 미국식 지배구조를 채택했다. 하지만 한국에서 이런 대학관은 낯선 것이었다. 그래서 ≪동아일보≫를 비롯한 신문들도 총론적으로는 국대안에 찬성하면서도 이사회에 권력이 집중된 지배구조에 대해서는 우려를 표시했다.

사실 당시 한국인들에게 그런 대학 지배구조뿐만 아니라 미군정이 이식하려는 미국식 교육제도 전반이 낯설었다. 그런 예 가운데 하나가 서울대가 채택한 남녀공학이었고, 이는 여론의 거센 반발을 불러왔다. 당초 미군정은 남녀공학을 전면적으로 실시하려고 했다. 하지만 조선교육심의회 논의 과정에

사설: 종합대학의 재편성

교육의 민주화를 근간으로 하고 고등교육기관이 국가에 대한 최대 봉사를 가능케 하려는 원칙으로 국립서울대학교의 재편성을 기도한 문교부의 방안은 그 윤곽과 내용이 후련한 만큼 앞으로 오직 그 추진에 대한 기대가 많다 하려니와, 이에서 다만 우려되는 점은 대학의 구체적 운영 문제라 할 것이다. 대학이 운영기관으로 소수의 이사회를 구성하여 그 운영을 이에 일임하게 되면, 그 이사회의 권한이 과대한 만큼 그 운영상 폐단을 예상할 수 있다. 대학의 기능과 목적의 특수성을 고려하여 이사회의 인선과 운영에 신중한 고려가 있기를 요망하고자 한다.

≪동아일보≫, 1946년 7월 17일

서 문화적 보수주의자의 반대에 밀려 부득이 중등교육 단계는 미루고 초등교육과 고등교육에 한해 도입하는 것으로 후퇴했다. 당시까지만 해도 딸을 남녀공학에 보내는 것을 주저하는 학부모가 많았다. 그래서 이화여대나 숙명여대와 같이 여전히 여자학교를 고수한 예가 많았다.

미군정은 이렇게 반발이 컸음에도 당초 계획을 밀어붙였다. 미군정은 '국립서울대학교 설립에 관한 법령'에 따라 임시이사회를 구성했다. 임시이사는 미군정청 문교부장과 차장, 고등교육국장이 맡았다. 미군정청 직제에 따르면 동일한 직책을 미군 장교와 한국인이 함께 맡도록 되어 있었다. 따라서 6명의 임시이사 가운데 3명은 당연히 미군 장교였다. 이렇게 구성된 관선이사회는 1946년 9월에 앤스테드(Harry Bidwell Ansted) 대위를 초대 총장으로 선임했다.

학생들은 미군정이 관선이사를 통해 대학을 통제하려 한다고 의심했다. 대학 자치가 이사회에 의해서 훼손될지 모른다는 우려였다. 해방 직후 경성대학과 다른 전신 학교들은 모두 자치위원회를 구성했고, 학교의 구성원들은 이를 통해 자율적으로 학교를 재건하려고 했다. 하지만 미군이 진주하면서 자치위원회들은 모두 해산되었고, 미군정은 학교장들을 직접 임명했다. 다만 미군정은 세부적인 운영에까지 개입하지는 않았다. 그런데 국대안에 따라 새로 이사회가 만들어지면 미군정이 학교의 운영까지 간섭하지 않을까 하는 우려가 생길 것은 자명했다.

미군 장교들이 서울대의 이사와 총장에 임명된 점도 민족적 자존심에 큰 상처를 입혔다. 당시는 신탁통치 반대운동의 열기가 아직 채 가라앉기 전이었기에 이에 더욱 예민하게 반응했다. 신탁통치 문제는 우리 민족의 정치적 능력에 대한 자부심에 상처를 입혔고, 민족감정을 바탕으로 하는 격렬한 반대운동을 불러일으켰다. 그 점에서 국대안 반대운동과 신탁통치 반대운동은 서로 통하는 면이 있었다.

학생들은 여러 방법으로 국대안 반대운동을 전개했다. 우선 국대안이 발표되자 즉각 총회를 열고 반대 성명서를 채택했다. 8월 22일에 법령이 공포되자 학생들은 집단적인 등록 거부로 맞섰다. 전신 학교 학생들은 새로 문을 열

국립 서울대학교의 학생으로 등록을 마쳐야만 했다. 따라서 등록 거부는 국대안에 대한 원천적인 거부를 뜻하는 강력한 수단이었다.

집단적 등록 거부가 시작되자 초기의 호응은 뜨거웠다. 등록 마감을 하루 앞둔 9월 13일 오전 9시까지 등록한 숫자를 살펴보면, 공전 300명, 경전 72명, 남녀 사범학교 100명, 치전 62명, 법전 168명, 예과 130명, 문리대 80명, 의전 180명으로 합계 1092명에 불과했다. 이는 개교 당시 서울대 학생 정원(8217명)의 13%에 해당한다. 놀란 학교 당국은 마감 후에도 추가 등록을 실시해 9월 18일까지 5000여 명이 등록을 마쳤다. 하지만 개교할 때까지도 3000여 명은 여전히 등록을 하지 않았다.

1946년 10월에 공식적으로 개교하자 학생들은 동맹휴학으로 맞섰다. 문리대 학생들이 12월 9일에 이사회 철폐, 교수 및 학생자치 승인 등을 요구하며 동맹휴학에 들어갔다. 이어 법대 학생회가 12월 13일부터 전신 학교 교수의 전원 복직, 문교 당국자의 총사직, 국립대학 행정권 일체를 한국인에게 일임할 것 등의 요구조건을 내걸고 동맹휴학을 단행했다. 사범대에서는 이미 10월 7일 수업 거부파가 402 대 303으로 약간 우세해 동맹휴학이 결의되었으나 이 결의에 따르지 않고 등교하는 학생들이 있어 수업이 파행적인 형태로 이어졌다. 이에 양측 간의 대립이 지속되었고 심지어 물리적 충돌로 이어지기도 했으니, 이런 현상은 상대를 비롯한 각 단과대학에서도 거의 동일하게 나타났다. 이처럼 학생들이 양측으로 갈라져 치열하게 대립한 것은 이후에는 볼 수 없는 국대안 반대운동의 특징이다.

이렇게 반대운동이 거세지자 미군정은 동맹휴학에 들어간 문리대·법대·상대에 휴교령을 내렸다. 미군정은 1947년 2월 3일에 신학기가 시작될 때까지 정당한 이유 없이 등교하지 않는 학생은 즉시 제명하며, 대다수 학생들이 등교하지 않을 경우 9월에 신입생을 모집할 때까지 학교 문을 닫는 것도 불사한다고 경고했다. 이것으로 국대안 파동의 첫 번째 단계가 일단락되었다.

● 국대안 반대운동, 정치투쟁으로 비화하다

원래 국대안 문제는 학내문제였지 정치적 이슈가 아니었고, 좌파적인 이념과 무관한 이슈였다. 앞서 보았듯이 반대운동은 전신 학교 간 통합에 대한 불만과 상처 입은 민족적 자존심에서 시작된 것으로서 당시 우파 학생들 상당수도 국대안에 대해 불만을 품었다. 하지만 반대운동이 고조되면서 정치세력들이 개입했고, 그에 따라 정치투쟁으로 비화했다.

국대안이 발표된 지 9일 뒤인 1946년 7월 22일에 재경학생행동통일촉성회(이하 학통) 소속 학생들이 반대 성명을 발표하면서 학교별로 국대안반대투쟁위원회를 조직하기 시작했다. 당시 학통은 좌파로 분류되는 학생 단체였고, 따라서 이들은 처음부터 반대운동에 개입한 셈이 된다. 하지만 초기에는 학통이 학생들을 반대운동에 끌어들였다기보다는 학생들 사이에서 자발적으로 타오른 반대운동에 학통이 휘말려 들어갔다고 할 수 있다.

그 후 서울대가 정식 개교하고 학생들의 반대운동이 본격화하자 11월 무렵부터 남로당을 비롯한 좌파 정치세력이 개입했다. 남로당은 1946년 11월 24일의 당 결성 대회에서 국대안 철폐를 결의했다. 좌파 계열의 민주주의민족전선도 이틀 전에 국대안 파동과 관련해 네 개 항의 해결책을 발표했다. 그 내용은 관료 독재적인 이사회를 철폐할 것, 교수와 학생자치를 승인할 것, 미국인 총장과 처장 등은 사임하고 조선인을 선거로 임명할 것, 현재의 조선인 문교부 책임자는 인책 사직할 것 등이었다.

이렇게 남로당 등의 좌파 정치세력이 1946년 하반기에 접어들면서 국대안 문제를 쟁점화한 것은 이 무렵부터 미군정과의 관계가 악화되기 시작했기 때문이다. 조선공산당은 1946년 상반기까지만 해도 미군정과 정면으로 대립각을 세우지 않았는데, 5월에 미소공동위원회가 결렬된 것을 계기로 7월 이후 이른바 '신전술'을 채택했다. 이에 따라 9월에는 총파업이, 10월에는 대구·경북 지역에서 이른바 10월 항쟁이 일어났다. 그에 따라 조선공산당에 대한 미군정의 탄압도 본격화했다.

1947년 2월에 시작된 제2차 동맹휴업 단계에 이르면 좌파 정치세력은 국대안 반대운동에 모든 조직 역량을 투입했다. 이 맹휴에는 서울대만이 아니라 다른 대학 학생들도 참여하고, 심지어는 경복중학교, 휘문중학교, 경기상업고등학교, 덕수상업고등학교 등 중등학교 학생들까지 가세했다. 물론 이는 '학통'의 지시에 따른 것이었다. 그야말로 교육 부문의 총파업이 시도된 것이다.

이렇게 좌파가 국대안 문제를 쟁점화하자 서울대 내의 우파 학생들도 결집하기 시작했다. 이들은 국립 서울대학교건설학생회(이하 건설학생회)를 조직하고 좌파 학생들에 맞서 맹휴 반대운동을 전개했다. 원래 이들도 국대안 자체에 대해서는 비판적이었지만, 좌파가 국대안 파동을 정치투쟁으로 몰고 가자 이에 대응해 나선 것이었다.

전국학생총연맹 역시 2월 11일에 맹휴반대투쟁위원회를 조직하고 맹휴 배후에 소련과 남로당이 있다고 주장했다. 이는 주목되는 점으로서, 당시 우파는 좌파를 소련의 앞잡이로 몰아붙이면서 민족주의라는 깃발을 내걸었다. 반면에 좌파는 사회주의적 국제주의에 얽매여 민족주의라는 강력한 무기를 우파에게 넘겨준 꼴이 되었다. 이런 구도는 신탁통치 반대운동 당시부터 형성되었다.

이후 학내에서 좌파와 우파 학생들이 치열하게 충돌하기 시작했다. 수적으로는 좌파가 우세했다. 1947년 2월 3일에 문리대에서 맹휴를 둘러싸고 찬

국대안 문제 재연

세 대학 맹휴의 중심체가 되어 있는 문리대에는 이날 혹독한 추위에도 불구하고 오전10시 전후하여 5, 6백명의 학생이 모여들었다. 한편 10시부터는 맹휴에 반대하는 학생 대회가 남강당(南講堂)에서 열렸는데 여기에 모인 학생은 불과 5, 60명의 소수에 불과했고, 다른 한편에서는 11시부터 학생 대회가 체육관에서 열렸는데 이곳에 모인 5백여 명은 2일 결의한 사항 즉 (1) 4대 요구조건의 관철 (2) 오후 각 과별로 열리는 과별 교수간담회에 출석을 거부할 것 (3) 6일에 열리는 학생 대회에 참석할 것 등을 결의한 후 일단 해산했는데 이날 대다수의 학생의 동향은 학교당국의 좀 더 성의 있는 태도를 요망하고 있으며 요구조건이 전연 무시당할 경우에는 끝까지 싸울 각오를 하고 있었다. 이상 두 종류의 학생 외에 학교당국의 지시대로 순종하는 학생은 각 과별로 두셋 내지 대여섯이 앉아있을 따름이고 교수의 얼굴은 한 사람도 볼 수가 없었다.

≪서울신문≫, 1947년 2월 4일

반 집회가 동시에 열렸는데, 찬성 집회에는 500~600명이 집결한 반면 반대 집회에는 50~60명 정도가 고작이었다.

이렇게 학생들은 국대안 파동의 와중에 좌우로 나뉘어 충돌했다. 단과대학별로 좌우의 대립 이면에 전신 학교 학생들 사이의 갈등이 깔린 경우도 있었다. 대표적인 예가 의대였다. 의대는 경성대학 의학부와 경성의전의 통합으로 만들어졌는데, 전자에서는 좌파가, 후자에서는 우파가 주도권을 장악했다. 따라서 출신 학교의 반목이 이념적 대립과 연결되면서 증폭되었다.

● 국대안 파동의 결과

국대안 파동은 미군정이 1947년 2월 중순에 타협안을 제시하면서 수습의 실마리가 잡혀갔다. 미군정은 비판을 일부 수용해 이사회를 조속히 한국인만으로 구성하며, 행정 당국이 대학 운영에 관여할 수 없도록 법령을 개정하겠다고 밝혔다. 그러자 단과대학학생회들은 국대안의 '폐지' 대신 '시정'을 요구하면서 맹휴를 중단하고 등교할 것을 결의했다.

미군정은 약속대로 3월 16일에 과도입법회의를 통해 관선이사회를 폐지하고 9개 단과대학을 대표하는 9명의 한국 민간인으로 이사회를 구성하는 내용의 수정안을 확정했다. 5월에는 파동으로 등록하지 않거나 제적당한 4956명 가운데 3200명에 대해 복교 조치가 이뤄졌다. 이후 한국인만으로 이뤄진 이사회도 구성되어, 해리 앤스테드 대위 대신 이춘호가 총장으로 임명되었다.

국대안 파동은 학생사회에 깊은 상처를 남겼다. 학생들은 좌우파로 나뉘어 극한의 대결을 했다. 이념대립의 와중에 목숨을 잃는 사람까지 발생할 정도였다. 파동으로 인해 좌파는 배제되었으며, 자의로 학교를 떠나거나 퇴학당한 사람도 있었다. 복교 기회도 좌파 학생과 교수들에게는 주어지지 않았다. 제적당한 학생 가운데 800여 명은 신청을 했음에도 학교 당국의 '불허'로 복교하지 못했다. 아예 신청을 하지 않은 학생들을 포함하면 모두 1500명 이상이 학교를 떠났다. 교수 가운데도 300명이 넘는 이들이 파면되거나 사임하여, 남은 교수는 140명에 불과했다.

한편 온갖 반대로 뿌리대에도 이사회 체제가 도입되었지만 제내리지 못했다. 이사회 체제는 곧바로 대학 운영의 관행과 충돌했다. 이사회가 1948년 4월에 문리대 연구실의 일부를 법대로 넘길 것을 결정했는데, 경성대학 법문학부 가운데 법학부가 법대로 편입되었음을 감안한 조치였다. 하지만 문리대 교수회가 이에 반발하면서 문제가 불거져 이태규 문리대 학장과 이춘호 총장이 자진 사퇴하는 선에서 마무리되었다. 이사회는 장리욱 사범대 학장을 신임 총장으로 선임해 사태를 수습하도록 했지만 여의치 않았다.

1948년 8월에 대한민국 정부가 수립되면서 이사회 체제는 뿌리째 뽑혔다. 안호상 초대 문교부 장관은 장리욱 총장에게 사표를 제출할 것을 부당하게 강요했다. 장 총장은 항의의 표시로 사표를 문교부 장관이 아니라 이사회에 제출했다. 그 후로 총장은 정부가 직접 임명하는 방식으로 바뀌었고 이사회는 유명무실해졌다. 이사회가 언제 사라졌는지조차 불분명하다. 이렇게 미국식 대학 지배구조 도입 실험은 실패로 돌아갔다.

일제강점기로부터 해방공간에 이르기까지 학생운동은 좌파가 주도했다.

경성제국대학 시절에도, 서울대가 개교하는 과정에서도 마찬가지였다. 그런데 국대안 파동을 통해 좌파 세력이 배제되면서 서울대생들은 이러한 전통이 단절되었다.

2. 초창기의 학생사회

● 초창기의 학생 현황

국대안 파동이 가라앉고 학교가 어느 정도 자리를 잡은 1947년 가을에 서울대 학생 수는 약 8500명 정도였다. 그 가운데 여학생은 385명에 불과했다. 남녀공학을 표방했지만 남학생이 압도적이었다.

해방 이후 서울대 외에도 많은 고등교육기관들이 세워졌다. 대학이 신설되기도 했고 전문학교에서 승격되기도 했다. 1947년 10월 당시 문교부가 정식으로 인가한 대학 16개 교, 승격을 준비 중인 3개 교, 문교부가 인가한 특종 고등교육기관 6개 교가 있었다. 1947년 12월 말에 고등교육기관의 숫자는 33개로 늘어났고, 학생 수는 2만 734명이 되었다. 전체 대학생 수에서 서울대생이 차지하는 비율은 40% 정도였다.

그 후 대학 정원은 급속히 증가했다. 서울대 정원이 1959년 1만 2560명으로 개교 당시에 비해 40%p 증가한 데 비해 전체 대학 정원은 1957년 8만 8431명으로 비슷한 기간에 네 배로 늘어났다. 전체 정원이 더 빠른 속도로 늘어남에 따라 전체 학생 수에서 서울대 학생의 비중은 1947년 40%에서 1959년 15.7%로 급속히 감소했다. 그 결과 서울대의 입시 경쟁은 시간이 갈수록 치열해졌다. 경쟁률이 1948년 2.5대 1에서 1953년에는 4.5대 1로 높아졌다. 이후 1950년대 내내 약 5 대 1 정도의 평균 경쟁률을 유지했다.

서울대는 국립대였으므로 등록금이 사립대에 비해 저렴했다. 공통적으로 걷는 입학금과 수업료는 매우 저렴했지만 단과대학별로 걷는 후원회비와 실습비가 반드시 그렇지는 않았다. 단대마다 달랐고 그 액수도 만만치 않았다.

따라서 단대 간에 등록금의 격차가 컸다. 가장 비싼 치대의 등록금은 가장 싼 사범대의 2배 가까이 되었다.

이렇게 등록금 부담이 만만치 않았던 반면에 장학금 혜택은 변변치 못했다. 가뜩이나 취약했던 장학제도도 한국전쟁으로 제대로 운영되지 못했다. 종전 뒤 외국 원조에 의존해 장학금을 지급했지만, 그 규모나 수혜율은 만족스럽지 않았다. 따라서 1950년대에는 여유롭지 못한 가정 출신의 학생들이 큰 어려움을 겪어야 했다.

● 자치활동의 수난

국대안 파동의 와중에서 학생들의 자치활동도 크게 요동쳤다. 당초 국대안 반대운동은 학생회를 중심으로 이뤄졌다. 반대운동이 한창 고조될 무렵 학생사회의 주도권을 장악했던 이들은 좌파 학생이었다. 하지만 반대운동이 실패로 돌아가자 그들은 배제되었고, 주도권이 '건설학생회' 중심의 우파 학생들에게 넘어갔다.

우파 학생들이 장악한 학생회도 그리 오래 가지는 못했다. 1948년 8월 정부가 수립된 이후 문교부 장관 안호상의 주도로 학도호국단이 만들어졌기 때문이다. 안호상은 민주주의와 공산주의 모두 지도 원리가 되기는 천박하다고 하면서 이를 대신할 통치이념으로 일민주의를 내세웠다. 그것은 우리 민족이 이승만 대통령의 영도하에 하나로 뭉쳐야 한다는 주장이다. 그는 히틀러 치하의 독일에 유학했고, 그 결과 나치즘에 경도된 것으로 알려졌다. 즉 일민주의는 한국판 나치즘이라고 해도 결코 지나친 말이 아니다.

안호상은 일민주의에 입각해 독일의 히틀러 유겐트와 유사한 학생 동원 체제를 구축하려 했다. 문교부는 학도호국단을 결성하기 위한 사전작업으로 1949년 1월에 각급학교에 존재하던 학생회·동지회·동창회 등 각종 자치조직들은 물론이고 심지어 우파 계열의 건설학생회나 전국학생총연맹까지 모두 해산시켰다.

학도호국단은 대통령을 정점으로 하는 하향식의 전형적인 관제 동원 조직

1949년 학도호국단이 주최한 총체육대회 모습

이다. 호국단은 중앙 - 시·도 - 학교의 3단계 조직 체계를 갖췄다. 중앙학도호
국단의 총재는 대통령, 단장과 부단장은 문교부 장관과 차관이 맡았다. 시·도
학도호국단의 단장과 부단장은 시장·도지사와 교육감이 맡았고, 학교 학도호
국단의 단장은 교장·학장·총장이 맡았다.

서울대에서 우선 단과대학별로 학도호국단이 결성되고 이를 바탕으로 단
대 학도호국단의 연합체인 서울대학교 학도호국단이 만들어졌다. 학도호국
단은 운영위원회 산하에 훈련부, 체육부, 학예부, UN학생부, 후생부, 규율부
등 집행 부서를 두었다. 그 가운데 좌파 학생들을 색출해 추방하는 임무를 띤
규율부의 활동이 가장 활발했다. 그것은 자치조직이 아니라 학생들을 감시하
고 동원하는 기구였으며, 기본적으로는 군사동원 조직으로서 여학생과 관련
한 집행 부서는 아예 없었다.

그 후 학도호국단에 학생자치 기능이 부분적으로 도입되는 등 일부 개선
되었다. 1951년 8월에 개정된 규정에 따르면, 학교별 학도호국단의 운영위원
장을 학생들이 직접 선출할 수 있고, 의결 기구인 대의원회도 설치할 수 있게
되었다. 문교부 장관이 안호상에서 백낙준으로 교체되면서 호국단이 지닌 군
국주의적 색채를 탈색하려 한 것이다.

백낙준은 미국에 유학해 프린스턴대학과 예일대학에서 공부하고, 귀국 후
연희전문학교 교수를 지냈다. 해방 후 경성대학 법문학부 학부장에 임명되기

학도호국단 운영위원장 선거전 치열

사범대 학도호국단에서는 운영위원회 정·부위원장 선거를 하기 위하여 동 대학 학생과장 지도 아래 선거규약을 제정하고 선거운동이 질서 있게 진행되고 있다. 22일의 선거 투표일을 앞두고 20일에는 입후보자 합동소견발표회가 있었던 바 정위원장 후보가 6명, 부위원장 후보가 7명(그 중 여학생 1명)에 달하여 선거운동이 활기를 띠고 있다. 동 대학의 이번 선거행사는 민주주의 훈련을 목적한 것으로 그 성공 여부는 학생 자치 훈련에 획기적인 의의를 가져올 것이라 많은 기대를 가지고 주목되고 있다.

《대학신문》, 1953년 6월 22일

도 했지만, 곧바로 연희전문학교·연희대학교로 옮겨가 교장, 초대 총장을 지냈다. 그는 1950년 5월 4일에 문교부 장관에 임명되었다. 그는 오천석과 같이 평안도 출신이자 미국 유학파였다. 따라서 그가 학도호국단을 개편한 것은 안호상의 군국주의 교육을 불식시키고 과거 오천석이 도입하려고 했던 미국식 교육을 다시금 구현하려고 한 것으로 보인다. 《대학신문》은 이에 대해 '미국의 교육자들이 찬사를 보내고 있다'고 보도했다.

　이렇게 규정이 개정됨에 따라 학생들이 운영위원장 선출에 참여하게 되었다. 단과대학 학도호국단의 운영위원장 선거는 1952년 12월에 법대부터 시작되었다. 법대, 수의대, 사범대는 직접선거로, 나머지 단과대학은 대의원회를 먼저 구성한 후 이를 통한 간접선거로 운영위원장을 선출했다. 이렇게 선출된 운영위원장들은 단대 학도호국단의 연합체인 서울대학교 학도호국단 운영위원회를 구성했다. 학도호국단의 운영위원장은 단대 운영위원장들이 윤번제로 돌아가면서 맡았다. 자치기능이 일부 도입되면서 산하에 여학생부도 신설되었다.

　학도호국단이 이렇게 학생자치 기구로서의 기능을 일부 수행하게 되었지만 관제 동원 기구로서의 성격은 여전히 남아 있었다. 문교부 장관이 중앙학도호국단 단장으로 개별 학교의 학도호국단을 통제하고 있어서, 그것은 기본적으로 정부 산하의 하부 동원 조직이었다. 실제로 정부는 그 조직을 활용해 전국의 각급학교 학생들을 관제 집회에 동원했다. 가장 대표적인 것으로 1953년 2월에 부산에서 열린 '학생출정 계몽선전운동 겸 전시학도 궐기대회'를 들 수 있다. 그 밖에 '적성휴전감시위원 축출국민대회' 등 여러 집회에 학생들을 동원했다.

이렇게 학생들이 학도호국단을 통해 일상화된 동원에 시달렸기에 그에 대한 불만의 목소리가 높았다. 개별 학교의 학도호국단 내부에서도 이 문제가 제기되었다. 심지어 운영위원장 선거 때가 되면 역설적이게도 선거공약으로 '학도호국단 해체'를 내거는 후보까지 있을 정도였다.

● 학생언론의 출범

서울대는 개교 당시 종합대학교를 표방했지만, 실제로는 이후 상당 기간 단과대학들을 행정적으로 묶어놓은 연립 대학에 불과했다. 학생언론 역시 단대별로 싹텄다.

먼저 신문이 단과대학별로 발행되었다. 전신 학교 중 하나인 경성대학 예과 학생회가 1946년 3월에 ≪경성대학예과신문≫을 발간했고, 개교한 후인 1947년 7월에 문리대 학생회는 ≪대학신문≫을 창간했다. 사범대 학생회도 같은 해 12월에 ≪사범대학≫을, 상대 학생회도 ≪상대신문≫을 창간했다. 1948년 3월에는 학생 전체를 대상으로 ≪서울대학신문≫이 창간되었다.

한편 학도호국단이 출범하면서 각 단대 학예부 명의로 학보들이 발

≪대학신문≫ 창간호(1952.2.4)

간되었다. 당시 발행된 것으로는 의대의 ≪의대(醫大)≫, 농대의 ≪농대(農大)≫, 치대의 ≪저경학보(儲慶學報)≫, 공대의 ≪불암산≫, 농대 수의학부의 ≪목향(牧香)≫ 등을 들 수 있다. 하지만 이 단대별 신문들과 학보들은 갑자기 한국전쟁이 일어나면서 발행이 중단되었다.

전쟁 중이던 1952년 2월에 피난지 부산에서 ≪대학신문≫이 창간되었다. 그것은 제호가 말해주듯이 서울대만의 신문이 아니라 범대학적인 성격을 띠고 있었다. 당시 전시연합대학이 운영되고 있었던 만큼, 그것은 대학생 전체를 독자로 설정했다. 따라서 초창기 ≪대학신문≫은 지면 가운데 일부를 다른 대학의 소식을 싣는 데 할애했다. 약 1만 부 중 8000부는 학내에서 소화했지만 나머지 2000부 정도는 다른 대학의 학생들에게 배포했다.

하지만 종전 뒤 환도하면서 다른 대학들도 자체로 신문을 발간했다. 이에 따라 ≪대학신문≫의 범대학적인 성격은 약해진 반면에 서울대 신문으로서의 성격이 강해졌다. 초창기 ≪대학신문≫에는 학생기자가 없었고, 서항석과 조풍연 등 기성 언론인이 기사 작성과 신문 제작을 담당했다. 이 무렵까지는 '대학의 신문'이지 '학생의 신문'은 아니었다.

환도 후 학교의 재건과 함께 학생언론도 재건되었다. 여러 단과대학에서 학보가 다시 발간되었다. ≪의대≫가 1951년에 속간된 데 이어 ≪상대평론≫과 ≪문리대학보≫가 1952년에 창간되었다. ≪법대학보≫와 ≪사대학보≫가 1954년에 창간되었으며, 공대에서는 ≪불암산≫이 1952년에 속간되었다.

앞서 보았듯이 ≪대학신문≫이 창간되었음에도 대부분의 단과대학이 전전처럼 별도로 자체 신문을 발행했다. 이를 살펴보면 농대의 ≪농대신문≫(1954), 의대의 ≪함춘월보≫(1956), 사범대의 ≪교우(敎友)≫(1957), 상대의 ≪상대월보≫와 약대의 ≪약대월보≫(1958), 공대의 ≪무영탑≫(1959) 등이 있다. 의대의 *News on Medicine*과 같이 단대에 따라서는 영자신문을 발간하기도 했다. 이렇게 1950년대 학생언론활동은 주로 단과대학을 무대로 이뤄졌다.

● 학회의 탄생

개교한 후 단과대학이나 학과에는 학생들의 자율적인 학술 단체인 학회가 만들어졌다. 학회들은 전쟁으로 활동을 중단했지만, 종전 뒤인 1950년대 중반부터 활동을 재개했다.

학회의 조직 형태는 다양했다. 문리대처럼 여러 학과를 거느리는 단과대학의 경우에는 국어국문학회, 한국우주학회, 물리학연구회, 화학연구회, 통계학회 등 학과를 단위로 학회가 만들어졌다. 동시에 후진국문제연구회와 한국문화연구회와 같이 문리대를 단위로 조직된 학회도 있었고, 학과 내부에 연구 소모임이 있기도 했다. 사범대 역시 사학회, 영문학회, 수학회, 생물학회, 가정학회 등 학과마다 학회가 조직되었지만 교육학회처럼 전체를 포괄하는 학회도 있었다.

법대처럼 사실상 단일 학과로 이뤄진 단대의 경우에 형사법학회, 민사법학회, 공법학회, 사회법학회 등 세부 전공별로 학회가 조직되었다. 상대 역시 이론경제학회, 상학연구회, 경영경제학회, 무역학회, 농업경제연구회 등 10개 학회가 활동했다. 이들은 연합해 학생연구부를 구성하기도 했다.

실천적인 성격의 학회도 있었다. 농대의 4-H연구회와 덴마크연구회, 사범대의 농촌사회연구회, 약대의 '소모임' 등이 그런 예이다. 이 단체들은 브나로드운동의 전통을 이어받아 농촌계몽운동을 전개했다. 하지만 이들도 이론 학습을 병행했기 때문에 넓은 의미에서 학회의 범주에 포함된다. 이렇게 학생들은 일찍부터 학회를 조직해 자율적인 학술 활동을 전개했다.

학생들이 이렇게 학회 활동을 시작한 데에는 그럴만한 이유가 있었다. 서울대는 개교 당시 학과제라는 미국식 제도를 채택했지만, 이것이 자리 잡기 위해서는 상당한 시간이 필요했다. 경성제국대학에서 이어받은 강좌제 전통이 유지됨으로써 1950년대까지도 각 학과가 분과 학문 체계에 입각한 교육과정을 운영하기 어려운 형편이었다.

또한 전쟁 이후 어수선한 분위기 속에서 정상적인 수업이 이뤄지지 못했다. 교수진의 절대적인 부족으로 교수들은 여러 대학에 겹치기로 출강했다.

따라서 학생들이 학교의 공식적인 강의에 의존하기보다는 독학을 하거나 학술 모임을 구성해 스스로 학습하는 전통이 만들어졌다.

1950년대까지 학생들의 독서 환경은 매우 열악했고, 읽을 만한 교양서적이 충분히 공급되지 않았다. 그래서 상당 기간을 도서관 구관서고의 일본어 서적들에 의존해야 했다. 이는 경성제국대학 시절에 수집된 것으로 사상적 자유가 상당히 보장되었던 '다이쇼 데모크라시' 시기(다이쇼 연간인 1913~1925년 앞뒤로 몇 년을 추가한 시기)의 산물이다. 이에 만족하지 못하는 학생들은 원서를 통해 직접 서양 문화를 받아들이려 했다. 이 과정에서 실존주의가 문리대를 중심으로 크게 유행하기도 했다. 이렇게 학생들은 학교 강의에만 의존하지 않고 직접 새로운 사상을 섭취하려고 했다. 이 때문에 일찍부터 학회라는 이름으로 다양한 학술단체가 만들어졌다.

학회들은 대부분 지도교수를 모시고 학교 당국에 공식적으로 등록해 공개적으로 활동했다. 학회는 회원제였지만 배타적이지 않아서 학생들이 여러 학회에 동시에 가입하기도 했다. 학회의 세미나나 토론회에는 회원이 아닌 사람의 참석이 허용되기도 했다.

3. 학생운동의 태동

● 1950년대의 이념적 현실

전쟁의 불기둥이 휩쓸고 지나간 뒤 대한민국의 이념적 현실은 매우 척박했다. 휴전선 이남에서 사회주의자는 깨끗이 소멸되었고 중간파도 배제되었다. 일제강점기부터 내려온 저항적 민족주의의 전통도 단절되었다. 남한은 반공이데올로기만이 횡행하는 이념의 불모지대가 되었다. 대학도 예외가 아니어서 전쟁 중에 피난하지 못한 교수와 학생들은 수복 후 엄격한 사상 심사를 받아야 했다.

이승만 정권은 엄격한 사전검열을 실시해 정부에 대한 비판의 목소리를 가로막았다. ≪대학신문≫에 실린 교수의 글조차 과격하다는 이유로 배포가 중지되는 일이 다반사였다. 대표적인 사례가 1956년 5월 28일 자에 실린 정·부통령선거 결과를 분석한 특집인데, 그중 일부 교수의 글이 논조가 과격하다는 이유로 배포가 중단되었다. 해당 필자는 학내의 평화를 위해 부득이 원고를 고쳐 써야만 했다. ≪대학신문≫이 이렇게까지 검열을 받은 것은 당시만 해도 그것이 학내를 넘어서 사회적으로 상당한 영향력을 미쳤기 때문이다. 아울러 황산덕 교수의 박사학위에 대해 문교부가 끝내 승인을 거부한 것처럼, 이승만 정권은 못마땅한 교수에 대해서는 여러 방법으로 보복을 가했다.

이승만 정권은 유치하고 후진적인 방법으로 사상적 통제를 했지만, 권력 기반 자체는 그리 공고하지 못했다. 군에 대한 통제력도 충분하지 못해 고위 장성들 중에는 대통령보다 미 군사고문단의 지시에 더 신경 쓰는 사람이 많았다. 정권의 재정 기반도 튼튼하지 못했기 때문에 상당 부분 미국의 원조에 의존해야 했다. 서울대도 정부의 예산 지원을 기다리기보다는 원조 자금을 끌어들이기 위해 정부를 제치고 미국 원조 기관과 직접 교섭하는 형편이었다. 이승만 정권은 권위주의적 통치를 펼쳤지만 실제로는 권위가 별로 없었다.

이렇게 정권의 권력 기반이 취약했기 때문에 대학에 대한 사상적 통제도 치밀하지 못했다. 교수들의 대외적인 발언에 대해서는 신경을 곤두세웠지만 학내에서의 학술 활동까지 촘촘하게 감시할 능력은 없었다. 직접적으로 정치적 발언을 하지 않는 한 학내 활동에 대해서는 크게 개입하지 않았다. 이는 과거 일본 제국대학의 전통이기도 했다. 중앙도서관의 구관서고에는 경성제국대학 시절 수집된 사회주의적인 내용의 서적들이 버젓이 꽂혀 있었고, 학생들의 열람도 가능했다.

따라서 1950년대는 반공이데올로기가 횡행하던 시절이었음에도 학내에서는 사상적 자유가 어느 정도 유지될 수 있었다. 그 결과 아카데미라는 보호막 아래에서 진보 이념에 대한 조심스러운 탐색이 가능했다.

• 이념 서클의 등장

학내에서 진보적 학풍이 유지된 대표적인 학과로는 정치학과를 들 수 있다. 당시 정치학과에는 페이비언주의(Fabianism)가 유행했다. 이것은 1884년에 영국 런던에서 버나드 쇼와 시드니 웨브 등이 결성한 페이비언협회의 이념으로서, 1918년 영국 노동당의 정책으로 공식 채택되었다. 그것은 평화적 수단에 의한 점진적 개량을 통해 사회주의에 도달하려는 영국식 사회민주주의라고 할 수 있다. 정치학과의 민병태 교수는 노동당 이론가인 해럴드 라스키의 저서 *Grammar of Politics*를 번역해『정치학강요』로 출간하는 등 영국식 사회민주주의를 적극적으로 소개했다. 신도성 교수도『정치학개론강의』등 여러 정치학 저술을 통해 영국식 사회민주주의를 알렸다.

그들의 영향으로 학생들 사이에 페이비언주의 신봉자가 많이 생겨났다. 학생들은 반공이데올로기의 칼날 아래에서도 상대적으로 사상적 자유를 누릴 수 있었다. 그 결과 진보적 이념에 대한 조심스러운 탐색이 시작되었다. 페이비어니즘의 본고장이 우방국인 영국이었던 점도 그 칼날을 피해갈 수 있는 방패막이 역할을 했다.

학내에서는 1950년대 후반에 이념적 성향을 띤 서클들이 나타나기 시작했다. 대표적인 예는 1956년에 조직된 문리대의 신진회인데, 라스키의 책을 번역한 민병태가 지도교수였으니 이 학회는 페이비언주의 성향이 강렬했을 것이다. 창립 회원으로는 김지주·하대돈·유한열·김형열·서정균 등이 있었는데, 대구·경북 출신이 특히 많았다. 법대에서는 1956년 신조회가 조직되었고 김치선이 지도교수였다. 신조회는 2년 뒤 사회법학회로 명칭을 바꾸었는데, 노동법·경제법·사회정책학을 학술적으로 연구해 지식을 넓히는 것을 목표로 삼았다. 남재희와 최상징 등이 주요 회원이며, 일부 회원은 사회법학회를 페이비언협회 서울 지부로 공식 등록하자고 주장할 정도로 페이비언주의의 영향을 받고 있었다.

이렇게 1950년대 후반에 반공이데올로기가 횡행하는 가운데서도 페이비언주의를 비롯한 엄연히 사회주의적 사상을 지향하는 학회, 즉 이념 서클들이 생겨났다. 이것이 바로 이후 서울대 학생운동의 특징 중 하나인 강한 이념 지향성의 출발점이었다고 할 수 있다.

일제강점기 조선의 학생들은 "브나로드"라는 구호 아래 민중 속에 들어가 그들을 계몽하거나 조직화하는 방식으로 그들의 삶을 개선하기 위한 운동을 벌인 바 있다. 혁명이냐 개량이냐 하는 노선의 차이가 없지 않았지만 민중과 함께하려 한 점에서는 마찬가지였다.

이런 전통은 1950년대의 학생들에게도 이어졌다. 당시 한국은 압도적인 농업국가였다. 민중의 대부분은 농민이었고 그 삶의 현장은 농촌이었다. 따라서 학내에는 수많은 농촌 관련 단체가 만들어져서 농촌계몽운동과 야학운동을 활발히 전개했다. 진보 이념에 대한 탐색이 문리대나 법대 등에서 주로 이뤄졌다면, 민중 속으로 뛰어들어 그들의 삶을 개선하려는 실천적인 움직임은 농대나 사범대 등을 중심으로 벌어졌다.

농대에서는 1950년대 중반부터 4-H연구회와 덴마크연구회 등이 만들어졌다. 특히 덴마크연구회는 1956년 결성되어 한·덴마크협회와 연락을 취하면서 모범적인 농업국 모델을 연구하고 야학을 통한 계몽운동도 함께 펼쳤다. 사범대에서는 1957년 농촌사회연구회(경암회)가 조직되어 농촌 부흥 방안을

약대 〈소모임〉 농촌 봉사 서클

소모임은 1959년 당시 일부 학생들의 경박하고 이기적인 풍조를 박차고 묵묵히 일을 해보자는 봉사정신의 집결체로 발족한 이래 당시에 가장 빈한한 지방으로 지목되던 경남 양산군 원동면 내포리와 선장리 두 부락을 '소'의 이상촌으로 선정하여 금년까지 합하면 9차에 걸쳐 봉사활동을 전개하는 한편 부락 청년들을 모아 향토회를 구성하여 봉사활동 기간 이외의 시일에는 긴밀히 서신 연락을 통해 조언을 주고 있다.

≪대학신문≫, 1965년 9월 23일

연구했으며, 2년 뒤 이론에 치우치는 경향의 경암회를 비판하면서 더 실천적인 농촌계몽대가 조직되었다. 이 둘은 1961년 통합되어 향토개발회가 되었다. 약대에서도 '소모임'이 결성되어 농어촌을 대상으로 하는 계몽과 봉사활동을 벌였다. 이 밖에 다른 단과대학에서도 유사한 단체들이 만들어졌다.

이 단체들은 농촌 현실에 대한 이론적 연구를 넘어서 실천 활동에 적극적으로 임했다. 야학을 개설하여 미취학 아동을 가르치고 방학을 이용해 계몽운동을 펼쳤다. 1950년대의 야학 가운데 대표적인 예는 농대생들이 인근 농촌에서 운영한 서둔야학이다. 서둔야학은 1954년 1월에 서둔교회에 설치된 성경구락부에서 탄생했으나, 이후 교사 부족으로 운영과 중단을 반복하다가 1959년에 농대생들이 인수하면서 본궤도에 올랐다. 농대생들은 그 밖에도 탑일야학, 고색야학, 평동야학 등을 학교 근처에 세웠다.

학생들이 방학을 이용해 농촌에 들어가 농민들과 함께하는 농촌활동도 이 시기에 시작되었다. 이들은 휴전 직후인 1953년 여름방학을 맞이해 단과대학별로 전국 각지로 출발했다. 농촌활동은 농민에 대한 계몽운동의 성격은 물론이고 전공과 연계된 현장실습의 성격도 띠고 있었다. 예컨대 의대생들은 무의촌 진료와 함께 기생충 검진을 실시하고, 수의대생들은 진돗개에 대한 현지조사를 실시했다. 농촌 현실에 대한 체계적인 조사를 통해 대안을 모색하는 기회로 삼기도 했다. 여기서 더 나아가 현지에 4H구락부*를 조직하거나 협동조합을 결성하는 등 문제 해결을 위한 직접적인 실험을 행하기도 했다.

이렇게 1950년대 서울대생들은 브나로드의 전통을 이어받아 민중에게 다가갔다. 아직은 사회변혁보다는 사회개량을 추구하고 좌파 이념보다는 민족주의 정서에 의지했지만, 서울대 학생운동의 주요한 특징 중 하나인 민중 지향성의 뿌리는 바로 이 농촌운동단체들에서 찾을 수 있다.

● 4H구락부란 실천을 통해 배운다는 취지로 1902년에 미국에서 설립된 청소년 단체로서 4H는 머리(head)·마음(heart)·건강(health)·손(hands)을 의미하는 영어 단어의 머리글자를 딴 것이다. 19세기 말 미국 사회가 공업화되어 농촌경제가 위축되면서 농촌 청소년들의 각성을 촉구하기 위해 조직되었다. 한국에는 1954년에 전해져서 한국4H구락부중앙회가 설립되었다.

| 침묵을 뚫고 불거진 '불온한' 사건들 |

1950년대는 학도호국단을 통한 정치적 동원이 횡행하던 시대였다. 거의 매년 '북진통일 학도 총궐기대회' 등 관제 집회가 열려 학생들은 수업은 포기한 채 온종일 길바닥에서 시간을 보내야 했다. 정치적 발언을 위한 집회는 엄두조차 낼 수 없었지만 정부나 학교 당국의 시책을 비판하는 움직임이 전혀 없었던 것은 아니다. 시간이 흐르면서 반공이데올로기의 얼음장을 뚫고 이른바 '불온한' 사건들이 불거졌다.

그 첫 번째 사건으로 1952년 6월 11일에 열린 '민주주의 수호를 위한 선언대회'를 들 수 있다. 이 집회는 정치학과 학생들이 개최했다. 당시 이승만 정권은 '계엄령'을 선포하고 국회의원들을 구금하는 등 '부산정치파동'을 일으키면서 개헌을 통한 장기집권을 도모했다. 그러자 학생들은 집회를 개최해 정권의 전횡을 비판하는 성명서를 낭독하고 '반공반파쇼전국학생투쟁위원회' 명의의 유인물을 배포했다. 아직 전시여서 집회를 주도한 박대완·김유근·이문홍 등은 체포되어 군사재판에 회부되었다. 서울대뿐 아니라 연희대(연세대 전신)·이화여대·동국대에서도 비슷한 성격의 집회가 열렸다. 대구에 있던 고려대는 당국의 엄중한 감시로 집회를 열지 못했다.

한편 이와는 별도로 '반공반파쇼전국청년투쟁위원회' 명의의 유인물도 부산 시내에 뿌려졌다. 이름은 거창하지만 이 위원회는 정치학과 출신 몇 사람이 모여 임의로 만든 것이다. 정치학과 졸업생인 김용성·김하풍·김계수 등이 '부산정치파동'에 항의하는 선언문을 살포하기로 하고, 인쇄를 맡은 김익태가 이형(화학과)·이준영(사학과) 등과 함께 밤새워 등사해 시내에 뿌렸다. 김용성과 김익태 등은 체포되어 한 달 남짓 옥고를 치렀다. 국무총리가 1952년 6월 24일에 학생들의 정치참여를 금지하는 명령을 내린 것은 이 '불온한' 움직임을 억누르기 위해서였다.

학생들이 학교 당국을 비판한 집회로는 1957년 4월의 이강석 편입 반대운동을 들 수 있다. 이강석은 당시 자유당 정권의 2인자 이기붕의 장남으로 이무렵 이승만의 양자로 입적했다. 서울대가 이강석을 법대에 편입시키자 남재희·이강혁·김종호 등 법대생 200여 명은 1957년 4월 9일에 학생총회를 개최해 학교에 편입학 취소를 요구했다. 그럼에도 학교 당국이 이강석 입학을 기정사실화하려고 하자 학생들은 반발해 곧바로 동맹휴학에 들어갔다.

이후 학교와 학생들 사이에 타협이 모색되었다. 학생들이 편입학을 양해하는 대신에 학교는 앞으로 특별 입학을 받지 않고 동맹휴학에 참여한 학생들을 처벌하지 않기로 했으나, 편입학을 거부하는 학생들의 분위기는 좀처럼 가라앉지 않았다. 당시 학생들은 학교의 처사만을 비판했을 뿐 정부를 직접 공격하지는 않았다. 하지만 그들의 마음속에는 정권에 대한 불만이 깔려 있었다. 결국 이강석이 자진해 학교를 떠남으로써 사건은 일단락되었다.

1957년 12월에는 유근일 필화사건이 발생했다. 신진회 회원인 유근일이 문리대 신문연구회에서 발간하는 학내 신문 ≪우리의 구상≫에 「모색」이라는 글을 실었다가 문제가 된 것이다. 그는 이 글에서 한국의 사회 성격을 분석하고 소수 지배층과 광범위한 대중의 대립을 극복하기 위한 대안으로 민주사회주의를 제시했다. 그런데 그 부제가 '무산대중을 위한 체제로의 지향'인 데다 본문에 "새로운 형태의 조국"과 무산대중의 단결"이라는 주장이 들어 있어 큰 파문을 일으켰다. 문리대 당국은 즉각 이 신문을 회수하고 편집자를 정학 처분하는 등 신속한 조치를 취했다. 하지만 그것으로 사태가 마무리되지 않았다.

당시 공안 당국은 이 사건에 주목하면서 유근일뿐만 아니라 신진회 자체를 의심했다. 유근일은 즉각 구속되었으며 신진회 소속의 다른 학생들도 잡혀 들어갔다. 신진회는 이듬해인 1958년 1월에 경찰의 감시 속에서 자진 해산의 절차를 밟아야 했다. 유근일은 '국가보안법' 위반 혐의로 기소되어, 검찰로부터 장기 3년, 단기 2년의 징역을 구형받았지만 유병진 재판장은 무죄를 선고했다. 검찰은 항소했지만 2심 재판부도 무죄를 선고했다.

이처럼 1950년대의 침묵을 뚫고 '불온한' 사건들이 이어졌다. 이와 함께 학생들의 비판 의식도 성장하고 있었다. 이 사건들은 이윽고 닥쳐올 4·19혁명을 예고했다.

이희승 문리대 학장의 국회 증언

≪우리의 구상≫은 지난 4월부터 발간되기 시작하여 이번 문제가 된 것은 6호이다. 내가 7월 취임한 후 5호와 6호가 발간되었다. 이 신문은 문리대 학도호국단 산하 신문연구회라는 합법적 단체에서 발간되었다. 비용은 학도호국단비로 나오는 것이 아니라 학생 각자가 갹출했다. 4명의 교수로 신문지도위원회를 구성하여 감독하여 왔다. 그런데 이번 지도위원은 6호가 발간되기 1주일 전에 위촉되었기 때문에 사정을 잘 몰라 신문을 세심히는 검토하지 않았다. 문제가 된 유근일의 논문도 원고의 일부분만이 검열을 마쳤다. 나는 12월 9일 출근하여 이 신문을 읽어보았는데 그 중에서 그 논문을 발견하게 되었다. 즉각적으로 순수한 학구적 비평을 넘어선 논문이라는 생각이 들어 학생과장을 불렀다. …… 필자 유근일은 다음날 12월 10일 나타났다. 그러나 그는 "나의 정치이념이 그러했기 때문이며 책임이 있다면 내가 지겠다"고 말했다. …… 유근일을 제적하는 한편 신문을 폐간하고 신문연구회는 해산시켰다. 이것을 사회문제화하려 하지 않았는데 기어이 13일에 신문에 나고야 말았다.

≪경향신문≫, 1957년 12월 22일

제2장

분 출

1960년대

1. 4·19혁명

● 어떻게 준비되었나?

1960년 4월 19일 학생시위가 전국에 걸쳐서 동시다발적으로 일어나 12년 간 집권해 온 이승만 정권을 무너뜨렸다. 그야말로 순식간에 일어난 변화였으나 4·19혁명은 결코 어느 날 갑자기 일어난 사건이 아니다.

4·19혁명의 근본적인 원인은 이승만 정권이 제공했다. 이 정권은 1948년 등장한 이래 각종 편법으로 헌법을 개정해 장기독재를 강화함으로써 민생을 어렵게 하고 민주주의를 억압한 탓에 1950년대 후반이 되면서 이미 민심을 잃어버린 상태였다. 그 최후의 몸부림이 1960년 3월 15일 제4대 정·부통령 선거에서 대규모 선거부정을 자행한 것이었다.

부정선거에 대한 학생과 시민의 불만은 곧바로 폭발했다. 선거 당일인 3월 15일 마산에서는 부정선거 규탄시위가 벌어졌고, 경찰은 시위대에 총격을 가해 다수의 사상자가 발생했다. 시위 당시 실종된 고교생 김주열의 시신이 최루탄이 눈에 박힌 채 4월 11일 마산 앞바다에서 떠올랐다. 이에 분노한 시민들은 다시금 대규모 시위를 벌였고 시위는 주변 지역으로 확산되었다. 이승만 대통령은 4월 15일 마산 시위가 공산주의자들에 의해 사주되었다는 요지의 담화를 발표해 시민과 학생들을 더욱 분노하게 만들었다.

3·15부정선거를 시발점으로 해서 정치적 긴장이 점차 고조되는 가운데 서울대생들도 행동을 개시했다. 문리대 정치학과 학생들은 마산에서 김주열의 시신이 발견된 직후인 4월 15일 서울에서도 부정선거 규탄시위를 벌이기로 결의했다. 이들은 거사 날짜를 4월 21일로 정하고 고려대와 한양대 등 다른 학교 학생들과도 연락을 취하기 시작했다. 이들은 곧바로 격문 4000매와 구호를 적은 전단 4000매 그리고 플래카드 8장

선언문

상아의 진리탑을 박차고 거리에 나선 우리는 질풍과 같은 역사의 조류에 자신을 참여시킴으로써 이성과 진리 그리고 자유의 대학정신을 참담한 박토에 뿌리고자 하는 바이다. …… 무릇 모든 민주주의의 정치사는 자유의 투쟁사이다. 그것은 또한 여하한 형태의 전제로 민중 앞에 군림하든 간에 '종이로 만든 호랑이' 같은 헤설픈 것임을 드러낸다. …… 근대적 민주주의의 근간은 자유다. 우리에게서 자유는 상실되어 가고 있다는 것을, 아니 송두리째 박탈되고 있다는 것을 우리는 이성의 혜안으로 직시한다. 이제 막 자유의 전쟁에 불이 붙기 시작했다. 정당히 가져야할 권리를 탈환하기 위한 자유의 투쟁은 요원의 불길처럼 번져가고 있다. …… 보라! 우리는 기쁨에 넘쳐 자유의 횃불을 올린다. 보라! 우리는 캄캄한 밤의 침묵에 자유의 종을 난타하는 타수의 일익임을 자랑한다. 일제의 쇠사슬 아래 미친 듯이 자유를 환호한 나의 아버지 나의 형제들과 같이. …… 나가자! 자유의 비결은 용기일 뿐이다. 우리의 대열은 이성과 양심과 평화 그리고 자유에의 치열한 사랑의 대열이다. 모든 법은 우리를 보장한다.

1960년 4월 19일
서울대학교 문리과대학 학생 일동

을 준비했다. 플래카드에 적인 구호는 이승만 대통령의 담화를 겨냥해 "데모가 이적이냐 폭정이 이적이냐", "대통령은 현실을 직시하라", "대한민국 생명선은 대법원에 달려 있다", "민주주의 바로잡아 공산주의 타도하자", "이놈 저놈 다 글렀다. 국민은 통곡한다" 등이었다.

그런데 갑작스러운 사태로 인해 원래 예정되었던 거사일을 이틀 앞당겼다. 그것은 고려대생들이 4월 18일 부정선거 규탄시위에 나서 국회의사당(현 서울시청 오른편에 있었고, 지금은 시의회 건물로 쓰이고 있다)까지 진출했다가 돌아오는 길에 정치 깡패들의 습격을 받아 많은 부상자가 발생했기 때문이다. 이에 분노한 학생들이 거사일을 이틀 앞당겨 4월 19일로 변경했다.

1960년 4월 19일 오전 8시 50분 문리대 게시판에는 부정선거를 규탄하는 격문이 나붙었다. 인근에 위치한 법대와 의대 게시판에도 동일한 격문이 나붙었다. 학생들이 게시판 앞에서 격문을 읽고 있는 사이에 대광고등학교 학생들이 경찰의 진압을 피해 종로5가에서 혜화동 로터리 쪽으로 몰려왔다. 등교 시간이 대학생보다 빨랐던 고등학생들이 대학생에 앞서 가두시위에 돌입한 것이다.

고교생들의 함성을 들은 문리대생들이 마로니에 광장으로 모여들기 시작했다. 시위를 준비한 학생들은 이것을 신호탄으로 곧바로 선언문과 격문을 학생들에게 배포했다. 학생 200여 명이 모여 플래카드를 앞세우고 곧바로 교문을 박차고 나가 가두시위에 돌입했다. 그때 시각이 9시 30분 무렵이었다.

● 각 단과대학이 겪은 4·19혁명

애초에 교문을 박차고 나간 문리대 시위대의 숫자는 약 200여 명 정도였다. 이들은 교문을 나서자마자 경찰과 첫 충돌을 했다. 이때 인근에 있던 법대와 미대 학생들이 가세해 시위대 숫자가 크게 늘어났다. 미대생들은 실기 수업을 하는 도중에 연락을 받고 급히 뛰어나와 시위에 참가했다. 남학생들뿐만 아니라 여학생들 중에도 시위에 나선 사람이 적지 않았다.

문리대·법대·미대 등 동숭동에 소재한 단과대학 학생들로 이뤄진 시위대는 원남동을 거쳐 종로로 진출하려다 동대문경찰서 앞에서 200여 명의 경찰들로부터 협공을 받았다. 이 과정에서 여러 사람이 다쳤고 연행된 사람도 있었지만, 시위대는 이를 돌파하고 종로로 진출했다. 시위대는 탑골공원 앞에서 다시금 경찰의 저지선을 돌파하고 국회의사당으로 향했다. 이들이 국회의사당에 도착한 시각은 10시 30분경이었다.

한편 연건동에 소재한 의대와 약대 학생들도 시위에 참가했다. 약대에서는 당시 위생화학 과목의 실습을 하고 있었다. 약대생들은 다른 단과대학 학생들이 이미 시위에 들어갔다는 소식이 전해지자 학생총회를 개최해 시위에 참가하기로 결정했다. 100명이 넘는 약대생들이 하얀색 실습용 가운을 입은 채 시위에 나섰다. 약대생들은 앞선 시위대와는 경로를 달리해 서울대병원 정문으로 나와 창경궁 담장을 끼고 돌아서 돈화문 앞에 도착한 후 여기서 좌회전하여 단성사 앞을 지나 국회의사당으로 향했다.

의대의 경우 3·4학년은 임상 실습을 하고 있었기 때문에 시위에 참가하지 못했고, 1·2학년생들만이 약대 시위대에 가세했다. 하지만 오후가 되자 부상자들이 병원에 실려 오기 시작했고, 병원에 남아 있던 3·4학년생들도 이제 더는 가만히 있을 수 없게 되었다. 이들은 긴급학생총회를 열고 구급반을 꾸려 길거리로 나서기로 결정했다. 의대생들은 하얀색 가운을 걸치고 들것과 지혈대와 의약품 등을 휴대한 채 총격이 발생한 곳으로 향했다. 의대 구급반은 모두 10개 반이 편성되었으며, 각기 기동력을 발휘해 시내 곳곳에서 수많은 사상자들을 응급처치 하고 운반했다.

한편 사범대생과 상대생도 각기 시위에 나섰다. 용두동에 있던 사범대 캠퍼스에서는 학생들이 9시 30분경 진행 중이던 수업을 중단하고 운동장에 집결해 교문을 나섰다. 비슷한 시각 종암동에 있었던 상대 캠퍼스에서도 학생들이 강의실과 도서관에서 뛰쳐나와 시위에 돌입했다. 상대생들은 교문을 나서 고려대 쪽으로 가려다가 경찰의 저지를 받자 길을 바꾸어 신설동 로터리에서 사범대생들과 합류하고 함께 을지로를 거쳐 국회의사당으로 향했다. 이들이 국회의사당에 도착한 시각은 10시 50분 무렵이었다. 문리대와 법대 시위대가 도착한 지 약 20분 뒤였다. 이로써 공대와 농대 등 도심에서 멀리 떨어진 곳에 있었던 단과대학들을 제외한 대부분의 서울대생들이 한곳에 모이게 되었다.

당시 국회의사당 앞에는 서울대뿐만 아니라 서울 시내 거의 모든 대학의 학생들과 중고생들이 모여들었다. 10만여 명으로 불어난 그들은 국회의사당 앞에서 연좌시위를 벌였고, 11시 40분경 동국대생을 선두로 하여 경무대(지금의 청와대)를 향해 진격하기 시작했다. 서울대에서는 사범대생들이 앞장섰으며, 문리대생과 미대생, 약대생들이 그 뒤를 따랐다. 시위대는 경찰의 저지선을 하나씩 돌파하며 조금씩 경무대로 접근했다.

시위대가 오후 1시 40분경 소방차를 앞세우면서 경찰의 최후 저지선 10미

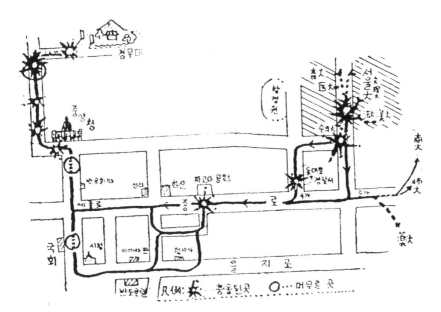

4·19시위 진행 경로

터 앞까지 접근했을 때 경찰의 무차별 총격이 시작되었다. 많은 학생들이 이곳에서 희생되었다. 경찰은 중앙청 앞,* 서대문 이기붕의 집 앞,** 태평로 파출소 앞, 을지로 내무부 청사 앞, 동대문 경찰서 앞 등 시내 곳곳에서도 총을 쏘았다. 이날 서울에서만 101명의 학생과 시민이 경찰의 발포로 희생되었다. 특히 경무대를 향해 진격할 때 앞장섰던 대열에서 희생자가 많이 나왔다. 이 과정에서 경찰 3명도 사망했다.

당시 이승만 정권은 대규모 시위에 대한 대응 능력이 부족했다. 우선 체계

- 광화문 앞을 말한다. 4·19혁명 당시 광화문은 현재의 자리가 아니라 경복궁 동쪽 문인 건춘문 북쪽에 있었다. 1926년 일제가 조선총독부 청사를 건설하면서 시야를 가린다는 이유로 그곳으로 옮겼다. 광화문은 1968년이 되어서야 현재의 자리로 이전 복원되었다. 대한민국 정부는 미군정청으로부터 조선총독부 청사를 인수해 중앙청으로 사용했다.
- ● 서대문 서울적십자병원과 강북삼성병원 사이에 있었다. 현재 4·19혁명 기념도서관으로 쓰이고 있다.

적으로 훈련받은 시위 진압 부대를 보유하고 있지 못했다. 그래서 일반 경찰들, 심지어 급한 경우 교통경찰에게 곤봉과 총기를 쥐어주고 시위를 진압하도록 했다. 최루탄을 지급하면서 안전 수칙도 제대로 교육시키지 않아 마산에서 김주열이 직격탄에 맞아 사망했을 정도다. 4·19 당일 경찰의 진압 능력은 곧바로 한계에 직면했으며, 그 비극적인 결과가 바로 무차별 총격이었다.

경찰의 무차별 총격은 시위대의 행동을 과격하게 만들었다. 곳곳에서 방화가 일어났고 차량을 탈취해 차량 시위를 벌이기도 했다. 총기를 탈취해 경찰과 총격전을 벌인 곳도 있었다. 오후 5시에 서울·부산·대구·대전·광주 등 5개 도시에 비상계엄이 선포되었다. 이에 따라 군 병력이 시내 곳곳에 투입되었다. 통행금지가 실시되었고, 언론 보도는 사전검열을 받아야만 했다. 전국의 각 대학에는 임시 휴교령이 내려졌다.

당시 캠퍼스가 도심에서 멀리 떨어져 있었던 농대와 공대는 4·19시위에는 참가하지 못했다. 수원에 있었던 농대는 물론이고 서울 동북쪽 공릉동에 있었던 공대도 교통이 불편하고 연락이 원활하지 못한 탓에, 4월 19일 등교 후 한참 뒤에야 비로소 시위 소식을 들을 수 있었다.

공대에서는 4월 19일 오후가 되어서야 비로소 학생총회가 소집되었다. 공릉동의 공대에서 도심의 국회의사당까지는 도보로 네 시간 이상이 걸려 저녁 무렵에야 도착할 터이므로 당일 시위는 포기하고 다음 날 시위를 벌이기로 결정했다. 이에 따라 4월 20일 오전 10시경 학교 운동장에 집결했지만 이때는 이미 '계엄령'이 선포되어 무장한 군인들이 학교와 시내 곳곳에 진을 친 상황이었다. 그 와중에 약 100명의 공대생들이 학교 버스 두 대에 나누어 타고 시내로 출발했다. 하지만 이 버스는 동대문 앞에서 군인들에 의해 차단되었으며, 학생들은 학교 당국의 만류로 스스로 해산할 수밖에 없었다.

농대생들은 19일 저녁까지도 학교 담당 형사들의 제지와 고학년의 만류로 어떠한 행동도 하지 못했다. 이튿날인 4월 20일 아침 기숙사생 300여 명이 집결해 교문을 돌파하고 수원 시내로 향했다. 곳곳에 소방차와 무장 경관이 배치되어 있었지만 시위대는 이를 뚫고 수원역 앞 광장까지 나아갔다. 거기에는 서울에서 통학하는 학생들이 휴교령 때문에 학교에 들어가지 못한 채 모여 있었다. 이들이 학교에서 뛰쳐나온 시위대에 합류하자 시위대는 곧바로 1000여 명으로 불어났다. 농대생 거의 전부가 시위에 참가한 셈이었다. 그들은 수원역 앞 광장을 점거한 후 팔달문 앞까지 행진했다. 당시 수원에는 서울과는 달리 계엄령이 선포되지 않았다.

● **여학생들의 활약**

4·19시위에는 여고생과 여대생들도 많이 참여했다. 당시 서울대에서는 여러 단과대학 중 사범대학에 여학생이 가장 많았다. 오늘날 여학생이 많은 가정대학과 간호대학은 당시 아직 독립하기 전이었다. 사범대 여학생 100여 명은 별도로 시위 대열을 형성해 참가함으로써 여학생 시위의 중추적 역할을 담당했으니 사람들의 눈길을 끌기에 충분했다.

미대에도 여학생이 많았으며 상당수가 시위에 참가했다. 당시 미대생들은 캠퍼스가 인접한 문리대생들과 처음부터 행동을 같이했다. 국회의사당 앞에서도 함께 연좌농성을 벌였다. 이때 문리대생과 미대생들이 서로 자기네 여학생이 선언문을 낭독하도록 하려고 다투는 일이 벌어지기도 했다. 결국 당시 문리대 여학생회장인 화학과의 김수자가 선언문을 낭독했다.

미대의 여학생 가운데 고순자가 총에 맞아 목숨을 잃었다. 당시 미대생들은 국회의사당 앞에서 연좌시위를 마치고 문리대 시위대와 함께 경무대 앞으로 진출했다. 고순자는 학교에서부터 이들과 함께 시위 대열에 참가한 것이 아니라 일단 귀가했다가 개별적으로 시위에 참가했는데, 중앙청 앞에서 경찰의 총에 맞았다. 피격 당시 주변에 아는 사람이 없었기 때문에 아무도 가족에게 이 소식을 전해주지 않았다. 가족들은 다음 날 시내의 모든 병원을 다 뒤지고 나서야 비로소 시신을 찾을 수 있었다.

이렇게 4·19혁명의 과정에서 수많은 여학생들이 힘을 보탰으며 그러한 과정에서 희생자가 발생하기도 했다. 당시 여학생이 시위대에 많이 참가한 것에 대해 용감하다고 박수를 친 단과대학도 있었지만 위험에서 보호하겠다는 생각에 여학생의 시위 참가를 만류한 단과대학도 있었다. 그만큼 여학생의 시위 참가는 그때만 해도 보기 드문 현상이었다.

• 여섯 명의 희생자

4·19혁명의 희생자는 전국적으로 사망 186명(경찰 3명 포함), 부상 358명이다. 사망자 중 학생은 고교생 36명, 대학생 22명, 초·중고생 19명으로 77명이나 된다. 서울대 학생 중에는 6명이 희생되었고, ≪대학신문≫에는 그들의 사진과 추모 기사가 실려 있다. 상대 안승준, 사범대 국어과 손중근, 미대 고순자, 사범대 체육과 유재식, 문리대 수학과 김치호, 법대 박동훈이 그들이다.

이 가운데 김치호·박동훈·손중근·유재식은 경무대 앞에서 총탄을 맞았다. 안승준과 고순자는 경무대 앞이 아니라 중앙청 앞에서 총탄을 맞았다. 당시 상대생들은 경무대 앞으로 가지 않았다. 손중근이 경무대 앞에서 총을 맞았을 때 마침 주변에 있던 후배들이 그를 들것에 싣고 을지로6가에 있는 국립의료원까지 뛰어갔다.

여섯 명의 희생자 가운데 고순자·안승준·손중근·유재식은 머리에 총탄을 맞아서 사망했다. 이는 당시 경찰이 시위대를 향해 조준사격을 가했다는 명백한 증거이다. 김치호와 박동훈은 각기 하복부와 왼쪽 어깨를 맞았기 때문에 목숨을 건질 수도 있었다. 하지만 박동훈은 동료들이 떠메고

4·19혁명 희생자 추모 기사

오랫동안 병원을 찾아 헤매다가 과다 출혈로 목숨을 잃었다. 김치호는 박동훈과는 달리 당시 소격동에 있었던 수도육군병원으로 곧바로 옮겨졌기 때문에 살아날 기회가 있었지만, 부상당한 고등학생을 먼저 치료하도록 양보하는 바람에 치료 시기를 놓쳐 목숨을 잃었다.

여섯 명의 희생자는 대부분 경기고·서울고·진명여고 등 세칭 명문고 출신이었다. 특히 서울고는 김치호와 안승준 등 두 명의 희생자를 냈다. 서울고의 후배들은 이 두 선배를 기리는 의식을 거행했다. 김치호의 가족은 정부로부터 받은 조의금에다 그 몫의 학비까지 보태 수학과에 장학금으로 기탁했다.

희생자를 낸 각 단과대학은 희생자를 위령하며 혁명을 기리기 위한 기념물을 조성했다. 여섯 명 중 두 명의 희생자가 나온 사범대학이 그해 10월에 횃불을 든 청년 나상을 세운 것을 시발로 이듬해 4월 법대는 기념비를, 미대는 기념 조형물을, 문리대는 기념탑을 세웠다. 그 '4월학생혁명기념탑'에는 정의의 수호자로서 독재와 불의에 항거하며 민주주의를 사랑하는 국민의 성원 속에, 국민 총의를 집중적으로 표현한 학생혁명의 정신을 길이길이 이어가자는 다짐이 새겨져 있다. 이 다짐은 동료이자 선후배의 목숨값이었기에 각자의 마음속에 메아리처럼 깊고도 긴 울림으로 각인되었다.

● 이승만 하야를 이끌어낸 교수단 데모

4·19 당일 총격으로 다수의 희생자가 발생한 후에도 전국의 시위는 계속되었다. 계엄령에 따라 군 병력이 투입된 서울·부산 등 대도시에서는 큰 시위를 벌이기 어려웠지만 그렇지 않은 중소 도시에서는 사정이 달랐다. 앞에서 살펴보았듯이 수원에서는 4월 20일 농대생들이 대대적인 가두시위를 벌였다. 인천에서는 4월 21일 인하대생들이, 군산에서는 22일 10개 중고등학교 학생들이 시위를 벌였다. 이후에도 중소 도시를 중심으로 시위가 계속 이어졌고, 마침내 전국의 대학교수들이 시위에 동참하기에 이르렀다.

이렇게 시위가 이어진 배경에는 당국의 유혈 진압에 대한 학생과 시민의 분노 외에도 다른 요인이 작용했다. 계엄사령관이 첫날부터 학생에 대한 보복 행위를 금지했고, 다음 날에는 부대원들에게 이미 지급한 실탄도 회수했다. 게다가 미국 국무성은 4·19 학생시위에 나타난 민심을 보고 한국의 민주화를 촉구하는 성명을 발표했다. 이런 변화들은 평화적인 시위를 계속하기에 좋은 분위기를 조성해 주었다.

이승만 대통령은 여전히 버티고 있었지만 정권 내부의 균열이 일어나기 시작했다. 4월 21일에는 국무위원 전원이, 그리고 이틀 뒤 장면 부통령이 사표를 제출했다. 그러자 이승만 대통령은 모든 사회단체와 관계를 끊겠다고 다짐했고, 당시 2인자로 자처하던 이기붕은 모든 공직에서 물러나겠다고 밝혔다. 하지만 이것으로 민심을 막을 수는 없었다.

여기에 마지막 결정타를 날린 것이 바로 교수단 시위다. 전국 각 대학의 교수 258명이 4월 25일 서울대 교수회관에 모여 이희승 교수 등이 작성한 시국선언문을 채택한 후 "학생의 피에 보답하라"라고 쓴 플래카드를 들고 시위에 나섰다. 학생들이 동참해 시위 군중은 1만여 명으로 불어났고, 이승만의 하야를 촉구하는 구호가 나왔으나 군과 경찰은 이들을 제지하지 않았다. 교수단은 국회의사당에 도착한 후 대통령·국회의장·대법원장의 즉시 퇴진을 요구하는 시국선언문을 낭독하고 만세삼창과 함께 「애국가」를 부른 뒤 해산했다. 그 후에도 일부 시위대는 국회의사당 앞에 남아 철야 시위를 벌였다. 이날 마산·춘천·진주 등 지방에서도 시위가 있었다.

다음 날인 4월 26일 이른 새벽부터 사람들이 도심지로 모여들기 시작했다. 얼마 지나지 않아 시위대가 세종로에서 중앙청에 이르는 거리를 가득 메웠다. 동대문에서 종로 입구까지도 군중으로 가득 찼다. 군은 중립적인 자세를 취했으며 시위대는 서슴없이 탱크 위로 올라갔다. 오전 10시경 시위 군중의 숫자는 10만 명에 육박했다. 이에 이승만 대통령은 학생 대표를 경무대로 불러 면담한 후 하야 성명을 발표하고 이튿날 국회에 사임서를 제출했다.

이승만 정권이 막을 내리고 곧바로 허정을 수반으로 하는 과도정부가 수립되었다. 과도정부는 국민 여론에 따라 내각제를 골자로 새 헌법을 제정하고 7월 29일 국회선거를 실시했으며, 그 결과 장면 총리의 민주당 정부가 출범했다. 4·19혁명은 학생과 시민의 평화적인 시위로 독재정권을 무너뜨린 최초의 사건으로, 그 후 한국 민주주의를 진전시켜 가는 기나긴 여정의 출발점이 되었다.

2. 학생활동의 활성화

● 학생회 조직

4·19혁명이 성공하자 학생들은 그동안 대학 생활을 통해 느껴왔던 불만을 한꺼번에 폭발시켰다. 이는 학내 민주화운동으로 이어졌다. 가장 먼저 터져 나온 것은 어용 교수에 대한 사퇴 요구였다. 이 문제는 특히 상대에서 가장 심각해 학생들이 동맹휴학까지 벌였다. 이 밖에 미대와 문리대에서도 학장 배척 운동이 일어났다.

이승만 정부하에서 만들어진 관제 동원 조직인 학도호국단에 대한 불만도 거셌다. 공대와 상대에서는 이승만 대통령이 하야한 지 나흘 만인 4월 30일 학생총회를 개최해 학도호국단을 해체할 것을 결의했다. 문리대와 법대의 교수들도 같은 날 회의를 열어 학도호국단 해체를 요구했다. 여론에 밀린 과도 정부는 5월 3일 열린 국무회의에서 학도호국단 해체를 의결했다. 이에 따라 서울대는 5월 5일 학장회의를 열어 '학생자치 기구의 조직에 관한 결의'를 채택해 학도호국단을 해체하고 새롭게 학생자치 기구를 조직하도록 했다. 이로써 학도호국단은 만들어진 지 10년 6개월 만에 해체되었다.

곧바로 학생들은 학생회 조직에 착수했다. 먼저 단과대학별로 학생회칙을 제정하고, 그에 따라 각 단과대학 학생회장을 선출했다. 단과대학 학생회장 선거는 5월 16일 법대에서 처음으로 시작된 후 다른 단과대학들로 이어졌다. 직선으로 뽑은 곳도 있지만, 문리대는 각 학과별로 학생 30명당 1명의 대의원을 뽑은 후 대의원회에서 학생회장을 선출했다.

각 단과대학별로 학생회가 구성됨에 따라 서울대생 전체를 대표하는 자치

기구가 만들어졌다. 12개 단과대학의 학생 대표들은 5월 23일 모임을 갖고 '서울대학교학생회헌장'을 제정하고, 그에 따라 총학생회를 구성했다. 이 헌장에 따르면 총학생회는 12개 단과대학 학생회장과 여학생회 대표로 구성된 합의체였다. 정·부의장의 임기는 1개월로 단과대학 학생회장들이 윤번제로 맡도록 되어 있었다. 이때 여학생회는 아직 만들어지기 전이어서 총학생회가 출범한 직후인 6월 3일 총여학생회를 구성해 대표를 총학생회에 파견했다. 총여학생회는 상대·공대·수의대·의대를 제외한 8개 단과대학의 여학생회장들로 구성되었다.

4·19혁명 이후 조직된 학생회의 조직 형식은 학도호국단 시절과 크게 다르지 않았다. 학도호국단 시절에도 학생들이 각 단과대학 학도호국단 운영위원장을 선출한 다음, 이들이 모여 서울대학교 학도호국단 운영위원회를 구성했다. 전체 운영위원장은 단과대학운영위원장들이 1개월씩 윤번제로 맡았다. 따라서 학생회의 형식적인 틀은 학도호국단의 것을 그대로 이어받았다고 할 수 있다. 다만 여학생들의 자치 기구로 여학생회가 별도로 조직된 것은 전에 없던 변화였다.

그러나 학생회의 성격과 운영은 학도호국단과 전혀 달랐다. 호국단은 한때 학생자치 기능을 일부 수행했지만, 본질적으로는 동원과 통제를 위한 기구였다. 이에 반해 4·19혁명 이후 조직된 학생회는 학생들의 자율성이 완벽하게 보장된, 온전한 의미의 자치 기구다. 서울대 학생회헌장에 조직의 목적이 "학생의 자유롭고 민주적인 자치활동에 필요한 제반 사항을 규정하고 이를 운영함"으로, 조직의 성격이 "단과대학 회장들로 구성된 합의체"로 규정된 것들이 민주적 자치를 뒷받침했다.

이렇게 출범한 학생회는 다양한 활동을 전개했다. 학생들의 권익을 지키기 위해 벌인 대표적인 예는 '기성회비 납부거부운동'이다. 당시 기성회비는 학교의 시설 확충을 위한 재원으로 명목상 자발적으로 내는 것으로 되어 있었지만 등록금의 일부로 부과되어 강제로 징수되었다. 학생회는 시설 확충을 위한 비용은 국가가 부담하는 것이 마땅하다고 주장하면서 기성회비 납부를 거부했다. 그 밖에 4·19혁명의 정신을 사회에 확산시키기 위한 '국민계몽운동'과 '새생활운동'도 펼쳤다.

● 학생언론의 활성화

4·19혁명의 여파로 넘실거리는 자유의 물결 속에서 학생언론도 활기를 띠었다. 그중 자유의 물결이 가장 먼저 미친 곳은 ≪대학신문≫이었다. 먼저 기존의 ≪대학신문≫ 편집위원회가 1960년 5월 2일 자진해 해산을 결정했다.

≪대학신문≫은 1952년 2월 창간되었는데, 처음부터 학생기자가 아니라 전문기자의 손에서 만들어졌고 당시 편집위원회는 모두 교수로만 구성되었다. 따라서 그것은 엄밀한 의미로 보면 '학생의 신문'이 아니었다. 1954년부터 학생기자 제도를 도입해 학생들이 제작에 참여할 수 있게 했다. 하지만 학생기자에게 편집권이 온전히 주어지지는 않았다. 4·19혁명 이후 편집위원회가 해산하면서 학생기자들의 자율성이 크게 확대되었다. 이제 비로소 ≪대학신문≫은 '학생의 신문'으로, 서울대생들과 호흡을 같이하는 공론의 장으로서 언론 본래의 역할을 할 수 있게 되었다.

각 단과대학에서도 학생언론이 활성화되었다. 1950년대 학생언론의 주요한 무대는 각 단과대학이었다. 4·19혁명 이후 각 단과대학에서는 그동안 발행이 중단되었던 매체가 속간되기도 했고, 새로 창간되는 매체도 생겨나는 등 학생언론이 크게 활성화되었다. 문리대에서는 단과대학 신문 ≪새세대≫가, 이듬해에는 영자지 *The Academy Tribune*가 창간되었다. 법대에서는 ≪법대신문≫이 창간되었으며 공대에서는 ≪무영탑≫이 제호를 ≪서울공대≫로 바꾸어 발행되었다. 사범대 신문 ≪교우(教友)≫도 이 무렵 제호를 ≪사대월보≫로 바꾸어 발행했다. 의대에서는 ≪함춘월보≫가 속간되었다.

이때 학생언론은 외부 간섭으로부터의 자율성은 물론이고 학생회로부터의 독립과 자율성도 아울러 추구했다. 사범대의 ≪사대월보≫ 편집부는 이전의 ≪교우≫ 때와 달리 사범대학생회로부터 완전히 독립된 별개의 기구로 거듭났다. ≪법대신문≫도 마찬가지로 학생회로부터의 독립을 추구했다. 문리대의 ≪새세대≫는 학생회와의 관계를 둘러싸고 약간의 마찰을 빚기도 했으나 학생회칙을 개정하여 ≪새세대≫가 자체적인 사칙(社則)에 근거해 독자적으로 운영할 수 있도록 허용했다.

● 학회 활동의 활성화

학생들의 학술 모임인 학회는 4·19시위에서 이미 중요한 구실을 담당했다. 당시 문리대의 시위를 주도한 정치학과 3학년 학생들은 대부분 후진국문제연구회 회원이었다. 이 학회의 전신은 1956년 정치학과 학생들이 결성한 신진회인데, 회원인 유근일의 필화사건으로 1958년에 강제 해산되었다. 학회 회원들은 그 뒤 후진국문제연구회로 이름을 바꾸어 활동을 계속했고, 이승만 정권이 무너진 후 신진회라는 원래 이름을 회복했다. 뒤에서 자세히 살펴보겠지만, 이 학회는 민통련을 조직해 통일운동을 이끌었으며, 4·19혁명을 대표하는 학회라고 할 수 있다.

이런 분위기를 타고 후진국문제연구회와 비슷한 실천적 문제의식을 가진 학회 창립이 이어졌다. 문리대에서는 1960년 6월 15일 사회학과 학생들을 중심으로 후진국사회연구회가 조직되었는데, 그 목적은 후진국가의 문제점과 해결 방법을 조사·연구하는 것이었다. 법대에서는 1961년 5월 농촌법학회가, 농대에서는 1960년 4월 농정연구회가 결성되었으며, 수의대에서도 농촌연구회가 조직되었다. 이 사례들은 혁명 직후 학생들의 제3세계 정체성 속에 민족주의가 고조되던 사정을 반영한다.

학회들도 학생언론과 마찬가지로 학생회로부터의 독립과 자율성을 추구했다. 법대에서는 1960년 7월 29일 학회 활동을 강화하기 위해 법대 내의 17개 학회의 연합체로 학회평의회가 조직되었다. 학회평의회는 그동안 학도호국단에 종속되어 있던 학회비를 독자적으로 걷을 수 있도록 해줄 것을 학교 당국에 건의했고, 이후 학회 예산은 학생회와 분리되어 독자적으로 운영되었다. 상대도 10여 개 학회의 연합체인 학생연구회를 결성했다. 학생연구회는 각 학회의 재정을 지원하고 ≪상대평론≫을 발간하는 등 학생회와는 별개로 독자적으로 활동했다. 각 단과대학의 학술제는 이 학회연합체들의 주관 하에 기획·운영되었다.

이렇게 4·19혁명 이후 여러 학생활동이 활발해지는 가운데 학생회와 학생 언론, 학회의 삼자가 정립(鼎立)해 균형을 이루는 시스템이 형성되었다.

3. 학생운동의 분출

● 도시에서의 새생활운동반 활동

학생들은 4·19혁명의 정신을 확산시키기 위한 사회운동을 전개했다. 학생 회가 추진한 '국민계몽운동'이 그 좋은 예이다. 학생회는 6월 10일 이를 결의 하고 7월 7일 국민계몽대를 결성했다. 이를 통해 "국민의 정치의식과 주권의 식을 고양하고 올바르고 충실한 민주주의를 수립"하고자 했다. 대원들은 "새 나라 새 터에 새살림"이라는 플래카드를 들고 시가행진을 벌였다. 이 무렵 서 울대 이외의 다른 대학에서도 비슷한 성격의 조직들이 속속 결성되었다.

국민계몽대는 농촌에 국민계몽반을, 서울과 부산 등 도시에 새생활운동반 을 파견했고, 그 본격적인 활동은 여름방학에 이뤄졌다. 새생활운동반은 7월 8일 "망국 사치품 건국 국산품", "한 개비 양담배에 불타는 우리 조국", "푹 썩 어 빠진 분은 댄스홀 카바레로" 등의 구호를 외치며 시가행진을 벌였다.

새생활운동반은 일회적인 캠페인에 그치지 않고 단속반을 조직해 지속적 인 규찰 활동을 전개했다. 이들은 '서울대새생활운동반'이라고 새긴 완장을 차고 직접 다방과 극장 등을 돌며 양담배를 단속하고 수입된 커피 대신 국산 차를 마시자고 호소했다. 7월 16일에는 그동안 압수한 양담배 2000여 갑을 모 아 세종로에서 소각하는 행사를 벌이기도 했다. 이런 활동으로 인해 서울 시 내 카바레의 절반 이상이 휴업에 들어갈 정도였다. 심지어 공무원들이 관용 차를 사사로이 이용하지 못하도록 학생들은 당국에 관용차 실태조사를 의뢰 하는 한편, 시내 번화가에서 관용차를 직접 단속했다. 공휴일인 8월 18일에는

一. 우리는 공정한 학생 신분으로 국민을 계몽하고 4월혁명의 정신을 보급하고자 한다.
一. 우리는 국민계몽운동을 통하여 국민의 정치의식과 주권의식을 고양하고 올바르고 충실한 민주주의의 수립을 기하고자 한다.
一. 우리는 국민계몽운동을 통하여 경제적 복지를 달성하는 방도를 강구하고자 한다.
一. 우리는 국민계몽운동을 통하여 신생활체제를 수립하고자 한다.
一. 우리는 국민계몽운동을 통하여 민족문화를 창조하고자 한다.

유원지에 나온 관용차 91대를 적발해 검찰에 고발하기도 했다. 이후 휴일 유원지에서는 관용차가 자취를 감추었다.

이렇게 새생활운동반이 적극적인 단속 활동을 전개하자 종로구의 어느 동네 주민들은 주택가에서 불법적으로 영업하는 고급 요정을 단속해 달라는 연판장을 서울대 국민계몽대 앞으로 보내오기도 했다. 1894년 동학농민전쟁 당시의 집강소와 같은 역할을 새생활운동반이 담당한 것이다.

수원의 농대학생 850여 명은 국민계몽대를 결성하고 7월 19일 "농민이 흘린 피땀 사치로써 낭비 말라"라는 등의 구호를 외치며 수원에서 서울까지 백리대행군을 결행했다. 그들은 서울역 광장에 도착해 기성 정치인의 기만적 농촌 정책과 도시인의 사치·향락을 규탄하는 성토대회를 열었다. 총여학생회도 총학생회의 새생활운동과 보조를 맞춰 '여성새생활운동'을 전개했다.

새생활운동의 열기는 방학이 끝난 후에도 이어졌으며 중고생과 결합해 더욱 확대되었다. 서울대 총학생회는 8월 말 서울 시내 중고등학교 학생 대표와 좌담회를 열어 함께 이 운동을 펼치기로 했다. 9월 24일 오후 4시 45개 학교 3000여 명의 중고생이 서울운동장에 모여 새생활운동 발대식을 하고 시가행진을 벌였다. 중고생은 3·15마산시위를 비롯해 4·19시위 등에 이미 적극 참가한 터였다.

이렇게 새생활운동이 확대되자 학생들은 정부에 새생활운동의 입법화를 요구하면서 과격한 방식을 취하기도 했다. 9월 22일 새생활운동반 소속 학생 300여 명이 국회의사당 앞에 집결해 가(假)넘버 차량의 불법 운행을 규탄하는 집회를 열었다. 가넘버 차량이란 일종의 임시 등록 차량인데, 당시 특권층이 이를 불법적으로 운용해 탈세를 하는 등 문제가 많다는 비판을 받고 있었다.

학생들은 집회를 마친 후 가넘버 차량 59대를 적발해 시청 앞 광장으로 끌고 가 전시했다. 그러고는 국무총리에게 이를 폐차 조치하라고 요구하면서 만약 이 요구를 받아들이지 않으면 이 차량들도 양담배처럼 모두 불살라 버리겠다고 엄포를 놓았다. 경찰은 이에 맞서 1500명의 병력을 투입해 학생들을 제압하고 학생들이 압수한 차량을 주인에게 돌려주었다.

이처럼 새생활운동은 단순한 캠페인을 넘어 직접 물리력을 행사하는 지경에 이르렀다. 이것은 엄연히 법치의 울타리를 뛰어넘는 행동이었다. 학생들은 '혁명'이라는 이름으로 이를 정당화했다. 하지만 그 '혁명'은 이념적 방향성이 뚜렷하지 않았다. 외제 수입품 소비와 사치 풍조 배격 등을 주된 내용으로 한 점으로 보아 단지 소박한 민족주의 정서에 의지해 후진국 지식인으로서 민족의 현실을 직시하며 그 해결 방안을 모색하고자 했던 것이다.

● **농촌에서의 국민계몽반 활동**

학생들의 국민계몽반은 7월 8일 전국의 농촌으로 출발했다. 당시 학생들은 후진국이라는 현실을 극복하려는 실천적 문제의식이 있었던 만큼 이는 자연스럽게 농업과 농촌에 대한 관심으로 이어졌다. 학생들은 일제강점기의 '브나로드'운동을 이어받아 1950년대에도 농촌계몽운동과 야학운동 등을 펼친 바 있다. 이 전통이 4·19혁명의 열기 속에 국민계몽반의 활동으로 이어진 것이다.

국민계몽반 활동은 1950년대의 계몽활동이 문맹퇴치와 생활개선에 그친 것과 달리 정치적 계몽도 포함했다. 4·19혁명의 정신을 농민에게 전파하고 새 정부 수립을 위한 국회의원 선거의 중요성을 홍보하는 것이 국민계몽반에게 부여된 새로운 임무였다.

국민계몽반은 시골 장터나 학교 운동장, 국회의원 선거를 위한 정견 발표장 등을 찾아 4·19혁명 당시의 체험담을 소개하고 관련 화보를 장터에 전시하는 한편, 투표하는 방법 등을 홍보했다. 과학 사상의 보급과 미신 타파, 환경 미화와 보건위생 등 전통적인 계몽활동도 함께 펼쳤다.

향토개척단 견장

농촌 계몽활동은 이듬해에도 이어졌다. 1961년 6월 서울대 내의 여러 농촌 관련 단체들이 모여 그 연합체로 향토개척단을 결성했다. 이는 1960년에 시작된 농촌계몽활동을 더욱 안정적이고 지속적으로 추진하기 위한 것이었다.

향토개척단에는 문리대와 음대생들로 이뤄진 우리문화연구회, 법대의 농촌법학회, 미대의 농촌연구회, 약대의 소모임, 치대와 간호학과 학생들로 이뤄진 TT클럽, 상대의 농업경제학회, 사범대의 향토개발회와 경암회 등 농촌 관련 학생단체들이 함께 참여했다.

향토개척단은 12개 단과대학 소속 1626명의 학생들이 참가한 가운데 1961년 7월 22일부터 8월 5일까지 13일간 농촌활동을 전개했다. 이들은 각기 연고지를 중심으로 약 300개 면을 선정해 농촌의 경제·법률과 사회구조 등에 대해 조사 활동을 벌이는 한편 문맹퇴치, 협동 정신 고취, 민족정기 앙양 등의 계몽활동, 의료·의약·근로 등 봉사활동을 전개했다.

● 민족통일연맹의 통일운동

4·19혁명 직후 학생들의 사회참여는 통일운동이라는 정치적 운동으로 확대되었다. 민족통일연맹(이하 민통련)을 결성해 남북학생회담을 제안한 것이 그 정점이다.

억압되었던 통일 논의는 4·19혁명 직후 이른바 혁신계를 중심으로 시작되었다. 혁신계란 1950년대 이후 보수적인 제도권 정치에서 배제된 진보적 정치·사회 세력들을 일컫는데, 이들은 4·19혁명 직후 치러진 7·29국회의원 선거를 계기로 전면에 등장했다. 이승만 정권의 붕괴로 반공이데올로기에 따른 사상적 통제가 일시적으로 이완됨에 따라 진보 세력의 활동이 활성화된 결과이다.

이렇게 등장한 혁신계가 중립화통일론과 남북협상론 등 다양한 통일 논의를 전개하자 학내의 이념적 성격이 강한 일부 학회 회원들 가운데 통일문제에 관심을 기울이는 학생들이 나오기 시작했다. 그 대표적인 예는 4·19혁명 과정에서 큰 역할을 담당한 신진회이다. 법대의 사회법학회 회원들 중에도 이에 관심을 가진 학생이 많았다.

통일문제에 관심을 가진 학생들은 1960년 11월 민통련을 결성해 통일 논의를 공식화했다. 먼저 서울대 학생들이 11월 18일 장면 총리에게 미국·소련의 지도자와 한국의 통일 문제를 협의할 것을 건의하면서 민통련을 결성했다. 중앙위 의장은 윤식, 조직위원장은 황건, 동원부장은 심재택이 맡았다. 창립 당시 발기인은 264명이었으며 뒤에 회원이 500명 내외로 늘어났다. 이를 신호탄으로 하여 다른 대학들에서도 비슷한 성격의 단체들이 속속 만들어졌다. 그래서 이후 서울대의 민통련은 '서울대'라는 세 글자를 앞에 덧붙여 '서울대 민통련'이라 불렀다.

서울대 민통련은 통일 관련 강연회나 토론회를 개최하는 한편, 정치적 현안에 대응하는 활동을 벌였다. 한국과 미국은 1961년 2월 8일 한미경제협정을 체결했는데, 서울대 민통련은 이 협정 내용에 한국의 주권을 침해하는 요소가 들어 있다고 지적했다. 미국에 경제계획의 운용 및 기록에 대한 관찰과 검토를 허용한 것, 원조 사무와 관련된 미국 정부의 특별사절단과 직원에게 외교특권을 부여한 것, 미국 정부 또는 원조 관련으로 한국에 오는 계약자에게 면세 혜택을 부여한 것 등이 그 골자이다. 이것은 반외세 민족혁명론에 의거한 주장이었다.

서울대 민통련은 1961년 2월 12일 다른 대학의 통일운동단체들과 힘을 합쳐 전국한미경제협정반대투쟁위원회를 결성했으며 2월 14일에는 탑골공원에서 성토대회를 개최했다. 하지만 이 운동은 일반 시민들에게는 큰 반향을 일으키지 못했다.

서울대 민통련은 1961년 3월, 혁신계와 손을 잡고 '2대 악법' 반대운동을 전개했다. '2대 악법'이란 당시 장면 정부가 제정하려고 한 '반공임시특별법'과 '데모규제법'이며, 통일운동을 견제하기 위한 법이었다.

이 가운데 특히 문제가 된 것은 '데모규제법'이었다. 당시 집회와 시위에 관한 법률로는 1960년 7월 1일 제정된 '집회에 관한 법률'이 있었다. 그런데 장면 정권이 새로 만들려고 한 '집회와 시위에 관한 법률'은 사람들이 정지해서 시위할 경우 중요 건물 20미터 이내에 접근을 불허하고 동일 건물 앞에서 1시간 이상의 시위를 금지하며 일몰 후에는 시위를 원천적으로 금지하는 등 세세한 내용이 포함되었다. 그래서 당시 언론에서는 이 법을 일컬어 데모규제법이라고 불렀다.

2대 악법 반대시위는 혁신계가 주도했지만 서울대를 비롯한 각 대학의 민통련도 참여했다. 시위는 1961년 3월 18일 경북학생공통투쟁위원회 주최로 대구에서 약 1만여 명의 군중이 참가한 가운데 시작되었다. 이후 시위의 불길은 곧바로 서울로 옮겨 붙었다. 서울에서는 3월 22일 시청 앞 광장에서 '반민주악법반대 성토대강연회'가 열렸다. 이 집회에는 경찰의 노골적인 방해에도 불구하고 1만 5000여 명이 참가했다. 강연회를 마친 뒤 참석자들은 횃불을 들고 시위를 벌이다 경찰과 충돌했다. 서울대 민통련은 이 운동을 통해 당시 서울대 학생운동을 주도하는 단체로 성장했다.

서울대 민통련은 1961년 4월에 접어들면서 통일운동을 본격적으로 추진했다. 4·19혁명 1주년을 맞아 서울대 학생회 명의로 발표된 '서울대 제2선언문'은 반봉건·반외세·반매판의 3반과 함께 민주·통일·민족자주를 향후 운동 방향으로 제시했다. 학생들은 기념식을 마치고 4·19시위 당시의 코스를 따라 침묵시위를 벌였다. 이때 "이 땅이 뉘 땅인데 오도 가도 못하느냐", "이북 쌀, 이남 전기", "외세는 물러가라", "남북 서신 교환", "남북 학생 판문점에서 만나자" 등의 플래카드를 들고 있었다.

서울대 제2선언문

우리는 여기서 3, 4월의 항쟁을 계속 발전시켜야 한다. 지금 이 땅의 역사사실을 전진적으로 변혁시키기 위하여서는 반봉건, 반외압세력, 반매판자본 위에 세워지는 민족혁명을 이룩하는 길뿐이다. 이 민주, 민족혁명 수행의 앞길에는 깨어진 조국의 민족통일이라는 커다란 숙제가 놓여 있다.

서울대 민통련은 5월 3일 열린 대의원회의에서 북한 학생에게 남북학생회담을 제안하기로 결정했다. 전국 17개 대학의 통일운동 관련 단체들이 5월 5일 민족통일전국학생연맹(이하 민통전학련)을 결성하면서 서울대 민통련의 결의를 지지했다. 민통전학련은 판문점을 학생회담 장소로 지정하면서 북측에 5월 중으로 회담을 열자고 제안했다.

통일 논의가 남북학생회담 제안으로 급진전되자 그에 대한 찬반 여론이 갈렸다. 혁신계는 크게 환영하면서 민족자주통일협의회를 구성해 대규모 지지 집회를 열었다. 이와 달리 기성 보수 세력은 크게 반발했고, 장면 정권은 즉각 불허 방침을 발표했다. 서울대 안에서도 학생회는 참여하지 않은 채 거리를 두었고, 심지어 학생회의 통제 아래 두려는 시도까지 했다. 사회과학연구회는 무모한 짓이라고 비판하며 반대했다. 일반 학생들은 대부분 선뜻 지지하지도 반대하지도 못하며 관망하는 태도를 보였다.

이에 따라 서울대 민통련도 내부적으로 동요하다가 강경파와 온건파로 나뉘었다. 황건과 김정강 등 강경파는 이후에도 계속 혁신계와 보조를 맞추었지만, 나머지 사람들은 대부분 그와 거리를 두면서 자신들이 추진하려는 학생회담은 정치 협상이 아니라 문화·체육 교류를 목적으로 한다고 물러섰다. 결국 혁신계는 서울대 민통련과 상관없이 통일운동을 계속 추진하다가 5·16군사정변으로 불벼락을 맞았고, 한발 물러섰던 서울대 민통련도 수난을 피할 수 없었다.

4. 5·16군사정변과 서울대

● 5·16군사정변 직후 벌어진 소동

1961년 5월 16일 박정희 소장의 지휘하에 군사정변이 일어나 4·19혁명의 열기 속에 새로 출범한 장면 총리의 민주당 정권을 무너뜨렸다. 이로써 분출되던 학생운동의 기세는 크게 꺾일 수밖에 없었다. 정변 주도 세력은 권력을 쥐자마자 4·19혁명의 추동력인 대학부터 손보기 시작했다.

군사정부는 우선 학생들 중 통일운동에 앞장섰던 민통련을 가혹하게 탄압했다. 윤식·유근일·황건·이영일·심재택 등이 당시 통일운동을 벌이고 있던 혁신계 인사들과 함께 검거되었다. 계엄령 아래에서 진행된 군사재판은 이들에게, 북한 괴뢰 집단의 목적 및 그 기본 노선과 동일한 사항을 선전·선동함으로써 반국가단체의 활동을 찬양·고무·동조했다는 죄목으로 5년에서 15년까지 중형을 선고했다. 반공을 국시로 내세운 군사정부는 민통련을 이적단체로 몰았지만, 사실 이들의 이념은 민족통일을 우선하는 좌파민족주의라고 할 수 있다.

이런 공포 분위기 속에 군사정부는 9월부터 전국의 대학을 일방적으로 통폐합했다. 졸속 제정된 '교육에 관한 임시특례법', '대학정비 기준령'에 따라 전국적으로 147개 학과가 폐지되었으며 입학 정원 2만 5520명이 감축되었다. 이는 대학 입학 정원 10만 8000여 명의 4분의 1에 해당한다. 인구에 비해 대학생 비율이 높아 졸업생 다수가 실업 상태에 있고 사립대학 상당수가 부정부패의 온상이며 대학이 병역기피 공간으로 악용되고 있다는 것이 통폐합과 정원 감축의 이유였다.

서울대에서는 우선 1953년 농대로부터 독립한 수의대를 다시 농대에 편입시켰다. 사범대의 경우 가정과·체육과·생물과·사회생활과 등 몇몇 학과만 남기고 나머지 학과를 아예 폐지했다. 재학생 정원은 두 차례에 걸쳐 전체의 3분의 1에 해당하는 4340명을 감축했다. 이는 전국 평균 감축율 4분의 1보다 훨씬 많은 수치이다. 감축은 주로 법대·상대·문리대 등 문과 계통의 단과대학에 집중되었다.

하지만 이 같은 졸속 통폐합과 정원 감축은 얼마 지나지 않아 없었던 일이 되고 말았다. 곧이어 추진된 경제개발계획에 따라 고급 인력의 수요가 발생하자 대학 정원을 다시 늘려야 했기 때문이다. 1960년 10만 8000명이던 대학 정원이 1970년 19만 2000명으로 늘어났다. 5·16군사정변 직후 감축된 2만 5000여 명을 회복하고도 9만 명 정도가 더 늘어난 것이다.

서울대의 경우 우선 폐지되었던 사범대의 여러 학과가 1년 만인 1962년 12월 회복되었고, 수의대 회복은 늦어져서 1970년대에 가서야 다시금 농대로부터 독립했다. 정원은 느리게 회복되어 1969년에 가서야 1만 3192명으로 1960년 수준에 이르렀다. 문과계 정원은 정체된 반면, 이공계 정원은 집중적으로 증가했다. 공대는 1961년 1580명에서 1973년 3320명으로 100% 이상 늘어났다. 농대 정원도 비슷하게 증가했다.

● 5·16군사정변에 대한 학생들의 반응

군사정변 당일 서울대에서는 수업이 취소되었지만 그다음 날부터 별다른 동요 없이 정상화되었다. 5·16 주도세력은 자신의 행동이 가난과 혼란을 극복하고 나라를 재건하기 위한 구국의 혁명이라고 정당화했다. 학생들의 반응은 다양했지만 대다수는 관망하는 자세를 보였다. 1961년 5월 31일 주한 미국 대사관은 본국에 보낸 전문에서 그에 대한 서울대생들의 찬반 의견이 50 대 50이라고 보고했다.

서울대 총학생회는 5월 23일 성명서를 발표해 군사혁명을 지지한다는 뜻을 밝혔다. ≪대학신문≫도 6월 4일에 열린 좌담회 '5·16혁명과 우리의 반성'에서 사실상 군사정변을 지지하는 입장을 보였다. 좌담회 참석자들은 남북회담 제안이 잘못된 판단이었으며 새생활운동도 도시가 아닌 농촌 중심으로 전환하는 것이 바람직하다는 의견을 보였다. 4·19혁명은 의욕의 산물이었지만 의욕만으로는 성공할 수 없었다고 하면서 "혁명정부의 필승을 빈다"라는 말로 군인들의 거사에 대한 기대감을 표시했다. 놀랍게도 그들은 군사정변이 민주적 헌정질서를 훼손한 점에 대해 한마디도 거론하지 않았다.

주목되는 것은 당시 학생운동에서 중요한 비중을 차지한 향토개척단이 5·16 직후에 결성되었다는 점이다. 향토개척단은 1961년 6월에 결성되었는데, 군사정부는 대부분의 학생활동을 금지하면서도 그들의 농촌활동만은 허용했다. 향토개척단이 지향하는 '농촌개발'이 당시 군사정부가 표방한 '국가재건'과 코드가 맞는다고 생각했던 것으로 보인다. 군사정부의 최고 권력자인 국가재건최고회의 의장 박정희는 1963년 6월 향토개척단이 추진하던 충남 보령군 천북면 신북리 간척사업에 농어촌진흥자금 30만 원을 특별히 융자해 주라고 지시할 만큼 향토개척단 활동에 대해 우호적이었다.

이런 상황에서 향토개척단이 군사정변에 반대할 이유는 없었다. 갓 출범한 향토개척단은 민족 주체성의 확립과 농촌의 협동화를 표방했다. 그들은 1961년 여름 농촌활동을 앞둔 오리엔테이션에서, 농대 유달영 교수와 문리대 박종홍 교수를 연사로 초빙했다. 유달영 교수는 1950년대부터 농대의 농촌계몽운동을 이끌었고 군사정부의 재건국민운동 본부장을 맡아 '국가재건'에 참여하고 있었다. 박종홍 교수는 훗날 「국민교육헌장」을 기초한 데서도 알 수 있듯이 박정희 정권을 이념적으로 뒷받침한 인물이다. 향토개척단이 이들을 초청해 강연을 들었다는 것은 군사정부와 이념적으로 대립하지 않았음을 보여준다.

이렇듯 된서리를 맞은 민통련 등 일부를 제외한 다수의 학생들이 군사정변에 대해 관망하거나 기대감을 보인 것은 민족주의적 정서 때문이었다. 당시 제3세계의 군사정변들이 대부분 개혁적이고 민족주의적인 성향의 청년장교들에 의해 주도되었고 한국의 5·16군사정변도 "민족적 민주주의"라는 구호하에 민족주의를 표방하고 있었다. 1962년 발표된 학생들의 4·19혁명 제3선언문은 민족 모순의 근원을 외세에 의한 분단에서 찾을 뿐 쿠데타에 의한 헌정질서의 파괴에 대해서는 한마디도 하지 않았다. 당시 일반인의 여론조사에서 응답자의 83%가 서구식 민주주의는 한국에 맞지 않는다고 답한 것도 "민족적 민주주의"라는 구호가 상당히 받아들여지고 있었음을 말해준다.

하지만 시간이 지날수록 군사정부가 내세운 민족주의는 빛이 바랬고 정책은 실패를 거듭했으며 게다가 부정부패까지 겹치자, 학생들은 '군사혁명'에 대해 기대를 거두기 시작했다. 이는 점차 군사정부에 맞서는 집단적 행동으로 나타났다.

● 한미행정협정 촉구시위와 군정연장 반대시위

한국전쟁 이후 주한미군이 한국인을 살해하는 사건이 종종 일어났지만, 보통 범인은 제대로 된 처벌을 받지 않고 유야무야되었다. 1962년 봄에도 미군이 임진강 부근에서 나무꾼을 살해했고, 파주에서는 소년을 절도범으로 몰아 폭행 끝에 사망에 이르게 했다. 4·19혁명 이래 민족주의가 고양되면서 학생들은 이런 사건이 모두 '대전협정' 때문에 일어난 것으로 생각했다. '대전협정'이란 한국전쟁이 일어난 직후인 1950년 7월 12일 대전에서 체결된 '재한 미

선언문

대한민국은 주권국가다. 우리는 역시 인간이다. 우리는 모든 후진 약소 민족의 악조건에도 불구하고 인간으로서의 어떤 최소한도의 금지마저 압살당해 버린 채 우리 자신의 모든 가능성마저 상실당하고만 이 광장에 적어도 몇 마디 무엇인가 말할 수 있어야 한다. 우리는 가장 민주적이고 가장 인도주의적이라고 자부하고 또한 후진 한국의 모든 병폐를 청산하는데 정신적·물질적 원조를 아끼지 않음을 자부하는 미국, 미국의 젊은 세대들이 왜? 무엇 때문에? 우리들의 이 정당한 요청을 무시해 버리는지 그 이유를 알 수 없다. …… 오늘 우리의 의식은 단순한 반미도 아니고 피부적인 반정부도 아니다. 우리는 하나의 인간으로서 우리 민족이 가질 수 있는 최소한도의 연대의식에서 터진 이 우울한 울분을 발산시키며 한미 양국 간의 영원한 우의를 위해서 최후로 이 행동을 감행하는 것이다. 우리는 민족의 이 공동의 광장에서 '린치'를 가한 군인들의 엄정한 처단, 양국 정부가 행정협정 체결의 길에 도달할 때까지 우리는 계속 행동하고 발언할 것이다. ……

서울대학교 한미행정협정체결촉구궐기대회

한미행정협정 촉구시위(1962.6.8)

국군대의 관할권에 관한 한미협정'을 가리킨다. 이는 전쟁 와중에 체결된 협정이라 불평등한 독소조항을 많이 포함하고 있었다.

　나무꾼 살해 사건이 일어나자 학생들은 '대전협정'을 대체하는 새로운 한미행정협정의 체결을 요구하는 진정서를 군사정부의 박정희 의장과 케네디 미국 대통령에게 발송하려 했지만 학교 당국의 만류로 중단되었다. 얼마 후 다시 파주 사건이 발생하자 학생들은 더욱 적극적인 행동에 돌입했다.

　1962년 6월 8일 문리대와 법대 학생 2000여 명이 문리대 캠퍼스에 집결해 미군의 폭행치사 사건을 규탄하고 한미행정협정 체결을 촉구하는 시위를 벌였다. 학생들은 선언문을 낭독한 후 가두시위를 벌이려 했으나 수도방위사령부 병력에 의해 교문에서 제지당했다. 학생들은 교내에서 "체포된 고려대생을 즉각 석방하라", "한미행정협정을 조속히 체결하라" 등의 구호를 외치며 연좌농성에 들어갔다. 그에 앞서 고려대 학생들은 6월 6일 한미행정협정 체결을 요구하며 시위를 벌이다가 다수가 연행되었다. 서울대의 이날 시위에서도 47명의 학생이 연행되었다.

　이에 대해 군사정부의 박정희 의장은 극히 유화적인 조치를 취해 연행된 학생들을 즉시 석방하도록 지시하고 정부가 한미행정협정 체결을 위해 노력하고 있다고 밝혔다.

당시 학생들도 이 시위가 군사정권 자체에 대한 반대가 아니라는 점을 분명히 밝혔다. 한미행정협정 문제를 계기로 학생들의 집단행동이 시작되었지만 아직 군사정권에 대한 정면 도전은 아니었다.

　군사정권을 정면으로 비판한 집단행동은 이듬해인 1963년 3월 군정 연장 반대시위에서 나타났다. 불과 1년 만에 군사정권에 대한 학생들의 시각이 달라진 것이다. 군사정변 직후 박정희 의장은 1963년 3월 이전에 정권을 민간에 이양하겠다고 약속한 바 있으나, 이제 그는 군정을 거쳐 민정에 참여해 대통령이 되려고 했다. 1963년 1월 1일부터 정치활동이 재개된 구정치인들은 군정 세력의 민정 참여를 반대하고 나섰다. 미국도 박정희 의장의 민정 참여에 반대한다는 입장을 밝혔고 군사정부 안에서는 이를 둘러싸고 내분이 일어났다.

　이에 박정희 의장은 1963년 3월 16일 특별성명을 발표해 이전의 민정 이양 약속을 파기하고 군정 연장을 위한 국민투표를 실시하겠다는 승부수를 던졌다. 이 폭탄선언으로 인해, 민정 이양 과정에서 주도권을 잡으려고 대립하던 군사정부 내부에 비상이 걸린 것은 물론이고 윤보선과 김병로 등 정치인들도 3·16 특별성명의 철회를 촉구하고 나섰다.

　이 상황에서 서울대 학생들이 군정 연장 기도를 규탄하는 시위를 감행한 것이다. 문리대생 400여 명은 3월 29일 교내 4·19탑 앞에서 자유수호궐기대회를 열고, "군정연장 결사반대", "구정치인 자숙하라", "우리는 자주국민이다"라는 플래카드를 내걸었다. 학생들은 민정 이양 시한을 명시한 "혁명공약" 제6항과 전국 대학생과 전 국민에게 보내는 메시지를 낭독했다. 입장은 분명했으나 가두시위를 시도하지 않는 등 방법은 꽤 온건했다. 박정희 의장은 4월 8일 학생들의 요구대로 군정 연장을 철회하는 대신 자신의 민정 참여를 기정사실화하는 조치를 취했다.

5. 1960년대의 학생사회

● 등록금과 학생들의 정체성

국민에 대한 공약을 깨고 공화당을 창당해 군정에서 민정으로 갈아탄 박정희 정부는 취약한 정통성을 경제성장으로 대신하려 했다. 공화당 정부가 경제개발계획을 강력히 추진함에 따라 고도성장 시대가 열렸다. 그 결과 이른바 '개천에서 용 나는' 성공 신화들이 만들어지기 시작했다. 그 가장 중요한 수단 중 하나가 바로 학벌이고 서울대는 이 학벌 사다리의 정점이었다.

서울대의 등록금은 사립대학보다 저렴했지만 단과대학별로 징수하는 후원회비와 1958년에 추가된 기성회비까지 더하면 그 부담이 결코 만만치 않았다. 4·19 직후 학생들이 기성회비와 후원회비 문제를 제기한 것도 그 때문이다.

군사정권은 이 문제들을 폭력적으로 해결했다. 우선 단과대학별로 제각기 징수하던 후원회비는 아예 폐지하고 4·19 이후 학생들의 요구로 사라졌던 기성회비는 부활시켰다. 그리고 기성회비를 사실상 문교부가 직접 책정하도록 했다. 등록금과 관련해 각 단과대학의 상대적 자율성이 억압되고 정부의 통제가 강화된 것이다.

그 후 정부가 국립대 등록금 인상률을 철저하게 관리하고 통제했지만 사립대학에 대해서도 완전히 자율성을 부여한 것은 아니었다. 그 결과 국립대와 사립대의 등록금 격차는 시간이 갈수록 벌어졌다.

이렇게 서울대의 등록금이 1960년대에 들어서 사립대학에 비해 상대적으로 낮게 유지되면서 저소득층 학생의 비율이 점차 늘어났다. 학생지도연구소에서 행한 조사에 따르면 자신이 저소득층이라고 답한 학생이 1966년에는 23.4%였으나 1974년에는 35.92%로 증가했다.

서울대 학생의 저소득층 비율은 사립대학에 비해 당연히 높았다. 1974년에 저소득층 비율은 서울대 35.92%, 사립 K대학 27.9%였고, 고소득층 비율은 각각 7.75%와 20.4%로 큰 차이를 보였다. 결국 서울대는 1960년대 이후 어려운 집안 출신 수재들이 모인 대학이라는 특성이 짙어져 갔다.

대학입시 경쟁은 갈수록 치열해졌고 합격자가 몇몇 명문 고등학교 출신으로 집중되는 현상도 더욱 심화되었다. 경기고를 비롯한 10대 명문고 출신이 차지하는 비율은 1962년에 이미 45%였고, 1971년에 58%에 달했다. 특히 경기고 출신이 많아서 경기고와 서울대를 졸업한 사람을 일컫는 'KS마크'라는 말이 유행했다. 이 명문고 출신들은 자신의 학맥을 활용해 학생사회를 주도했다. 이에 비해 비명문고 출신은 상대적으로 소외될 수밖에 없었다.

학생들은 서울대 전체보다 자신이 속한 단과대학에 대해 더 큰 소속감을 느끼는 것으로 나타났다. 이는 서울대가 1946년 각기 따로 형성된 독자적 캠퍼스의 단과대학들을 모아놓은 일종의 연립 대학으로 개교한 이래 지속되는 현상이었다. 학교 당국은 1960년대에 들어 캠퍼스 종합화 계획을 여러 차례 세웠지만 제때 시행하지 못했다. 따라서 학생들의 수강은 물론이고 학생회와 각종 학생활동을 포함하는 대학생활 전반이 단과대학별로 이뤄졌다.

- 단과대학 중심의 학생회 활동

5·16군사정변 직후 군사정부는 각 대학의 학생회를 재건학생회란 이름으로 재편하려고 시도했다. 하지만 학교호국단의 재판이라는 비판이 일어나자 이 계획을 포기했다. 당시 각 대학의 학생회가 사회참여에 일정한 거리를 두고 관망하고 있었던 점도 고려되었을 것이다.

앞에서 본 대로 학생들의 학교생활이 주로 단과대학별로 이뤄진 만큼 학생회 활동의 주된 무대는 단과대학이었다. 이는 학생회 활동의 양적 지표를 보여주는 예산 배정에서도 확연히 드러난다. 학생회비는 1960년대에 등록금과 함께 징수되었는데, 1인당 200원이었다. 그중 10%만 총학생회 경비로 쓰이고 나머지 90%가 각 단과대학학생회 경비로 사용되었다. 따라서 예산의 총액으로 봐도 총학생회보다 단과대학 학생회의 예산규모가 훨씬 컸다.

학생회는 학생들의 일상적인 학교생활과 관련된 다양한 활동을 전개했다. 1962년 사범대 학생회의 활동 계획에 따르면 총무부는 휴게실 겸 음악 감상실을 담당하고, 학예부는 연극·음악·문학반의 정기적 연구발표회를 개최하며, 체육부는 사범대 부속기관 종합체육대회를 주관했다. 사업부는 직업 알선과 자매부락을 운영하고, 섭외부는 학술 강연회를 3회 개최하며 뉴스 영화를 매주 정기적으로 1회 상영했다. 여학생부는 포크댄스 교양강좌를 제공하는 등 활동을 벌였다. 이 밖에도 학생복지와 관련된 다양한 사업을 전개했다.

당시 학생회장 선거는 곧 단과대학 학생회장 선거를 의미했다. 총학생회장은 단과대학 학생회장들이 윤번제로 맡아 그 위상이 높지 않았기 때문이다. 몇몇 명문고 출신들이 단과대학 학생회장 선거를 주도했다. 선거에서 승리하기 위해서는 그럴듯한 공약을 만드는 것보다 명문고 출신들 사이의 합종연횡을 잘하는 것이 효과적이었다. 그들은 손잡고 선거캠프를 꾸려서 승리하고 나면 학생회 간부 자리도 나누어 가졌다. 당시 이런 관행을 '바터'라고 불렀다. 따라서 명문고 출신이 아니라면 학생회장 선거에서 아예 명함조차 내밀기 어려운 실정이었다.

● 학생언론의 변화

1960년대에 들어서 학생언론에도 일정한 변화가 생겼다. ≪대학신문≫이 전체 서울대생을 위한 신문으로 자리 잡기 시작한 반면, 각 단과대학별로 발행되던 신문들의 위상은 점차 약화되었다. ≪대학신문≫은 매주 안정적으로 발행되었지만, 단과대학별 신문들은 재정적인 어려움으로 한 달에 한 번 발행하기도 쉽지 않았으니, 속보성 면에서 경쟁이 될 수가 없었다. 단과대학별 신문들은 1960년대 중반을 거치면서 대부분 폐간되거나 학보에 통합되었다.

각 단과대학별로 신문의 변화를 살펴보면 다음과 같다. 사범대의 경우 ≪사대신문≫이 1963년에 종간되면서 ≪사대학보≫와 합쳐져 월간종합지 ≪청량원≫으로 재창간되었다. 공대의 경우 단과대학 신문 ≪서울공대≫가 학보 ≪불암산≫과 통합해 월간 잡지 ≪서울공대≫로 재탄생했다. 농대의 경우 1966년 ≪농대신문≫이 학보인 ≪상록≫과 통합해 월간 잡지 ≪상록≫으로 재탄생했다. 문리대 신문 ≪새세대≫는 1965년 폐간된 대신 1967년에 학보 ≪형성≫이 창간되었다. ≪상대월보≫는 1967년 무렵 계간지 ≪상대평론≫에 통합되었으며 ≪법대신문≫도 계간지 ≪피데스≫로 개편되었다.

이렇게 하여 서울대의 학생언론은 1960년대를 거치면서 전교생을 대상으로 하는 ≪대학신문≫(주간)과 각 단과대학별로 발행되는 잡지인 학보가 서로 보완하며 공존하는 체제로 개편되었다. 신문이 ≪대학신문≫으로 통합되었다는 측면에서 학생언론의 종합화가 진전된 것이라 할 수 있다. 이때 학보들은 발간에 필요한 예산을 학생회비 중에서 지원받아야 했기 때문에 학생회와 완전히 분리할 수는 없었지만 편집진 인선과 편집 방향에 대해서는 독립성을 확보할 수 있었다. 학보사들은 학보 발간 이외에 문예 콩쿠르 주최와 문화상 시상 등 다채로운 활동을 전개하면서 각 단과대학의 문화센터 구실을 했다.

6. 한일협정에 반대하다

● 한일협정 반대운동의 시작

한국과 일본은 오랜 진통 끝에 1965년 6월 한일협정을 체결했다. 일본과의 국교 정상화를 위한 교섭은 1950년대 이승만 정부 때 시작되었지만, 양국 간의 입장 차이를 좁히지 못했다. 박정희 정부는 이를 이어받아 적극적으로 추진했다. 경제개발을 위한 일본의 자금 지원이 필요하기도 했지만 동북아 지역안보전략을 추진하고 있었던 미국의 압력 때문이었다. 지역안보전략의 기본 전제가 바로 한일 국교 정상화였다.

박정희 정부의 특사인 김종필 중앙정보부장이 일본에 건너가 오히라 마사요시 일본 외상과 협상해 핵심적인 사항에 합의했다. 그 내용은 일본이 국교 정상화를 위한 대가로 한국에 무상 3억 달러, 유상 2억 달러, 민간 차관 1억 달러 이상의 자금을 제공한다는 것이다. 이 합의는 1962년 11월 이뤄졌으나 비밀에 부쳐지다가 1963년 7월경이 되어서야 비로소 알려졌다. 박정희 정부의 비밀외교에 대다수 국민이 거세게 반발했고, 가장 먼저 행동에 나선 것은 서울대생을 비롯한 대학생들이었다.

문리대에서는 1964년 3월 24일 1시 30분경 학생 500여 명이 참석한 가운데 '제국주의자 및 민족반역자 화형식'이 열렸다. 이날 학생들은 이케다 하야토 일본 총리와 이완용의 허수아비를 불태우고 거리로 진출해 가두시위를 벌였다. 이완용의 허수아비는 김종필을 겨냥한 것이었다. 이날의 시위는 그 후 2년 가까이 진행될 한일협정 반대운동의 신호탄이 되었다.

이날 시위를 주도한 것은 민족주의비교연구회(이하 민비연)의 회원들이었다. 민비연은 4·19혁명 이후 고조된 민족주의에 대한 비교 연구를 목적으로 1963년 10월 결성되었다. 민비연 회원들은 한국의 후진성과 분단의 책임을 제국주의적 식민정책에서 찾으려는 제3세계 민족혁명론에 관심을 기울이고 있었다. 한일협정 반대시위를 주도한 김중태·현승일·김도현 등 민비연의 핵심 멤버들은 2년 전에 한미행정협정 체결을 촉구하는 시위도 주도한 바 있다.

한일협정 반대시위는 며칠 사이에 전국 각 대학으로 확산되었다. 민비연이 이미 몇 달 전부터 고려대·연세대 학생들과 함께 시위를 준비했고, 3월 24일 이 3개 학교의 학생 5000여 명이 가두시위를 벌였다. 25일에는 전국 각지에서 4만여 명의 학생들이 시위에 참가했으며 26일에는 전국 11개 도시에서 6만여 명이 시위에 참가했다. 27일부터는 시위가 전국 군소 도시로까지 확산되었다.

학생들의 가두시위에 대해 박정희 정부는 유화적인 태도를 취해 경찰의 물리력 사용을 자제하면서 학생들의 요구를 받아들여 3월 28일 당시 일본에 머무르고 있던 김종필을 급히 소환하기까지 했다. 3월 30일에는 박정희 대통령이 직접 11개 종합대학 학생 대표들과 면담을 하기도 했다. 달아오르던 학생시위는 김종필 소환이라는 당면 목표를 달성한 후 잠시 숨을 고르기 시작했다.

● 민족적 민주주의 장례식

잠시 숨을 고르던 학생시위는 다시금 불붙기 시작했다. 그것은 박정희 정권이 저지른 학원 사찰 때문이었다. 1964년 4월 17일 문리대에서 200여 명의 학생이 학원 사찰 중지와 구속학생 석방을 요구하며 시위를 벌였다. 당시 학생들은 사이비 학생 조직을 해체하라는 구호도 함께 외쳤다. 이 시위를 시발점으로 각 대학에서 시위가 재개되었다. 4월혁명 4주년이던 4월 19일에는 17개 대학의 학생 1000여 명이 시청 앞에서 기념식을 한 후 시위를 벌였다. 시위는 23일까지 이어졌다.

학생시위가 재개된 것은 박정희 정권이 불법적인 학원 사찰과 모략을 시도한 사실이 드러났기 때문이다. 가장 대표적인 사례로 김중태와 현승일 등 한일협정 반대시위를 주도한 학생에게 발신자 불명의 괴소포가 배달된 사건을 들 수 있다. 학생시위의 배후에 북한과 연계된 친북좌파 세력이 도사리고 있다고 몰아붙이려는 정치공작이었다.

박정희 정권이 이렇게 학원 사찰을 시도한 사실이 알려지면서 YTP라는 사이비 학생 조직이 학생들의 주목을 끌었다. YTP란 Young Thought Party(靑思會)의 약자로 박정희 정권과 밀착한 극우 성향을 띤 청년 학생 단체였다. 당시 중앙정보부가 YTP를 이용해 학생들의 동향을 감시하려다가 학생들에게 들통난 것이다. 이 무렵 발생한 여러 권력형 부정부패 사건도 학생들을 자극했다.

1964년 5월 20일 개최된 '민족적 민주주의 장례식'은 한일협정 반대운동의

민족적 민주주의 장례식 조사

시체여! 너는 오래전에 이미 죽었다. 죽어서 썩어가고 있었다. 넋없는 시체여! 반민족적, 비민주적, 민족적 민주주의여! 썩고 있던 네 주검의 악취는 '사쿠라'의 향기가 되어 마침내 는 우리들 학원의 잔잔한 후각이 가꾸고 사랑하는 늘 푸른 수풀 속에 너와 일본의 2대 잡 종, 이른바 사쿠라를 심어놓았다. …… 절망과 기아로부터의 해방자로 자처하던 소위 혁 명정부가 전면적인 절망과 영원한 기아 속으로 민족을 함몰시키기에 이르도록 한 너의 본 질은 과연 무엇이었느냐? …… 누더기와 악취와 그 위에서만 피는 사쿠라의 산실인 너, 박의장의 이른바 민족적 민주주의여! 너의 본질은 안개다! …… 5월 16일만의 민족적 민 주주의여! 백의민족이 너에게 내리는 이 새하얀 수의를 감고 흘흘히 떠나가거라! 너의 고 향 그곳으로 돌아가거라, 안개 속으로 가거라! 시체여! 돌아가거라! 이제 안개가 걷히면 맑고 찬란한 아침이 오려니 그때 너도 머언 하늘에서 북받쳐 오르는 기쁨에 흐느끼리라, 일찍 죽어 복되었던 네 운명에 감사하리라! ……

일대 전기를 이룬 사건이다. 민족적 민주주의는 박정희가 1963년 대통령 선거 에서 내세운 이념으로, 당시 한국이 처한 특수한 현실을 구실로 민주주의를 사실상 제한하려는 것이었다. 그러나 학생들은 그것이 전혀 민족주의적이지 도 않다는 사실에 분노하며 박정희 정부의 이념에 대해 장례식을 거행했다.

이 장례식은 민비연 회원들이 동국대·성균관대·건국대·경희대 등 네 개 학교 학생들과 함께 조직한 '한일굴욕회담반대학생총연합회'가 주최했다. 이 집회는 학생 3000여 명과 시민 1000여 명이 참석한 가운데 문리대에서 열렸 다. "축 민족적 민주주의 장례식"이라고 적힌 만장이 휘날리는 가운데 학생들 이 관을 메고 입장했다. 장례식에서는 김지하가 쓴 조사를 송철원이 낭독했 다. 학생들은 장례식이 끝나고 난 뒤 관을 앞세우고 교문을 박차고 나가 가두 시위를 벌였다. 시위대는 이화동 삼거리에서 경찰과 격돌했다.

이때부터 경찰의 대응이 강경해져서 최루탄을 쏘아대고 곤봉을 휘두르며 강제진압에 나섰다. 경찰은 부근에 위치한 미대 캠퍼스에 난입해 수업 중이던 학생들까지 연행하려 하다가 이를 만류하는 교수를 구타하기도 했다. 다음 날 새벽에는 무장군인들이 법원에 난입해 시위 학생들에게 영장을 발부하라고 판사를 협박하기까지 했다.

박정희 정권은 민족적 민주주의 장례식을 폭동으로 규정했다. 이 장례식을 주도한 민비연에 대해서는 4·19혁명 직후 통일운동을 주도한 민통련의 맥을 이은 "사회주의 찬동자"라고 몰아붙였다. 민족적 민주주의 장례식을 거치면서 학생들은 박정희 정권과 정면으로 격돌했다.

1960년대 학생들의 민족주의 이념은 막연한 정서를 넘어 학술적으로 고양되었다. 당시 이 분야에서 가장 많이 읽힌 책이 최문환의 『민족주의의 전개과정』이다. 그 후 출간된 이기백의 『한국사신론』과 임종국의 『친일문학론』도 민족주의의 확산에 큰 영향을 미쳤다. 라이트 밀스의 『들어라 양키들아』(신일철 옮김)는 미국의 대외정책을 새로운 시각에서 바라볼 수 있게 해주었다. 미국의 사회학자 찰스 라이트 밀스는 쿠바혁명 직후 현지조사를 바탕으로 쓴 이 책에서, 피델 카스트로가 사실은 민족주의자인데 미국의 간섭 때문에 마르크스주의로 전환했다고 설명했기 때문이다. 프란츠 파농의 『대지의 저주받은 자들』처럼 제3세계 민족해방운동을 다룬 책도 많이 읽혔다.

● 학생회가 나서기 시작하다

일부 학생들의 한일협정 반대운동은 민족적 민주주의 장례식을 지나면서 학생회의 적극 참가로 더욱 고조되었다. 전국 31개 대학 학생회는 난국타개학생대책위원회(이하 난국타개대책위)를 결성하고 1964년 5월 25일과 26일 양일에 걸쳐 각 대학별로 '난국타개궐기대회'를 개최했다. 민비연을 비롯한 이념서클들이 주도하는 단계를 넘어 학생회가 전면에 나선 것이다. 이는 중대한 변화가 아닐 수 없다.

4·19혁명의 결과 학생회가 만들어졌지만 정치적인 학생운동에 대해 신중한 태도를 보였다. 1962년 9월 각 단과대학 학생회장들이 '학생활동과 사회참여'라는 주제로 총장과 간담회를 가졌는데, 학생회는 사회참여와 거리를 두고

자치기구로서 본분을 다해야 한다는 견해가 많았다. 한국 같은 후진국에서는 학생의 사회참여가 필요하며 따라서 학생회도 여기에 나서야 한다는 견해는 오히려 소수였다. 이처럼 학생회장들조차 사회참여에 대한 의견이 분분한 상황이었으니 정치적 학생운동과 거리를 두는 것은 당연했다.

그러나 학생들 사이에 한일협정 반대운동이 크게 고조되자 학생들의 대표기관을 자처하는 학생회가 이를 더는 외면할 수 없었다. 서울대의 경우 여태까지 한일협정 반대운동을 이끌었던 김중태와 현승일 등 민비연 회원들이 대거 지명수배 되는 바람에 활동에 큰 제약을 받기 시작했던 점도 한일협정 반대운동의 주도권이 민비연에서 학생회로 넘어간 원인 중 하나였다.

전국 31개 대학 학생회가 주도한 난국타개궐기대회는 대부분의 학교에서 가두시위 없이 학내 집회 형식으로 치러졌다. 서울대에서는 5월 25일 총학생회 주최로 문리대 4·19탑 앞에 500여 명의 학생들이 모인 가운데 궐기대회가 개최되었다. 여기서 난국타개대책위가 작성한 '구국비상결의선언문'이 발표되었는데 그 주요 내용은 부정부패를 규명하고 사죄할 것, 민족적 민주주의 장례식과 관련해 학내에 난입한 경찰과 법원에 난입한 군인을 처벌할 것, 구속된 학생을 석방할 것, 독점·매판 자본을 몰수해 민생고를 타개할 것 등이다. 갈수록 터져 나오는 박정희 정권의 난맥상을 폭넓게 지적한 것이다.

난국타개대책위가 궐기대회에서 발표한 행동강령에는 금주 내에 획기적인 전기가 없을 때는 실력 투쟁을 불사하겠다는 내용이 들어 있다. 이는 박정희 정권에 1주일간의 유예기간을 준 것을 의미하는 동시에 6월 3일의 대규모 시위를 미리 예고한 것이기도 했다.

학생들은 이 유예기간 중에 집단 단식농성이라는 새로운 전술을 개발해 고조된 분위기를 이어갔다. 이 전술은 민족적 민주주의 장례식이 끝난 뒤 김지하가 생각해 낸 것으로 전해진다. 문리대 학생회는 5월 30일 '자유쟁취궐기대회'를 개최한 후 곧바로 집단 단식농성에 돌입했다. 농성 현장의 소식은 학교 방송뿐만 아니라 공중파 방송인 동아방송의 〈앵무새〉 프로그램을 통해 국민들에게도 중계되었다. 이에 따라 시간이 갈수록 단식농성에 동참하는 학생들이 늘어났다.

집단 단식농성을 통해 집회와 시위가 장기화하고 대중화되면서 그 나름의 문화가 형성되기 시작했다. 농성 현장에서는 농성을 시작한지 24시간을 돌파한 기념으로 '반민주 요소 소각식'이 거행되었다. 학생들은 이 행사에서 검은 안경을 쓴 황소와 매카시가 악수하는 그림을 불태웠다. 검은 안경은 중앙정보부원을 뜻하는 것이고 황소는 당시 여당이었던 공화당을 뜻하는 것이었다. 풍자극 '위대한 독재자'도 공연되었다. 박정희를 연산군에 빗댄 박산군과 김종필을 상징하는 이완용을 등장시켜 당시 정치적 현실을 비꼰 일종의 마당극이었다.

시위 문화 중 주목되는 것이 함께 부르는 노래다. 4·19혁명 당시에는 시위 현장에서 '전우가'나 '학도호국단가'를 부르는 것이 고작이었다. 하지만 한일협정 반대운동의 단계에 이르러서는 '최루탄가'를 비롯하여 시위현장에서 부르기 위한 노래가 만들어지기 시작했다. 최루탄가는 1964년 5월 30일 문리대 학생회가 개최한 '자유쟁취 궐기대회'의 프로그램 중 하나였던 '최루탄박살식'에서 발표되었다. 이 노래는 김지하가 '새야 새야 파랑새야'를 개사하여 지은 것으로 이후 시위현장에서 많이 불렸다.

당시 최루탄가가 애창된 것은 시위현장에 최루탄이 많이 발사되었기 때문이다. 경찰의 시위 진압에서 총기의 사용은 극력 자제해야 했기 때문에 최루탄이 그것을 대신한 것이다. 이에 김영삼 의원은 국회에서 내무장관에게 유독성 최루탄의 남용에 대해 추궁하기도 했다. 학생들은 최루탄이 한국에 주둔하고 있던 미8군에서 들여오는 것으로 알고 있었고, 최루탄가에는 "탄아 탄아 최루탄아 8군으로 돌아가라"라는 가사가 포함되었다.

| 4·19를 재연하다 |

1964년 6월 3일 학생시위대가 서울 시내 거리를 가득 메웠다. 그들은 과거의 경무대가 이름을 바꾼 청와대로 몰려들었다. 이날 경찰의 총격만 없었을 뿐 1960년 4월 19일에 벌어졌던 시위가 그대로 재연되었다.

이번 시위에서도 4년 전의 4·19시위처럼 고려대생들이 하루 전에 먼저 행동에 들어갔다. 고려대에서는 한일협정 반대운동에 소극적이었던 총학생회를 제치고 정경대·법대·상대 등 일부 단과대학학생회들이 구국투쟁위원회를 결성하고 6월 2일 2000여 명의 학생들이 참가한 가운데 전면적인 가두시위를 벌였다.

　서울대에서는 법대생 400여 명이 6월 2일 '자유쟁취궐기대회'를 개최하고 문리대의 단식농성 학생들을 격려한 다음 시청 앞 광장을 목표로 가두시위를 벌이다가 경찰에 전원 연행되었다. 상대생 300여 명도 종암동 캠퍼스에서 '매판자본'을 신랑으로 '가식적 민족주의'를 신부로 '제국주의'를 주례로 한 결혼식과 화형식을 하고 가두시위에 나섰다. 8개 단과대학 학생회장들은 이날 저녁 회의를 열고 다음 날인 6월 3일 단식을 중단하고 전면적인 가두시위에 들어가기로 결정했다.

　1964년 6월 3일 아침 서울 시내 각 대학 학생들은 학생회 주도로 각기 학내에서 성토대회를 연 후 가두로 진출했다. 한일협정 반대운동을 주도한 '난국타개대책위'는 31개 대학 학생회의 연합으로 구성되었고, 이화여대와 숙명여대 등 여자대학 학생회도 참가했기에 여학생들도 대거 이 시위에 참가했다.

　이날 서울대 학생들은 각 단과대학별로 가두시위에 나섰다. 의대생들은 가운을 입은 채 거리로 나왔으며, 용두동의 사범대생들도 신설동을 거쳐 도심지로 진출했다. 단식 중이던 문리대생 400여 명과 법대생 200여 명도 오후 5시경 단식을 중단하고 교문을 나서서 시위 대열에 합류했다. 그들은 중앙정보부에서 고문당한 송철원을 들것에 싣고 단식 때의 차림 그대로 거리에 나와서 눈길을 끌었다.

　농대생 500여 명은 이날 아침 수원에서 출발해 서울까지 도보로 행진했다. 행진 도중에 그들은 "말라빠진 농민 모습 이것이 중농이냐?", "구속학생 안 풀려면 백만 학도 구속하라" 등의 구호를 외쳤다. 곳곳에서 경찰의 저지를 받아 출발한 지 12시간이 지난 오후 7시경이 되어서야 비로소 중앙청 앞에 도착할 수 있었다.

그날 밤 중앙청 앞에 모여든 각 대학 학생 1만 5000여 명이 청와대로 향하는 길을 뚫고 있었다. 경찰의 1차 저지선은 시민회관(현 세종문화회관) 앞에, 2차 저지선은 경기도청 앞(현 정부종합청사 맞은편)에 설치되었다. 3차 저지선은 중앙청(현 광화문) 앞에, 4차 저지선은 조달청(현 정부청사 창성동 별관) 앞에 설치되었다. 학생들은 경찰의 저지선을 하나하나 돌파하고 오후 7시 30분경 청와대 코앞까지 육박한 상태에서 경찰과 대치했다.

당시 경찰의 시위 진압 경찰은 4·19혁명 당시에 비해 큰 변화가 없었다. 한일협정 반대운동이 일어나기 1년 전인 1963년 3월 서울시경은 경찰기동대를 편성한 바 있지만 일반 경찰, 무술 경관, 경찰학교 학생을 임시 차출해 만든 한시적인 것이었다. 따라서 여전히 일반 경찰이 시위 진압에 나설 수밖에 없었고 이 역시 여의치 않자 당국은 비상수단을 취했다.

박정희 정권은 미국 대사 및 유엔군 사령관과 사전 협의를 거쳐 이날 밤 9시 50분 계엄령을 선포했다. 이에 따라 즉각 군 병력을 투입해 자정 무렵 시위대를 완전히 제압했다. 이때 학생 약 1200명이 체포되고 91명이 구속되었다. 경희대를 비롯한 몇몇 대학에서 계엄령에 맞서 시위를 시도했지만 역부족이었다. 이로써 1964년의 학생시위는 사실상 막을 내렸다.

8월 25일 서울대 당국은 시위를 주도한 혐의로 학생회 간부들을 징계했다. 총학생회장 서성준은 퇴학, 단과대학 학생회장들은 무기정학, 총여학생회장 윤경자는 상대적으로 가벼운 근신 처분을 받았다. 이러한 차이는 서울대 총학생회와 한일협정 반대운동에서 여학생들의 지위와 발언권이 상대적으로 미약했음을 반영한 것으로 보인다.

한일협정 반대운동은 3월에 시작되어 6월까지 이어지면서 그 성격도 많이 바뀌었다. 한일회담 반대라는 정책 비판으로 시작되었으나 박정희 정권의 부정부패 스캔들과 학원 사찰 의혹이 폭로되면서 점차 반정부 운동으로 바뀐 것이다. 이런 변화는 한일협정 반대운동을 이끌었던 김중태가 문리대 단식농성장에 나타나 연설하면서, "우리의 투쟁은 이제 한일회담 반대, 5·16에 대한 부정, 현 정부에 대한 반대라고 하는 3단계를 거쳐 민족 혁명에 도달했다"라

> ### 마로니에
>
> '달 뜨자 배 떠나간다'는 속담처럼 대학은 개학을 맞자마자 첫날에 데모사태가 벌어져 설마 하던 많은 사람들의 기우를 산산히 깨트려버렸다. 지난 토요일 대학은 61일간의 여름 잠에서 깨어나 교문을 활짝 열어 놓았고, 교정에 삼삼오오 떼지어 학생들이 모여 들자 어느 틈에 '매국 국회 해산하라'는 열띤 마이크 소리가 숲속에서 울려 퍼지기 시작했다. 이렇게 하여 4.19탑 앞에서는 '일당 국회서 강행된 한일회담 비준은 무효'라는 성토가 벌어지고, '국회 해산하고 총선거 다시 하라'는 결의문이 채택되고 이어서 대열을 지어 교문 밖으로 나갔다. 그 다음에 일어난 일은 대치·해산 권고·불응·최루탄·투석이라고 하는 정해진 방향으로 연결되고, 이어서 연행·구속·석방요구가 되풀이 될 것이다. ……
>
> ≪대학신문≫, 1965년 8월 23일

고 주장한 데서도 잘 드러난다. 민족 혁명까지 도달했는지는 의문이지만 반정부 운동으로 발전한 것은 분명한 사실이었다.

● 이듬해에도 이어진 시위, 주도권이 바뀌다

앞에서 본 대로 1964년의 한일협정 반대운동은 6월 3일 그 정점에 달했다가 그날 밤 선포된 계엄령으로 일단 막을 내렸다. 그러나 1965년 초 한일협정 조인이 본격화되자 이에 반대하는 학생시위는 한일협정 비준동의안이 국회를 통과한 8월까지 줄기차게 이어졌다.

1965년의 한일협정 반대운동을 이해하려면 한일협정의 추진 경과를 간략히 살펴볼 필요가 있다. 한일 양국은 1964년 12월 3일 외교교섭을 재개해 이듬해 2월 15일 기본조약에 합의하고, 2월 20일 기본조약에 가조인했다. 4월 3일에는 새로운 어업선 획정 문제, 청구권 문제, 재일 한인의 법적 지위 문제 등 3개 현안을 일괄타결 해 각각의 협정에 가조인했다. 한일협정은 6월 22일 일본 도쿄에서 정식으로 조인되었다. 비준 동의서가 8월 14일 국회를 통과함에 따라 두 나라는 12월 18일 비준서를 교환했고, 이로써 한일협정은 정식으로 발효되었다.

이 같은 한일 간 협상의 각 단계마다 학생들은 이를 저지하기 위한 시위를 벌였다. 1965년 4월 3일 한일협정이 가조인됨에 따라 학생들은 4월 10일~17일 가조인된 협정을 무효화하기 위한 시위를 벌였고, 정식 조인이 임박하자 5월 18일~6월 22일 이를 저지하기 위한 시위를 벌였다. 협정이 정식으로 조인되자 국회 비준을 저지하기 위한 운동을 벌였고, 협정 비준안이 8월 14일 국회를 통과하자 이를 무효화하기 위한 시위를 벌였다.

그중에 국회 비준을 무효화하기 위한 시위가 가장 대규모로 발전했는데, 반대운동의 최후 단계라서 그만큼 절박하게 느꼈기 때문일 것이다. 1965년 8월 17일부터 시작된 각 대학생들의 시위는 1만 명 가까운 학생들이 참여한 가운데 8월 25일까지 이어졌다. 서울대에서는 8월 24일 11개 단과대학 학생 2500여 명이 문리대에 집결해 성토대회를 연 후 가두시위에 나섰다. 이날 시위는 2년 가까운 기간 동안 이어진 한일협정 반대운동의 마지막 불꽃이었다. 박정희 정권은 이날도 지난해와 마찬가지로 위수령을 선포해 군 병력을 투입하고 나서야 비로소 시위를 가라앉힐 수 있었다.

서울대의 한일회담 반대운동을 1964년에는 문리대 학생들이 주도했으나 1965년에는 법대 학생들의 주도로 바뀌었다. 여기에는 크게 두 가지 요인이 작용했다.

우선 1964년 시위에서 문리대생들이 입은 피해가 너무 컸기 때문이다. 김중태·현승일·김도현 등 민비연 3인방이 내란죄로 구속되는 등 초창기 한일협정 반대운동을 주도했던 민비연은 이 무렵 거의 활동 불능 상태에 빠졌다. 다른 하나는 1965년 당시 법대가 문리대에 비해 상대적으로 학생운동 역량을 보존하고 있었기 때문이다. 상대나 사범대도 학생운동 역량이 만만치 않았지만 캠퍼스가 도심에서 떨어져 있었기 때문에 아무래도 학생시위의 효과가 상대적으로 덜했다.

당시 법대의 학생운동을 주도한 것은 주로 사회법학회 회원들이었다. 사회법학회는 1958년 결성된 '신조회'를 모태로 만들어졌으며, 1963년 농촌법학회와 통합해 한때 '농촌사회법학회'라는 이름으로 활동하기도 했다. 하지만 곧 분리되어 '사회법학회'로 되돌아갔다. 사회법학회와 분리된 농촌법학회도 이후 사회법학회 못지않은 활동력을 보여주었다.

1965년 4월 10일 법대생 200여 명이 '매국외교반대성토대회'를 개최한 후 가두시위를 벌였다. 이 시위는 1965년에 들어서 서울에서 일어난 최초의 시위인 동시에, 법대가 문리대를 제치고 한일협정 반대운동을 선도하기 시작했음을 보여주는 사건이다. 법대생들은 4월 15일에도 다시 학생총회를 열고 5일간 집단 단식농성에 돌입했다. 이에 따라 상대와 사범대 등 다른 단과대학으로도 단식농성이 확산되기 시작했다. 사범대의 한일협정 반대운동은 모두 민족주체성 확립을 강령의 하나로 내세운 향토개발회가 앞장서서 이끌었다.

이 와중에 법대 학장의 요청으로 경찰이 학교에 진입해 단식농성 중이던 39명의 학생을 연행했다. 이후 법대생들은 이 문제를 둘러싸고 학교 당국과 지루한 신경전을 벌여야만 했다. 학생들이 학장의 해명을 요구하면서 단식농성을 하면 학교 당국은 이에 대해 징계로 맞서고, 그러면 학생들은 거기서 한발 더 나가 학장의 사임을 요구하며 동맹휴학을 하는 식이었다.

하지만 1965년 6월 한일협정의 정식 조인이 임박하자 법대생들은 학내문제를 미뤄두고 한일협정 반대운동의 일선에 복귀해야만 했다. 법대생들은 6월 14일 한일협정 정식 조인에 반대하는 집단 단식농성에 돌입했다. 이 농성은 한일협정이 조인된 6월 22일까지 200시간 동안 이어졌다.

이에 각 단과대학 학생회장들은 6월 19일 단식농성을 하고 있는 학생들의 요구가 받아들여지지 않으면 서울대생 전체가 공동 투쟁을 전개할 것을 결의했다. 그에 따라 집단 단식투쟁은 더욱 확산되었다. 6월 19일 당일 각 단과대학별로 단식 중인 학생들의 숫자는 상대 320명, 법대 232명, 문리대 63명, 사범대 20명이었다.

- 사카린 밀수 사건 규탄시위

한일협정 반대시위는 1965년 8월 사실상 끝나버렸지만 달아오른 학생운동의 열기는 금방 식지 않았다. 서울대에서는 이듬해인 1966년에도 사카린 밀수 사건을 계기로 정경유착과 재벌을 규탄하는 시위가 벌어졌다. 그리고 이것은 학원자유화 투쟁으로 이어졌다.

사카린 밀수 사건이란 삼성 재벌이 울산에 한국비료를 건설하면서 건설자재로 위장한 대량의 사카린을 들여오다가 적발된 사건이었다. 이 사건은 1966년 9월 15일 ≪경향신문≫의 보도로 세상에 알려졌다. 더 문제가 된 것은 이 과정에서 삼성 재벌과 박정희 정권의 결탁 의혹이 불거졌기 때문이다. 뒤에 밝혀진 바에 따르면 실제로 사카린 밀수로 만들어진 100만 달러의 자금을 셋으로 나누어 3분의 1을 박정희 정권의 정치자금으로 상납하고 3분의 1은 삼성의 공장 건설 자금, 나머지 3분의 1은 한국비료의 운영자금으로 쓰기로 했다는 것이다.

이 사건이 알려지자 학생들은 곧바로 삼성 재벌을 규탄하는 시위를 벌였다. 1966년 9월 23일 상대에서는 학생들이 사카린 밀수 사건에 대해 성토대회를 벌이면서 삼성에 대한 입사 거부 결의문을 채택하려다 학교 당국의 만류로 해산했다. 9월 27일에는 총학생회가 규탄 성명을 발표했다. 10월 7일에는 문리대에 '반밀수 재벌학생투쟁위원회'가 결성되어 이병철의 즉각 구속, 재벌의 재산 몰수, 일본 상사 추방 등을 요구하는 결의문을 채택했다. 10월 8일에는 법대생 250명이 성토대회를 열고 정경유착은 민족경제 자립에 역행하는 것이라고 규탄했다.

밀수 재벌에 대한 규탄시위는 학내에 큰 분란을 일으켰다. 법대는 1966년 11월 12일 안상수와 조영래 등 2명의 학생에게 시위를 주동했다는 이유로 1개월간 정학 처분을 내렸다. 문리대도 10월 22일 손학규와 정진일 등을 징계했다. 당시 서울대에서는 한일협정 반대운동과 관련해 제적된 학생들의 복적을 위한 서명운동을 진행하고 있었는데, 그 와중에 밀수 재벌 규탄시위와 관련해 학생들에게 추가로 징계가 이뤄진 것이다.

학생들은 학교 당국의 징계에 대해 크게 분개했다. 유기천 총장이 "학업을 저버리고 정치에 관여한 학생을 처벌하는 것이 무슨 잘못이냐"라고 발언했다는 사실이 알려지면서 학생들은 더욱 격분했다. 문리대생 400여 명이 10월 27일 '학원자유수호투쟁위원회'를 조직해 규탄시위를 벌였다. 학생들은 11월 4일 학생총회를 개최해 유기천 총장 사퇴를 결의했다. 11월 8일에도 500여 명의 문리대생이 학생총회를 열어 총장 사퇴를 거듭 요구했으며 이 가운데 100여 명의 학생이 단식농성에 돌입했다. 유기천 총장은 이러한 학생들의 압력에 못 이겨 부득이 사퇴해야만 했다. 하지만 주동 학생 5명도 무기정학을 당했다.

7. 장기집권 음모에 맞서다

• 부정선거 규탄투쟁

박정희 정권이 장기집권을 도모하기 위해 반드시 해결해야 할 과제는 개헌을 통해 3선에 출마할 수 있도록 길을 여는 것이었다. 개헌을 하기 위해서는 국회에서 3분의 2 이상의 찬성을 받아야 했기에, 박정희 정권은 1967년 6월 8일 치러진 국회의원선거에 총력을 기울였다. 관권과 불법적 방법을 총동원한 결과 여당인 공화당이 130석을 확보한 반면 야당인 신민당은 44석, 대중당은 1석에 그쳤다. 이로써 여당은 개헌에 필요한 117석을 훨씬 웃도는 의석을 확보해 삼선개헌으로 가는 길을 열었다.

많은 국민은 3·15부정선거에 맞먹는 노골적인 부정선거에 크게 분노했고, 각 대학 학생들이 앞장서서 규탄시위를 벌였다. 서울대에서는 1967년 6월 12일 오전 10시 30분 법대생 500여 명이 긴급 학생총회를 열고 부정선거를 규탄한 후 재선거를 요구하며 거리시위를 벌였다. 그들은 명륜동 입구에서 경찰과 충돌하여 165명이 연행되었다. 그러자 학교 당국은 곧바로 임시 휴교 조치를 취했다.

다음 날인 6월 13일에는 문리대생 300여 명이 휴교 조치로 봉쇄된 교문 앞에서 항의시위를 벌이다 옆의 법대로 진입하여 농성을 벌이고 있던 법대생들과 합류했다. 문리대와 법대 학생들은 곧바로 '6·8선거성토대회'를 열고 '서울대민주수호투쟁위원회'(위원장 이현배)를 결성했다. 이 위원회는 총학생회가 기능을 발휘할 때까지 부정선거 규탄투쟁의 중심이 되겠다고 선언했다.

비슷한 시각 상대생 250명도 휴교령으로 봉쇄된 학교 담장을 넘어 학교로 들어가 강당에 집결하여 '6·8부정선거성토대회'를 열었다. 이후 공대·사범대·농대 등 다른 단과대학에서도 부정선거 규탄시위가 이어졌다. 학교 당국은 6월 13일부터 순차적으로 모든 단과대학에 휴교 조치를 내렸다.

하지만 부정선거 규탄시위의 물결은 걷잡을 수 없을 정도로 퍼져나갔다. 6월 21일 서울대를 비롯해 고려대·연세대·성균관대·건국대 등 5개 대학 학생들이 '부정부패일소전국학생투쟁위원회'를 결성하여 시위를 좀 더 조직적으로 벌이기로 결의했다. 이 투쟁위원회에는 서울대 '민주수호투위', 고려대 '민권수호투위', 연세대 '68부정선거완전무효화투위', 성균관대 '주권쟁취투위', 건국대의 '부정선거무효화투위' 등이 참가했다.

박정희 정권은 학생들의 시위를 진정시키기 위해 조기방학을 실시하는 한편 이른바 '동백림사건'을 서둘러 발표했다. 윤이상과 이응로 등 유럽에 거주하거나 유학하고 있던 지식인들이 동베를린을 통해 북한과 접촉하면서 간첩활동을 했다는 것이다. 무려 203명을 잡아들여 조사했지만 대부분 단순한 호기심에서 북한 사람들과 접촉했을 뿐 실제 간첩 행위를 한 경우는 없었다.

공안 당국이 발표한 사건 관련자 가운데에는 민비연 지도교수인 황성모 교수가 포함되어 있었다. 당시 중앙정보부는 이 사건을 빌미로 김중태와 현승일 등 민비연 회원들까지 잡아들였다. 이는 학생시위의 배후에 마치 북한이 도사리고 있는 것처럼 몰아가 부정선거 규탄시위를 잠재우기 위함이었다. 황성모 교수는 공화당 사전 조직인 재건동지회에 관여한 바 있고 김종필과도 상당한 친분이 있었지만, 이러한 인물도 용공 조작의 마수에서 자유로울 수 없었던 것이 당시의 실정이다.

이러한 정치적 모략이 어느 정도 주효했던지, 서울대생들은 여름방학이 끝나고 난 뒤 부정선거 규탄시위를 다시 시도했지만 1학기와 같은 기세를 회복하지 못했다. 상대생 150명이 9월 11일 규탄시위를 벌인 것을 마지막으로 부정선거 규탄시위는 끝나고 말았다. 하지만 부정선거 규탄시위는 박정희 정권의 장기집권 획책에 맞서는 것이 앞으로 학생운동의 가장 중요한 과제가 될 것임을 예고했다.

● 삼선개헌 반대투쟁

1968년 한국의 대학가는 1년 전 부정선거 규탄투쟁의 열기가 무색할 정도로 조용했다. 이와 달리 그해 프랑스와 독일, 미국과 일본에서 대대적인 학생운동이 벌어졌고 세계적으로 '스튜던트 파워'라는 말이 유행했다. 특히 프랑스에서는 학생과 노동자들이 손잡고 대대적인 변혁운동을 전개했다. 이를 '68혁명'이라고 부른다.

당시 박정희 정권은 서구 학생운동의 물결이 한국에도 번지지 않을까 우려했다. 그래서 서구의 청년문화를 국내에 소개하던 언론인 남재희는 공안당국의 경고를 받기도 했다. 박정희 정권의 우려와 달리 한국의 1968년은 비교적 평온했다. 이렇게 1968년 한국의 대학가가 잠잠했던 것은 1967년 부정선거 규탄투쟁에 앞장선 학생들이 대거 징계를 받았기 때문이다. 1968년 발생한 이른바 통일혁명당 사건도 일부 영향을 미쳤다. 특히 경우회 등 상대의 학생운동 진영은 이 사건으로 큰 타격을 입었다.

이런 상황에서 박정희 정권은 1968년 연말 무렵부터 삼선개헌의 밑불을 때기 시작했다. 12월 17일 공화당 당의장서리 윤치영이 개헌을 검토하고 있다고 발언한 것을 시작으로 여러 당직자들이 개헌과 관련된 말을 흘리기 시작했다. 학생운동 진영은 이에 대한 대응 방안을 놓고 생각이 갈렸다. 미리 장기집권 음모를 폭로해 삼선개헌을 원천적으로 봉쇄해야 한다는 견해가 있는가 하면 그러다가 자칫 삼선개헌을 공식화할 빌미만 제공해 줄 수도 있다고 걱정하는 견해도 있었다.

하지만 박정희 정권이 1969년 4월, 당시 집권 여당인 공화당 내에서 개헌 반대파를 제거하는 등 삼선개헌 추진의 움직임을 본격화하자 학생들도 더 이상 가만히 두고만 볼 수는 없었다. 법대생 300여 명은 1969년 6월 12일 합동강

삼선개헌 반대시위

의실에서 '헌정수호학생총회'를 개최하고 '삼선개헌에 반대한다'는 요지의 성명서를 채택했다. 이것이 삼선개헌에 대한 최초의 공식적인 반대 선언이다.

법대 교수회의는 성토대회 주모자에게 근신 3개월의 징계 조치를 내렸지만 이것으로 학생들의 행동을 중단시킬 수 없었다. 법대생 300여 명은 나흘 뒤인 6월 16일 다시 학생총회를 열고 개헌 추진을 즉각 중지할 것을 요구했다. 참석자 가운데 200여 명은 집회를 마친 후 곧바로 도서관을 점거하고 철야 농성에 들어갔다. 문리대생들도 다음 날 4·19탑 앞에서 학생총회를 열고 삼선개헌 추진 중단을 요구했다. 이후 삼선개헌 반대운동은 여러 단과대학으로 확산되었다.

7월에 접어들면서 각 학교 학생들이 삼선개헌 중단을 외치며 거리로 쏟아져 나오기 시작했다. 7월 2일 법대의 시위현장에서 동대문경찰서 소속 정보과 형사가 학생들에게 붙잡혔다. 이 형사는 학교 구내에 진입해 시위에 가담한 학생을 체포하려다 오히려 학생들에게 붙잡힌 것이었다. 그는 곧 풀려났음에도 불구하고 경찰은 폭행을 가한 학생을 색출한다는 명목으로 무술 경관을 교내에 투입해 학생들과 대치했다.

이렇게 학생시위가 고조되자 학교 당국은 휴교와 조기방학으로 시위를 진정시키려 했다. 이것은 1960년대 중반부터 마치 관례처럼 된 조치였다. 7월

제3선언문

위정자들은 조국 근대화의 미명하에 다시금 독재 근성의 독아를 드러내어 전 민족을 압제 분열의 심연으로 실추시키려 하고 있다. 우리는 저들에게 민족적 양심의 각성을 촉구하고자 다시 이 자리에 모였다. …… 저들을 보라! 추악한 정권욕을 허울 좋은 명분 아래 감추고 있는 저들의 생리를! 민주 헌정의 파괴와 참 자유의 말살을 획책하여 역사의 위에 더러운 오점을 남기려고 하는 반민주적 반민족적 세력의 음흉한 간계를! …… 우리는 수차 경고해 왔다. 이제 우리는 그 어리석은 삼선개헌 추진세력들에 대항하여 경고로서 그치려 하지 않겠다. 일어서자! 그리고 우리는 믿는다. 우리 젊은 지성은, 우리의 민족양심은 삼선개헌 추진세력과 여하한 피의 투쟁도 두려워하지 않을 것이라는 것을!!!

1969년 7월 2일

서울대 문리대 대의원회

3일경부터 서울대를 비롯해 서울 시내 대학의 휴교가 시작되었다. 당시 경찰의 집계에 의하면 6월 27일부터 7월 3일까지 12개 대학 3만 3200명의 학생이 삼선개헌 반대시위에 참가했다.

이렇게 삼선개헌 반대시위가 고조되자 경찰 당국은 시위 진압을 위한 조직과 장비를 강화했다. 우선 일반 경찰 대신 전투경찰을 시위 진압에 투입하기 시작했다. 전투경찰은 1968년 대간첩작전에 필요하다는 이유로 창설되었는데, 실제로는 대간첩작전보다는 시위 진압에 주로 투입되었다. 이렇게 시위 진압을 전담하는 부대가 만들어지면서 더 조직적인 시위 진압 전술이 개발되기 시작했다.

시위 진압 장비도 강화되었다. 우선 최루가스를 특정 지역에 집중적으로 살포할 수 있는 장비인 페퍼 포그(pepper fog)가 도입되었다. 시위 진압 경찰의 개인 장비도 강화되었다. 전투경찰들은 투구형 방석모와 몸을 보호할 수 있는 방석복 그리고 커다란 방패로 중무장했다. 경찰은 1969년 한 해에만 약 8000만 원의 예산을 투입해 2만 명의 병력을 무장시킬 수 있는 분량의 방석복과 방석모를 발주했다.

박정희 정권은 여름방학을 맞아 시위가 잠시 잦아든 틈을 타서 삼선개헌을 공식화했다. 박정희 대통령은 1969년 7월 25일 특별 담화를 발표해, 기왕에 거론되고 있는 삼선개헌에 대한 국민투표를 실시하여 통과하면 이를 자신에 대한 신임으로 간주하고 부결되면 즉각 사임하겠다고 했다. 개헌안은 8월 7일 국회에 제출되었다.

방학 기간 중에 삼선개헌 반대투쟁에 참여했던 학생들에게 징계가 내려졌다. 학생회 간부와 평소 학생운동을 주도한 학생들에게 자퇴, 무기정학, 유기정학 등의 처벌이 내려졌다. 법대에서는 학생회장 박봉규가 제적되었고, 안평수는 자퇴, 이신범 등에게는 무기정학 처분이 내려졌다. 문리대에서도 학생회장 박영은과 서원석은 자퇴 처분을 받았고, 최재현·유홍준·조학송·김형관·강지원·박승무 등은 무기정학 처분을 받았다. 방학 동안 대학 간 연대투쟁 조직을 구성하려는 시도가 있었지만 크게 진전되지 못했다.

삼선개헌 반대운동은 1969년 9월 2학기 개강과 동시에 다시금 불붙기 시작했다. 문리대생 300여 명은 9월 1일 '비상시국선언문'을 낭독한 후 '삼선개헌 결사반대' 플래카드를 들고 교문을 박차고 나가 가두시위를 벌였다. 학생들은 이화동 로터리까지 진출했지만, 새로 투입된 시위 진압 장비인 페퍼 포그에 밀려 교내로 돌아와야만 했다.

학생들은 '문리대투쟁위원회'를 조직하고 김세균을 위원장으로 선출해 장기전에 대비했다. 학생회는 삼선개헌 반대투쟁에 관한 모든 지도권을 투쟁위원회에 위임했다. 문리대생들은 다음 날인 9월 2일 오후 4시까지 농성을 계속하다가 해산했다.

법대와 상대를 비롯해 다른 단과대학의 학생들도 시위를 벌였다. 상대생 250여 명은 9월 1일 강당에 모여 성토대회를 개최한 다음 다섯 차례에 걸쳐 교문 밖 진출을 시도하며 시위를 벌였다. 9월 2일에는 법대와 공대 학생들이 연이어 시위를 벌였다.

이렇게 학생들이 들고일어나자 학교 당국은 여느 때처럼 휴교로 대응했다. 그러자 학생들은 학교 안에 들어가 건물을 점거하고 농성을 벌이는 것으로 맞섰다. 9월 10일 문리대·법대·상대·사범대 등 단과대학의 100여 명 학생들이 밤 10시에 법대 도서관을 기습적으로 점거하여 농성을 시작했다. 학생들은 개헌안이 국회에서 통과될 때까지 75시간 집단 단식농성을 벌였다.

학생들이 이렇게 격렬하게 반대한 보람도 없이 개헌안은 9월 14일 국회를 통과했다. 물론 여당 의원들끼리 날치기로 통과시켰다. 당시 국회는 개헌안과 함께 국민투표법도 함께 통과시켰다. 이렇게 통과된 국민투표법은 대학생들의 삼선개헌 반대시위를 제압하는 무기로 사용되었다. '국민투표법'에 의하면 국민투표 대상이 되는 사안에 대한 찬반 운동은 선거관리위원회에 신고된 정당의 연설회에서만 가능했다. 따라서 삼선개헌에 반대하는 시위를 벌일 경우 '국민투표법'에 의해 처벌을 받을 수밖에 없었다. 이러한 법적 제약 때문에 더는 삼선개헌 반대운동을 이어가기 어려워졌다. 학생들은 10월 17일 국민투표를 통해 삼선개헌이 확정되는 것을 속수무책 바라볼 수밖에 없었다.

● 학회가 앞장선 학생운동, 다시 민주주의 문제에 주목하다

학회가 1950년대에 처음 만들어질 때 그 성격은 대체로 순수한 자율적 학술단체였다. 민통련을 조직해 통일운동에 앞장선 신진회나 신조회 같이 이념적인 성향을 가진 학회는 극히 일부였다. 1960년대 중반 한일협정 반대운동이 고조되면서부터 학회가 학생운동의 전면에 나서기 시작했다.

앞에서 본 대로 1964년의 시위는 문리대의 민비연이 주도했고 1965년에는 법대의 사회법학회가 그 배턴을 이어받았다. 민비연이 강제해산된 후 손학규가 이끄는 낙산사회과학연구회와 이각범이 이끄는 후진국문제연구회가 조직되어 활동하다가 서중석이 이끄는 농문회와 최재현이 이끄는 한얼회까지 끌어들여 문우회로 통합되었다. 문리대의 삼선개헌 반대운동은 문우회가 주도했다. 상대에서는 1967년에 정운영 등이 이론과 실천을 겸비하자는 취지로 한국사회연구회를 조직하여 상대의 학생운동을 주도하기 시작했다.

하지만 이 무렵 학생운동에 앞장선 학회의 회원이라고 해서 모두 학생운

동에 참여한 것은 아니었다. 회원들 중에는 학술 연구 중심의 전통적 방식의 학회 운영을 선호하는 사람이 적지 않았다. 그런데 1960년대 후반 삼선개헌 반대운동을 거치면서 사회참여가 절실하다고 보는 회원들이 증가했다.

학생운동의 주역이 된 학회들은 대부분 문리대·법대·상대 등 3개 단과대학에 집중되어 있었다. 문리대에는 여학생이 일부 있었지만 법대와 상대에는 여학생이 극히 드물었다. 따라서 학생운동을 주도한 학회들도 회원은 거의 대부분 남학생들이었다. 따라서 몇몇 학회가 학생운동을 주도하기 시작하면서 여학생들은 학생운동을 주도하는 그룹에 참여하기가 점점 더 어려워졌다.

학생운동의 주된 관심사는 4·19혁명 당시 자유와 민주주의의 회복이었으나, 그 직후 학생들의 마음을 사로잡은 것은 민족주의였다. 분단된 민족을 어떻게 통일할 것인가, 후진국의 현실을 어떻게 극복할 것인가 등이 당시 학생들의 가장 핵심적인 문제의식이었다. 국민계몽운동과 통일운동은 모두 이러한 민족주의적 정서에 의지하여 전개된 운동이며, 이런 관심은 5·16 직후 박정희 정부의 민족적 민주주의에 대한 기대로 이어졌다. 한일회담 반대운동을 거치면서 기대는 실망으로 바뀌었고 '민족적 민주주의 장례식'을 치렀지만 다수의 학생들은 여전히 민족적인 정서에 의거해 이들 시위에 참여했다.

하지만 부정선거 규탄투쟁과 삼선개헌 반대운동은 한일협정 반대운동과 달리 민주주의의 요구를 전면에 내세웠다는 점에서 중대한 변화의 시작이라 할 수 있다. 삼선개헌을 위한 사전 정지작업으로서의 부정선거, 삼선개헌의 일방적인 처리 등 거듭되는 헌정질서의 훼손을 겪으면서 민주적 정당성의 문제가 비로소 학생들의 주된 관심사로 떠오른 것이다. 그 후 상당 기간 민주주의는 학생운동의 가장 중요한 핵심과제가 되었다.

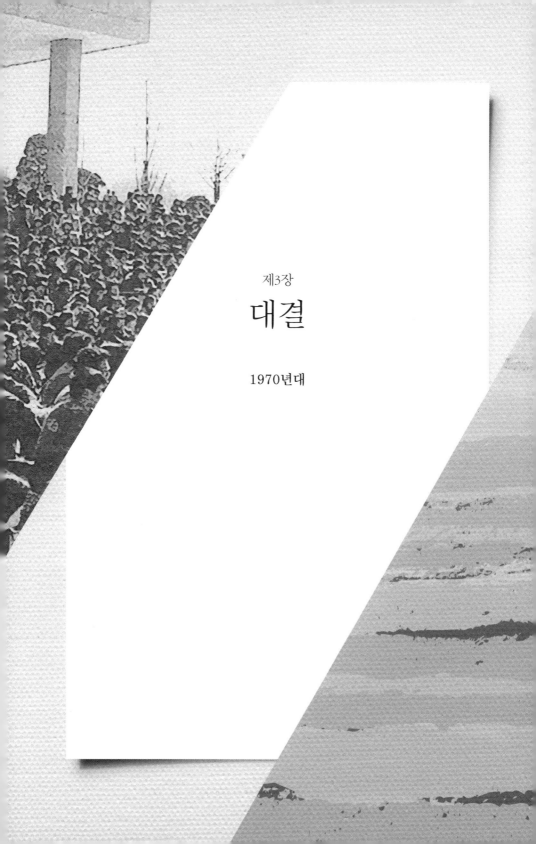

제3장

대결

1970년대

1. 학원을 지키기 위해 일어서다

● 학원을 둘러싼 충돌의 계기, 학생 군사훈련

'학원(學園)'이란 학교 및 기타 교육기관의 총칭이다. 이 용어는 일찍부터 사용되었지만 1970년대 들어 신문에 자주 등장했다. 박정희 정권은 걸핏하면 '학원 정상화'를 내세웠다. 시위로 인해 휴강과 휴교가 만성화하는 것을 차단하여 학원이 본연의 기능을 수행할 수 있도록 하겠다는 것이었다. 이에 대해 학생들은 '학원의 민주화'로 응수하며 학생운동에 대한 탄압과 대학사회에 대한 통제에 맞서 학원의 자율적 질서를 지키기 위해 투쟁했다.

박정희 정권 초기에는 학생활동의 자유를 아주 노골적으로 규제하지는 않았다. 1964년 한일협정 반대운동 당시 학원 사찰 논란이 있었고 '학원보호법'이라는 이름으로 학생활동을 통제하는 법안의 입법을 시도한 적이 있지만, 그 후로는 집회와 시위의 자유를 학내에 국한해서는 어느 정도 보장하는 편이었다. 당시 시위의 양상은 학생들이 집회를 연 후 거리시위에 나서려고 하면 경찰이 교문에서 막아 교문을 경계로 정권과 대치하는 형국이었다. 당시까지만 해도 박 정권은 '학원'이라는 공간의 특수성을 어느 정도 용인했다고 할 수 있다.

하지만 박 정권은 1970년대에 접어들자 학생시위에 더 적극적으로 대처해 충돌을 불러왔다. 시위를 교문에서 저지하는 데 그치지 않고 군과 경찰 병력을 서슴없이 학내에 투입해 강경 진압을 불사했다. 게다가 시위에 대한 원천봉쇄를 노리고 학내의 각종 학생활동을 엄격히 통제하기 시작했다. 이제 학원은 더 이상 신성불가침한 공간이 아니었다. 이에 맞선 학생들은 정권의 학원 정상화 조치들에 대해 강력하게 반발했다. 결국 1970년대에 '학원'을 둘러싸고 일대 충돌이 벌어졌다. 그 시발점이 바로 1971년의 학생 군사훈련, 즉 교련에 대한 반대운동이다.

교련이란 학생을 대상으로 하는 군사훈련을 일컫는 말이다. 그것은 1948년 학도호국단의 창립과 함께 시작되었지만 전쟁이 끝난 뒤 중단됐는데, 박 정권이·1968년 1월 북한 게릴라의 '청와대기습사건'을 빌미로 부활시켰다. 시행 첫해에는 몇 개 고등학교를 선정하여 시범적으로 실시했으나, 이듬해인 1969년부터 '교련'이라는 정규 학과목을 신설해 7대 도시의 고등학교와 모든 대학교로 확대했다. 1970년부터는 여학생들마저 응급처치법과 간호법 중심의 군사훈련을 받아야 했다. 이렇듯 박 정권은 교련을 부활시킨 후 그 범위와 강도를 확대·심화해 나갔다.

박 정권은 북한의 무력도발에 대처하면서 경제성장을 가속화하기 위해서는 정치 안정이 필요하다면서 장기집권 플랜을 구체화했다. 1968년 12월 국민교육헌장을 반포해 국가주의 교육을 강화하고 이듬해 초부터 삼선개헌을 추진해 10월 국민투표로 확정지었다. 1971년에는 방공훈련을 실시하고, 1972년에는 '국기에 대한 맹세'를 시행하는 등 국민에 대한 통제를 강화해 나갔다. 그사이 미중 국교정상화가 급속히 진전되자, 박 정권은 국제적 냉전체제의 동요로 인한 위기감 속에 국민에 대한 통제와 총동원 체제를 구축하는 데 박차를 가했다. 이는 일제강점기의 전시체제를 모델로 한 것이었고, 교련 교육은 그 일환이었다.

대학생들은 매주 2시간(학기당 30시간, 1학점)씩 군사훈련을 받았다. 교련은 엄연한 정규 교과목으로 모두 6학점을 이수해야 했다. 6학점이란 1학년부터 3학년까지 매 학기 군사훈련을 받아야 함을 말한다. 교관은 예비역 장교가 맡고 전임강사의 대우를 받았다. 서울대에는 영관급 예비역 장교가 교관으로 임명되었다. 학생들은 내키지 않지만 비교적 군소리 없이 과목을 이수했다.

하지만 문교부가 1970년 12월 27일 '대학교련교육시행요강'을 발표하자 크게 반발하기 시작했다. 요강의 골자는 ROTC 제도를 폐지하는 대신 교련으로 단일화한다는 것이다. '요강'에 따라 달라진 내용을 살펴보면 먼저 이수 학점이 7학점으로 늘어나서 4학년 1학기까지 교련 교육을 받도록 하고 매주 이수 시간도 3시간으로 늘렸다. 방학에는 군부대에 입영해서 별도의 집체교육(총 396시간)을 받도록 했다. 이에 따라 총이수 시간이 180시간에서 711시간으로 크게 늘어났다. 이것은 사실상 모든 학생을 대상으로 ROTC에 준하는 군사교육을 실시하겠다는 것이다. 이때부터 예비역 대신 현역 장교가 교관을 맡게 된 것도 강화의 일환이었다.

● 교련반대운동의 시작

교련 교육의 강화는 학생들의 강력한 반발을 불렀다. 서울대를 비롯한 전국 주요 대학에서 격렬한 충돌이 벌어졌다. 학생들은 1971년 3월에 신학기가 시작되자마자 반대시위를 벌였다. 그리고 이는 그해 10월 15일에 위수령이 발령될 때까지 이어졌다. 대학가는 그야말로 교련반대운동으로 한 해를 다 보냈다고 해도 과언이 아니다.

서울대 총학생회는 3월 2일에 '학원대민주화운동지침'(이하 지침)을 통해 교련 교육 강화에 대한 반대 의사를 분명히 밝혔다. 3월 9일에는 '교련철폐투쟁선언'을 발표해 반대운동에 본격적으로 나섰다. 총학생회가 반대에 나선 것은 단순히 과목 이수의 부담이 늘었기 때문만은 아니다. 교련 자체가 대학의 정신에 어울리지 않는 군국주의적 성격을 가지고 있을뿐더러 추진 방법도 민주적이지 않다고 보았기 때문이다.

지침에서 군사훈련에 반대한 본질적인 논거를 확인할 수 있다. 지침은 "대학에서 학생의 지위와 기본적 권리에 관한 선언"이라는 부제를 달고 있는 데서 보이듯, 당시의 상황을 "학생의 기본적 권리가 전적으로 무시되고 있으며 교권이 외부의 압력으로부터 대학의 본질적 기능을 수호하는 데 무력한 상태"라고 진단했다. 그리고 이를 단적으로 보여주는 것이 바로 "반민주적인 방법으로 기정사실화된 교련"이라고 지적하면서, "학원대민주화운동은 바로 이에 맞서 전개하는 것"이라고 천명했다.

지침은 '학원대민주화운동'의 2대 목표로 '학생 기본권의 탈환 및 신장'과 "교수단의 교권의 권력으로부터의 독립"을 들었다. 대학의 민주화를 위해서는 외부적 압력으로부터 대학의 자율성이 확보되어야 할 뿐 아니라 학내의 권위주의도 불식되어야 한다고 보았다. 따라서 대학 내에서 학생은 반드시 교수에게 복종해야 한다는 '봉건시대의 윤리'를 거부하면서 대학 자치도 결코 교수회만의 전유물이 되어서는 안 되며 학생들의 참여가 반드시 이뤄져야 한다고 주장했다.

지침은 탈환해야 할 학생의 기본권으로 언론·출판·집회·결사의 자유 등 시민적 자유, 부당한 징계로부터의 보호, 학내 저항권, 정치활동의 보장 등을 들었으며, 대학의 모든 운영에 학생들의 의견이 반영될 수 있도록 제도적으로 보장해야 한다고 강조했다.

지침은 교련에 대해서도 분명한 입장을 밝혔다. 우선 교련이 명령과 복종이라는 군인정신에 바탕하고 있으므로 자유로운 사고를 전제로 하는 대학의 정신과 부합하지 않는다고 주장했다. 절차상으로도 학생들의 의사를 묻지 않고 일방적으로 밀어붙였기에 대학의 자유와 학생들의 기본적 권리라는 견지에서 도저히 받아들일 수 없다고 보았다. 따라서 학생들의 의사가 집약될 때까지 교련의 수강은 보류되어야 하고, 그 시행 여부는 학생, 교수, 정부 대표들의 평등하고 자유로운 토론을 통해 결정해야 한다고 주장했다.

이렇듯 학생들은 교련 교육문제에 대해 군사훈련의 강도나 형태가 아니라 민주주의 원칙의 관점에서 접근했다. 따라서 그에 대한 거부는 민주주의의 전당인 학원을 지키기 위한 것이다. 학원민주화는 외부적 압력으로부터 학원

교련교관단 철수를 요구하는 공고문

의 자율성을 지키는 것뿐만 아니라 학원 내부에서 권위주의를 불식하고 민주주의를 실천하는 것까지 포함한 것이다.

박정희 정권은 학생들의 반발에도 교련 교육의 강화를 밀어붙였다. 3월 15일부터 42명의 현역 장교들로 이뤄진 교관단을 각 단과대학에 배치했으며 교련 교과목에 대한 수강 신청을 하도록 강요했다. 그러자 문리대와 법대 학생회는 3월 15일 즉각 학생총회를 개최해 수강 신청을 거부하기로 결의했다. 문리대의 일부 학과에서는 교련 수강을 거부하자는 호소문을 돌리기도 했다. 상대에서는 19일 학생총회를 개최하고 교련 수업 거부를 결의했다.

이렇게 문리대·법대·상대의 학생회가 조직적으로 교련반대운동을 벌였는데 여기에는 그럴만한 배경이 있었다. 1969년 삼선개헌 반대운동 당시 교양과정부 학생들도 적극적으로 참여했는데, 이 과정에서 후진국사회문제연구회라는 학회가 만들어졌다. 회원들은 2학년 때 여러 단과대학으로 흩어져 학생운동을 주도했다. 그 가운데 이호웅·최회원·김상곤은 3학년이 되었을 때 각기 단과대학의 학생회장으로 출마하여 모두 당선되었다. 이들은 서로 손발을 맞춰가며 교련반대운동을 주도했다.

다른 대학에서도 반대시위가 벌어졌다. 고려대 총학생회는 3월 17일에 '우리는 거부한다'는 제목의 투쟁선언문을 발표했다. 23일에는 전국 12개 대학 학생회 대표들이 군사교육 폐지 요구가 받아들여지지 않을 경우 그 전면 철폐를 위한 최후의 투쟁을 전개할 것이라는 내용의 '전국대학공동선언문'을 발표했다.

4월에 접어들면서 교련반대시위가 더욱 고조되었다. 학생들은 교내의 성토대회에 그치지 않고 교문 밖으로 진출을 시도했다. 6일 상대 학생들이 처음 교문 밖 50미터까지 진출한 것을 시작으로 문리대와 법대 학생들이 7일과 8일 연이어 가두시위를 벌였다. 문리대생들은 4·19탑 앞에서 학생총회를 열고 교련복과 군화를 불태우는 퍼포먼스를 행했다. 14일 교련반대시위에 나선 사범대생들은 진압경찰을 상대로 투석전을 벌였는데, 그 와중에 시위대가 던진 돌이 마침 학교 근처를 지나던 박 대통령 경호 차량을 맞추는 일이 벌어졌다. 그러자 대통령이 차에서 내려 경호 요원들의 호위 속에 학교 안에 들어와 학장과 교수들을 질책하고, 곧이어 경찰 병력이 난입해 도서관과 서클룸까지 뒤져 학생들을 마구 구타하고 58명을 연행했다.

학생시위가 격화되자 학교 당국은 늘 그랬듯이 휴교 조치를 취했다. 4월 13일부터 문리대와 법대를 시작으로 차례로 휴교에 들어갔다. 16일에 이르면 거의 모든 단과대학이 문을 닫았다. 20일 이후 반대시위가 점차 가라앉았다. 휴교령 때문은 아니었다. 제7대 대통령 선거가 임박했기 때문이다. 학생들은 대선을 맞이하여 공명선거 운동을 벌였다. 이에 역량을 집중하기 위해 반대시위를 잠시 중단한 것이었다.

• 시위를 잠시 멈추고 선거 감시 활동을 전개하다

1971년 4월 27일에 대통령 선거가 실시되었다. 박 대통령은 2년 전에 삼선개헌을 밀어붙인 덕에 재출마할 수 있었다. 박정희 후보는 40대의 김대중 후보와 팽팽하게 맞서 겨우 승리했다. 야당은 1967년의 총선 때처럼 이번 대선에서도 대대적인 선거부정이 자행되었다고 비판했다.

학생들은 1967년 부정선거 규탄투쟁의 쓰라린 경험으로 인해 선거가 끝나고 따지는 것보다 미리 감시 활동을 벌이는 것이 낫다고 판단했다. 이를 위해 1971년 4월 14일에 민주수호전국청년학생연맹(이하 민주수호전학련)을 결성했

민주수호전학련 기관지

다. 위원장은 후진국사회연구회의 심재권이, 대변인은 사회법학회의 이신범이 맡았다.

민주수호전학련은 4월 19일에 '민주수호대행진 선언'을 통해 참관 운동을 전개해 투표소와 개표소에서 민주주의를 수호하겠다고 밝혔다. 민주수호전학련은 22일에 행동 지침을 제시했는데 그 내용은 공명선거가 될 수 있도록 학생들은 23일까지 시위를 중지하고 냉각기를 가지며, 이미 참관단으로 서명한 학생들 이외에 25일까지 추가 접수를 받아 전국 각지로 내려 보낸다는 것이었다.

민주수호전학련은 24일에 참관인단 결성식을 문리대에서 개최하려 했으나 사복형사 100여 명과 학교 직원들이 몰려와 제지하는 바람에 학교 밖에서 가졌다. 야당인 신민당의 협조를 받아 참관단을 구성했고, 규모는 경북 250명, 강원 100명, 충북 150명, 전북 200명, 경남 200명, 충남 200명, 전남 100명, 경기 50명 등이었다.

학생들은 선거일인 4월 27일까지 투·개표를 참관했다. 지역에 따라 참관을 방해받기도 했다. 그들은 선거가 끝난 뒤 단과대학별로 보고회를 열었다. 투·개표 과정에서의 노골적인 부정보다는 공무원의 선거 관여와 방대한 자금 살포 등 포괄적인 부정행위가 저질러졌다고 보고했다.

민주수호전학련은 5월 1일에 법대 도서관에서 성명서를 발표해, 대통령 선거를 불법 관권선거로 규정하고 야당에게 국회의원선거를 거부할 것을 요구했다. 상대생 150여 명은 3일 학생회관 앞에서 모조 투표함과 득표 게시판을 불태우는 '원천적 부정선거 화형식'을 거행했다. 법대생들도 5일 학생총회를 개최하여 대선 무효와 국회의원선거 보이콧을 주장하며 단식농성에 돌입했다. 7일에는 문리대 4·19탑 앞에서 총학생회 주최로 규탄대회가 열려, 학생 300여 명이 참석했다. 이들은 '사이비 민주주의 화형식'을 갖고 교문 밖으로 나가 경찰과 대치했다. 민주수호전학련은 14일에 국회의원선거를 거부하기로 결정했다.

야당이 국회의원선거를 거부하라는 요구에 응하지 않자 손호철·한석태·이근성·김경남 등 27명의 학생이 신민당사에 몰려가 점거농성을 벌였다. 손호철 등 10명이 구속되고 김문수는 불구속 입건되었다. 야당은 학생들의 요구를 외면하고 선거에 참가했다. 야당은 5월 25일 선거에서 89석을 확보해 전체 의석수의 3분의 1을 넘기는 데 성공했다. 박정희 대통령의 입장에서 본다면 개헌 가능 선인 3분의 2를 확보하는 데 실패한 것이다. 재개헌을 통한 집권 연장이 불가능하게 됐다.

● 다시 일어난 교련반대시위

대선과 총선을 마친 뒤 학생들은 교련반대시위를 재개했다. 민주수호전학련은 연세대의 민권쟁취청년단과 합쳐서 이름을 전국학생연맹으로 바꾸었다. 전국학생연맹은 반대시위를 더욱 조직적으로 전개했다.

박정희 정권은 6월 25일에 교련 이수 시간을 대폭 단축하고, 집체교육을 폐지하며, ROTC를 부활하고, 교련 이수자에게는 병역특례를 부여한다는 내용의 유화책을 제시해 반발을 무마하려 했다. 이는 교련 교육 강화의 내용을 사실상 거의 대부분 백지화한 것이었다. 다만 예비역 대신 현역 장교를 교관으로 삼겠다는 방침은 바꾸지 않았다. 그런데 이는 학생들이 가장 크게 반발한 것 중 하나였다. 따라서 미봉책만으로 학생들의 반발을 누그러뜨릴 수 없었다. 서울대 총학생회는 즉각 새 교련 제도를 거부한다는 성명을 발표했다.

시국선언문

학내외의 끊임없는 탄압과 정보정치의 미수에도 굴하지 않고 3차 총회를 맞는 우리는 주위에서 일어나고 있는 일련의 사태들이 심상치 않음을 느끼고 파멸의 지경에 이르고 있는 현실을 좌시만 할 수 없어 여기 우리의 견해를 밝힌다. ……

① 헌법에 보장된 국민의 자유와 권리를 제한하는 일체의 비민주적인 제도와 법률 특히 중앙정보부를 폐지하고 반공법 국가보안법을 폐기 또는 수정하라.

② 반민족적 매판행위를 중지하고 부당한 국민 희생 위에 체결된 조약을 폐기 또는 수정하고 민족자본을 말살하는 해외자본의 국내 침투를 적극 저지하라.

③ 통일 독점의 기만정책을 탈피하고 모든 국민의 비약적 발상을 흡수하며 통일의 최대 방해 요인인 일본 군국주의의 재침략을 저지하라.

④ 소수 자본가의 이익 대변자로서의 정부가 되지 말고 다수 국민 대중의 이익 대변에 충실하라.

⑤ 긴장정책과 도발정책을 중지하고 특히 학원 내에서의 군사훈련을 철폐하라.

1971년 9월 13일

서울대학교 문리과대학 문우회 회원

학생들은 2학기에 들어서도 교련에 대한 수강 신청을 거부하면서 교련 철폐와 부정부패를 규탄하는 시위를 벌였다. 이는 다른 대학들도 마찬가지였다. 9월 15일에 서울대·고려대·서강대·성균관대 등 네 개 대학 총학생회장들이 교련 교육 전면 철폐를 주장하는 성명서를 발표했다. 이런 와중에 군인이 대학에 들어가는 사태가 발생했다. 수도경비사령부 헌병대 소속 22명이 10월 5일 한밤중에 고려대에 난입해 농성 중인 한맥회 간부 5명을 붙잡아 간 것이다. 이들이 고려대에 난입한 것은 학생들이 수도경비사령관을 대표적인 부정부패 인사로 지목했기 때문이다. 이 무렵 학생들은 학원민주화운동을 정치민주화운동으로 확산시켜 나가고 있었다. 고려대생들이 수도경비사령관 등을 부정부패 인사로 규탄한 것도 정치민주화운동의 일환이었다.

서울대생들도 교련반대운동의 과정에서 정치민주화운동으로 전환을 시도했다. 1971년 9월 30일에 문리대 학생총회가 채택한 선언문이 이를 잘 보여준다. 선언문은 당시 한국 사회에 충격을 준 광주대단지 사건, 실미도 사건, KAL빌딩 사건 등을 언급하면서, 이 모두가 현 집권층이 10여 년간 쌓고 저질러온 모순과 부정부패 만연의 필연적 결과라고 규정했다. 그리고 정치적·사회적 모순을 개혁하기 위한 투쟁을 전개할 것임을 선포했다.

군인들의 고려대 난입 사건에 학생들은 크게 분노했다. 당사자인 고려대뿐 아니라 전국 여러 대학에서 교련반대시위가 더욱 고조되었다. 서울대에서는 10월 7일에 문리대·법대·상대 학생들이 부정부패 추방을 외치며 시위를 벌였다. 다음 날에는 총학생회가 정보 정치 종결과 부패 특권층 처단을 요구하는 성명서를 발표했다.

교련반대시위는 10월 13일에 정점에 달했다. 서울대 등 14개 대학 학생회 장단이 문리대에 모여 군의 고려대 난입을 규탄하고 부정부패의 원흉을 처단할 것을 요구하는 공동성명을 발표했다. 서울대의 거의 모든 단과대학 학생들이 문리대에 집결해 격렬한 가두시위를 벌였다. 거리에 쌓아둔 바리케이드에 불을 질렀을 뿐 아니라 화염병까지 등장했다.

● 대학원생과 교수들도 가세하다

교련반대운동은 무엇보다 대학의 자율성을 지키기 위한 것이었다. 학생들의 시위 기세가 높아지자 대학원생과 교수들도 이에 가세하기 시작했다. 먼저 행동에 나선 것은 대학원생이었다.

1971년 6월 7일에 대학원생 60여 명이 학원자유수호위원회를 결성했다. 위원회는 12일에 '대학제도개혁기본방향'의 시안을 대학본부에 제출했다. 이 시안은 학문 연구의 자유를 확보하고, 대학 자치와 학생 기본권을 구현하기 위한 것이었다. 위원회는 이후 3개월간의 연구를 통해 구체적 개선 방안을 담은 방대한 분량의 자료집을 발표했다.

자료집은 개혁 사항으로 대학 자유의 실현, 학문 연구를 위한 경제적 여건의 확보, 합리적 교수 임용제도 등의 확립을 들었다. 대학 자유의 방안으로 학문 연구의 자유, 대학 자치의 구현, 학생 기본권의 구현, 상설 교수·학생협의회의 설치 등을 들었다. 마지막 방안은 총학생회가 앞서 발표했던 '학원대민주화운동지침'에서 언급한 '대학 운영에 대한 학생참여'와 연결되는 내용이어서 주목된다.

자료집에서는 상설 교수·학생협의회의 설치를 주장하면서 그 근거로 미국·영국·프랑스·서독·이탈리아·일본 등의 사례를 제시했다. 이 가운데 프랑스·독일·이탈리아의 경우는 이른바 68혁명을 통해 학교 운영에 학생참여가 제도적으로 보장된 사례였다. 따라서 자료집 작성 과정에서 서구의 대학생들이 68혁명에서 추구했던 대학개혁에 대해서도 검토했을 가능성이 높다.

8월 들어 대학의 자율성을 요구하는 대열에 대학원생뿐만 아니라 교수들도 참여하기 시작했다. 문리대 교수들이 18일에 처우 개선 등 3개 항을 요구한 것을 시작으로, 공대 교수들이 20일에 교수평의회 부활을 건의했고, 상대 교수들은 21일에 대학 자치에 관한 결의문을 발표했다.

상대 교수들은 결의문을 통해 문교부로부터 독립한 서울대학교 운영에 관한 자치 의결기관을 법제화할 것, 총학장의 임명제를 지양하고 민주적 선임제를 채택할 것, 현행 심의기관으로서의 교수회는 의결기관이 되도록 할 것 등을 요구했다.

이렇게 단과대학 교수들이 움직이자 서울대 교수협의회도 23일에 대학의 자주성과 자율성이 제도적으로 보장되어야 한다는 내용의 건의문을 채택했다. 그리고 이런 선언은 부산대·경북대 등 다른 국립대 교수들의 자주화 선언을 이끌어냈다.

이렇게 학생들이 교련반대시위로 시작한 학원민주화운동은 대학의 자율성을 지키려는 대학원생과 교수들의 운동으로 이어졌다. 앞서 보았듯이 학생들과 교수들 사이에는 입장의 차이가 분명히 존재했다. 하지만 외부의 압력에 맞서 '학원'을 지킨다는 측면에서 학생과 교수는 연합전선을 펴고 있었다.

> **대학 자치에 관한 결의문**
>
> 오늘날 우리 대학은 내외로 제 구실을 다하지 못하는 심각한 위기에 처해 있다. 그 위기의 근본 요인은 대학운영의 비자치성에 연유한다. 형식적 자유와 실질적 자유가 망라됨으로써 본래의 사명을 다할 수 있는 대학의 본질에 비춰 대학의 운영이 상부기관의 자의에 좌우되는 현 제도하에서 대학의 대학다운 발전은 기대하기 어렵다. …… 특히 최근에 이르러 학외로부터의 학원에 대한 직접 간접의 유해 작용으로 대학인의 정신적 자유는 혼미해지고 있다. 따라서 우리는 교수협의회 총회에서 건의하기로 되어 있는 학원의 자율성, 시설의 확충, 처우 개선 세 가지 사항에 전적으로 찬성의 뜻을 표하면서도 건의의 초점은 어디까지나 대학의 자치에 있다는 결론에 도달했다. ……
>
> 1971년 8월 21일
> 서울대학교 상과대학 교수 일동

● 위수령의 발동

  박정희 정권은 1971년 10월 15일에 '학원 질서 확립을 위한 특별명령'을 발표하고, 위수령을 발동해 서울대를 비롯한 7개 대학에 군 병력을 진주시켰다. 1899명의 학생이 연행되고 119명이 구속되었다. 또한 23개 대학에서 177명이 제적되었다. 서울대에서는 문리대 18, 법대 14, 상대 16, 사범대 3, 공대 1, 교양과정부 6, 대학원생 3명 등 60여 명의 학생이 제적되었고, 대부분 제적과 동시에 강제로 군대로 끌려갔다.

  박정희 정권은 이외에도 교련 수강을 거부한 학생들에 대한 조치도 취했다. 문교부는 각 대학에 수강을 거부한 모든 학생의 명단을 보고하라고 지시했다. 이들도 시위 주도 학생들과 마찬가지로 모두 재학생의 입대를 잠시 유예하는 특례를 취소해 군대에 입영시키겠다는 것이었다. 서울대는 이 지시에 따라 명단을 보고했다. 서울대의 경우 수강 신청 대상자 6620명 가운데 절반이 넘는 3490명이 수강을 거부했다. 이들이 모두 군대로 끌려가 버리고 나면 캠퍼스가 그야말로 텅 빌 지경이었다.

위수령과 함께 서울대에 진주한 군인

　박정희 정권은 처음에는 모두 강제 입영시킬 것처럼 엄포를 놓았지만 막상 명단을 접하고는 한 걸음 물러났다. 대통령은 10월 28일에 '선의의 교련 미수강자'의 징집은 연기하라고 지시했다. 이에 따라 이른바 선의의 미수강자에 대해서는 당사자와 부모가 연명으로 작성한 서약서를 제출하는 조건으로 추가 등록을 받아 보강을 실시하기로 했다.

　위수령이 발령된 지 채 한 달이 지나지 않은 1971년 11월 12일에 중앙정보부는 '서울대생내란음모사건'을 발표했다. 이신범·심재권·장기표·조영래·김근태 등이 학생들을 선동하고 화염병으로 국가기관을 공격하여 국가의 전복을 모의했다는 것이다. 서울대의 주요한 학생운동 지도자들을 제거해 시위를 약화하기 위해 내란음모죄의 누명을 뒤집어씌운 것이다. 그런 측면에서 이 사건도 위수령의 연장선에서 일어났다고 할 수 있다.

2. 학생활동을 억압하다

● 학생자치에 대한 억압

박정희 정권은 위수령을 통해 시위를 잠재우는 것으로 만족하지 않았다.

대학에 학칙의 개악을 강요해 학생활동을 엄격하게 통제하고, 시위를 원천적으로 봉쇄하려고 했다. 박 정권은 한일협정 반대운동 당시에도 학칙을 고치도록 했는데, 이번에도 동일한 방법을 사용한 것이다.

문교부는 1971년 10월 18일에 17개 항에 달하는 내용의 학칙 보강 지시를 내렸다. 그 골자는 학생의 정치활동 금지, 학생 징계 등에 관한 총·학장 권한 강화, 집회·성토·시위·농성·등교 거부·확성기 사용 등 학업에 지장을 초래하는 행위 금지, 학생 간부·임원들에게 일정 수준 이상의 학점을 취득할 것 요구, 제명된 자의 재입학 금지 등이다. 대부분이 학생활동을 엄격하게 통제하는 내용이었다. 서울대도 학칙을 바꾸지 않을 수 없었다.

박정희 정권은 아울러 학생활동에 억압적인 여러 조치를 취했다. 우선 위수령 발동과 함께 학생회 간부들을 대부분 잡아들였다. 학생회가 시위를 주도한다고 보았기 때문이다. 학생회는 1960년대 중반부터 학생운동에 뛰어들어 1970년대가 되면 그 주역이 되었다. 학생회장들이 대부분 체포되었고, 학생회는 마비됐다.

서울대는 문교부의 지시에 따라 12월 2일 학생회의 활동을 공식적으로 정지시켰다. 여기에는 "변경된 학칙에 따라 새로 학생회를 구성할 때까지"라는 조건이 달렸다. 문교부의 학칙 개정안에는 학생회와 관련해 다음과 같은 내용이 포함되어 있었다. 첫째, 학생회와 대의원회 회칙은 총장의 승인을 받아야 한다. 둘째, 학생회와 대의원회의 임원에 선출된 자는 총장의 인준을 받아야 한다. 총장은 학생회와 학생 단체의 해체와 임원 개선을 요구할 수 있다.

문교부는 학칙뿐 아니라 학생회칙까지 바꾸라고 준칙안을 내려보냈다. 그 골자는 다음과 같다. 대의원회가 학생회장 불신임안을 가결할 경우 학생회장에게 대의원회 해산권을 부여한다. 학생회와 대의원회 사이에 갈등이 있을 경우 총·학장이 중재한다. 대의원회와 학생총회의 의결정족수를 확대한다. 모든 집회는 총·학장의 사전 허가를 받도록 한다. 학생회 간부의 자격 기준을 강화한다. 서클을 학생회 산하단체로 편입한다. 여학생회를 해체하고 학생회 산하의 여학생부로 편입한다.

대부분 학생활동의 통제를 위한 것이지만 특히 주목되는 것은 학생회와 대의원회의 관계와 관련된 내용이다. 교련반대운동의 과정에서 대의원회가 시위에 소극적인 학생회장을 불신임하는 일이 종종 벌어진 적이 있는데 이를 방지하기 위한 것이었다.

학생회는 1972년에 들어서 새 학칙에 따라 다시 구성해야 했다. 그 과정은 결코 순조롭지 못했다. 학생회장의 출마자를 찾는 일이 쉽지 않았다. 문리대·법대·사범대·농대 등에서는 1학기가 다 지나가도록 학생회장을 뽑지 못했고, 문리대와 법대는 끝내 학생회를 구성하지 못했다. 그리고 학생회 구성의 난항은 여러 학생활동의 중단으로 이어졌다. 농대의 '코스모스심기사업'처럼 학생회가 추진하던 사업은 모두 중단될 수밖에 없었다. 개정 학칙에 따라 서클은 모두 학생회에 등록해야 했는데, 학생회가 구성되지 못하자 서클 등록도 원천적으로 불가능해졌다.

● 큰 타격을 받은 학회들

위수령과 함께 학회들도 큰 타격을 받았다. 교련반대시위에 앞장선 후진국사회연구회와 문우회, 사회법학회는 강제 해산되었다. 이를 모면한 학회들도 상당수 회원들이 제적을 당하고 군대에 끌려가는 바람에 크게 위축되었다.

문우회는 문리대의 학회로서, 앞서 보았듯이 1960년대 후반 낙산사회과학연구회·농문회·한얼회 등의 통합으로 만들어졌다. 삼선개헌 반대운동 당시부터 문리대의 학생운동을 주도했는데 결국 강제로 해체되었다. 후진국사회연구회는 1969년에 교양과정부에서 조직되었다. 회원들이 2학년이 되면서 여러 단과대학으로 흩어져 각 단과대학의 학생운동을 주도했다. 특히 1971년에는 회원들이 문리대·법대·상대의 학생회장을 도맡아서 교련반대시위를 주도했다. 이런 이유로 가장 먼저 불벼락을 맞았다. 법대의 사회법학회는 1960년대 중반부터 법대의 학생운동을 주도해 박정희 정권의 눈총을 받았고, 특히 1965년에는 문리대의 민비연의 배턴을 이어받아 한일협정 반대운동을 주도했다. 교련반대운동에서도 큰 역할을 해 해체를 당했다.

한편 위수령의 칼바람을 피해 살아남은 학회들도 활동에 큰 제약을 받았다. 법대의 농촌법학회는 강제해산 대상에 올랐지만, 지도교수의 노력으로 간신히 살아남았다.

우선 바뀐 학칙은 "과외활동은 지도교수의 지도를 받아야 하며 교육 수행과 학내 질서 유지에 배치되는 활동을 할 수 없다"라고 규정했다. 학생단체 등록을 할 때도 엄격한 심사가 이뤄졌다. 등록 단체의 수가 1971년의 204개에서 다음 해에는 89개로 줄어들었다. 등록 단체란 학회뿐 아니라 여러 성격의 서클들을 모두 망라한 것이었으므로 등록이 얼마나 어려워졌는지 잘 알 수 있다. 지도교수를 구하지 못해서 또는 바뀐 규정을 충족시키지 못해서 등록을 못 하곤 했다.

1971년 3월 총학생회는 '학원대민주화운동지침'을 통해 모든 단체는 미등록의 이유로 해산되어서는 안 되며 지도교수를 구하지 못했다고 불법화되어서는 안 된다고 밝힌 바 있다. 그런데 공교롭게도 위수령의 발동으로 정확히 그 반대 결과가 초래되었다.

● **학생언론, 자유를 잃다**

이미 1970년대에 들어서 통제가 강화되는 와중에 위수령이 발령되면서 학생언론도 된서리를 맞았다. ≪자유의 종≫을 비롯한 미등록 매체들은 폐간되고 단과대학별 학보들도 더욱 엄격한 통제를 받았다.

1970년대에 들어서 학교 당국의 사전검열로 학보의 발간이 지연되는 일이 잇달아 발생했다. 1970년 11월 발행 예정이던 문리대 학보 ≪형성≫ 여름 호가 학교와의 이견으로 배포되지 못했고, 이듬해에 사범대 학보 ≪청량원≫도 비슷한 수난을 겪었다.

검열의 칼날로 학보들이 제구실을 못하자 이를 대신하는 매체들이 등장하기 시작했다. 이 매체들은 당국의 검열을 피하기 위해 공식적으로 등록을 하지 않았다. 박정희 정권은 이를 지하신문으로 매도하면서 위수령과 함께 폐간시켰다.

≪자유의 종≫, 제3호

서울대에서는 ≪의단≫, ≪전야≫, ≪자유의 종≫, ≪횃불≫, ≪새벽≫, ≪향토개척≫ 등 6개 간행물이 폐간되었다. ≪자유의 종≫은 제호가 말해주듯이 1970년부터 법대에서 자유의 종 동인회 명의로 발행되었다. 대표는 처음에는 원정연이 맡았다가 이신범으로 바뀌었고, 필경하여 등사판으로 인쇄했다. ≪의단≫은 1971년에 창간되어 문리대 대의원회 명의로 발행되었고, 등사판으로 인쇄했다. "학도군사교육교관단장을 추방하자"라는 글처럼 교련반대운동과 관련된 기사가 많았다. ≪전야≫는 1971년 9월에 문리대 언론준비위원회 명의로 발행되었다. 보도기사가 많던 ≪의단≫과는 달리 분석 기사가 많았다. ≪향토개척≫은 1961년에 만들어진 농촌운동단체 향토개척단의 기관지였다. ≪새벽≫은 교양과정부 사회법학회가, ≪횃불≫은 교양과정부 사회과학연구회가 발행했다.

이 간행물들은 미등록 매체지만 ≪의단≫처럼 대부분 공식적인 발행 주체가 공개적으로 발행했다. 학생들이 미등록 매체를 발행한 것은 등록 매체들이 심각한 검열을 받았기 때문이다. 앞서 살펴본 '학원대민주화운동지침'도 이런 이유로 "발행인과 편집책임자는 학생이어야 하고, 사전 승인과 검열은 폐지되어야 하며, 발행인과 편집 책임자가 학교나 정부 당국이 반대한다는 이유로 퇴임하거나 발행 정지되어서는 안 된다"라고 밝혔던 것이다. 하지만 바뀐 학칙에는 학생 간행물은 편집 지도교수를 위촉해 편집 일체를 지도하도록 하고, 반드시 지도교수가 지도한 후에야 인쇄할 수 있으며, 총장과 학장이

승인한 후에야 배부할 수 있다는 등 앞의 '지침'과는 정반대 내용으로 가득했다. 위수령 발동 이후 학생언론도 그야말로 암흑시대에 접어들었다.

이렇듯 교련반대운동은 대학의 자율성과 학생 기본권을 지키기 위한 투쟁이었다. 학생들은 패배했고, 그 후 맞닥뜨린 현실은 대학 운영에 대한 군국주의적인 통제와 학생활동 전반에 대한 억압이었다. 어느 시구처럼 "신 새벽 뒷골목에서 민주주의여 만세라는 말을 남몰래 써야"만 하는 시대가 다가오고 있었다.

3. 유신체제의 구축과 민청학련 사건

● 유신체제의 구축

박정희 정권은 1972년 10월 17일 비상계엄령을 선포해 국회를 해산하고 헌법을 중단시켰으며, 개헌을 통해 영구 집권을 꾀했다. 박 정권은 이를 10월유신이라고 불렀다.

박정희의 영구 집권을 위한 마스터플랜은 일찍부터 준비됐다. 박 정권은 위수령이 발령된 지 채 두 달이 지나지 않은 1971년 12월 6일에 국가비상사태를 선포했다. 미국이 한국전쟁 이래 지속된 중국과의 적대관계를 청산하고 국교 정상화에 나서는 동시에 닉슨독트린에 따라 주한미군을 감축하자 박 정권은 이를 국가안보의 중대 위기로 간주하고 영구 집권을 위한 명분으로 내세웠다. 그에 따라 민간인도 참여하는 방공 훈련이 전국적으로 실시되고 라디오와 텔레비전 방송 프로그램도 안보 위주로 개편되었다.

박 정권은 12월 21일 '국가보위에 관한 특별조치법'을 국회에 제출했다. 박 대통령은 통과시켜 주지 않으면 "비상한 각오로 임하지 않을 수 없다"라고 사실상 국회를 협박했고, 결국 여당 의원들만 참석한 가운데 날치기로 통과되었다. 이 법은 대통령에게 경제질서에 대한 강력한 통제권을 부여하고, 언론·출판·집회·결사의 자유 등 국민의 기본권을 제약하며, 노동자의 단체교섭권과 단체행동권을 제한하는 내용을 담았다.

박 정권은 1972년 4월부터 개헌의 필요성을 거론하기 시작했다. 그해 여름부터는 중앙정보부가 중심이 되어 개헌 추진 전략과 개헌안을 준비했다. 1971년 9월에 시작된 남북적십자회담과 1972년 7월 4일의 남북공동성명도 개헌의 명분으로 활용했다. 박 대통령은 결국 10월 17일에 비상계엄령을 선포하면서 국회를 해산하고 정치활동을 금지하며 현행 헌법 일부 조항의 효력을 정지시키는 내용의 특별 선언을 발표했다. 그는 남북대화와 평화통일이라는 역사적 과제를 수행하기 위해서는 새로운 정치체제가 필요하다고 주장했다.

계엄사령부는 즉각 포고령 1호를 공포해 대학의 문을 닫고 신문과 통신에 대한 사전검열을 실시했다. 계엄령하에서 국회를 대신한 비상국무회의는 10월 27일에 '유신헌법'이라는 새 헌법안을 공고했다. 골자는 다음과 같다. 우선 대통령의 연임을 제한하는 조항이 사라졌다. 대통령 선출 방법이 직선제에서 통일주체국민회의 대의원에 의한 간선제로 바뀌었다. 국회의원의 3분의 1을 대통령이 임명하도록 했다. 국회의원 중선거구제를 실시하여 한 선거구에 2명의 국회의원을 뽑도록 했다. 대통령과 국회의원 임기를 6년으로 연장했다. 대통령에게 국회해산권과 긴급조치권을 부여했다. 1인 독재체제로 가는 길이었다.

통일주체국민회의 대의원 선거에는 정당이 참여할 수 없었기에 그것을 통한 대통령 선거는 사실상 요식행위에 지나지 않았다. 국회의원선거에서는 2등만 하더라도 당선되므로 여당은 거의 모든 선거구에서 당선자를 낼 것으로 기대되었다. 따라서 여당은 선출직 국회의원의 절반(전체 의석수의 3분의 1)을 확보할 수 있는데, 여기에 대통령이 지명하는 3분의 1을 합친다면 개헌이 가능한 3분의 2의 국회의원 의석수를 안정적으로 확보할 수 있을 터였다.

11월 21일 '유신헌법'에 대한 국민투표가 실시되었다. 개헌안은 투표율 91.9%에 찬성률 91.5%로 통과되었다. 중앙선거관리위원회는 24일에 '유신헌법'을 확정·공포하고 대통령에게 통보했다. 계엄사령부는 28일에 대학에 대한 휴교령을 해제했다. 계엄령은 12월 13일에 해제되었다. 통일주체국민회의

대의원 선거가 12월 15일에 실시되었고 대의원들이 23일에 장충체육관에 모여 박정희 후보를 제8대 대통령으로 선출했다. 이로써 10월유신이라는 이름의 박정희 영구 집권 체제, 곧 유신체제가 수립되었다.

● 유신체제에 맞서 반독재투쟁을 전개하다

10월유신이 추진되는 동안 각 대학의 학생운동 진영은 별다른 행동을 하지 못했다. 그것이 마무리된 이후인 1973년에도 마찬가지였다. 이는 위수령으로 운동권 학생들 다수가 구속되고 학생회와 학생활동이 엄격히 통제되었기 때문이다. 고려대나 전남대에서는 이 무렵 '≪민우≫지 사건'과 '검은10월단 사건' 등 대규모 검거 사건이 터져서 학생운동 진영이 타격을 받았다.

이런 이유로 유신헌법에 반대하는 운동은 대학보다 종교계에서 먼저 터져나왔다. 1973년 4월 22일 남산 야외음악당에서 부활절 연합예배가 열렸다. 제일교회의 박형규 목사와 권호경 전도사 등이 앞장서 "민주주의는 통곡한다"라는 플래카드를 준비하고 '민주주의의 부활은 대중의 해방이다'라는 유인물을 제작하여 현장에서 배포했다. 박정희 정권은 이들을 모두 잡아들여 내란음모 사건으로 둔갑시켰다. 이것이 유신헌법에 대한 첫 번째 저항이었다.

서울대생들은 1973년 10월이 되어서야 비로소 유신헌법에 반대하는 행동을 취할 수 있었다. 문리대가 앞장서서 학회들을 통합해 공개 조직과 비공개 조직으로 이원화하고 운동권 출신을 학생회장에 당선시켜 반대운동을 적극 추진할 수 있는 기반을 구축했다. 10월 2일 250여 명의 학생들이 문리대 교내 4·19탑 앞에서 '비상학생총회'를 열고 반대시위를 시작했다. 시위대가 삽시간에 600여 명으로 불어나 교외 진출을 시도하다가 교문 앞에서 경찰의 저지를 받자 연좌시위를 벌였다. 4일에는 법대생 200여 명이 '유신반대선언'을 하고 가두시위를 벌였다. 5일 상대에서도 300여 명의 학생들이 15일까지 시한부 동맹휴학을 결의하고 연좌시위를 벌였다.

박정희 정권은 이 시위에 큰 충격을 받았다. 민관식 문교부 장관은 서울대생의 시위를 반정부적인 집단행동으로 규정하고 엄중하게 처벌하겠다고 밝

선언문

오늘 우리는 전 국민 대중의 생존권을 위협하는 이 참혹한 현실을 더 이상 좌시할 수 없어 스스로의 양심의 명령에 따라 무언의 저항을 넘어서 분연히 일어섰다. …… 보라! 권력을 쥔 부정의 무리가 생존의 권리를 요구하는 민중의 몸에 무시무시한 정보통치의 쇠사슬을 무겁게 씌우고 있다. 인간의 존엄성은 유린되고 자유는 엄살되고 도덕은 타락하여 퇴폐와 불신이 우리를 깊은 절망으로 몰아넣고 있다. …… 그들은 입법부의 시녀화와 사법부의 계열화 등 일체의 국가기구를 파쇼통치의 장식물로 전락시키고 학원과 언론에 가증스러운 탄압을 가함으로써 영구 집권을 기도하고 있다. …… 학우여! 자유와 정의 그리고 진리는 대학의 생명이다. …… 절대로 굴복하지 않고 절대로 타협하지 않고 절대로 주저앉지 않고 과감히 항거하는 우리의 투쟁은 더없이 뜨거운 정의의 불꽃이며 더없이 힘찬 민중의 아우성이며 더없이 고귀한 민족의 활로이다. 우리의 외침을 억누를 자 그 누구냐?

- 정보 파쇼 통치를 즉각 중지하고 국민의 기본권을 보장하는 자유 민주 체제를 확립하라
- 대일 예속화를 즉각 중지하고 민족자립 경제체제를 확립하여 국민의 생존권을 보장하라
- 정보 파쇼 통치의 원흉인 중앙정보부를 즉각 해체하고 만인 공노할 김대중 사건의 진상을 즉각 밝히라
- 기성 정치인과 언론인은 각성하라

1973년 10월 2일
서울대학교 문리과대학 학생회

했다. 유신체제가 등장한 후 경찰의 시위 진압 방식이 달라졌다. 과거에는 학생들의 교외 진출을 차단하는 데 주력했다면 이제는 시위가 일어나자마자 즉각 경찰력을 교내에 투입해 마구잡이로 연행했다. 과거에는 연행하더라도 시위가 가라앉으면 훈방하는 것이 통례였는데 이제는 연행자 가운데 상당수를 구속했다.

이상 3개 단과대학의 시위와 관련하여 모두 23명의 학생이 구속되고 9명은 불구속 입건되고 61명은 25일간 구류를 당했다. 구속자는 문리대가 20명

으로 가장 많았고 법대에서 2명, 상대에서 1명이었다. 학교 당국의 징계도 과거에 비해 훨씬 강화되어, 구속자 23명은 전원 제적, 18명은 자퇴, 56명은 무기정학에 처했다. 이후에도 나병식·강영원·황인성·정문화·강구철 등이 검거되어 구속자가 10월 30일까지 30명으로 늘어났다.

유신헌법 반대시위는 11월 들어 계속 확산되고, 다른 대학으로도 번져나갔다. 동맹휴학이라는 새로운 전술이 등장했다. 단과대학 별로 학과 단위로 토론을 벌여 투표를 통해 동맹휴학을 결의했다. 사범대생들이 11월 5일 가장 먼저 동맹휴학을 결의하고, 공대·상대·문리대 학생들도 구속학생 석방을 요구하며 11월 7일부터 동맹휴학에 돌입했다. 이후 교양과정부·가정대·농대·치대의 학생들도 가세했다. 11월 하순부터는 한발 더 나아가 시험 거부운동을 벌였다.

이렇게 학생들이 동맹휴학을 결의하고 등교를 거부하자 학교 당국은 교문에 등교를 촉구하는 공고문을 내걸고 가정통신문을 발송했다. 과거에는 시위가 벌어지면 휴교령을 내려 등교하는 학생들을 집으로 돌려보내기 일쑤였는데, 이제는 정반대 양상이 벌어진 것이다.

문교부 장관은 11월 21일 국회에 출석해 시위 학생들이 학원 사찰 중지, 언론 자유 회복, 김대중 사건 진상규명, 구속학생 석방, 대일 경제 의존 시정 등을 주장한다고 답변했다. 여기서 김대중 사건이란 중앙정보부 요원들이 일본에 망명 중이던 김대중을 납치해 온 것을 말한다. 사건은 1973년 8월 발생해 정치적으로 뜨거운 쟁점이 되었다.

유신 반대시위가 좀처럼 가라앉을 줄을 모르자 박정희 정권은 어쩔 수 없이 한 걸음 물러섰다. 12월 7일 박 대통령은 이번 시위와 관련해 구속된 학생을 전원 석방하고 처벌도 백지화할 것을 지시했다. 이에 따라 나병식 등 22명의 구속자가 모두 석방되고 징계를 받은 97명도 구제되었다. 풀려난 학생들은 다음 날 열린 환영 모임에서 기자회견을 통해 기세등등하게 유신헌법 철폐투쟁을 계속할 것을 천명했다. 하지만 겨울방학으로 인해 내년 봄을 기약할 수밖에 없었다.

● 민청학련 사건의 발생

겨울방학에 들어가면서 학생들의 시위는 중단되었지만 유신반대운동은 '개헌청원 백만인 서명운동'이라는 형태로 계속되었다. 이 운동은 민주수호국민협의회를 중심으로 결집한 재야인사들이 주도했고, 여기에 종교계와 야당이 동참했다. 학생운동 진영도 여기에 힘을 보탰다.

박정희 정권은 이를 차단하기 위해 1974년 1월 8일 긴급조치 1호와 2호를 발동했다. 긴급조치 1호는 개헌과 관련된 논의를 일체 금지하는 내용을 담았고, 2호는 1호를 위반한 사람을 처벌하기 위해 비상군법회의를 설치한다는 내용이다. 긴급조치가 발동되면서 서명운동을 주도하던 장준하와 백기완이 곧바로 구속되었다. 그리고 '개헌청원운동'을 전개하던 인사들이 줄줄이 잡혀들어갔다. 문교부는 2월 16일 새 학기 학생 지도와 관련해, 처벌한 뒤 곧바로 구제해 주는 악순환은 더는 없을 것이라고 엄포를 놓았다.

학생들은 긴급조치 1호의 발동에도 유신반대운동을 중단할 생각이 조금도 없었다. 오히려 이를 전국적인 규모로 전개하기 위한 준비 작업에 착수했다. 서중석과 유인태 등 문리대 복학생 그룹은 1973년 11월 말부터 이미 유신 반대투쟁을 위한 범대학 네트워크를 구축하는 조직화 작업을 개시했다.

이들은 전국적인 네트워크를 구성하기 위해 이른바 '3-3-3원칙'을 채택했다. 개요는 다음과 같다. 서울대 내에서 문리대·법대·상대를 주축으로 하고 여기에 사범대·의대·공대를 연결한다. 서울에서는 서울대·연세대·고려대를 주축으로 하고 여기에 이화여대·서강대·성균관대·동국대를 연결한다. 전국적으로 서울대·전남대·경북대를 주축으로 하고 여기에 부산대·강원대 등을 연결하는 방식으로 네트워크를 구축한다.

이 네트워크가 각 대학의 학생회를 연결한 것은 아니었다. 긴급조치 상황에서 비밀리에 조직을 구축해야 했기에 각 대학의 이념 서클 회원들 사이의 사적인 인맥을 활용했다. 서울대의 경우 법대는 사회법학회, 상대는 한국사회연구회가 중심이 되었다. 전국적 네트워크를 구축하는 데는 전국적 조직망을 가진 한국기독학생총연맹(KSCF)을 비롯한 기독교 학생 조직들이 큰 역할을 했다. 따라서 가톨릭을 포함한 종교계와 재야 세력과도 함께할 필요가 있었고, 서중석과 나병식이 이 교섭을 맡았다.

조직화 작업은 1974년 2월 하순경 일단락되었다. 이제 유신 반대시위를 범대학적으로 전개하는 일만 남았다. 당초의 구상은 3월 11일 한신대에서 선도적 시위를 결행하고 그 뒤를 경북대가 치고 나가면, 이를 받아 전국적인 시위로 확산시킨다는 것이었다.

하지만 실제로는 일이 계획대로 진행되지 않았다. 한신대 시위는 사실상 무산되었다. 경북대 시위도 큰 성공을 거두지 못했다. 서울에서는 3월 28일 서강대생 300여 명이 시위를 벌였지만 곧바로 진압되었다. 이렇게 일이 기대했던 대로 풀리지 않았지만 예정된 연합 시위는 결행하기로 했다.

서울대·연세대·고려대·성균관대·이화여대 등 주요 대학들이 4월 3일 일제히 시위를 벌였다. 서울대에서는 문리대생 100여 명이 4·19탑 앞에서 정부를 비판하는 유인물을 살포했고, 의대생들도 교외 진출을 시도했다. 다른 대학에서도 학생시위가 벌어졌지만 대부분 성공하지 못하고 금방 해산되었다.

시위 현장에는 전국민주청년학생총연맹(이하 민청학련) 명의로 작성된 '민중민족민주선언' 등의 유인물이 살포되었다. 여기에는 민청학련의 이념적 지향이 담겨 있다. 이는 유인물 말미에 덧붙여 놓은 요구사항에서 잘 드러난다. 민청학련의 시위는 "유신체제 폐지하고 참된 민주주의 체제를 확립할 것"을 요구한 것에서 보듯이 직접적으로는 유신체제를 겨냥한 것이었다. "정보·폭압정치의 원천인 중앙정보부를 해체할 것"을 요구한 것도 그 연장선에서 이해할 수 있다.

하지만 이 선언문은 유신 철폐라는 정치적 요구를 넘어 사회·경제적 이슈들을 폭넓게 제기했다. "서민들의 세금을 대폭 감면하고 근로대중의 최저생활을 보장할 것"이나 "노동악법을 철폐하고 노동운동의 자유를 보장할 것"을 요구한 것은 민중 생존권을 위한 것이었다. "반민족적 대외의존경제를 청산하고 자립경제체제를 확립할 것"은 1960년대부터 제기된 민족주의적 요구를 이어받은 것이다.

① 부패·특권·족벌의 치부를 위한 경제정책을 시정하고 부정부패·특권의 원흉을 처단할 것

② 서민들의 세금을 대폭 감면하고 근로 대중의 최저 생활을 보장할 것

③ 노동악법을 철폐하고 노동운동의 자유를 보장할 것

④ 유신체제를 폐지하고 구속된 애국인사를 석방하여 참된 민주주의체제를 확립할 것

⑤ 모든 정보·폭압 정치의 원천인 중앙정보부를 해체할 것

⑥ 반민족적 대외의존경제를 청산하고 자립경제체제를 확립할 것

'민중민족민주선언'

여기에 담겨 있는 이념적 지향은 민중·민족·민주라는 세 단어로 요약할 수 있다. 그래서 유인물의 제목도 '민중민족민주선언'이었다. 1960년대에는 주로 당면한 이슈를 중심으로 시위를 벌였다면, 1970년대에 들어서는 학생들의 시야가 넓어지고 생각도 깊어졌다고 할 수 있다.

박정희 대통령은 1974년 4월 3일 오후 10시 특별 담화를 발표하면서 긴급조치 4호를 발동했다. 담화의 요지는 민청학련이라는 단체가 불순세력의 배후 조종을 받아 인민혁명을 도모하고 있다는 것이었다. 당시 정권은 마치 민청학련이라는 거대한 조직이 있는 것처럼 떠들어댔다.

민청학련은 실제로는 유신반대운동을 효율적으로 전개하려고 만든 대학 간의 일종의 연락 기구에 불과했다. 애초에는 명칭도 없었다. 단지 '민중민족민주선언'을 제작하면서 그럴싸하게 보이기 위해 민청학련이라는 이름을 넣은 것에 불과했다. 말미에 적힌 민청학련이라는 이름이 공안 당국의 손에서 거대한 불법단체로 둔갑한 것이다.

긴급조치 4호의 내용은 다음과 같다. ① 민청학련에 가입하거나 연락 또는 그 구성원에게 편의를 제공하는 일체의 행위를 금한다. ② 수업 거부·시험 거부·집회·농성 등 단체행동을 일절 금한다. ③ 이러한 사실을 방송·보도·출판 등을 통해 타인에게 알리는 것도 금한다. ④ 이 조치를 위반한 자가 소속된 학

교는 폐교 처분할 수 있다. ⑤ 이 조치를 위반한 자는 법관의 영장 없이 체포·구속·압수·수색하며 사형·무기 또는 5년 이상의 유기징역에 처한다.

긴급조치 4호가 발동되면서, 3월 28일 서중석의 체포를 시작으로 많은 학생들이 잡혀갔다. 피신한 이철·유인태·강구철 등에게는 거액의 현상금이 붙었고, 끝내 체포를 면치 못했다. 비상군법회의 검찰부는 4월 27일에 이 사건으로 모두 1024명을 수사하여 745명을 훈방하고 253명을 군법회의에 송치해 1차로 54명을 구속했다고 밝혔다.

비상보통군법회의 재판부는 7월 9일에 관련자 중 이철·유인태·김병곤·나병식·여정남·김지하·이현배에게 사형을, 황인성·정문화·이근성·서중석·안양로·김효순 등에게 무기징역을 선고했다. 미국은 7월 16일에 이 사건에 관한 의견을 한국 정부에 전달했다. 이철과 유인태 등은 7월 22일에 무기징역으로 감형되었다. 8월 15일에 일어난 대통령 암살 미수 사건으로 정치적으로 한숨 돌리게 된 박 정권은 8월 23일 긴급조치 1호와 함께 4호도 해제했다.

● 좀처럼 가라앉지 않는 학생시위

서울대 학생운동 진영은 민청학련 사건으로 큰 타격을 입었지만 위수령 직후와 달리 얼마 지나지 않아 기력을 되찾고 유신헌법에 대한 반격을 개시했다. 그것은 구속학생 석방을 요구하는 운동으로 시작되었다.

2학기에 들어 총학생회는 9월 26일에 구속학생의 석방을 위한 서명운동을 시작했다. 10월 8일에는 법대생들이 헌법개정을 요구하는 결의문을 채택했다. 10일에는 상대생 150여 명이 구속 인사 석방과 민주 질서 회복 등을 요구하며 가두시위를 벌였다. 그 후 서울대 안의 거의 모든 단과대학에서 유신헌법에 반대하는 시위·서명운동·농성이 이어졌다. 이렇게 시작된 유신 반대시위는 10월 중순 이후 전국의 대학가로 확산되었다.

학생들이 반대시위를 재개하자 정권은 다시금 강경책으로 돌아섰다. 박 정권은 학생들에 대한 처벌과는 별도로 대학들을 압박했다. 문교부는 10월 16일에 시위와 관련하여 의대·법대·문리대·사범대·상대·약대 등의 단과대학에, 이후 고려대와 이화여대 등 타 대학에도 계고장을 보냈다. 당시 유기춘 문교부 장관은 시위로 정상수업을 못하는 학교는 문을 닫게 할 수밖에 없다고 협박했다.

이렇게 박 정권이 학교의 존폐에 관한 협박을 했음에도 학생시위는 좀처럼 가라앉지 않았다. 11월에 들어서도 집회와 시위가 이어졌다. 7일 공대생 800여 명이 시위를 벌였고, 다음 날에는 음대생 270여 명이 현실 참여를 결의했다. 14일에는 치대생들이 시위를 벌였고, 18일에는 의대생 150여 명이 강당에서 집회를 열고 유신헌법 철폐를 요구했다. 12월 9일 영문과 백낙청 교수가 파면되자 12일부터 법대·상대·문리대 학생들이 일제히 파면 철회를 요구하는 시위를, 18일에는 사범대생 300여 명도 시위를 벌였다.

학생들은 학교의 종합화 계획에 따라 이제 겨울방학만 지나면 정든 캠퍼스를 떠나 새로이 관악캠퍼스로 옮겨가야 하는 상황이었다. 하지만 여기저기 흩어진 캠퍼스들은 마지막까지도 여전히 최루가스를 하얗게 뒤집어쓰고 있었다.

4. 노동자의 곁으로 달려가다

● 전태일 사건의 충격

노동자 전태일은 1970년 11월 13일 오후 1시 30분경 서울의 평화시장 앞길에서 '근로기준법'을 끌어안은 채 자신의 몸을 불살랐다. 그는 청계천 일대 봉제공장 노동자들의 열악한 근로조건을 개선하기 위해 노동청에 청원서를 냈지만 효과가 없자 분신이라는 극단적인 선택을 한 것이다.

전태일은 대구에서 태어나 초등학교에 입학했으나 가난 때문에 마치지 못한 채 상경해 17세 나이로 평화시장의 한 봉제공장에 취업했다. 당시 평화시장 노동자 2만여 명의 대부분은 여성이었고 그들의 평균연령은 90%가 18세 이하, 40%가 15세 이하였다. 그들은 하루 16시간의 중노동을 하고도 제값을 받지 못하고 있었는데, 이에 대해 전태일은 "한 인간이 인간으로서의 인간적인 모든 것을 박탈당한" 상태로 묘사한 일기를 남겼다.

전태일 분신 사건은 사회적으로 큰 충격을 주었다. 서울대에서 가장 먼저 반응한 것은 법대생들이었다. 11월 16일 장기표를 비롯한 100여 명이 가칭 '민권수호학생연맹준비위원회'를 구성하고 전태일의 모친 이소선 여사를 찾아갔다. 그들은 장례식을 법대의 학생장으로 거행하겠다는 뜻을 밝히고 허락을 얻어냈다. 이틀 뒤인 18일 상대생들도 학생총회를 개최해 죽음을 애도한 후 무기한 단식농성에 돌입했다. 이런 움직임에 놀란 관계 당국은 유가족에게 압력을 가해 서둘러 장례식을 치르도록 강요했다. 하지만 학생들의 움직임은 이것으로 가라앉지 않았다.

문리대생 200여 명과 법대생 200여 명은 11월 20일 각기 교내에서 추도식을 갖고 "전씨의 죽음을 헛되이 하지 않겠다"라는 결의를 한 뒤 합류를 위해 교문을 나섰다가 경찰에 의해 저지되자 단식농성에 들어갔다. 윤보선 전 대통령, 김상돈 전 서울시장, 장준하 의원이 추도식에 참석하려 문리대를 방문했다가 학교 당국의 만류로 교문 밖에서 이 광경을 지켜보아야 했다. 이렇게 분위기가 고조되자 학교 당국은 임시 휴강을 하고 등교하는 학생들을 돌려보냈다. 사회학과 2학년 학생이 휘발유가 든 통을 숨겨 학교로 들여오다가 적발되기도 했다.

같은 날 고려대생 250여 명도 추도식과 '국민권리선언대회'를 개최하고, 연세대 학생들도 항의 집회를 열었다. 이날 서울 시내 학생회장과 청년·학생·종교단체 대표들이 민권수호학생연맹을 결성할 것을 다짐하는 등 확산의 조짐이 뚜렷했다. 학생들이 하나같이 노동문제를 '인권' 문제가 아닌 '민권' 문제의 시각에서 접근한 것이 눈길을 끈다.

야당도 이 사건을 정치쟁점화했다. 당시 신민당 대통령 후보였던 김대중은 정권의 반노동자적 노동정책에 대해 항의하면서

공동결의문

오늘 서울 시내 각 대학 학생대표, 각 청년 학생 종교단체 대표는 모든 근로자의 스승이며 모든 청년의 스승이며 또한 모든 종교인의 스승인 고 전태일 선생의 죽음 앞에 다음과 같이 결의한다. …… 우리는 장기적으로 근로자 농민 등 모든 빈민의 생활실태를 조사하여 숨겨져 있는 참상을 전 사회에 고발하며 그들의 자기 보존을 위한 투쟁을 격려 지원한다. 이를 위하여 우리는 민권수호학생연맹을 서서히 결성해 나아간다. 당면한 과제로서 우리는 평화시장 지역과 타 지역 근로자들의 근로조건에 관하여 연합조사단을 구성하고 그 일차적 조사결과의 보고와 아울러 각 대학은 다음 주 금요일 11시를 기하여 일제히 추도집회를, 각 종교단체는 다음 주 일요일을 기하여 일제히 추도예배, 추도미사를 갖는다. 우리는 전태일 선생의 죽음을 암장하려는 철면피한 권력자들에게 항의한다. 저들은 이 죽음 앞에 참회하지 아니하고 도리어 가족과 친지를 협박하여 관제 장례식을 치렀고 전 선생의 시신에 경의를 표하러 간 학생들을 체포했고 온갖 불법한 수법으로 그를 추도하는 집회를 방해하여 왔다. 또한 우리는 모든 사회인들이 차제에 깊은 반성이 있기를 호소한다. 특히 우리는 이 나라의 모든 문인 예술가들에게 이 의로운 죽음 앞에 그들의 작품을 바칠 것을 요구한다.

1970년 11월 20일

서울시내 각 대학 학생회장 각 청년·학생·종교단체 대표

노동자에 대한 정당한 대우를 보장하는 획기적 조치를 촉구하는 성명서를 발표했다. 신민당은 11월 23일 특별조사단을 구성했다. 정부도 노동청을 노동부로 승격시키는 등 사태 수습에 나섰다.

서울 시내 학생회장 및 청년·학생·종교단체 대표들은 11월 20일 자 '공동결의문'에서 "탐욕스러운 기업주, 근대화라는 미명 아래 근로대중의 참상을 은폐해 온 정부, 자리다툼에만 빠져 있는 한국노총, 전태일의 눈물 어린 투쟁을 방관하고 외면한 언론 관계자 및 노동법학자를 위시한 모든 지식인, 우리 자신을 위시한 모든 사회인을 5대 살인자로 지목"하고, 사건의 원인이 정부의 "인간 부

재의 사이비 근대화 정책"에 있다고 주장했다.

집회와 시위는 25일 법대와 문리대 학생들이 성토 대회를 열고 노동 실태조사단의 구성을 결의하는 것을 마지막으로 더 이상 확대되지는 않았다. 하지만 그 충격은 이후 학생운동의 방향에 상당한 영향을 미쳤다.

**사회법학회의
노동자실태조사 보고서**

● 일찍부터 시작된 노동문제에 대한 관심

학생들이 전태일 사건에 대해 민감하게 반응한 이유는 무엇이었을까? 그것은 일찍부터 민중에게 관심을 갖고 그들의 삶을 개선하기 위해 애쓰는 전통이 있었기 때문이다.

일제강점기 '브나로드'의 전통은 해방 후 서울대에도 전해져, 1950년대 농대·사범대를 비롯한 여러 단과대학에는 농촌운동과 관련된 단체들이 많았다. 이 단체들은 농업 관련 조사와 연구에만 그치지 않고 야학 등을 통해 계몽활동을 전개했고, 4·19혁명 이후에는 힘을 합쳐 향토개척단을 만들어 농촌활동을 벌였다. 그리고 이런 활동의 연장선에서 평생을 농촌운동에 헌신하는 사람도 생겨났다.

점차 산업화가 진행됨에 따라 일찍부터 노동문제에 관심을 가진 사람들이 생겨났으며, 학회도 만들어졌다. 대표적인 것이 법대의 사회법학회이다. 1971년 사회법학회는 노동현실에 대한 실태조사, 노동법 공청회, 노동운동 좌담회 등 다양한 활동을 펼쳤다.

이 학회는 가히 노동문제 전문 학회라고 해도 좋을 정도로 1960년대에도 노동문제에 큰 관심을 기울였다. 부산과 인천의 부두 노동자, 영월의 탄광 노동자, 대구의 섬유 노동자, 주한미군 종업원, 포항의 어민, 서울 시내버스 안내원 등 다양한 형태의 노동자에 대한 실태조사를 벌인 바 있다. 한국노동운동사 편찬을 위한 자료 수집과 관련자의 증언을 청취하는 작업을 진행하면서 아세아재단의 지원을 받아 출판할 계획도 세웠다. 이런 작업은 김진 교수와 김치선 교수의 지도 아래 이뤄졌는데, 김치선 교수는 4·19혁명 당시 목숨을 잃은 문리대 수학과 김치호의 친형이었다.

사회법학회와 함께 교련반대운동의 주역이던 후진국사회연구회도 일찍부터 도시화 문제에 관심을 기울였다. 후진국사회연구회는 1969년 결성되어 이듬해 5월부터 도시빈민들에 대한 실태조사를 실시했다. 이 학회는 그 결과를 「서울시 판자촌 형성과 이농현상」이라는 제목의 보고서로 작성해 문리대 학보인 ≪형성≫에 게재하려 했지만, 학교 당국의 삭제 요구로 결국 등사판으로 발행할 수밖에 없었다.

학생들은 이런 실태조사를 바탕으로 적극적인 행동을 모색했다. 법대생들은 1969년 12월 4일 '상설민권기구' 발기식을 거행했다. 이 기구는 사회문제를 체계적으로 연구·비판하고 민권확장을 위해 민권 의식을 계몽함을 목적으로 하며, 법대에 민권상담소를 설치하고 빈민 지역에 공민학교를 설립하는 등 구체적인 사업계획을 지녔다. 이를 주도한 장기표는 "이 민권기구의 설립은 도시빈민·노동자·농민들의 민주 의식을 확고히 구축함으로써 민주주의의 뿌리를 튼튼히 만들기 위해 시도된 학생운동의 새로운 동향"이라고 설명했다. 하지만 학교 당국이 정치성을 이유로 등록을 막는 바람에 설립이 성사되지 않았다.

이처럼 민권 문제의 시각에서 민중의 민주의식을 제고하려던 장기표는 자연스럽게 전태일 분신 직후 제일 먼저 노동문제를 제기하고 나설 수 있었다. 그가 '민권수호학생연맹'을 결성하려 준비하면서 공동결의문에서 5대 살인자의 하나로 '노동법학자를 위시한 모든 지식인'을 꼽은 것은 자신이 속한 사회법학회를 염두에 둔 표현이었다. 이렇듯 전태일 사건이 터졌을 때 학생들은 즉각 행동에 나설 수 있는 준비가 되어 있었다.

● '노동자'가 핵심 키워드로 떠오르다

전태일의 죽음이 노동문제에 대한 학생들의 관심을 증폭시킴으로써 노동문제는 1970년대 학생시위의 주요 이슈 중 하나로 새롭게 부각되었다. 민청학련이 '민중민족민주선언'을 통해 "노동악법을 철폐하고 노동운동의 자유를 보장할 것"을 요구한 것도 전태일 사건이 가져온 결과였다.

전태일의 죽음이 학생들에게 지속적인 영향을 미치도록 하는 데 큰 역할을 한 것이 바로 『전태일 평전』이다. 이 평전은 조영래가 민청학련 사건으로 수배되어 경찰에 쫓기면서 전태일의 수기를 바탕으로 3년여에 걸쳐 집필했다고 전해진다. 그 원고는 1976년 무렵 완성되었지만 먼저 일본에서 번역되어 『불꽃이여 나를 태워라』(1978)라는 제목으로 출간되었다. 한글판은 많이 지체되어 1983년에 비로소 출간되었지만, 그 내용이 이미 학생들 사이에 입에서 입으로 전해져서 1970년대가 끝나갈 무렵이 되면 전태일은 대학가에서 신화와도 같은 존재가 되어 있었다.

학생들은 이와 함께 유동우의 수기 『어느 돌멩이의 외침』(1978)도 많이 읽었다. 이것은 크리스천아카데미에서 발행한 ≪월간 대화≫에 1977년에 연재된 것을 단행본으로 묶어 출간한 것이다. 거기에는 저자가 현장 노동자로서 도시산업선교회를 통해서 노동법을 공부하고 노동 현실을 개선하기 위한 운동에 뛰어들기까지의 과정이 사실적으로 묘사되어 있다.

이러한 분위기를 타고 작가들도 노동문제에 주목한 작품을 잇달아 내놓았다. 건설노동자의 파업 과정을 다룬 황석영의 『객지』(1974)도 주목을 받았지만 무엇보다도 조세희의 『난장이가 쏘아올린 작은 공』(1978)이 대표적이다. 이 작품은 도시화와 산업화로 인해 벼랑으로 내몰린 도시빈민의 처참한 생활상과 열악한 노동환경, 노동운동 등을 상징적인 수법으로 표현해 큰 반향을 불렀다. 김민기의 음악극 〈공장의 불빛〉(1978)도 학생들이 노동자의 삶에 대해 정서적으로 공감하도록 하는 데 큰 역할을 했다.

● 노동자의 곁으로 달려가다

학생들은 사건 이후 노동자의 편에 서기 위한 활동을 다각도로 벌였다. 그 출발점이자 연결고리 역할을 한 것이 야학활동이다. 한자투성이의 '근로기준법'을 읽다가 막혔을 때 물어볼 대학생 친구가 한 명이라도 있었으면 좋겠다는 전태일의 이야기가 가슴을 아프게 했기 때문이다.

학생들의 야학활동은 검정고시 야학으로 시작되어 노동야학으로 발전했다. 1950년대 수원의 농대생들이 인근 농촌의 미취학 아동을 대상으로 한 야학과 1960년대 도시화·산업화로 양산된 도시빈민·노동자를 대상으로 한 야학은 주로 검정고시를 목표로 했다. 1970년대 들어 노동자로서의 자각을 일깨워주고 노동운동을 위한 각종 지식을 전수하는 노동야학이 등장했다. 학생들은 노동야학을 통해 노동자와 만나기 시작했다.

노동야학의 뿌리는 '청계피복노동조합의 노동교실'(이하 노동교실)에서 찾을 수 있다. 노동교실은 1972년 5월 새마을교실이란 이름으로 문을 열었고, 정부와 사업주의 지원을 받았기에 처음에는 검정고시 야학의 수준을 넘어서지 못했다. 노동야학의 성격을 본격적으로 띠기 시작한 것은 노동자들이 오랜 농성 끝에 운영권을 되찾은 1975년경이다. 이 무렵 김세균·장명국·이재오 등 지식인들과 유동우를 비롯한 노동자들이 노동교실의 운영에 참여했다. 노동교실에서는 노동자로서의 자각과 노동조합에 대한 참여의식을 고취하는 교육을 실시했다. 노동교실이 평화시장 일대 노동운동의 기반 역할을 담당하자 정부 당국은 가혹한 탄압을 가했다. 그 결과 노동교실은 이내 정상적인 활동이 불가능해졌다.

그러자 청계천 인근의 교회나 성당에 하나둘 노동야학이 개설되어 노동교실 역할을 대신했다. 경동교회와 제일교회가 앞장섰고, 이윽고 약수형제교회·서울복음교회·동대문성당 등도 노동야학을 개설했다. 서울대생 상당수가 야학의 교사로 활동했다.

서울대가 관악캠퍼스로 이전하자 학생들은 사당동과 신림동 등 인근 달동네에도 야학을 열었다. 신림동 B지구 밤골의 겨레터야학이 대표적이며, 그밖에 사당동의 희망야학과 신림동 낙골의 낙골야학 등을 들 수 있다. 이들은 달동네 판자촌에 만들어져 도시빈민 야학으로 시작했지만, 점차 노동야학으로 성격을 바꾸어나갔다.

당시 학생들이 노동자의 곁에 다가가는 또 다른 경로로 한국기독학생총연맹(이하 KSCF)의 학생사회개발단 운동과 크리스천아카데미, 도시산업선교회 등이 있었다. 이 세 단체가 담당했던 역할이 크기 때문에 그 주요 활동을 간략히 소개하면 다음과 같다.

학생사회개발단 운동은 KSCF 학생들이 방학 중에 전국의 빈민 지역, 공단 지역, 농촌 등지에 들어가 주민들과 함께 생활하면서 일손을 돕는 한편, 의식화와 조직화를 실천하는 프로그램이다. 활동의 주된 무대는 원래 농촌이었고 일부 도시 변두리의 빈민 지역이 포함되었지만 전태일 사건 이후로는 노동 사회로 확대되었다. 이 과정에서 서울대 기독학생회 회원들이 큰 역할을 했다.

크리스천아카데미는 1970년대에 '중간집단교육'을 실시했는데 거기에 노동조합 활동가 등을 대상으로 하는 노동교육도 포함했다. 이를 담당한 산업사회 간사가 신인령과 청계피복노조의 노동교실 운영에도 참여한 김세균이다. 노동교육에는 이들 외에도 많은 외부 전문가들이 참여했다. 중간집단교육은 일반 야학보다 전문적이었기 때문에 주로 학부생보다는 전공 분야의 대학원생들을 대상으로 했다. 이들 가운데는 이 교육과정에서 인생 진로 자체를 바꾸어버린 경우도 적지 않았다.

도시산업선교회는 기독교 여러 교단의 실무자 교육을 위한 연합체로서 영등포와 인천 등 공업지대에 설립되어 다양한 노동교육 프로그램을 운영했다. 여기에 참가한 각 대학 학생들 중에는 노동교육을 통해 외곽에서 노동운동을 뒷받침하는 것에 만족하지 않고 직접 공장 노동자로 취업해 생활을 같이하면서 조직 활동을 펼치는 이들도 생겨났다. 서울대에서 1970년대 초반부터 나타난 이런 사례로는 신금호·김문수·문성현·정윤광 등의 활동을 들 수 있다.

이처럼 노동 현장에 투신하는 학생들이 늘어남에 따라, 1970년대 중반을 넘어서면서 학생운동 진영 내부에서 정치투쟁론에 맞서는 이른바 '현장론'이 대두했다. '현장론'이란 사회문제의 근본적인 해결을 위해 학생운동만으로는 한계가 있고 궁극적으로 현장에서 노동운동을 평생의 과제로 삼아야 한다는 주장이다. 그에 따라 정치투쟁 못지않게 현장 투신을 위한 준비가 중시되었다. 언더서클 중심으로 이어지던 봉사활동 위주의 농촌활동은 장차 노동 현장에 들어가기 위한 사전 훈련 프로그램으로 바뀌어갔고, 그와 함께 '공장활동'도 병행했다. 이리하여 더 조직적인 방식으로 노동 현장으로의 투신이 이뤄졌다.

5. 관악캠퍼스 시대의 개막

● 관악캠퍼스로의 이전

서울대학교는 종합화 계획에 따라 1975년 3월 관악캠퍼스로 옮겨왔다. 의대·농대·공대를 제외한 모든 단과대학과 대학본부가 관악캠퍼스에 집결했다. 그 후 공대가 1980년 2월에 2차로 이전함으로써 캠퍼스 종합화는 일단락되었다.

관악캠퍼스와 함께 교문 앞에 동양 최대의 파출소가 들어섰다. 물론 학생 시위에 대처하기 위한 것이었다. 지상 2층 지하1층에 연건평 182평 규모로 약 200명의 전투경찰이 대기할 수 있는 시설을 갖췄다. 전투경찰은 출동 명령만 떨어지면 10분 이내에 교내에 투입될 수 있도록 채비를 갖추었다. 이전에는 대개 각 단과대학별로 담당 파출소가 있었는데, 이제 캠퍼스의 종합화와 함께 파출소도 종합화된 셈이다.

관악캠퍼스로의 이전에 즈음하여 서울대는 교육 기구를 개편하여, 3개의 기본학문 대학과 12개의 전문학문 대학으로 편제했다. 우선 문리대가 인문대·사회대·자연대라고 하는 3개의 기본학문 대학으로 분리되었다. 상대의 경우, 경제학과와 무역학과는 사회대로 편입된 반면 경영학과는 전문학문 대학인 경영대로 독립했다. 기본학문 대학이 교양교육을 담당하게 되었기에 교양과정부는 자동적으로 폐지되었다.

서울대는 관악캠퍼스로 이전하기 바로 1년 전인 1974년부터 계열별 모집을 실시했다. 이는 당시 문교부가 추진하던 '실험대학 프로젝트'의 일환이었다. 계열별 모집이란 신입생을 학과 단위가 아니라 인문계열·사회계열·자연계열 등으로 묶어 선발해, 1학년에서 교양교육과 기초교육을 실시한 다음

2학년에 올라갈 때 학과를 선택하도록 하는 제도였다. 사범대·가정대·농대는 각각 교육 계열, 가정 계열, 농학 계열이라는 이름으로 단과대학의 특성에 알맞게 계열별 모집을 했다. 단, 의학 분야와 예술 분야 단과대학들은 과거와 마찬가지로 학과별로 모집했다.

● 서울대생의 탄생

단과대학 대부분이 관악캠퍼스로 집결해 생활공간을 공유하고 교육 기구와 입시제도도 개편되면서 학생 생활에 큰 변화가 나타났다. 우선 단과대학 사이의 교류가 확대되었다. 교양교육을 비롯한 교과목의 공유가 이뤄지고 다른 단과대학에 개설된 교과목도 쉽게 수강할 수 있게 되었다. 계열별 모집은 이를 더욱 촉진했다. 특히 사회 계열로 입학한 학생들은 1학년을 함께 지내다가 2학년에 올라갈 때 법대와 경영대와 사회대로 나뉘었다. 소속 대학이 달라져서도 1학년 때 맺은 인간관계가 이어졌다.

서클 활동의 양상도 바뀌었다. 과거에는 서클 활동이 단과대학 중심으로 이뤄졌다면, 이제 본부 서클들이 자리 잡은 학생회관이 중심 무대가 되었다. 본부 서클 가운데는 총문학회처럼 단과대학별로 존재하던 문학회가 합쳐진 것도 있고 새로 만들어진 것도 있었다. 또한 학생언론도 개편되었다. 문리대·상대·교양과정부가 문을 닫으면서 《형성》과 《문리대학보》, 《상대평론》, 《향연》 등 해당 단과대학의 학보도 발행을 중단했다. 그 대신 새로 만들어진 인문대·사회대·자연대·경영대에서는 새로 학보를 출범시켜야 했다. 또한 서울대생 전체를 대상으로 하는 통합 교지도 만들어야 했다.

그동안 학생운동의 주역을 담당해 온 학회들도 종합화에 따라 변화를 겪어야 했다. 학회는 전통적으로 단과대학별로 만들어졌고, 신입 회원도 그렇게 모집했다. 그런데 신입생을 계열별로 선발함에 따라 학회들도 그에 따라 모집 방식을 바꾸지 않을 수 없었다. 그런데 1학년 때 계열별로 모집한 회원들은 2학년에 올라가면서 여러 단과대학으로 흩어지기도 했다. 그 결과 학회는 여러 단과대학의 학생들을 포괄하게 되었고, 결국 회원이 어느 단과대학에 소속되어 있는지는 무의미하게 되었다.

이 무렵부터 여학생들이 학회에 가입하기 시작한 것도 특기할 만한 일이다. 이는 학회가 단과대학의 틀에서 벗어나 여러 단과대학에 개방된 결과라고 할 수 있다. 이로써 여학생이 학생운동에 조직적으로 참여할 수 있는 길이 열렸다.

서울대는 개교할 때부터 종합화를 표방했지만 종합대학의 실질적 내용은 갖추지 못했다. 그렇기에 흔히 연립 대학이라고 표현했고, 학생들도 서울대보다는 각 단과대학에 대한 귀속감이 더 컸다. 이제 관악캠퍼스로 집결하면서 비로소 실질적인 종합화를 이루었고, 그 결과 통합된 정체성을 가진 '서울대생'이 탄생했다.

● 유신반대운동의 재개

1974년 봄 민청학련 사건으로 학생운동 세력이 큰 타격을 입었음에도 유신반대운동은 그해 가을 다시 불붙어 좀처럼 사그라들지 않았다. 박정희 정권은 이를 정면 돌파하기 위해 특단의 조치를 취했다.

박정희 대통령은 1975년 1월 22일 유신헌법에 대한 찬반과 대통령에 대한 신임 여부를 묻기 위해 국민투표를 실시한다고 발표했다. 야당과 재야 세력은 자유로운 찬반 투표가 보장되지 않는 국민투표는 기만행위에 지나지 않는다며 거부할 것을 선언했다. 윤보선·김대중·김영삼 등 세 야당 지도자는 2월 28일 '국민투표 거부를 위한 행동강령'을 발표했고, 김영삼 신민당 총재는 국민투표 전날부터 단식농성에 돌입했다. 이런 반대에도 불구하고 국민투표는 강행되었고 개표 결과 79.8%가 투표에 참여해 73.1%가 찬성한 것으로 집계되었다.

이렇게 국민투표가 마무리되자 박정희 정권은 유신헌법은 물론이고 자신에 대한 신임도 재확인되었다고 주장했다. 그리고 이러한 자신감을 과시하기 위해 1975년 2월 15일부터 민청학련 관련자 대부분을 석방하는 조치를 취했다. 이 덕택에 사형선고를 받았던 이철·김병곤·나병식·김지하 등은 구속된 지 1년도 안 되어 석방되었다.

이들은 마치 개선장군처럼 출소해 수사 과정에서 겪었던 모진 고문을 폭로했다. 특히 김지하는 인혁당 사건이 고문에 의한 조작극이라는 내용의 옥중 수기를 ≪동아일보≫에 연재하기까지 했다. 박정희 정권은 김지하를 다시 잡아 가두는 한편, 다른 사람들에게도 반성하지 않으면 형을 재집행할 것이라고 경고했다.

박 정권은 민청학련 관련자들을 석방했지만, 이들이 학교로 돌아가서 다시 유신반대운동을 주도하지 않을까 우려했다. 그래서 석방된 학생과 교수의 복학과 복직을 불허했다. 따라서 1975년 봄 대학가에서는 이 문제가 뜨거운 이슈가 될 수밖에 없었다. 가장 먼저 터져 나온 곳은 연세대였다. 연세대는 김동길·김찬국 두 교수의 복직을 강행했고, 문교부와 정면으로 충돌하는 바람에 박대선 총장이 사임해야 했다.

서울대는 국립대로서 연세대와는 달리 문교부의 지시를 정면으로 거부하기 어려웠다. 결국 학생들이 나설 수밖에 없었고, 1975년 3월 24일 관악캠퍼스에서 첫 번째 비상총회를 개최했다. 이 집회는 전임 총학생회와 대의원회 그리고 학보편집위원회가 주최했다. 종합화 이전에는 200~300명 정도가 모이는 집회가 고작이었는데, 이번에는 단과대학의 구분 없이 1500여 명이 아크로폴리스에 집결해 '학원민주화를 위한 자유성토대회'를 열었다. 이들은 제적 학생의 무조건 복학, 학칙의 민주적 개정, 학내 언론의 자유 보장 등의 건의문을 채택하는 한편 서울대 학원민주화 추진위원회의 발족을 선언했다. 한편 28일 공대 공릉 캠퍼스에서도 300여 명의 학생들이 교내 집회를 열고 '학원민주화선언'을 발표했다.

시위는 4월에 접어들면서 더욱 고조되었다. 4월 3일 학생 2000여 명이 다시 아크로폴리스에 집결해 "수감 중인 우리의 동료 이현배·유인태·김효순·이강철을 즉각 석방하라", "모든 민청학련 관련자들을 즉각 사면하고 복학시켜라" 등 네 개 항을 결의하고 시위를 벌였다. 이들은 집회를 마친 후 교문 돌파를 시도하면서 경찰과 충돌했다. 관악캠퍼스로 옮겨온 이후 처음으로 최루

관악캠퍼스에서 열린 첫 번째 비상학생총회(1975.3.24)

탄이 발사되었고 학생들은 투석전으로 맞섰다. 일부는 후문을 통해 학교 바깥으로 진출했다. 이날 100명 이상이 연행되었다. 학생들은 7일에도 비상총회를 개최해 유신헌법 철폐와 민주 헌법 제정을 촉구했다.

1975년 봄에 유신반대시위를 가장 격렬하게 벌인 곳은 고려대였다. 3월 31일 대규모 시위가 벌어진 데 이어 4월 7일에도 2000여 명이 밤늦도록 시위를 벌였다. 500여 명은 도서관에 진입해 철야 농성을 벌였다. 다음 날 오전, 등교한 학생들이 합류해 모두 3000여 명이 또 격렬한 시위를 벌였다. 그러자 박 정권은 8일 오후 5시 고려대를 대상으로 긴급조치 7호를 발동했다. 고려대에는 휴교령이 내려져 일체의 집회와 시위가 금지되었다. 이를 위반하면 3년 이상 10년 이하의 징역에 처할 수 있고, 국방부 장관은 병력을 동원할 수 있었다. 긴급조치 7호는 고려대를 지목해 본보기를 보이겠다는 뜻이었다. 그 후 시내의 여러 대학이 자진해서 휴교에 들어갔다. 서울대의 8개 단과대학도 9일부터 휴교에 들어갔다.

● 김상진의 자결

한편 수원에서는 농대생들이 1975년 3월 말부터 관악캠퍼스에 호응해 집회와 시위를 벌였다. 관악캠퍼스에서 3월 24일 집회가 벌어진 지 나흘 뒤인

28일에 농대에서도 학생총회가 열려 '제1차 대학선언문'이 발표되었다. 관악 캠퍼스에서 4월 3일 대규모 시위가 벌어졌는데 바로 다음 날 농대에서도 대규모 가두시위가 있었고, 관악캠퍼스에서 7일 비상학생총회가 있은 지 나흘 뒤인 11일에 농대에서도 비상총회가 열렸다. 공릉동의 공대 캠퍼스 역시 관악캠퍼스에 호응해 집회와 시위를 벌였다.

11일 오전 11시 농대 대강당 앞 잔디밭에서 300여 명의 학생들이 모여 비상학생총회를 개최했다. 세 번째 연사로 나선 김상진이 양심선언을 통해 "일체의 정치적 자유를 질식시키는 공포의 병영국가가 도래했음을 민족과 역사 앞에 고발한다"라고 외친 후 미리 준비한 칼로 자신의 배를 찔렀다. 그는 곧바로 수원도립병원으로 옮겨져 수술을 받았지만 다음 날 아침에 상태가 악화되어 서울대 병원으로 이송 중 앰뷸런스 안에서 숨을 거두었다. 그의 시신은 제대로 된 장례식도 치르지 못하고 그날 오후 6시경 벽제 화장터에서 화장되었다.

김상진은 농대의 핵심 서클인 한얼 소속이었다. 당시 농대의 학생운동은 한얼, 개척농사회, 흥사단아카데미, NSD(농사단의 영문 이니셜) 등이 연합한 농촌문제연구회가 이끌었다. 3월 28일의 집회를 시작으로 한 일련의 집회도 이 연구회가 주도하고 농대 학생회는 이름만 걸어주었다. 김상진은 '양심선언문' 이외에 '대통령에게 드리는 공개장'을 별도로 준비했다. 또한 육성 테이프를 만들어 CBS 방송국에 미리 보내는 등 자신의 한 몸을 역사의 제단에 바치기 위해 주도면밀한 준비를 했다.

김상진이 홀홀히 떠나자 살아남은 자들은 그의 뜻을 알리기 위한 고난의 길에 나서야만 했다. 농대생들은 그가 병원에 실려 간 후 곧바로 가두시위를 시도했지만 경찰의 저지로 뜻을 이루지 못했다. 그러자 강의실로 몰려가 단식농성을 시작했다. 교직원들이 문을 부수고 들어와 학생들을 강제로 끌어냈다. 학교 당국은 김상진이 숨을 거두었다는 사실이 알려진 12일 오전 10시경 기숙사마저 폐쇄했다. 모든 학생들은 학교 밖으로 쫓겨났다. 이후 농대에는 검거 선풍이 불어 수많은 학생들이 잡혀가고 학생운동 진영은 초토화되었다.

검거를 피한 이춘만과 오구균은 김상진의 죽음을 알리는 길에 나섰다. 우선 학교 밖의 서둔야학에 잠입해 야당인 신민당 기관지 ≪민주전선≫에 실린 '양심선언문'을 토대로 유인물을 제작했다. 이들은 4월 15일에 아직 휴교령이 떨어지지 않은 공대를 찾아가 유인물을 살포하고, 이후 전남대·전북대·충북대 등을 거쳐 전남대의 밀알회와 충북대의 씨알 등 한얼의 자매 서클들에 김상진의 죽음을 알리던 중 체포되어 수원으로 압송되었다.

이들의 노력으로 김상진의 죽음이 세상에 알려졌다. 공대생들은 두 사람으로부터 소식을 듣자마자 당일 약식 추도식을 거행한 후 시위를 벌였다. 같

양심선언문

더 이상 우리는 어떻게 참을 수 있으며 더 이상 우리는 그들에게서 무엇을 바랄 수 있겠는가? 어두움이 짙게 덮인 저 사회의 음울한 공기를 헤치고 죽음의 전령사가 서서히 우리에게 다가오는 것을 우리는 직시하고 있다. 무엇을 망설이고 무엇을 생각할 여유가 있단 말인가? 대학은 휴강의 노예가 되고 교수들은 정부의 대변자가 되어 가고 어미닭 잃은 병아리마냥 우리들은 반응 없는 울부짖음만 토하고 있다. …… 민주주의란 나무는 피를 먹고 살아간다고 한다. 들으라! 동지여! 우리의 숭고한 피를 흘뿌려 이 땅에 영원한 민주주의의 푸른 잎사귀가 번성하도록 할 용기를 그대들은 주저하고 있는가? …… 탄압과 기만의 검은 바람이 불어오는 것을 보라. 우리는 이제 자유와 평등의 민주사회를 향한 결단의 깃발을 내걸어 일체의 정치적 자유를 질식시키는 공포의 병영국가가 도래했음을 민족과 역사 앞에 고발하고자 한다. 이것이 민족과 역사를 위하는 길이고 이것이 우리의 사랑스런 조국의 민주주의를 쟁취하는 길이며 이것이 영원히 사회정의를 구현하는 길이라면 이 보잘것없는 생명 바치기 아까움이 없노라. 저 지하에서 내 영혼이 눈이 뜨여 만족스런 웃음 속에 여러분의 진격을 지켜보리라. 그 위대한 승리가 도래하는 날! 나! 소리 없는 뜨거운 갈채를 만천하에 울리게 보낼 것이다.

1975년 4월 11일

서울농대 축산과 4년

김상진

은 날 재야 단체인 민주회복국민회의는 김상진의 절규를 경청하지 않는다면 돌이킬 수 없는 파국을 맞을 것이라고 경고하는 성명서를 발표했다. 18일에는 가톨릭학생회 지도신부단 주관으로 명동성당에서 추모 미사가 열렸다. 광주에서 광주일고 학생들이 추모 집회와 시위를 벌이고 전남대생들이 추모 리본 달기 운동을 전개했으며, 진주에서도 경상대생들이 추모식을 거행하는 등 지방까지 추모 분위기가 확산되었다.

● 긴급조치 9호 발동과 오둘둘시위

김상진 자결 사건을 전후하여 유신반대시위는 절정에 달했다. 사건 직후인 5월 13일에는 긴급조치 8호와 함께 9호를 동시에 발동했다. 마침 4월 30일 남베트남의 멸망으로 베트남전쟁이 종결되자 이를 안보 위기의 명분으로 삼은 조치였다.

긴급조치 9호는 유신헌법에 대한 일체의 반대 행위와 학생들의 집회 및 시위를 전면적으로 금지하는 것이었다. 이 조치를 위반한 내용을 보도하는 행위까지도 금지했다. 또한 이에 따른 주무 장관의 명령과 조치는 사법적 심사의 대상이 되지 않도록 했다. 그것은 논의 자체를 원천 봉쇄함으로써 유신헌법을 신성불가침의 영역에 올려놓았다.

긴급조치 9호는 유신체제에 반대하는 전국의 모든 활동을 전면적으로 통제하는 종합판이라는 점에서 이전의 긴급조치들이 개별 사안(민청학련) 혹은 개별 대학(고려대)에 대한 대처였던 것과 다르다. 따라서 박 정권은 그 후 더 이상 긴급조치를 추가 발동할 필요가 없었다. 긴급조치 9호는 1979년 10월 26일 박정희 대통령이 사망할 때까지 4년 6개월간 유지되었다. 이 조치로 구속된 사람만 1387명이나 되었다. 그야말로 긴급조치 9호의 시대가 열린 것이었다.

서울대에서는 긴급조치 9호가 발동한 지 9일 만에 이를 비웃기라도 하듯 대대적인 시위가 벌어졌다. 이 시위는 5월 22일에 일어나서 '오둘둘시위'라고 불린다. 학생들은 이를 통해 유신체제의 억압에 순순히 굴복하지 않음을 천

조사

동지여!

그토록 어렵게 그토록 숨막히게 죽음으로 그대는 사랑을 완성했다. 척박한 이 터전을 붉디붉은 한 점 피로 그대는 사랑하는 법을 가르치고, 드디어는 그대 동학년 곰나루에서 비롯된 민중사의 현 단계를 혼신의 힘으로 뛰어넘었다. …… 떨리는 눈길로 돌아보라! 매판 독점 자본과 독재 권력 집단의 자기 논리를 위하여 조국의 신식민지화도 서슴지 않는 이 처참한 백색독재의 역사 현실이 배태하는 모순들을. 학원과 교회 언론은 타살되고 답십리 중랑천 면목동 등 판자촌 주민들은 이제 생존의 권리마저 박탈당한 채 정처 없이 기댈 언덕 없이 벌판 저 켠 갈 곳 없는 어드메로 추방되고 있다. 죽음의 전령사가 서서히 다가오고 말 못하는 가슴마다 응어리진 한과 분노가 쌓여가는데 눈물 없이는 눈 떠 바라볼 수 없는 이 누리에 언제더냐 날 샐 녘은. 배추포기 춤추고 노래 부를 그날은 언제더냐. 김상진 동지가 외쳤듯이 ……. 민주주의는 지식의 산물이 아니라 투쟁의 산물임을, 두고두고 내려오는 역사의 가르침을 우리는 손에 손을 움켜쥐고 온 몸으로 터득해야 하는 것들은 결코 강물에 꺾이지 않으며 하나가 무너지고 또 무너지더라도 언젠가는 모두 함께 일어나 덩실 춤을 추면서 맞이하리니.

아! 김상진 동지여, 믿으라!

다시금 터져나올 그 눈물겨운 함성을, 그 위대한 민중의 승리를 믿으라!

1975년 5월 22일

고 김상진 열사 장례식 추진위원회

명했다.

이 시위는 김근태·유영표·이호웅·유상덕·채광석·채만수 등 68, 69학번 복학생들과 인문대의 민속가면극연구회와 문학회 회원들, 사범대의 야학문제연구회 회원들이 주축이 되어 준비했다. 집회의 형식은 제대로 장례도 치르지 못한 채 화장된 김상진의 장례식으로 하기로 결정했다. 이를 위해 민속가면극연구회와 문학회에서 지노귀굿과 조시 등 장례식에 필요한 것을 준비하고 사범대 학생들은 시위에 초점을 맞춰 시국선언문을 작성했다. 이들은 장례식과 추도식을 마친 후 대규모 시위를 벌일 계획이었다.

5월 22일 오후 1시경 여러 건물에서 요란한 경보음이 울렸다. 주도 학생들이 화재경보기를 누른 것이었다. 이 소리를 듣고 건물 밖으로 학생들이 몰려나오자 김도연과 박연호가 "의로운 죽음, 암장이 웬 말이냐?"라는 플래카드를 펼쳐 들고 중앙도서관 앞 계단으로 뛰쳐나갔다. 주변에 진을 치고 있던 형사들이 덤벼들어 난투극이 벌어졌고, 장례식을 제대로 치를 수 없었다. 김도연이 장례 선언문을 겨우 낭독하고, 김정환이 조시를, 천희상이 조사를, 박연호가 반독재 선언문을 읽었다.

그사이 사방에서 모여든 학생들이 아크로폴리스를 가득 메웠다. 장례식을 건너뛰고 곧바로 시위로 전환하면서 사범대 팀이 나섰다. 천희상과 송병춘 등 사범대 팀은 500여 명의 시위대를 이끌고 교문으로 진출했다. 뒤늦게 출동한 경찰기동대가 시위대를 해산시켰다. 경찰은 강의실까지 난입하여 유인물을 가진 학생들을 모두 연행했다. 연행된 300여 명 가운데 56명이 구속되어 절반 정도는 기소유예로 풀려나고, 최종적으로 24명이 재판에 회부되었다. 시위의 전면에 나선 이들은 물론이고 수배된 채로 사전모의에 참여한 박성규 등도 포함되었다. 이로 인해 서울대 학생운동 진영은 상당한 타격을 받았다.

하지만 일반 국민은 시위가 있었다는 사실조차 알지 못했다. 이는 긴급조치 9호에 따라 신문에는 관련 기사가 한 줄도 보도되지 않았고, 다만 인사란에 한심석 서울대 총장의 사임과 치안본부장·남부경찰서장의 사임 소식이 실렸을 뿐이다. 일반인들은 연임된 지 3개월밖에 안 된 한심석 총장이 '건강상의 사유'로 사임한 점을 의아하게 여겼다. 이들의 경질은 이 사건으로 박정희 정권이 받은 충격이 매우 컸음을 말해준다.

아울러 같은 시기의 '천주교정의구현전국학생총연맹사건'도 학생운동 진영에 타격을 주었다. 학생들이 천주교의 보호막 아래에서 민청학련과 비슷한 대학 간 연대 기구를 만들어 유신체제에 대한 반대운동을 전개하려던 사건이었다. 모두 26명이 구속되었는데, 심지연과 박홍석 등 서울대생도 상당수 포함되었다. 이상의 두 사건으로 수많은 학생들이 감옥으로 끌려갔고, 서울대의 운동 역량은 거의 소진되다시피 했다.

이전에는 학생운동을 하다가 제적되거나 구속되더라도 어느 정도 시간이 지나면 슬그머니 석방·복학시켜 주는 것이 관행이었다. 심지어 민청학련 사건으로 사형이 선고된 사람조차 채 1년이 지나지 않아 석방했다. 하지만 긴급조치 9호를 발동한 이후 박정희 대통령이 사망할 때까지 시위를 벌이다 잡혀가서 조기에 석방되는 경우는 자취를 감추었다. 형기를 마치고 풀려나더라도 복학은 꿈도 꿀 수 없게 되었다. 박 정권은 유신체제를 반대하기만 하면 모두 세상 바깥으로 내몰았던 것이다. 이에 따라 학생운동도 반정부운동에서 반체제운동으로 바뀌지 않을 수 없었다.

6. 꽁꽁 얼어붙은 관악캠퍼스

● 해체된 학생회, 다시 등장한 학도호국단

박정희 정권은 1975년 봄 긴급조치 9호를 발동한 직후 대학에 대해 통제를 강화하는 조치를 계속 취했다. 5월 14일에 각 대학의 서클들을 해산시켰고, 20일에는 학생회를 해체하고 대신 학도호국단을 만들 것을 지시했다.

문교부는 '학도호국단설치령'에 따라 전국 98개 대학 총장회의를 소집하고 학도호국단의 설치를 지시했다. 서울대도 이에 따라 5월 30일에 학도호국단을 만들었다. 이로써 4·19혁명으로 해체된 학도호국단이 15년 만에 다시 등장했다. 새로운 학도호국단의 성격과 조직 체계도 해체될 당시의 것을 그대로 따라서 중앙-시·도-학교 학도호국단으로 이어지는 관제 동원 기구였다. 다만 각 대학의 학도호국단은 중앙 학도호국단이 시·도 학도호국단을 거치지 않고 직접 관할하도록 변경함으로써 통제를 강화한 것이 과거와 달라진 점이었다.

서울대 학도호국단의 조직 체계를 살펴보면 총장이 단장을 맡고 학생처장과 학생군사교육단장이 부단장을 맡았다. 중앙에 지도위원회를 두고 그 밑에

학도호국단 정기 검열

학생제대(學生梯隊)와 운영위원회를 두었다. 학생제대는 1949년에 처음 만들어질 당시 학도호국대에 비견되는 군사조직으로서, 사단-연대-대대-중대-소대로 학생들을 군대식으로 편제했다. 대대 이상의 학생제대 산하에는 총무부, 훈련부, 문예부, 새마을부, 체육부, 지도부, 여학생부 등 집행 부서를 두었다. 학생 간부는 모두 학교 당국에 의해 임명되었다. 총여학생회는 1971년 학생회 여학생부로 흡수되었다가 이제 학도호국단 여학생부가 되었다.

학도호국단은 애초 하향식 조직이었지만, 1952년에 학생 간부를 선출하기 시작하면서 학생자치의 기능을 일부 수행했다. 이런 점에서 다시 등장한 학도호국단은 해체 당시보다도 훨씬 퇴행한 것이었다.

학도호국단이 재등장한 후 학생활동은 그 틀 안에서만 가능했다. 오직 그것을 통해서만 서클 등록이 허용되고 모든 행사를 허가받을 수 있었다. 학생 간부를 학교 당국이 일방적으로 임명했으니 그것이 만들어진 후 학생활동은 위축될 수밖에 없었다.

● 재갈이 물린 학생언론

긴급조치 9호로 학생언론도 얼어붙었다. ≪대학신문≫만 간신히 살아남았고 단과대학의 학보들은 발행을 중단했다. 학도호국단이 발행하는 통합 교지

교지 ≪서울대≫ 창간호

≪서울대≫가 새로 창간되었을 뿐이다.

애초 단과대학 학보사 편집장들은 연합체인 상설 편집장회의를 제도화해 종합화에 따른 범대학적 성격의 통합 교지를 발간하겠다고 학교 당국에 건의했다. 학교 당국은 이를 받아들이지 않고 학도호국단이 일방적으로 통합 교지의 편집진을 구성하도록 했다. 이렇게 구성된 11명의 편집진에 의해 1976년 6월 ≪서울대≫ 창간호가 나왔다. 하지만 그것은 학생들로부터 무정견의 무미건조한 교지라는 싸늘한 시선을 받아야 했다. 한편 1968년 총여학생회가 창간한 ≪여울≫의 발행 주체도 총학생회 여학생부를 거쳐 학도호국단 여학생부로 바뀌었다.

학교 당국은 단과대학의 학보를 비롯한 학생 간행물에 대한 통제도 강화했다. 1976년 4월 1일에 '학생 간행물 발간지침'(이하 지침)이 확정되었다. 지침은 학생 간행물의 종류를 총호국단지, 단과대학 제대지(梯隊誌), 과(科)회지로 구분하고, 그 발행인을 각기 총장과 학장, 학과장이 맡도록 했다. 그리고 간행물의 편집·인쇄·배포 전 과정을 총장 또는 학장이 임명한 지도위원회의 지도·감독을 받도록 했다. 수록하는 글도 전공과 관련된 학술논문으로 제한하도록 했다.

기존의 단과대학 학보들은 학도호국단의 제대지로 취급되어 발행이 허락되었다. 하지만 지침에 따라 엄격한 통제를 받아야 했다. 지침이 편집진의 자격요건을 매우 엄격하게 규정했기에 편집실의 구성 자체가 쉽지 않았다. 인문대의 ≪지양≫이나 사회대의 ≪사회대평론≫의 경우 단과대학의 신설로 인해 학보 편집실도 새로 만들어야 했기에, 편집진을 구성하는 문제가 더욱 심각했다.

법대의 ≪피데스≫, 사범대의 ≪청량원≫, 농대의 ≪상록≫, 가정대의 ≪아람≫ 등 이전부터 있었던 학보들은 이보다는 형편이 나았지만, 원고 검열이라는 굴욕을 피할 수 없었다. 학보에 전공 관련 논문만 싣도록 제한한 지침에 따라 학교 당국이 일부 원고를 삭제하는 일이 다반사였다. 이 때문에 학생들이 학보의 수령을 거부하는 사태가 빚어지기도 했다. ≪피데스≫는 1978년 10월 발행된 제24호의 특집 원고 가운데 다섯 꼭지가 삭제되고 남은 세 꼭지만으로 출간되었다. ≪아람≫도 같은 해 비슷한 일을 겪어야만 했다. 당시 나머지 학보들도 대부분 이런저런 사정으로 간기를 제대로 맞춰 책자를 발행하기 어려웠다. 새로 출범한 ≪지양≫과 ≪사회대평론≫은 1970년대가 다 가도록 창간호조차 내지 못했다. 관악캠퍼스 시대를 맞이하면서 학생언론이 사실상 마비된 것이다.

● 학회, 언더서클로 내몰리다

학도호국단이 재등장한 이후 모든 학생단체와 학생활동은 호국단을 통하지 않으면 허가되지 않았다. 1975년 10월 학도호국단에 등록된 서클은 203개로 예년에 비해 많이 줄어들었다. 등록 절차가 까다로워졌기 때문이다. 학생운동을 주도하던 학회 가운데는 경제법학회, 농촌법학회, 국제경제학회를 제외하고 나머지는 여러 사정으로 등록을 하지 못했다.

등록을 못했다고 학회가 바로 없어지는 것은 아니었다. 하지만 미등록 상태로 활동할 경우 신입생 모집에서 불편할 뿐 아니라 추후 학생운동과 관련해 문제가 될 경우 지하조직으로 간주되고 거대한 조직 사건으로 비화할 위험이 있었다. 따라서 학회들은 가능하면 등록 상태를 유지하려고 했다. 동양고전연구회는 1975년에 지도교수를 위촉하지 못해 실패했으나, 이듬해에 역사철학회라는 이름으로 등록할 수 있었다.

이렇게 학회들은 1970년대 후반에 들어서도 과거처럼 등록 단체의 외형을 유지하려 했다. 이런 점은 1978년 3월 20일 자 ≪대학신문≫의 학회 소개 기사를 통해 엿볼 수 있다. 기사는 본부서클로 국어운동학생회·고전연구회·대학문화연구회를, 단과대학 소속으로 국제경제학회·경제사학회·경제철학회·농촌경제학회·사회과학연구회·사회복지연구회·사회철학연구회·흥사단아카데미·후진국경제연구회(이상 사회대), 농촌법학회·경제법학회(이상 법대), 역사철학회(인문대), 공업경제연구회(공대) 등을 들고 있다. 사실 ≪대학신문≫에 게재될 정도라면 학회는 여전히 공개 단체였다고 할 수 있다.

이렇게 학회들이 조직의 안전과 운영의 편의를 위해 부득이 등록을 했지만, 그렇다고 내부 정보를 공개할 수는 없는 노릇이었다. 과거와의 연결을 차단하기 위해 학회의 이름을 바꾸는 일도 많았다. 한국사회연구회는 사회과학연구회로, 이론경제학회는 경제철학회로 이름을 바꾸었다. 경제법학회도 사회법학회로부터 개명한 것이었다.

보안을 위해 명칭을 바꾸는 것만으로는 부족했다. 회원들의 인적정보를 가장 적게 노출하기 위해 여러 가지 편법을 사용했다. 우선 공식적인 회장은 성적이나 학생운동 전력에서 문제가 전혀 되지 않을 사람을 내세웠다. 학회의 운영에 전혀 관여하지 않을 사람을 회장으로 세우는 경우도 있었다. 회원의 명단을 제출할 때도 한두 사람만 실명으로 하고 나머지는 가명이나 차명을 사용했다.

대부분의 학회에는 형식상의 회장과 별도로 실제 회장이 따로 있었다. 규모가 큰 일부 학회는 실제 회장을 두 명 두어 하나는 내부 업무를 책임지고 다른 하나는 대외적인 일을 담당하도록 했다. 전자는 후배의 양성과 조직의 관리를, 후자는 학생운동과 관련된 학회 간의 협의를 담당했다. 후술하겠지만 후자는 보안을 위해 자신의 역할을 대다수 구성원에게도 알리지 않았다. 언제 닥칠지 모르는 위험을 최소화하기 위해 여러 겹의 차단장치를 마련한 것이다. 이처럼 당시의 학회들은 외형적으로는 공개 단체지만 실질적으로는 비공개 단체의 성격을 띠었다. 긴급조치 9호가 학회들의 '지하화'를 강요한 결과였다.

당시 이런 비공개 서클을 '언더서클'이라고 불렀다. '언더'란 지하를 뜻하는 '언더그라운드'의 준말이고, 그 반대말은 '오픈서클'이었다. 오픈서클은 모두에게 개방된 서클이 아니라 언더서클과는 달리 공식적으로 등록해 공개적으로 활동하는 것을 가리켰다. 오픈서클도 학생회관에 자리 잡은 본부서클과 단과대학에 소속된 서클로 나뉘었다.

언더서클은 명칭 때문에 비밀조직처럼 보이지만, 실제 꼭 그렇지는 않았다. 그 존재와 회원의 명단은 당연히 공안 당국에는 비밀이어야 했지만, 학생 사회 내에서 반드시 그랬던 것은 아니었다. 그 회원들 대부분은 서로 누가 어느 언더서클에 속하는지 알았으며, 일반 학생들도 같은 과의 누가 언더서클 활동을 하는지 아는 경우가 적지 않았다. 하지만 밀고를 걱정할 필요는 없었다. 당시 학생들은 정권에 맞서 정서적으로 똘똘 뭉쳐 있었다. 이들은 그들을 불의에 항거하는 용기 있는 사람으로 받아들였다. 사실상 언더서클의 존재와 구성원은 학생사회에서는 공공연한 비밀이었다.

7. 지구전을 준비하다

● 과회장회의와 학도호국단 간선제 시도

긴급조치 9호로 학생회는 해체되었지만 기초 단위의 학생자치 기구인 과 학생회까지 없어지는 못했다. 당시의 정치적 분위기 탓에 과학생회라는 명칭을 사용하지는 못했지만, 각 학과 학생들은 학생 대표를 자율적으로 선출하여 '과대표' 혹은 '과회장'이라고 불렀다. 학생들은 주요 현안이 발생하면 '과회장회의'를 소집했다. 주로 단과대학별로 열렸지만 간혹 전교 차원에서 소집되는 경우도 있었다. 학생자치의 암흑시대에 그것은 학생들의 의견을 수렴하는 비공식적인 통로 역할을 수행했다.

한편 이와는 별도로 학도호국단 간부 임명에 선출제의 요소를 도입하자는 움직임도 있었다. 호국단 간부는 학교 당국에 의해 일방적으로 임명되었기 때문에 학생들은 그들을 대표로 인정하지 않았다. 따라서 호국단 내부에서도 간선제를 통해 학생자치의 요소를 도입하자는 움직임이 조금씩 일어났다. 학생자치 문제는 1977년 학내의 주요 이슈가 되었고, 4월 말에는 학생회 부활을 요구하는 시위가 일어나 호국단의 개선 움직임을 촉진했다. 호국단으로서도 학생의 대변자 구실을 비공식기구인 과회장회의에 빼앗긴 채로 있을 수는 없었기 때문이다.

1977년의 제3기 학도호국단은 이 문제의 해결을 위해 간선제를 추진했다. 이는 당시 연세대의 호국단 간부에 대한 학생추천제를 벤치마킹한 것이었다. 임명제 자체를 아예 바꾸지는 못하지만 학생이 추천하면 학교가 임명하는 식으로 선출제적 요소를 가미하자는 것이었다. 서울대 호국단은 6월 말 이런 방안을 학교 당국에 건의하는 한편 학생들을 대상으로 서명운동을 전개했다.

당시 학생운동 진영에서도 이에 긍정적 반응을 보였다. 원칙적으로는 호국단을 아예 없애고 학생회를 부활하는 것이 옳지만 그것이 당장 가능하지 않은 현실에서 차선책으로 받아들일 수 있다는 것이었다. 따라서 2학기에 접어들어 호국단의 울타리를 넘어 각 단과대학에서도 간선제와 관련해 적극적인 움직임이 일었다. 사회대의 경우 간선제가 도입된다면 그 대표로 김부겸이 물망에 오르내렸다.

하지만 학교 당국은 이런 움직임에 제동을 걸었다. 26동과 도서관에서 두 차례의 대규모 시위가 일어나고 휴업이 되풀이되면서 호국단의 기능이 아예 마비되어 버렸다. 문교부 장관도 국회에서 야당의원의 질의에 대한 답변을 통해 임명제는 불가피하다고 밝혔다. 하지만 문교부는 학생들과 완전히 유리된 호국단 체제는 더 이상 유지될 수 없음을 잘 알고 있었기에, 1977년 12월 호국단의 조직 체계와 간부의 임명 절차를 개선하지 않을 수 없었다. 그 골자는 다음과 같다.

우선 호국단의 편제 방식을 변경했다. 종래의 교련 교육 중심에서 학과를 단위로 한 편제로 바꾸었다. 그리고 학생들의 의견을 모아 과교수회에서 2인 이상의 학생을 추천하면 학교 당국이 그중 한 사람을 임명했다. 또한 과연락 학생을 두어 호국단과 학생들 사이의 연결고리 역할을 맡도록 했다. 이 방안은 이전의 임명제보다는 개선된 것이지만 1952년에 도입된 선출제보다 미흡한 것이었다.

1978년의 제4기 학도호국단은 새로운 방식으로 선임되어 학생들과의 유대가 일부 강화되었다. 이에 만족하지 않고 학생자치를 더 진전시키려는 모색이 이뤄졌다. 1978년 1월 9일 자 ≪대학신문≫은 새해 학도호국단의 활동 방향을 전망하는 기사에서 과회장회의를 상설 기구로 만들어 학도호국단의 견제 기구로 삼는 방안을 제시했다. 과회장회의를 과거 학생회 시절의 총대의원회처럼 운영하자는 것이다.

과회장회의에 좀 더 힘을 실으려는 시도는 사회대에서 이뤄졌다. 4월 10일 사회대 과회장회의가 열려, 과회장 전원과 사회대 학도호국단 간부들이 참석했다. 안건은 호국단과 과회장회의의 역할 분담이었다. 이 회의에서 사회대는 앞으로 과회장회의를 실질적인 의사결정 기구로 하고 호국단에게는 대학 본부와의 중재 역할과 실천 행동을 담당하도록 하자는 데 합의했다. 이렇게 학생들은 학도호국단이라는 굴레 속에서나마 학생자치를 위해 부단히 노력했다. 뒤에서 보겠지만 이런 경험을 바탕으로 1982년에 학도호국단 활용론이 제기될 수 있었던 것이다.

● 유인물의 시대

긴급조치 9호의 시대는 곧 '유언비어'의 시대이다. 그것은 '유언비어'를 날조·유포하거나 사실을 왜곡해 전파하는 행위를 엄격히 금지했지만, 역설적으로 그 자체가 '유언비어'를 만들어내는 역할을 했다.

긴급조치 9호로 학교 밖의 신문과 방송에서 반정부 행위에 대한 기사가 자취를 감추었다. 신문이나 방송만 보면 세상은 한없이 평화로웠다. 하지만 이렇게 정보를 통제할수록 사람들은 풍문에 귀를 기울이기 마련이다. 박정희 정권은 풍문에 대해서조차 유언비어를 단속한다는 이름으로 다시 칼을 휘둘렀다. 국민은 이러한 소문들을 일컬어 당당하게 '유비통신' 혹은 '카더라통신'이라고 부르며 정부를 조롱했다. 김지하 시인은 「비어(蜚語)」라는 시를 통해 이러한 상황을 풍자했다.

사회 일반의 언론 사정이 이러할 때 학교 안의 학생언론이라고 다를 게 없었다. 학생들은 학내에서 벌어진 집회와 시위를 외부에 알릴 수도 없고 다른 대학의 집회와 시위에 대해서도 거의 알 수 없었다. 따라서 이런 정보를 담은 인쇄물을 제작해 뿌리는 일이 무엇보다 급선무였다. 당시에는 이를 보통 '가리방'이라는 수동식 등사기로 찍어냈기에 유인물(油印物)이라고 불렸다. 일부 팀에서는 윤전식 등사기로 다량의 유인물을 제작하기도 했지만, 이는 예외적이었다. 정권은 이를 체제에 순응하지 않는 내용을 담고 있다고 해서 '불온유인물'이라고 불렀다.

학생들은 이런 유인물을 시위현장에서 뿌리는 것이 보통이었지만 시위와 상관없이 배포하는 일도 많았다. 유인물을 제작·살포하는 일은 시위를 주동하는 일 못지않게 위험하기에 대체로 학회, 즉 언더서클의 회원들이 맡아서 수행했다. 언더서클은 유인물 배포를 회원 훈련 과정의 하나로 삼았다.

유인물은 주로 교내에 뿌려졌지만 학교 바깥에도 뿌려졌다. 학내에서는 학생들이 등교하기 전에 과사무실, 휴게실, 화장실 등을 돌면서 배포하는 방식을 취했다. 외부에 뿌리는 일은 훨씬 더 위험하고, 따라서 안전을 위해 머리를 짜내야 했다. 만원 버스에 탑승한 후 천정 환풍구를 통해 버스 지붕에 유인물 뭉치를 올려놓고 내리는 방법이 있었다. 버스가 출발하면 자연스럽게 유인물이 살포되었다. 지하철 플랫폼에서 전동차가 출발하기 직전 유인물을 던져 넣고 도망치는 방법도 있었다. 교내에서와는 달리 교외에서 유인물을 뿌리다 체포되는 일도 간혹 있었다.

이 무렵 학생들이 많이 읽은 책 가운데는 잉게 숄이 지은 『아무도 미워하지 않는 자의 죽음』이 있다. 제2차 세계대전 당시 독일 뮌헨에서 반나치 운동을 하다가 발각되어 처형당한 백장미단이라는 대학생 조직에 관한 이야기이다. 백장미단은 공습으로 등화관제를 실시한 틈을 타서 유인물을 살포하고 공공장소에 낙서를 하는 방식으로 저항했다. 학생들은 유신체제하에서 몰래 유인물을 뿌리거나 받아보면서 백장미단에 공감했던 것이다.

● 지구전을 위한 시스템 구축
오둘둘사건이 끝난 뒤 서울대에는 학생운동 세력이라고 할 수 있는 것이 겨우 몇몇 언더서클 회원들밖에 남지 않았다. 이들은 힘을 추슬러서 유신체제에 맞서 언제 끝날지 모르는 지구전을 준비했다.

학생회가 해체되고 학생언론도 재갈이 물린 이상, 이제 학생운동을 이끄는 역할은 오로지 언더서클의 몫이었다. 먼저 언더서클들은 서로 의견을 조율하는 일종의 협의체를 구성했다. 당시 이를 일컬어 서클연합회라 부르기도 했다. 이들은 협의체를 통해 공동 교재 편찬이나 공동 오리엔테이션 등 서클 운영과 관련한 일상적인 협력을 꾀했다. 하지만 그것의 더 중요한 임무는 학생운동을 전반적으로 기획하고 실행하는 일이었다. 협의체는 학생운동을 지속적으로 펼치기 위한 시스템 역할을 했다.

협의체에는 공식적인 이름이 없었고, 서클연합회란 명칭도 편의적인 것이었다. 정권의 혹독한 탄압을 피하기 위해서는 민청학련 사건과 같이 대형 조직 사건을 만들어낼 빌미를 주지 말아야 했다. 공안 당국의 감시의 눈길을 피하기 위해서는 최대한 비밀스럽고 어떤 형체도 없이 유연하게 움직여야 했다.

각 단과대학에서는 학회들이 협의체를 구성해 서로 협력하는 전통이 일찍부터 있었다. 법대에서는 1960년대에 학회평의회가 구성되어 학생자치의 한 축을 이루었고, 상대에서 그런 역할은 학생연구회가 맡았다. 농대의 경우도 학회들이 농촌문제연구회라는 연합체를 구성했다. 사범대를 비롯한 다른 단과대학에도 이름은 다양하지만 협의체가 존재했다. 1970년대 후반의 서클연합회는 이런 전통 위에서 만들어졌다고 할 수 있다.

언더서클들의 협의체가 시위를 기획하고 실행하는 컨트롤타워 역할을 수행하기 시작한 것은 대체로 1976년 무렵이다. 협의체는 기본적으로 학번 단위로 구성되었다. 1975년 2학기 말 당시 3학년이던 박석운 등 73학번의 후견 하에 2학년 김창우와 양춘승 등 74학번이 협의체를 구성한 것이 출발점이다. 74학번의 경우 1학년 말 교양과정부에서 시위를 경험한 후 동기들끼리 자체적으로 만든 논의 그룹을 2학년 말에 선배들의 도움을 받아 협의체로 발전시켰다. 이후 이것은 학생운동의 시스템으로 정착했다.

협의체가 처음 만들어질 때 6~8개의 언더서클이 참여했지만, 시간이 지날수록 수가 늘어나 1979년에는 10개 이상이 되었다. 구성원의 학년별 역할과 활동 내용은 다음과 같다. 서클 회원이 협의체에 처음 참가하는 것은 2학년 말이며 본격적 활동은 3학년부터였다. 3학년은 서클에서 후배를 양성하는 일 이외에 협의체의 결정 사항을 서클에 전파하고, 시위에 인원을 동원하며, 유인물 작업 등을 맡았다. 4학년은 학생운동에 대한 전반적 기획과 실행을 담당했다. 가장 중요한 것은 역시 타격 방향과 시위 일정을 정하고 주동할 사람을 선발하는 일이었다.

시위 주동은 보통 협의체 구성원들이 분담했지만, 외부에서 끌어들이는 경우도 있었다. 지도부는 그해가 마무리될 때까지 남겨두는 것이 원칙이지만 상황에 따라 일찍부터 주동자로 나서기도 했다. 한 사람이 맡기도, 세 사람이 나누어 맡기도 했다. 지도부 선출의 명시적인 절차는 없었고, 서로 간의 신뢰를 바탕으로 자연스럽게 추대되었다.

8. 긴급조치 9호에 온몸으로 맞서다

● 새로운 시위의 전형을 창출하다

박정희 정권은 1970년대 후반에 국민에 대한 통제를 더욱 강화했다. 달마다 반상회를 실시해 주기적인 감시 체제를 구축했다. 향토예비군에 만족하지 않고 1976년에는 민방위대까지 만들어 국민을 흰머리가 날 때까지 동원했다.

박정희 정권은 일상생활도 통제했다. 긴급조치 9호의 발동과 함께 장발 단속을 강화해 이듬해인 1976년 4월까지 무려 55만 명을 단속하고, 2만 5000명을 즉심에 넘겼다. 예비군 훈련장에서는 군대식으로 머리 깎는 것을 거부한 예비군이 구속되기도 했다. 그해 6월에는 남한산성 밑에 문무대란 이름의 학생 병영훈련소가 준공되었는데, 대학생들은 긴 머리를 깎고 이곳에 입영해 군사훈련을 받아야 했다.

국민에 대한 정권의 통제는 각 분야에서 강화되었다. 언론·출판은 물론이고 대중음악과 영화에 대한 검열을 자의적이고 무차별로 시행해 예술적 상상력을 갉아먹었다. 유명 가수 여럿이 대마초를 피웠다는 이유로 구속되거나 연예계에서 추방되었다. 심지어 교수들에 대한 통제가 제도화되어 1976년 시행된 교수재임용제는 정부에 비판적인 교수들을 재임용에서 탈락시킬 수 있도록 했다. 그해 3월 1일에 재야인사들이 '민주구국선언문'을 발표하자 이를 정부 전복 선동 사건으로 규정하고 관련자 모두를 긴급조치 9호를 적용하여 재판에 회부했다. 정권은 오로지 침묵만을 강요했다.

1976년에 서울대는 조용했다. '오둘둘사건'으로 큰 피해를 입은 탓도 있지만 언더서클들이 당분간 반정부시위보다는 학생운동 역량의 복원에 주력했기 때문이다. 하지만 체제에 대한 불만은 학생들의 가슴속에서 끓어올랐다. 조그마한 불씨만 갖다 대도 폭발할 지경이었다.

이런 분위기를 잘 보여준 것이 '감골사건'이다. 감골은 규장각 아래편 잔디밭을 가리키는데, 1976년 10월 15일 이곳에서 가을 축제행사의 일부로 마당극 〈허생전〉이 공연되었다. 뒤풀이 자리에서 학생들이 이심전심으로 「선구자」를 합창했다. 이들은 곧이어 시위대로 돌변해 "독재타도"와 "유신 철폐"를 외치며 교문까지 진출했다. '오둘둘사건' 이후 1년 반 만의 시위였는데, 뚜렷한 주동자 없이 일어났다는 점이 특징이다. 이후 공안 당국은 학생들의 동향에 더욱 촉각을 곤두세웠다.

서울대에서는 그해 12월 8일에 경찰의 촘촘한 감시를 뚫고 유신 철폐 시위가 벌어졌다. 박석운·이범영·백계문 등 졸업을 불과 두 달 남겨둔 법대 4학년이 주도했다. 이들은 '민주구국선언문' 600부를 등사해 도서관 등에서 학생들에게 배포하고 「정의가」 등을 부르며 시위에 들어갔다. 시위는 평소 학교에 진을 치고 있던 형사대에 의해 얼마 지나지 않아 진압되었지만, 학내·외에 큰 충격을 주었다.

이날 뿌려진 유인물은 유신 철폐의 주장 이외에 박동선 뇌물 사건을 폭로했다. 이는 박정희 정권이 로비스트 박동선을 통해 미국 의원들에게 뇌물을 공여한 사실이 드러나 외교문제로 비화한 사건이다. 미국에서는 이를 '코리아게이트'라고 불렀다. 당시 정부의 사전검열로 국내 언론에는 이 사건이 보도

민주구국선언문

학우여! 3·1운동과 4월혁명의 맥박은 끊어질 듯 이어져 조국이 위기에 처할 때마다 분연히 떨치고 일어났던 학우들이여, 반제 반독재투쟁 속에 젊음을 불살라 왔던 학우들이여, 다시 한번 다시 한번 우리는 역사의 부름을 받고 있다. …… 생각하기도 몸서리쳐지는 그 날, 1972년 10월 17일 지축을 흔드는 탱크의 굉음 속에 강요당한 유신헌법은 우리에게 무엇을 가져다 주었던가? 긴급조치라는 만능의 도깨비 방망이를 가지고 그들은 학원의 자유를 깔아뭉개고 언론의 숨통을 조여 버렸고 의로운 사람들을 수없이 감옥에 가두어 버렸다. …… 이제는 더 이상 속을 수 없다. 탱크와 군화발로 날조해낸 유신헌법은 헌정질서의 파괴 이외에는 아무 것도 아니다. 우리는 유신헌법을 단호하게 그리고 전면적으로 부정한다. 바야흐로 태풍 전의 정적을 깨뜨리고 민족사의 새로운 장을 열게 될 민주회복운동이 관악의 기슭으로부터 휘몰아친다. 정의와 자유와 진리의 횃불을 높이 들고 다음과 같이 결의한다.

우리의 결의 사항

1. 국제 망신 민족 망신 뇌물 사건 공개하라
2. 일인 독재 장기 집권 유신헌법 철폐하라
3. 인권 탄압 정보 정치 긴급조치 해제하라
4. 구속 학우 민주 인사 지체없이 석방하고
   허울좋은 안보 빙자 기본권을 반환하라
5. 돌려다오 제명 학우 막지 마라 교수 양심
6. 답답하다 눈뜬 맹인 언론 자유 수호하자
7. 물가고와 기아 임금 생존권을 박탈마라
8. 꼭두각시 호국학도 호국단을 해체하고
   중지하라 학원 사찰 학생 자치 반환하라

1976년 12월 8일

서울대학교 비상학생총회

되지 않았으나, 시위로 드러났으니 정권으로서는 아픈 곳을 찔린 셈이었다.

이 시위는 전술적인 측면에서도 이후 시위에 큰 영향을 미쳤다. 이전의 시위는 역량을 모두 투입하는 방식으로 이뤄졌고, 따라서 피해도 그만큼 컸다. 앞서 말한 세 사람은 이를 소모적인 운동 방식이라고 비판하고, 유신 철폐 투쟁은 하루 이틀에 끝나지 않을 것이므로 지구전을 위해 학생운동 역량을 안정적으로 재생산하는 것이 무엇보다 중요하다고 여겼다. 이에 그들은 오둘둘사건 이후 역량의 재생산에 주력하면서 시위를 자제하다가 '감골시위'를 계기로 역량도 회복되고 분위기도 고양되었음을 확인한 후 드디어 행동에 나섰다.

12월 8일 시위에서는 과거와는 달리 가능한 한 소수 정예로 시위 팀을 꾸려 피해를 최소화하려 했다. 또 4학년들이 시위를 주도해 후배들에게 모범을 보이고, 아직 자신의 신념 체계가 확립되지 않은 저학년들이 너무 일찍 시위에 휘말려 징계를 당하는 바람에 정신적으로 방황하는 일이 없도록 했다. 당시 운동 진영은 대부분 12월 8일 시위 팀의 생각에 공감했다. 이듬해에 벌어진 여러 시위에서도 소수 정예 중심의 게릴라식 시위 방식이 그대로 원용되었다. 이후 4학년들이 시위 팀을 조직해 차례차례 시위를 주도하고 감옥으로 가는 것이 하나의 관행처럼 자리 잡았다. 이런 점에서 '12·8시위'는 긴급조치 9호 시대 학생시위의 기본 모델을 제시했다고 할 수 있다.

1970년대에 들어서면서 집회와 시위 문화가 형성되기 시작했다. 감골사건도 문화행사가 자연발생적인 시위로 연결된 사례였다. 1960년대에도 「최루탄가」나 「농민가」가 불렸지만, 1970년대에는 레퍼토리가 더 다양해졌다. 「홀라송」, 「우리 승리하리라」, 「흔들리지 않게」, 「정의가」 등의 노래가 새롭게 등장했다. 이 가운데는 앞의 두 곡처럼 1968년 미국 반전운동의 문화가 포크송이라는 형태로 유입된 것도 있었다.

● 유신체제의 균열을 발견하다

1977년에 들어서 유신체제의 미세한 균열이 감지되기 시작했다. 우선 그것은 대외관계에서 나타났다. 이른바 인권외교를 표방한 카터 미국 대통령은 취임식에서 "인권에 대한 우리의 책임은 절대적이다"라고 선언했다. 이미 코리아게이트 문제를 안고 있던 한국도 인권외교의 대상국 중 하나일 수밖에 없었다. 한국에서 인권외교의 지렛대는 주한미군의 철수였다. 미국은 5월부터 한국정부와 주한미군 감축에 관한 협의에 들어갔다. 양국 관계에 균열이 생기기 시작한 것이다.

국내에서도 균열이 나타났다. 1976년 3월 1일에 '민주구국선언'을 했던 윤보선 전 대통령을 비롯한 재야인사들이 다음 해 3월 22일 다시금 '민주구국헌장'을 발표하면서 민주국민연합 결성의 필요성을 제기했다. 일회성 선언에 그치지 않고 민주화운동을 지속적으로 전개하겠다는 것이었다. 박정희 정권은 1년 전 민주구국선언에 참가한 18명을 정부 전복을 선동했다는 이유로 기소한 것과 달리 이번에는 소극적으로 대응했다. 이는 강경 대응이 오히려 문제를 키우는 역효과를 낳았다고 판단한 결과인데, 거기에다 미국의 인권외교를 의식한 점도 작용했다.

학생들은 균열 지점을 타격하고 그 틈을 더 확대시키고자 했다. 서울대에서 1977년 1학기에는 3월 28일과 4월 12일에 시위가 벌어졌고, 이를 디딤돌로 하여 2학기에는 대규모 시위가 연이어 발생했다.

먼저 3월 28일의 시위를 보면, 오후 2시 45분경 5동과 8동 사이의 계단에서 시작되었다. 양춘승·김천우·박찬우 등 74학번이 주도했는데, 이들은 원래 1976년 가을에 시위를 벌이기로 했다가 감골사건의 현장에서 박찬우가 연행되는 바람에 거사 계획을 접어야 했다. 그리고 앞서 보았듯이 1976년 12월 8일에 법대생 삼총사가 이들을 대신했다. 결국 이 74학번들은 부득이 해를 넘겨 1977년 봄에 선도적으로 시위를 벌였다. 이들은 73학번 시위 팀과 마찬가지로 소수정예로 팀을 이루어 게릴라식 시위를 전개했고, 이를 시작으로 1977년 상반기 시위가 이어졌다.

4월 12일의 시위에서는 김재명·오세범·정의헌 등이 재야인사들의 '민주구국헌장'을 함께 뿌려 눈길을 끌었다. 공안 당국은 학생운동과 재야인사들이 연결된 점에 주목해 이들에게 '헌장'을 전해준 혐의로 박종렬을 함께 잡아들였다. 그는 '헌장'에 서명한 박형규 목사의 아들이었다.

이 두 시위에 촉발되어 그해 2학기에 대규모 시위가 연이어 일어났다. 10월 7일의 시위는 그야말로 우발적이었다. 이날 26동 대형강의실에서 사회학과 주최의 학술 심포지엄이 예정되어 있었고, 주제는 '1920년대를 중심으로 한 민족운동의 사회학'이었다. 김석준·조희연·심상완 등이 주제 발표를, 과대표 피정선과 총무 박홍렬이 행사 실무를 맡았다.

학생운동 진영에서는 이 심포지엄 공간을 어떻게 활용할 것인가 고심했다. 학교 당국은 학생들의 동향이 심상치 않다는 첩보를 입수하고 행사를 취소하는 한편, 발표자들을 학과 사무실에 붙잡아두었다. 그러자 26동에 모여 있던 참석자들이 "학원 자유 보장하라" 등의 구호를 외치며 농성에 들어갔다. 이를 전해들은 학생들이 강의실 주변에 모여들어 시위를 벌였다.

경찰은 페퍼 포그와 최루탄을 발사해 강의실 밖의 시위를 먼저 진압하고, 농성을 벌이던 학생 400여 명을 모두 연행했다. 이 가운데 홍윤기, 박홍렬, 심상완, 김용관, 박관석, 강천, 최상일, 전경재 등 8명이 구속되었다. 학교 당국은 10월 8일부터 휴업 조치를 취했고, 학생들은 이에 맞서 교문에서 시위를 벌였다. 학교의 문은 10월 28일이 되어서야 다시 열렸다.

학교 당국은 이것으로 시위가 진정될 것으로 생각했지만 오산이었다. 더 큰 규모의 시위가 11월 11일에 발생했다. 주동자는 김경택·장기영·양기운·권형택·문성훈·연성만 등 6명이었다. 이들은 26동 사건에서 착안해 새로운 전술을 개발했다. 오둘둘시위 이후 시위를 벌이더라도 오래 버티지 못하고 진압되는 것이 보통이었다. 경찰이 물 샐 틈 없는 감시체계를 갖추고, 무슨 일이라도 일어나면 교문 앞 동양 최대의 파출소에서 전경부대가 신속하게 출동하기 때문이었다. 5분을 버티지 못하는 경우도 적지 않았다. 이 시위 팀은 26동 사건을 통해 시위와 점거농성을 결합하면 오래 지속할 수 있을 것이라고 생각하고, 도서관을 점거농성 대상지로 주목했다. 26동은 외진 곳이어서 이내 고립되었지만, 아크로폴리스광장을 내려다보는 도서관을 점령하면 바깥과 소통하면서 시위를 안정적으로 이끌 수 있을 것이라 판단했다.

1977년 11월 11일에 뿌려진 '민주구국투쟁선언문'

11월 11일 김경택과 연성만 등 일부가 미리 도서관에 들어가 점거농성을 준비했다. 계획대로 12시 55분 시위 팀의 나머지 구성원이 5동 앞과 학생회관 식당에서 약 400여 명을 모아 이끌고 도서관으로 진입했다. 이들은 4층 열람실을 점거해 철문을 잠그고 의자를 쌓아올려 바리케이드를 쳤다. 시위 팀은 이곳을 거점으로 창문을 통해 아크로폴리스광장에 모여든 학생들을 지휘했다. 오후 2시 30분경 전경부대가 도착했을 때 모여든 학생의 수는 이미 약 2500명을 넘어섰다. 이들은 경찰의 최루탄에 돌을 던지며 맞섰다. 이들이 아크로폴리스를 미리 점령했으므로 뒤늦게 투입된 전경부대는 시위대에게 완전히 농락당했다. 시위는 저녁 7시 40분경 경찰이 열람실 문을 용접기로 절단하고 학생들을 강제 연행할 때까지 무려 7시간 가까이 계속되었다. 서슬이 시퍼렇던 긴급조치 9호가 관악캠퍼스에서 잠시나마 무력화되어 학생들은 통쾌한 해방감을 맛볼 수 있었다.

이 사건으로 모두 11명의 구속자가 발생했다. 주동자 가운데 5명이 구속되고, 권형택은 교직원에 의해 경비실에 억류되었다가 기지를 발휘해 탈출해 구속을 면했다. 도서관을 점거하고 농성을 벌인 단순 가담자도 6명이나 구속되었는데, 그중 여균동은 1학년이었으나 이미 연행된 전력이 있어 포함되었다.

이후 도서관 등 높은 곳에 올라가서 시위를 이끄는 것이 마치 전통처럼 되었다. 이는 사복형사들의 초동 진압을 피할 수 있는 거의 유일한 방법이었다. 당시 운동권 학생들은 캠퍼스를 오가면서 어디에 올라가야 조금이라도 더 버틸 수 있을지 궁리하면서 높은 곳만 쳐다보고 다녔다.

• 가자 광화문으로

유신체제의 모순은 1978년 들어서 더욱 심화되었다. 지미 카터 미국 대통령이 연두교서에서 주한미군 철수를 언급하면서 미국과의 갈등은 더욱 커졌다. 8월 30일에는 하원의원 42명이 한국의 내정과 선거제도를 비난하는 서한을 카터 대통령에게 보냈다. 7월 6일 통일주체국민회의가 장충체육관에 모여 박정희를 다시 대통령으로 선출한 것을 지적한 것이었다.

국내에서는 권력형 부정부패 사건이 잇달아 터졌고, 동일방직 사건과 함평 고구마 사건 등 노동자와 농민들의 생존권 투쟁도 이어졌다. 재야인사들은 '민주구국헌장'에서 밝힌 것처럼 1978년 7월 5일 민주주의국민연합이라는 상설 협의체를 구성해 반독재 민주화운동을 지속적으로 추진했다. 12월 12일의 제10대 국회의원선거에서 야당이 득표율에서 여당을 1.1% 앞섰다. 이는 민심이 박정희 정권에게서 떠났다는 뚜렷한 증거였다. 정권의 앞날에 그림자가 드리웠다.

앞선 두 차례의 대규모 시위로 서울대생들의 시위 분위기는 1978년 들어 크게 고조되었다. 유신 철폐를 외치는 시위가 빈번히 일어났다. 1978년 시위의 특징은 교내 시위로 분위기를 고조시킨 후 기세를 몰아 광화문으로 진출해 가두시위를 벌이려고 한 것이다.

1학기에는 5월 8일과 6월 12일 두 차례 교내 시위가 발생했다. 두 시위는 모두 비교적 성공적이었다. 5월 8일 시위는 1978년의 첫 시위였는데, 경찰의 단속이 워낙 심해 첫 시위치고는 상당히 뒤늦었다. 주동자는 부윤경·서동만·김철수 등 3명이었다. 시위는 "5월 19일부터 1주일간 통일주체국민회의 대의원 선거를 반대하는 동맹휴학을 실시하자"라는 행동 지침을 내걸었다. 5월 18일에는 제9대 대통령 선출을 위한 통일주체국민회의 대의원 선거가 예정되어 있었다. 학생들에게 행동 지침을 제시한 것은 적극적인 행동을 이끌어내기 위한 새로운 전술이었다. 5월 19일이 되자 지침대로 동맹휴학이 이뤄졌다. 전체의 40%에 가까운 학생들이 동참했다. 시위로 구체적인 행동 지침을 제시하여 집단행동을 이끌어내는 전술이 가능하다는 사실이 입증되는 순간이었다.

6월 12일 시위는 김수천·이우재·성욱·이필렬·김종복 등 5명이 주도했다. 시위는 12시에 시작해 오후 3시경까지 이어졌는데, 5000명이 넘는 학생들이 아크로폴리스를 가득 메울 정도로 대성공이었다. 학생들은 캠퍼스 전체를 휩쓸고 다니면서 경찰과 투석전을 벌였고, 일부는 시내버스를 타고 관악구청 앞과 신림동 등지에 재집결하여 시위를 벌인 후 오후 4시경이 되어서야 해산했다. 60여 명이 연행되고 9명이 구속되었다. 단순 가담자 가운데에도 구속자가 많았다.

이날 주동자들은 '학원민주선언'을 낭독하면서 그 말미에 적극적인 행동 지침을 덧붙였다. '통일주체국민회의를 부정하고 독도 문제에 대한 박 정권의 굴욕적인 자세의 해명을 요구하는 집회를 6월 26일 6시 세종로 네거리에서 서울 시내 전 대학생과 시민이 함께 갖는다'는 내용이었다. 광화문에서 가두시위를 예고한 것인데, 5월 시위 때 제시한 행동 지침이 호응을 받았기에 자신감을 갖고 더 공격적인 전술을 구사한 것이다.

6월의 시위 팀은 시위에 앞서 '전국 학우들에게 보내는 메시지'라는 유인물을 별도로 제작하여 각 대학의 주요 학과 학생회장 앞으로 우송했다. 여기에도 '6월 26일 오후 6시 세종로 네거리 집회에 집결하자'는 내용이 담겨 있었다. 그러니까 범대학적인 연합 시위를 기획한 것이었다. 이것들은 대부분 중앙우체국 우정연구소의 검열에 걸려 제대로 전달되지 못했지만, 광화문 시위 건은 구두로 전해져 다른 대학에도 전파되었다. 이때에 농대생 이광희·박재순·김주영이 6월 12일 시위 소식과 세종로 시위의 예고를 담은 편지를 지방 친구들에게 발송했는데, 검열에 걸려 구속되었다. 이른바 '서울농대 편지 사건'이었다.

6월 26일 오후 6시경 세종로 네거리를 비롯한 서울 도심지는 시위 예고로 경찰에 의해 완전 봉쇄됐다. 하지만 6시 40분경 서울대·고려대·이화여대 등 대학생 1000여 명이 세종문화회관 앞에서 경찰의 봉쇄망을 뚫고 시위 대열을 형성하는 데 성공했다. 종로1가 쪽에서도 대열이 만들어졌다. 시위대는 곳곳에서 경찰의 공격을 받으면 흩어졌다가 잠시 뒤 다시 모였다. 게릴라식 시위는 10시 30분경까지 이어졌다.

학생들이 광화문으로 몰려가 가두시위를 벌인 것은 교내 시위를 벌여봤자 전혀 보도되지 않아, 일반 시민들은 무슨 일이 일어나는지 도무지 알 수 없는 상황이었기 때문이다. 광화문 시위는 경찰의 압도적인 병력에 밀려 시위 자체로서는 크게 성공하지 못했지만, 엄청난 경찰 병력을 도심지에 집결하도록 강요함으로써 역설적으로 학생들이 유신체제에 반대하는 시위를 벌이고 있다는 사실을 시민들에게 알리는 데 성공했다.

2학기에 접어들자마자 9월 13일에 시위가 벌어졌다. 6월의 시위 팀 가운데 도피에 성공했던 이우재, 성욱, 김종복이 다시 돌아와 시위를 이끌었다. 학생들 사이에서는 이들이 광화문 시위를 주도한 것으로 알려졌지만 사실 은신처에 숨어 있었다. 그 대신 양민호, 조성을과 합류해 2학기 시위를 준비했다.

9월의 시위를 위한 전략 회의에는 5명의 주동자 이외에 73학번 주대환이 참석했다. 그는 학외 그룹과도 연락을 하고 있었고, 백삼철·유종성 등의 대학

학원민주선언

보라! 지금 이 순간에도 양심의 소명에 입각한 우리의 행동을 짓밟으며 날뛰는 박정권의 하수인들을! 수백의 기동경찰과 사복경찰에 점령당한 우리의 학원을! 이는 대학이 민주 시민의 형성장임을, 그리고 민족적 양심의 횃불임을 두려워하는 현 정권의 발악적 자기표현일 뿐이다. …… 지난 5.18통대선거는 박정권의 영구집권을 위한 가증스러운 사기극이었다. …… 또한 통대선거는 국민의 주권을 도둑질하여 신흥 벼락부자와 토착 지주에게 귀족 작위를 수여하는 반민중적 장송의식이기도 하다. …… 이 모든 죄악과 부조리의 원흉은 유신체제이다. …… 우리의 정당한 인식과 행동 앞에서 저 허망한 영구독재의 아성은 괴멸되고야 말리라. …… 통일주체국민회의를 부정하고 독도 문제에 대한 박정권의 굴욕적인 자세의 해명을 요구하는 집회를 6월 26일 오후 6시 세종로 네거리에서 서울시내 전 대학생과 시민이 함께 갖는다.

연합팀과도 연결되어 있었다. 그는 이번 시위를 지난 시위를 능가하는 대규모 도심지 연합 시위로 발전시키기 위해 더 조직적으로 동원 체계를 구축하고자 했다. 이에 따라 미리 도심지 시위를 예고하는 행동강령을 제시했다. 그 골자는 전국 대학은 10월 16일부터 21일까지 동맹휴학에 들어가며, 17일 오후 6시 세종문화회관 광장에서 유신독재 타도를 위한 범시민·학생 궐기대회를 연다는 것이다.

이날 시위도 성공적이었다. 약 2000여 명의 학생들이 중앙도서관, 인문관, 사회과학관, 자연과학관을 돌며 시위를 벌였다. 경찰은 강의실까지 들어가 학생들을 쫓아냈다. 일부는 시내버스를 타고 노량진과 장승백이 등에 다시 집결하여 가두시위를 벌였다. 노량진에서 30여 명, 장승백이에서 30여 명 등 모두 60여 명이 연행되고, 10명이 구속되었다. 단순가담자들 가운데 구속자가 많았고, 양민호·이우재·성욱 등 주동자는 다시금 학교를 무사히 빠져나가는 데 성공했다.

9월의 시위가 예고한 10월 17일 광화문 연합 시위는 다수의 구속자만 낸 채 실패로 끝났다. 이번에는 지난 6월의 연합 시위 때와는 달리 서울대 내부 그룹들과 대학 연합팀이 참여하여 치밀하게 준비했다. 하지만 정보가 새는 바람에 거사 전에 준비 팀이 모두 잡히고 연합 시위는 미수에 그쳤다. 구속자는 서울대·고려대·서강대·성균관대 학생들을 합쳐 모두 20여 명이나 되었다. 그중 서울대 학생은 이우재, 성욱, 양민호, 주대환, 정태윤, 박우섭, 백삼철, 유종성, 유인열, 황인성, 옥광섭 등 11명이다.

1978년 광화문 일대를 무대로 한 가두시위는 4·19혁명 당시의 그것과는 전혀 다른 방식으로 전개되었다. 4월혁명 당시에는 학생들이 각 학교에 집결하여 교문을 박차고 나와 도심지로 진출하는 일종의 정규전 모습을 보였다면, 1978년에는 개별적으로 도심지로 이동하여 예정된 장소 주변에 대기하고 있다가 기습적으로 가두시위를 벌이는 게릴라전의 양상을 띠었다. 이는 여건에 따른 부득이한 선택이었다. 이런 광화문 연합 시위의 경험은 1980년대에 들어서 널리 활용되기 시작했다. 1987년 6월항쟁에서도 1978년의 이 게릴라전 방식의 가두시위가 기본적인 전술로 채택되었다.

● 유신체제의 목줄을 죄다

1979년에 드디어 유신체제의 내적 모순이 폭발했다. 전년 12월 12일의 국회의원선거 득표율에서 야당이 여당을 앞지른데 이어 1979년 5월 30일 신민당 전당대회에서 선명 야당을 표방하고 대정부투쟁을 선언한 김영삼이 총재로 당선되었다. 그 직후 방한한 카터 대통령은 그를 단독 면담해 박정희 정권의 신경을 더욱 날카롭게 했다. 노동쟁의가 빈발하는 가운데, 위장폐업 한 YH무역의 노동자들이 8월 9일에 신민당 당사를 찾아가 농성을 벌임으로써 노동문제는 뜨거운 정치쟁점으로 떠올랐다.

박정희 정권은 강경책으로 맞섰다. 8월 11일 경찰 병력을 신민당사에 투입해 노동자들을 강제해산 했다. 이 과정에서 노동자 김경숙이 목숨을 잃고 신민당 국회의원들도 무차별로 구타당했다. 박 정권은 이에 그치지 않고, ≪뉴욕타임스≫와의 인터뷰를 문제 삼아 10월 4일 김영삼 총재를 국회에서 제명하는 폭거를 저질렀다. 이에 자극받은 부산·마산의 학생과 시민들이 10월 16일 대규모 시위를 일으켜 20일까지 계속되었다. 이것이 '부마민주항쟁'이다. 박 정권은 두 지역에 비상계엄령을 발동하고 군대를 투입해 이를 제압했다.

하지만 불과 6일 뒤인 10월 26일 박정희 정권과 유신체제는 하루아침에 무너졌다. 박 대통령이 자신의 심복인 중앙정보부장 김재규에 의해 살해되었기 때문이다. 이 사건은 유신체제에 대한 학생·시민과 노동자의 강력한 저항, 이런 민심을 반영한 야당의 급성장, 이들에 대한 박 정권의 폭거와 미국 인권외교와의 갈등 등이 박 정권 내부의 분열을 가속화한 결과였다. 이를 촉진한 그해 가을의 학생운동을 간략히 살펴보면 다음과 같다.

1979년 초부터 유신체제가 말기적 양상을 드러내자 서울대 학생들은 연이은 시위를 통해 박 정권의 숨통을 죄어갔다. 1학기에는 카터 대통령의 방한을 반대한 유인물이 몇 차례 살포되었을 뿐이지만, 2학기에는 9월 11일의 시위를 시작으로 9월 20일과 10월 19일에 연이어 시위가 발생했다.

9월 11일의 첫 번째 시위에는 연인원 1500명의 학생이 참여하여, 오후 1시부터 4시경까지 교내 곳곳에서 산발적인 시위를 벌였다. 현장에는 '민족민주선언', '학원민주선언', '경제시국선언' 등 세 가지 선언문이 뿌려졌다. 특히 '경제시국선언'은 YH사건과 관련해 수출주도형 경제구조는 필연적으로 노동자와 농민의 수탈로 귀결될 수밖에 없으며 박정희 정권은 경제위기를 책임지고 물러나야 한다고 주장했다.

9월 20일에는 수백 명이 교내에서 오후 1~4시경에 격렬한 시위를 벌였다. 그 기세가 너무 뜨거워, 시위는 다음 날에도 이어졌다. 이날 '민족민중선언', '1979학원민주화선언', '근로민중생존권수호선언' 등의 선언문이 배포됐다.

학생들은 10월 19일에도 시위를 벌였다. '강제휴학명령권'을 부여한 학칙 개정에 반대하는 시위였다. 그 직전 서울대는 박 정권의 지시에 따라 총장 직권으로 휴학을 명할 수 있는 제도를 도입했다. 이에 의거해 학생운동을 벌인 22명이 지도휴학에 처해졌다. 이렇게 되면 자동적으로 대학생 병역특례가 취소되어 곧바로 군대에 가야 했다. 이에 반대하는 이날 시위로 유종일·김명

경제시국선언

최근 살인적인 물가고·기업의 도산 및 실업·유류파동의 문제는 고질적인 저임금 저곡가 속의 서민대중의 생활의 피폐와 더불어 70년대를 특징지우는 경제 현상들이다. 이와 함께 YH무역 여공 농성사건, 해태제과 여공에 대한 폭력과 강제 노동 양태, 오원춘 납치폭행사건 등은 오늘의 경제 현실의 심각함을 잘 말해주고 있다. ······ 외자-수출의 경제구조는 국내적으로 노동자 농민의 착취수탈구조이며 대외적인 종속구조임은 명백해졌다. 70년대 들어와서 더욱 격화되어가는 농민운동과 노동운동을 보라. ······ 우리는 현금 YH무역여공 농성에 대한 현 정권의 폭력 만행과 오원춘 납치 폭행사건에서 유신체제의 본성을 다시금 확인한다. ······

　보라! 박정희 독재정권과 매판자본이여
　너희들 자신의 만신창이가 된 모습을!
　민중의 피땀과 눈물로 타오르는 분노를!
　그리고 너희들의 비참한 말로를!

인·황재홍·장훈렬·이계성 등 5명이 구속되었다. 10월 19일은 이미 부산과 마산에서 일반 시민들까지 참가한 대규모 시위가 지속되고 있던 때였음에도, 이날의 서울대 시위에는 그에 호응하는 구호가 나오지 않았다. 부산·마산의 상황이 보도 통제 때문에 제때에 알려지지 않은 탓이 크다.

그로부터 1주일 뒤 10·26사건이 일어나자 19일 시위로 구속된 5명이 곧바로 풀려나왔다. 부마항쟁으로 구속된 학생들도 풀려났는데, 그중에는 서울대 제적생도 있었다. 김맹규는 교육 계열 1학년생으로 1977년 10월 사회학과 심포지엄 사건 때 연행된 400여 명 중 1명이었는데, 단지 연행된 전력이 있다는 이유로 제적되었다. 그는 고향에 내려가 부산공업전문학교를 다니던 중 부마항쟁에 앞장섰다가 구속되었고, '서울의 봄'을 맞아 복학했다. 그처럼 어떤 징계로도 막을 수 없었던 의지와 열정을 품은 학생들은 전국 각지에 수없이 많았다.

학생들의 분투에 시민이 호응하고 합세하는 4·19모델이 부마항쟁에서 재현되자, 박정희 정권은 최후의 비상수단인 유신체제로도 더는 버틸 수 없었다. 이 모델은 1980년 광주항쟁과 1987년 6월항쟁에서 전두환 정권을 대상으로 다시 재현되었다.

9. 사상적인 금기에 도전하다

● 반공이데올로기가 금지한 것을 찾아서

한국전쟁 이후 반공이데올로기에 따른 사상적 통제는 다양한 방식으로 이뤄졌다. 법적인 근거는 '국가보안법'과 '반공법'이었다. 1948년 12월 1일에 제정된 '국가보안법'은 북한 정권에 동조하거나 고무·찬양하기 위한 목적의 표현물을 제작·수입·복사·소지·운반·반포·판매 또는 취득한 자도 처벌을 받는다고 규정했다. 아울러 5·16 직후 박정희 군사정권은 "반공을 국시의 제일의로" 삼는다는 '혁명공약'에 따라 '반공법'을 제정했다. 이것은 적대의 대상을 크게 넓혀 북한 정권 이외에 '국외공산 계열'을 추가했다. 여기에는 소련·중국 등의 사회주의 국가는 물론이고 북한과 가까운 재일교포 단체인 재일조총련, 심지어 한국과 외교관계를 맺은 일본이나 프랑스의 공산당까지 포함되었다.

따라서 5·16군사정변 이후 사상적 통제는 더욱 촘촘해졌다. 도서 검열도 심해졌다. 서울대 중앙도서관 소장의 구관 도서 가운데 사회주의 사상을 담은 도서들은 재분류되어 일반 학생들이 열람할 수 없게 되었다. 국내 출판 도서는 물론이고 국외에서 반입되는 원서들도 엄격한 검열을 받았다. 유학생의 이삿짐을 뒤지는 경우도 있었다.

김상협의 『모택동사상』(1964)은 '반공법'에 따른 사상 검열의 실태를 잘 보여준다. 이 책은 모택동의 사상을 학술적인 관점에서 소개한 것으로서 출간되자마자 공안 당국의 주목을 받았다. 내용 가운데 "모택동 사상의 승리"라는 문구가 있었기 때문이다. 공안 당국은 중국을 '반공법'상의 '국외 공산 계열'로 보고 이 문구를 그에 대한 고무·찬양으로 판단한 결과 이 책을 불온서적으로 분류했다. 그 필자는 고려대의 설립자 김성수의 조카로서 워낙 배경이 좋아 직접적인 탄압을 받지는 않았으나 음성적인 감시와 미행까지 피할 수는 없었다. 읽은 사람도 안전하지 못했다. 운동권 학생들이 이 책을 많이 읽었는데, 단지 소지했다는 이유로 '반공법'의 적용을 받은 경우도 있었다.

그러나 학생들은 사상적 통제를 순순히 받아들이지 않았다. 금지된 것일수록 그것에 대한 호기심도 커지는 법이다. 학생들은 금서를 찾아 탐험의 길에 나섰다. 서울대 중앙도서관의 사회주의 관련 서적들은 재분류되어 열람할 수 없었지만, 지방의 오래된 공공도서관에는 아직 재분류의 손길이 미치지 않아 이런 서적들이 방치되어 있었다. 따라서 금지된 서적을 찾는 학생들은 전국의 공공도서관을 샅샅이 뒤졌다.

청계천의 헌책방 거리도 금서의 보고였다. 헌책 가운데는 간혹 사회주의 관련 서적들이 섞여 있었다. 그것들은 해방 직후 일본인이 남기고 간 것으로 대부분 일본어판이다. 또한 학생들은 미국·프랑스 등 외국이 운영하는 문화원도 찾아다녔다. 특히 프랑스 문화원은 정기적으로 프랑스 영화를 상영해 인기가 높았다. 외국 문화원은 자료실도 함께 운영했고 간혹 요긴한 책들이 비치되어 있었는데, 여기에는 검열의 손길이 미치지 못했다.

학생들은 금서들을 어렵게 찾아내면 비밀리에 돌려 읽었다. 하지만 금서를 직접 주고받는 일은 매우 위험했다. 이를 소지하고 있다가 문제가 되면 전해준 사람까지 처벌을 받았으며, 학생운동 조직이 무너질 수도 있었다. 이런 위험을 피하기 위해 여러 방안이 강구되었다. 예컨대 청계천 헌책방에서 금서를 발견하면 직접 사서 건네주지 않고 어디에 있는지 넌지시 귀띔을 해주는 식이다. 이렇게 하면 나중에 문제가 되었을 경우에 사건이 번지는 것을 차단할 수 있었다. 사정이 이렇기에 금서를 접하는 사람은 비교적 소수에 그쳤다.

● **용공 조작과 그에 대한 대처**

박정희 정권은 반정부운동에 앞장선 학생들에게 걸핏하면 공산주의자라는 누명을 씌웠다. 전 부통령의 조카이자 명문대 교수가 지은 『모택동사상』을 소지한 운동권 학생에게 '반공법'을 적용한 것을 보면 그런 일이 얼마나 흔했는지 알 수 있다.

박 정권은 한일협정 반대운동을 주도한 문리대의 민비연에 대해 '사회주의 찬동자'라고 몰아붙였다. 1967년 공안 당국은 민비연에 동백림 간첩단의 공작 부서라는 딱지를 붙여 반국가단체로 규정하고 김중태·현승일 등 관련자를 구속했다. 1971년 대학원생 서승을 '재일교포학생학원침투간첩단사건'으로 엮어 가혹한 고문과 함께 무기징역을 선고해 무려 19년간이나 감옥에 가두어 두었다. 1974년에는 인민혁명당계 지하 공산 세력과 일본 공산당 및 재일조총련 등 '국외 공산 계열'의 조종을 받아 국가 전복과 공산 정권의 수립을 꾀했다는 죄목을 민청학련에 뒤집어씌웠다. 이철·유인태·김병곤 등에게 사형을 비롯한 중형을 선고했지만, 채 1년이 지나지 않아 모두 풀어줌으로써 이 사건이 애초부터 용공 조작이었음을 스스로 입증했다.

이렇게 정권이 상습적으로 용공 조작을 했기 때문에 운동권 학생들은 공산주의자가 아님을 증명하기 위해 안간힘을 썼다. 흔한 방법이 성당이나 교회에 다니는 것이었다. 학생운동에 호의적인 신부나 목사들은 그들이 용공 혐의로 내몰리는 것을 막기 위해 입교를 권하곤 했다. 대표적인 사례가 1975년의 전국대학생연맹 사건이다. 심지연 등 서울대를 비롯한 8개 대학 학생들이 명동성당을 아지트로 삼아 연대 조직을 만들려고 했다. 이들을 돕던 이기정 신부는 세례를 받을 것을 권유했다. 이들은 실제 단기간의 교리 교육을 거쳐 세례를 받았다.

박정희 정권은 용공 조작을 일삼아 학생들이 공산주의자가 아니라고 항변하도록 만들었다. 그런데 이렇게 항변을 하다 보면 그것이 내면화되어 결국은 사회주의를 부정하게 만든다. 즉 용공 조작은 실패로 돌아간 경우에도 사상 통제 장치로서의 기능을 훌륭히 수행했던 것이다.

• 사상적인 금기에 정면으로 도전하다

1970년대 후반이 되면서 학생들은 금서를 구해 몰래 돌려보는 것을 넘어서 사상적 금기에 대해 정면으로 도전하기 시작했다. 성곽을 공격하려면 그것을 둘러싼 해자부터 메울 필요가 있다. 반공이데올로기가 강고한 성곽이라면, 해자는 냉전적인 세계관이었다. 따라서 반공이데올로기에 앞서 냉전적 세계관을 무너뜨리는 작업이 시작되었다.

이와 같은 정면 도전에는 여러 요인이 배경으로 작용했다. 우선 유신체제와의 극한적인 대결이다. 비판적인 학생들을 세상 바깥으로 영원히 추방하려는 정권의 시도는 학생들에게 체제 자체에 대한 근본적인 의문을 던지게 했다. 박 정권이 추진한 경제개발의 폐해도 학생들로 하여금 자본주의의 근본적인 문제점에 주목하게 만들었다. 이제 학생들은 제도로서의 민주주의를 넘어 더 근본적인 사회변혁에 대해 고민하고 검토하기 시작했다. 사상적 금기에 대한 정면 도전이 나타난 것이다.

여기에 도움을 줄 만한 책들도 출간되었다. 냉전적 세계관을 허무는 데 리영희 교수의 『전환시대의 논리』(1974)가 큰 역할을 했다. 이 책은 사회주의 국가인 중국에 대한 시각을 교정하고 베트남전쟁의 실상을 밝히면서, 특히 미국 국무부 자료를 근거로 그에 대한 냉전적 인식을 넘어설 수 있는 관점을 제기했다. 그는 반공이라는 외눈박이 시각으로는 세계를 제대로 볼 수 없고, 좌우 두 눈으로 균형 있게 바라보아야 한다고 설파했다. 리 교수는 '국외공산 계열'을 고무·찬양했다는 이유로 '반공법'의 올가미에 걸려 2년간 옥살이를 했다. 이 책은 대학가에 큰 영향을 미쳤다. 학생들은 그간 내밀하게 소곤대던 것들을 이제 드러내놓고 공공연하게 말하기 시작했다.

한국 현대사 연구자들의 합작으로 펴낸 『해방전후사의 인식』(1979)도 인식 전환에 큰 도움을 주었다. 이 책은 해방 직후로부터 한국전쟁에 이르는 시기의 역사적 전개 과정을 다룬 논문집이다. 이념적 지표는 좌·우파를 넘어 통합된 민족국가 건설에 맞춰져 있다. 중등교육과정에서 반공이데올로기에 따른 편향된 역사상을 주입받은 학생들에게는 그 자체가 큰 충격이었고, 당면한 정치 현실에 대한 근본적인 재검토를 불러일으켰다. 그 후 10년간 시리즈로 이어져 총 6권이 간행되었다.

번역서 중에는 파울루 프레이리의 『페다고지』(1977)가 큰 영향을 미쳤다. 저자는 브라질의 진보적 교육학자이고 원저명은 *Pedagogy of the Oppressed*로, 직역하면 '피억압자를 위한 교육학'이 된다. 학생들은 이를 줄여 '페다고지'라로 불렀다. 이 책은 민중교육의 방법론을 담았다. 요지는, 민중의 문맹 퇴치를 위해서는 먼저 그들이 현실을 인식하고 그 현실에 반응하게 함으로써 자신의 능력을 자각하도록 하고, 이를 위해 주입식 교육보다는 문제 제기식 교육을 해야 한다는 것이다. 저자는 민중이 현실을 인식하고 자신의 힘을 자각하는 과정을 '의식화'라고 불렀다.

학생들은 의식화 이론을 노동자 대상의 야학활동뿐만 아니라 언더서클의 자체 세미나에도 적용했다. '의식화'란 말이 운동권 학생을 가리키는 용어로 자리 잡게 된 배경이다. 공안 당국도 이 책에 대해 각별히 주목했다. 번역판은 출간되자마자 금서가 되고 번역자 성찬성이 구속되었는데, 발행처가 한국천주교사도직협의회였기에 화를 면할 수 있었다. 그러자 학생들은 영문판으로 읽었다. 번역서의 유통을 막는 것으로 학생들의 '의식화'를 막을 수는 없었다. 사실상 학생들을 '의식화'한 것은 박정희 정권 자신이었다.

제4장

혁명

1980년대

1. 서울의 봄

10·26사건으로 유신체제가 붕괴함에 따라 그에 맞서 싸우다가 학교에서 추방된 학생과 교수들이 1980년 봄 학교로 돌아왔다. 이른바 '서울의 봄'이 찾아온 것이다.

고병익 총장은 1980년 1월 4일 유신체제에서 제명된 학생의 복교 등 학원 자율화를 위한 개선책을 곧 마련하겠다고 밝혔다. 그에 따라 1월 말 서울대는 그동안 제적된 학생의 복학과 해직된 교수의 복직을 결정했고, 문교부도 2월 13일 대학의 입학 정원과 상관없이 그들의 복교를 허락하는 특례 규정을 마련했다(규칙 519호).

서울대에서 1971년부터 1979년 10월 26일까지 긴급조치 위반 등을 이유로 징계처분을 받은 학생은 제적 309명, 정학 98명, 지도휴학 22명 등 모두 429명이다. 이 가운데 1980년 3월 7일까지 등록을 마친 복학생은 모두 390명이다. 사회학과 한완상 교수와 영문과 백낙청 교수의 복직도 이뤄졌다. 법대는 박정희 정권을 비판했다는 이유로 9년째 미국에 체류 중이던 유기천 전 총장에게 그해 1학기 강의를 배정하기도 했다.

이렇게 학교에서 쫓겨났던 학생과 교수들이 서울의 봄을 맞아 캠퍼스로 돌아온 반면, 캠퍼스에서 물러난 사람들도 있었다. 캠퍼스의 이곳저곳에 배치되어 감시의 눈초리를 보내고 있던 사복 경찰들이 철수한 것이다. 교문 앞에 있던 동양 최대의 파출소에는 전경 부대가 여전히 대기하고 있었지만, 이제 이들도 좀처럼 학교 구내에 진입하지 않았다. 이제 학생들은 적어도 학교 구내에서는 집회와 시위의 자유를 마음껏 누릴 수 있게 되었다. 학생회와 학생언론의 부활은 '서울의 봄'에 핀 많은 꽃 중 대표적인 꽃이다.

● 학생회와 학생언론의 부활

서울의 봄을 맞이하면서 관제 동원 기구인 학도호국단 대신 학생자치 기구인 학생회가 다시 만들어졌다. 학생회의 부활은 1975년 긴급조치 9호가 발동되면서 해체된 지 5년 만의 일로, 민주화운동을 위한 조직 정비의 의미를 갖는다.

학생회를 다시 만들기 위한 노력은 10·26 직후부터 시작되었다. 1979년 11월 22일 8개 단과대학 37개 과회장들이 모여 과회장 총회를 개최했다. 과회장 총회는 학생회 부활 등 학내 민주화를 위한 다섯 개 조항을 결의했다. 그리고 이와 아울러 학생회를 부활시키기 위해 모든 과회장과 서클장, 각 단과대학 학보 편집장, 대학신문 편집장 등을 구성원으로 하는 학생회 부활 추진위원회(이하 학추위)를 결성하기로 결정했다.

학추위는 11월 27일 학생회관 라운지에 700명의 학생이 참석한 가운데 결성되었다. 이 자리에서 각 단과대학 대표 1명씩, 서클장 대표 2명, 학보 편집장 대표 1명, 대학신문 대표 1명으로 이뤄진 집행위원회를 구성했다. 그 산하에 학생활동 소위원회·학내언론 소위원회·학칙개정 소위원회를 두어 학생회 부활을 위한 준비 작업을 분담토록 했다. 집행위원회가 1980년 1월 8일 마련한 학생회칙 시안은 공청회와 단과대학별 학생총회에서 논의에 부쳐졌고 2월 22일 임시 총대의원단과대학 학생회장회의 의결을 거쳤다. 이렇게 만들어진 학생회칙에 따라 학생들은 각 단과대학 학생회장을 직선으로 선출했다. 총학생회장과 총대의원회 의장은 3월 28일 개최된 총대의원회에서 선출했다. 총학생회장에는 심재철이, 총대의원회 의장에는 유시민이 당선되었다.

한편 총학생회와 함께 총여학생회도 재건되었다. 1975년 당시의 학생회 조직 체계대로 총학생회를 재건할 때 그 산하에 여학생부를 두자는 의견도 있었지만, 심상정을 비롯한 여학생 활동가들이 문제를 제기해 총학생회와 독립된 기구로 총여학생회를 만들었다. 이재인이 총여학생회장으로 선출되었다.

재건된 학생회는 학교 당국의 승인을 받았다. 서울대는 4월 3일 학장회의를 개최해 학도호국단 폐지와 학생자치 기구 인정을 골자로 하는 학칙 개정

1980년 3월 24일 열린 총학생회장 선거 유세

안을 의결했다. 하지만 당시 문교부는 학생회를 인정하지 않고 기존의 학도
호국단 조직을 약간 개선해 유지하기로 결정한 채 눈치만 살피고 있었다.

　부활한 총학생회가 가장 먼저 개최한 행사는 '고 김상진 군 장례식'이다.
1975년 봄 유신독재에 항거해 자결한 김상진은 장례식도 치르지 못한 채 한
줌의 재가 되어버렸다. 장례식은 5주기인 4월 11일에 맞춰 관악캠퍼스와 수
원캠퍼스에서 각각 거행되었다. 이날 관악캠퍼스에서는 2500명의 학생들이
참가해 여태까지 공개되지 않았던 녹음테이프에 남긴 그의 양심선언 육성을
함께 들었다.

　총학생회는 그 후 4월 11일부터 19일까지 4·19혁명 관련 행사를 성대하게
치렀다. 관악굿, 4·19기념 노래발표회, 4·19기념 시 낭송 및 강연회, 마당극
녹두꽃, 진동아굿 등 다양한 행사를 열었다. 4월 16일에는 비상학생총회를 개
최하여 계엄령의 즉각 해제, 언론자유 보장, 구속 중인 양심범 석방 등을 요구
하는 결의문을 채택했다. 관악캠퍼스는 총학생회가 주최한 이와 같은 행사들
로 달아오르기 시작했다.

　한편 서울의 봄을 맞이해 학생언론도 활발한 모습을 보였다. 단과대학 학
보 편집장들은 상설편집장회의를 통해 학내 간행물 규정 개정에 착수했다.
학내 간행물의 발행인을 총학생회와 단과대학학생회로 규정하고, 등록제를

1980년 4월 11일 아크로폴리스에서 열린 김상진 추도식

사후 신고제로 바꾼 개정안이 총대의원회의 승인을 얻어 확정되었다. 그와 동시에 학보 발간을 서둘러 그동안 학교 당국의 검열 때문에 눌려 있던 여러 학보들이 다투어 발간되었다. 창간호도 내지 못한 인문대의 ≪지양≫과 사회대의 ≪사회대평론≫도 창간호에 앞서 「시평」이나 「시론」이라는 제목의 소책자를 서둘러 발행했다.

● 민주화를 위해 거리로 나서다

서울의 봄은 서울대뿐 아니라 전국의 각 대학에도 찾아왔다. 처음에는 주요 이슈가 학내문제여서 학생회 재건 같은 대학자율화나 사학재단의 족벌 경영 타파 등에 머물렀지만, 점차 정치적 민주화 문제로 옮겨갔다. 서울대의 경우도 그러했다.

주요 이슈가 학내문제에서 정치문제로 전환하는 계기가 바로 병영집체훈련 거부였다. 당시 대학 1학년생들은 열흘 동안 군부대에 입영해 집체훈련을 받아야 했고, 이를 위한 문무대(학생병영훈련소)가 1976년 봄 남한산성 밑에 설립되었다. 1980년 4월 8일 성균관대 학생들이 먼저 이 훈련을 거부하기 시작했고, 이내 대학가의 뜨거운 이슈로 부상했다. 5월 4일 문무대 입소가 예정되어 있던 서울대에서도 4월 21일 1학년 반대표들이 모여 회의를 열고 거부하기로 결의했으며, 총학생회는 이를 지지하는 성명을 발표했다. 이는 1971년 교련반대운동의 전통을 이어받은 것이라 할 수 있다.

하지만 총학생회는 입소를 이틀 앞둔 5월 2일 운영위원회를 열어 갑자기 병영집체훈련 거부 방침을 철회하기로 결정했다. 이런 전격적인 전환은 하루가 다르게 엄중해지는 정치 상황을 어떻게 인식하고 대응 전략을 세울 것인지에 대해 진행된 치열한 논의를 반영한다. 1980년 봄 서울대에서는 학생운동의 방향을 둘러싸고 단계적 투쟁론과 전면적 투쟁론이 팽팽히 맞서고 있었다.

전면적 투쟁론은 주로 1970년대에 학생운동을 주도했던 복학생들의 견해로, 그 요지는 당시 전두환 보안사령관을 비롯한 신군부가 재집권 음모를 꾸미고 있으므로 전면적인 정치투쟁을 통해 이를 폭로해야 한다는 것이다. 이는 10·26 직후인 1979년 11월 24일 이른바 YWCA위장결혼식 사건을 통해 제기된 "통일주체국민회의 대의원 선출 분쇄와 유신독재 완전타도" 등의 주장을 이어받은 것이라 할 수 있다.

한편 단계적 투쟁론은 재학생 지도부의 견해로, 신군부의 의중을 아직 정확히 알 수 없으므로 학내의 대중적 역량을 확충하는 것이 먼저고 그런 다음 단계적으로 정치투쟁을 전개해야 한다는 것이다. 재학생 지도부는 이 방침에 따라 학생회를 재건하는 데 주력했으나, 학생회가 재건되자 더욱 신속하게 정치투쟁에 나서라는 복학생들의 압박은 더욱 거세졌다. 병영집체훈련 거부 운동이 갑자기 중단된 데는 전면적 투쟁론을 앞세운 복학생들의 압박도 얼마간 작용했다.

1980년 5월 2일 아크로폴리스에 모인 약 1만여 명의 서울대 학생들은 '민주화대총회'를 열고 병영집체훈련 거부를 철회하는 대신 전면적인 민주화 투쟁에 돌입하겠다고 선언했다. 이에 따라 1학년생들은 5월 4일 선배들의 환송을 받으며 문무대로 출발했다. 그들은 이동 중에 민주화를 요구하는 구호를 외치고 1000여 매의 유인물을 거리의 시민들에게 뿌렸다. 문무대에 도착해서도 약 15분간 연병장에서 스크럼을 짜고 계엄해제 등을 외치며 시위를 벌였다.

1학년 학생들이 문무대에서 군사훈련을 받고 있을 동안 선배들은 교내에서 '민주화 트레이닝'을 실시했다. 그것은 각 단과대학별로 돌아가며 중앙도서관에서 철야 농성을 하면서 학생총회와 성토대회를 여는 방식으로 진행되었다. 이는 곧 이어질 가두시위의 준비운동에 해당했다.

도심지 가두시위는 5월 중순부터 시작되었다. 5월 11일에도 전국의 26개 대학 학생회장단이 교외 시위를 자제한다는 방침을 확인했으나, 13일 연세대생을 주축으로 하는 서울의 6개 대학 학생들이 교문을 박차고 나가 종로에서 가두시위를 벌였다. 그날 밤 학생회장단 회의에서는 '평화적 교내 시위는 끝났으며 교문을 박차고 나가 싸울 것'을 결의했다.

이 결의에 따라 서울대 학생들은 5월 14일부터 도심지 가두시위에 돌입했다. 아크로폴리스에서 비상학생총회를 개최한 후 경찰의 저지를 뚫고 교문을 돌파했다. 우선 영등포 로터리로 진출해 중앙대·숭실대 학생들과 합류한 후 마포와 신촌을 거쳐 도심지를 향해 계속 행진했다. 이날 서울에서는 21개 대학 약 7만여 명의 학생이 가두시위를 벌였으며, 지방에서도 3만여 명의 학생이 참가했다.

다음 날인 5월 15일에는 시위 규모가 더 커졌다. 서울의 35개 대학과 지방의 24개 대학에서 나온 학생들이 거리를 가득 메웠다. 서울의 경우 서울역과 남대문 사이에 약 10만여 명의 군중이 집결했다. 일부 학생들은 남대문 남쪽의 경찰 저지선을 뚫기 위해 애를 썼고, 대다수 학생들은 서울역 광장에서 연좌시위를 벌였다.

이때 학생회장단은 긴급회의를 열고, 전두환 군부의 쿠데타 가능성을 우려해 학생의 안전 귀교를 보장받는 대신 자진 해산하기로 결정했다. 이에 따라 서울역 광장에 모인 각 대학 학생은 제각기 학교로 복귀했다. 서울대생들은 걸어서 관악캠퍼스로 돌아와 도서관에서 철야 농성을 벌였다. 이를 일컬어 '서울역 회군'이라고 부른다. 다음 날부터 학생들은 가두시위 대신 대국민 홍보전을 강화하기로 한 학생회장단의 결정에 따라 신림시장과 봉천시장 등지에서 시민들에게 유인물을 배포했다.

민주시민께 드리는 글 - 우리는 왜 거리로 나섰는가

이 나라의 민주주의의 사수를 위한 기나긴 투쟁에 몸 바쳐 온 우리 대학인들은 20년 만에 살아나기 시작한 민주주의의 새싹이 다시금 반민주 반민족 세력의 구둣발에 짓밟혀 가는 것을 더 이상 좌시할 수 없어서 거리로 나왔습니다. …… 패륜아인 박을 아버지라고 부르던 전두환은 보안사령관으로 많은 민주 인사를 탄압해 온 유신의 신봉자였습니다. …… 최전방에서 1개 사단을 빼돌려 수도권에서 한국군 간에 총싸움을 벌인 12.12 친위쿠데타를 일으킨 장본인입니다. …… 또 항간에 나돌고 있는 5.12쿠데타설은 무엇을 의미합니까? 다행히 불발로 그쳤습니다만 이것은 유신 잔당의 최후의 발악입니다. 지금 그는 또 어디 숨어선가 군사력을 이용하여 또 다시 어떤 음모를 꾸미고 있을 것입니다. …… 민주 시민 여러분! 우리 민중의 피와 땀으로 이룩한 우리 경제는 과연 무엇이었습니까? 소수 독점 재벌만 살찌웠고 그와 야합한 이 땅의 더러운 유신 잔당들의 배만 불리운 꼴이 되었습니다. …… 찾읍시다 빼앗겼던 우리의 것을! 자 자신을 가집시다! 힘을 냅시다. 이 땅의 민주주의의 새벽은 동터 오르고 있습니다. 우리 모두 다 같이 민주의 횃불을 드높이 듭시다. 외칩시다. "대한민국 만세"

1980년 5월 16일
서울대학교 총학생회

● 5·17군사정변

전두환 계엄사령관은 1980년 5월 17일 자정을 기해 비상계엄을 전국으로 확대하고 김대중을 비롯한 정치인을 대거 구속하면서 정치의 전면에 나섰다. 신군부는 당시 이화여대에 모여 시국 문제를 토론하고 있던 전국 55개 대학 95명의 학생회장단을 연행한 데 이어 모든 정치활동과 집회·시위를 중지시키고, 모든 대학에 휴교령을 내렸다. 5월 18일 새벽 서울대에도 군 병력이 쳐들어와 자고 있던 기숙사생들을 두들겨 패서 쫓아내고 학교 문을 닫아걸었다. 이렇게 닫힌 교문이 9월 1일이 되어서야 열릴 줄은 아무도 몰랐다.

서울의 학생들은 계엄령이 확대될 때를 대비해 비상계획을 마련해 놓고 있었다. 1차로 서울역 앞에 집결하고, 2차로 영등포역 앞에 집결해 시위를 벌인다는 것이었다. 학생들은 약속대로 서울역 앞에 모였지만, 그 숫자가 그리 많지 않았다. 서울의 시위는 다수 연행자를 낸 채 큰 반향을 일으키지 못하고 끝났지만, 광주의 학생들은 계엄령에 맞서 대규모 시위를 벌였다. 그 결과 엄청난 희생을 치러야만 했다. 이후 서울의 학생들은 광주라는 말만 들어도 끓어오르는 분노와 함께 부끄러움과 미안함을 느껴야만 했다.

학생들은 5·17군사정변에 맞서 끈질기게 저항을 시도했다. 1980년 6월 13일에는 대학원생 이호열 등이 화신백화점 앞에서 광주항쟁 소식을 담은 유인물을 뿌리며 시위를 벌이다가 구속되었다. 8월에는 경제학과 3학년 신근수와 장재홍 등이 "학생은 학원으로, 군인은 전선으로, 전두환은 지옥으로"라는 내용의 스티커를 공중전화 부스 등에 붙이고 다니다가 체포되기도 했다. 하지만 이런 저항은 계엄령 아래에서 엄격한 보도 통제가 이루어지면서 세상 사람들에게는 거의 알려지지 않았다.

계엄령이 확대된 후 많은 학생들이 자유를 잃었다. 총학생회장 심재철을 비롯한 다수의 학생이 이른바 김대중내란음모사건에 엮여 들어가 옥고를 치렀다. 강제징집으로 군대에 끌려간 학생들도 많았고, 100여 명의 학생이 제명되었다. 학교에 돌아온 지 불과 몇 달 만에 다시 제적된 사람도 많았다.

2. 다시 얼어붙은 대학가

5·17군사정변 이후 각 대학에는 다시금 겨울이 찾아왔다. 많은 학생들이 쫓겨난 캠퍼스에 사복경찰들이 다시 돌아와 곳곳에 진을 치고 학생들을 밤낮으로 감시했다. 당시 대학에 상주한 경찰은 1983년 12월 현재 서울대 209명, 연세대와 고려대 각 194명이었고 지방에 소재한 대학 중에는 전남대가 149명으로 가장 많았다. 그들은 관할서 정보과 형사들과 가발을 쓴 전경들로 구성되었다.

학교 당국의 시위 예방조치도 캠퍼스를 살풍경하게 만들었다. 아크로폴리스가 집회와 시위의 공간으로 활용되는 것을 막기 위해 곳곳에 가시를 품은 장미를 심고, 시위의 시작 지점으로 이용되던 도서관의 난간으로 통하는 길을 막기 위해 창문마다 쇠창살을 설치한 것이다. 가시 돋친 장미와 쇠창살은 사복형사의 날카로운 눈초리만큼이나 학생들의 마음을 불편하게 만들었다.

집회와 시위는 전두환 신군부가 1980년 11월 29일 개정한 '집회와시위에관한법률'(이하 집시법)에 의해 엄격히 금지되었다. 정부를 비판하는 집회와 시위는 강화된 '집시법'에 의해 원천적으로 봉쇄되었다. 유신독재하에서 긴급조치가 집회와 시위를 막았다면 이제는 '집시법'이 그 역할을 대신했다. '긴조'의 시대가 '집시'의 시대로 바뀌었지만 이는 이름뿐이고, 사실상 '긴조' 시대로 돌아간 것이다.

● 강제징집과 녹화사업

학생들의 저항을 억누르기 위해 지도휴학제와 그에 따른 강제징집이 실시되었다. 지도휴학제란 총장이 학업을 지속할 수 없다고 판단되는 학생에 대해 지도교수와 학장의 건의에 따라 직권으로 휴학을 명하는 제도다. 그에 따라 학적이 변경되면 해당 학생은 곧바로 입대하게 된다.

지도휴학제의 형식적인 절차는 이와 같지만, 실제로는 전혀 다른 방식으로 운영되었다. 즉 공안 당국이 보기에 학생운동에 관여하고 있다고 판단되는 학생이 있을 경우 먼저 강제로 군대에 보낸 다음 지도휴학제로 이를 정당화하기도 했다. 이 과정에서 신체검사도 생략하는 등 '병역법'에 따른 절차조차 무시되기 일쑤였다. 학업의 지속 여부에 대한 판단을 총장이 아니라 공안 당국이 했다는 뜻이다.

지도휴학제는 박정희 대통령이 10·26사태로 사망하기 직전인 10월 20일 만든 것으로, 그가 신군부에게 남긴 마지막 선물이었다. 1971년 교련반대시위 당시 학생 수백 명을 강제로 입대시킨 적이 있지만 이는 임시조치였을 뿐이다. 신군부는 이를 제도화해 학생운동 지도자들을 학교에서 쫓아내는 데 활용했다. 5·17군사정변 직후 포고령 위반자 64명을 동시에 입영시켰을 때, 총대의원회 의장 유시민을 비롯한 학생회 간부들이 군대에 끌려간 것도 그런 예이다. 이 제도는 이듬해인 1981년 12월 1일 '소요관련 대학생특별조치방침'으로 정비되었다.

강제징집에 의해 끌려간 학생들은 군대에서 특별한 취급을 받았다. 그들은 대부분 최전방 철책선에 배치되었으며, 병적 기록에 '특수학적변동자'라는 도장이 찍혀 보안부대의 관리 대상이 되었다. 보안부대는 이들을 대상으로 1982년 9월부터 이른바 녹화사업을 실시했다. 강제징집에 의해 군대에 입영한 병사는 보안부대에 끌려가 재조사를 받았다. 조사 기간은 등급에 따라 15일에서 30일까지이며, 등급이 낮은 경우는 소속 사단의 보안부대에 가서 조사받고 등급이 높은 경우에는 서울의 국군보안사령부 안가로 가서 조사받아야 했다.

이 사업의 핵심은 재학 당시의 행적에 관해 많은 양의 자술서를 쓰도록 강요하여 학생운동 정보를 캐내는 데 있었다. 이 과정에서 가혹행위가 행해지기도 했고, 일부에게는 특별휴가를 주어 모교를 찾아가 정보를 수집해 보고하도록 프락치 행위를 강요했다. 1981년 9월부터 1984년 11월까지 447명이 강제로 징집되었는데, 그중 256명이 녹화사업 대상자였다. 녹화사업 도중에 6명이 의문사했는데, 서울대에서는 한희철이 1983년 12월 희생양이 되었다.

● 다시 등장한 학도호국단

5·17군사정변으로 총학생회장이 곧바로 구속되고 학생회는 해체되었다. 긴 휴교를 거쳐 9월 학생들이 학교로 돌아왔을 때는 학도호국단이 이미 다시 만들어져 있었다. 총여학생회도 해체되어 학도호국단 산하의 여학생부로 흡수되었다. 학생자치의 면에서도 긴급조치 시대로 되돌아간 것이다.

앞서 보았듯이, 서울의 봄 당시 각 대학의 학생회가 학교 당국의 승인하에 재건되었을 때 문교부는 이를 인정하지 않았다. 문교부는 1980년 2월의 학도호국단 개선안을 부활시켰다. 간부 선임 방식을 임명제에서 선거제로 바꾸고, 중앙학도호국단과 시·도 학도호국단을 폐지하며, 학교장이 맡았던 단장제를 폐지해 학도호국단을 순수한 학생 조직으로 개편한다는 것이 그 골자이다. 이에 따라 새로 만들어진 학도호국단은 긴급조치 시절에 비해 개선된 점이 적지 않았다.

먼저 사단-연대-대대와 사단장-연대장-대대장 등의 군대식 편제와 간부 명칭이 상당히 탈색되었다. 과학생장을 교수인 학과장이 임명하면 과학생장들이 모여 단과대학 학생장을 호선하고, 다시 단과대학 학생장들이 모여 총학생장을 호선하는 식으로 선출제의 요소도 가미되었다.

이렇게 과거에 비해 학도호국단의 운영 방식이 개선되었지만 학생들은 여전히 학도호국단을 자신들의 대표 기구로 인정하지 않았다. 특히 1980년 2학기에 출범한 호국단은 오랜 휴교 기간 동안 아무도 모르게 구성되었으므로 더욱 그러했다. 학생들의 불만은 1981년 10월 가을 축제 때 그대로 터져 나왔다. 쌍쌍파티를 비롯한 저급한 수준의 축전 프로그램이 마련되자 학생들은 이를 전면 보이콧하면서 시위를 통해 물리적으로 행사 진행을 가로막았다. 연 5일간 계속된 시위로 말미암아 7명이 제적되고, 11명이 무기정학, 47명이 유기정학을 당했다.

● 학생언론에 대한 통제 강화, 팸플릿의 등장

5·17군사쿠데타로 휴교령과 동시에 학생언론에 대한 통제가 강화되어 각 단과대학 학보의 발간은 모두 중단되었다. 학생언론에 대한 통제는 늘 있었지만, 1981년 9월 개정된 서울대의 '간행물운영지침'은 특별한 의도를 드러냈다.

먼저 학보 편집위원은 간행물을 발간하고자 할 때만 구성하도록 함으로써 학보 편집실의 비상설화를 강요했다. 당시 학보 편집실은 상설기구로서 신입 회원을 모집해 자체 교육을 통해 학보 발간에 필요한 인력을 재생산하고 있었는데, 그들 중 학생운동 활동가로 나서는 경우가 적지 않았다. 당시 공안 당국은 편집실의 이런 기능을 간파하고 비상설화를 통해 무력화하려 한 것이다. 그 밖에도 이 지침은 간행물 사전 승인 제도, 월보와 시론의 발간 금지, 엄격한 원고 검열 등 독소조항을 많이 포함하고 있었다. 이대로라면 학보 편집실은 활동 기반과 자율성을 상실해 사실상 문을 닫을 지경이었다.

학보 편집실은 이 지침이 사실상 편집실 해체를 노리고 있다고 보고, 적극 대응에 나섰다. 각 학보의 편집위원 대표단이 학교 당국과 담판을 벌인 결과 1982년 4월 16일 운영지침을 개정해 편집실의 상설화를 회복했다. 이로써 학보 편집실들은 간신히 폐간 위기를 넘길 수 있었다.

이때 ≪대학신문≫도 수난을 겪기는 마찬가지여서 5·17군사정변 이후 장기간 휴간할 수밖에 없었다. 그 후에도 휴간과 복간을 되풀이했는데 그 주된 이유는 보도 내용 때문이었다. 1981년 가을, 축제 기간 동안 대규모 학생시위가 발생한 사실을 보도했다는 이유로 학교 당국은 해당 학생기자를 징계했다. 이에 항의해 학생기자 전원이 집단 사표를 제출했고, 그 결과 11월 초부터 신문 발행이 중단되기에 이르렀다. 1981년에는 한 해 동안 신문이 모두 18회 밖에 발행되지 못했다.

≪대학신문≫은 1981년 11월 초에 발행이 중단된 지 12주 만인 1982년 2월 25일 복간되었다. 기존의 학생기자들이 집단 사표를 내고 돌아오지 않은 까닭에 새로 8명의 학생기자를 선발하고 지면을 8면에서 4면으로 줄여 간신히 발행을 이어갈 수 있었다. 그러나 통제는 더욱 강화되어 학생부처장이 직접 신문사 주간을 맡고 대학원생이 편집부의 각 부장을 맡도록 바뀌었다. 이렇게 학생기자의 권한과 역할이 대폭 축소되면서 ≪대학신문≫은 학생의 신문이 아니라 학교의 신문으로 전락하고 말았다. 1982년 이후 학생들이 신문의 수령을 집단적으로 거부하는 사태가 빈번히 발생했다. 1984년에는 외부의 제도권 언론에 대해 화형식을 거행했는데, 이때 ≪대학신문≫도 함께 불구덩이에 던져졌다.

언론의 자유가 억압되면서 유인물의 시대가 다시 찾아왔다. 서울대 당국은 1980년 9월부터 1981년 12월까지 1년 4개월 동안 교내에서 발견된 이른바 '불온 유인물'이 모두 30건이라고 발표했다. 학생시위 도중에 살포된 것도 있지만, 이 중 상당수는 시위와 별도로 살포된 것이었다. 학생운동 주도층은 과거 긴급조치 시절과 마찬가지로 시위 팀과 별도로 유인물 팀을 꾸려서 조직적으로 유인물을 제작·살포했다.

학교 당국의 분석에 의하면, 30건의 유인물 가운데는 병영집체교육 거부, 지도교수제 폐지, 졸업정원제 거부 등 학내문제를 다룬 것도 있지만, 언론기본법 폐지, 노동삼권 쟁취 등 정치적 쟁점과 관련된 것이 더 많았다. 유인물을 통해 학생들에게 성토대회의 개최, 학생언론의 사망을 뜻하는 검은 리본의 패용과 묵념 등 다양한 행동 지침을 제시했는데, 이는 모두 긴급조치 시절의 경험을 이어받은 것이다.

하지만 1980년대 초의 유인물은 그 형식과 내용 면에서 긴급조치 시대와 다른 모습도 보였다. 그중 하나는 개별 이슈에 대한 한 장짜리 유인물 이외에 학생운동의 노선에 관한 이론적 내용을 담은 소책자 형태의 유인물이 나타난 것이다. 학생운동 주도층은 '팸플릿'이라 불리던 이 소책자들을 통해 학생운동 노선과 관련된 논쟁을 벌였다. 그 단초를 연 대표적인 소책자가 「야학비판」과 「학생운동의 전망」이다. 이후 '깃발' 시리즈와 '강철' 시리즈 등 수많은 소책자들이 살포되어 학생운동의 전개에 큰 영향을 미쳤다.

이 소책자들도 한 장짜리 유인물과 비슷한 방식으로 배포되었다. 하지만 매우 위험한 내용을 담고 있는 만큼 일반 유인물보다는 훨씬 적은 부수만 제작해 교내 주요 학과 과사무실 등 비교적 안전한 장소에만 몰래 가져다 놓았다. 이렇게 소책자를 직접 주고받지 않고 유인물과 비슷한 방식으로 배포한 것은 훗날 이 소책자를 소지하고 있다가 체포될 경우에도 역추적당해 작성자가 드러나는 것을 차단하기 위해서였다. 그럼에도 소책자는 복사와 재복사를 거듭하면서 이내 학생들 사이에 널리 전파되었다.

3. 졸업정원제 세대의 등장

● 졸업정원제와 명문고 전성시대의 종결
1980년대 들어 산업화 수요에 따라 대학생 정원이 크게 늘어났다. 이를 촉진한 것이 5·17군사정변으로 정권을 찬탈한 신군부가 과열 과외 해소를 명분으로 1981학년도부터 실시한 졸업정원제이다. 졸업정원제란 입학시험에서 졸업 정원의 30%를 추가로 합격시킨 후 학업성적에 따라 하위 30%를 탈락시키는 제도다. 30%를 단계적으로 탈락시킨다 하더라도 당장에는 상당수가 늘어나는데, 실은 규정대로 탈락시키지 않았기 때문에 증가 효과는 더욱 커졌다.

당시 갑자기 이 제도가 실시된 배경에 대해, 학생들은 강제 탈락 위협 속에 학생들을 성적 노예로 만들어 궁극적으로 학생운동을 약화하려는 것이라고 의심했다. 정부 당국도 이러한 의도를 아예 숨기지는 않았다. 하지만 또 다른 이유가 있었다. 당시 과도한 입시 경쟁으로 말미암아 과외 열풍이 심각한 상황에서 정치적 정당성을 결여한 전두환 정권으로서는 당장 눈에 띄는 치적이 필요했고, 입시 지옥을 해소하기 위한 대책으로 과외 금지와 함께 졸업정원제를 내세운 것이었다.

전두환 정권은 졸업정원제와는 별도로 대학 정원 자체를 단계적으로 늘려나갔다. 그 결과 입학 정원이 1980년 61만 명에서 1985년에는 136만 명으로 크게 늘어났고, 대학진학률도 27.2%에서 36.4%로 크게 높아졌다. 이렇게 대학진학률이 높아지면서 대학 교육의 위상도 엘리트 교육에서 대중 교육으로 바뀌기 시작했다. 이렇게 갑자기 늘어난 학생들을 당시에는 졸업정원제 세대라 불렀다.

졸업정원제와 대학 정원 증가로 서울대의 학생사회는 크게 달라졌다. 우선 신입생은 1980년 3315명에서 이듬해 6526명으로 두 배 가까이 늘어났다. 졸업정원제에 의한 증가분이 1506명이고, 대학정원 증가분이 1750명이다. 여학생 숫자도 크게 늘어났다. 신입생 중 여학생은 1980년 465명에서 1982년 1357명으로 증가했고, 전체 학생 가운데 여학생의 비율도 늘어나기 시작했다. 과거 여학생이 별로 없던 단과대학에도 여학생이 상당수 입학하기 시작했다. 이제야 비로소 진정한 의미의 남녀공학이 실현되었다.

이렇게 1980년대의 학생사회는 더욱 커지고, 성비 면에서도 빈부 면에서도 다양해졌다. 사회문제에 관심을 갖고 적극 실천하는 학생들은 성적에 따른 탈락의 위협에 아랑곳하지 않았기 때문에 결국 학생운동의 잠재적 풀이 더욱 커지는 역설적 현상이 나타났다.

1980년대 서울대 학생사회의 새로운 모습 중 하나는 주요 명문고 출신들이 학생활동을 주도하는 현상이 사라졌다는 점이다. 명문고 전성시대가 막을 내린 것은 정부가 1974년부터 단계적으로 고교평준화를 실시해 명문고 자체가 사라졌기 때문이다.

고교평준화는 1974년 서울과 부산을 시작으로, 단계적으로 확대되었다. 서울과 부산에서 처음 평준화가 시행되자 우수한 학생들은 아직 평준화가 실시되지 않은 지방의 명문고에 진학했고, 이들이 대학에 입학한 1977년에는 지방 명문고 출신이 서울대에 대거 합격했다. 그해 168명의 합격자를 낸 경북고를 비롯해 대구·인천·광주 등지의 명문고들이 좋은 성적을 거두었다. 1978년 183명을 합격시킨 전주고를 비롯해 지방 명문고교들의 잔치는 좀 더 이어졌고, 1984년 이후가 되면 지방 주요 도시마저 평준화되면서 서울대 입시에서 명문고 전성시대는 완전히 막을 내렸다.

명문고 전성시대의 종결은 서울대의 학생사회와 학생운동에도 상당한 영향을 미쳤다. 우선 명문고 출신들 사이의 합종연횡에 의해 좌우되던 학생회장 선거의 판도가 달라졌다. 그보다 더 중요한 것은 학생운동을 주도해 온 언더서클, 즉 학회의 회원모집 풀과 방식이 위협받았다는 점이다. 1970년대의 학회들은 비밀을 유지해야 할 필요가 있어 사적인 관계, 주로 고등학교 선후배 관계를 이용해 회원을 확보했으나, 이제 그것이 불가능해진 것이다. 종래의 학회 회원 충원 방식과 그에 의거한 학생운동 시스템이 해체될 수밖에 없었다.

● 졸업정원제 세대의 가정 형편

서울대는 전국의 우수한 학생들이 모여드는 대학인 동시에 등록금이 가장 저렴했기 때문에 가정 형편이 어려운 학생들이 상대적으로 많았다. 이러한 특징은 한국의 경제성장이 시작된 1960년대부터 비롯되었지만, 1980년대에 들어서 한층 심화되었다. 출신 계층과 출신 지역 양면에서 나타난 변화를 간략히 살펴보면 다음과 같다.

출신 계층 면에서, 서울대생의 가정 형편은 1980년대에 하향평준화하는 추세를 보였다. 이는 먼저 학생 자신의 생활수준에 대한 지각 상황을 조사한 결과에 나타나 있다. '서울대 신입생의 특성'(서울대학교 학생생활연구소, 해당 연도)에 따르면, 1970년대 후반에는 '여유 있다'는 응답이 증가하고 '빈곤하다'는 응답은 줄어드는 추세였지만, 1980년대에는 오히려 가정 형편이 하향평준화되기 시작했다.

이는 학생 가족의 월수입 추이에 잘 나타난다. 5만 원 단위로 구분된 월수입 구간 중 가장 많은 수가 속한 것이 1980년에는 16만 원~20만 원대였으나 1982년에는 20만 원~39만 원대로 약간 상승했다. 이것만 보면 2년 사이에 서울대생의 가정 형편이 개선되었다고도 할 수 있다. 하지만 그 내부 구성을 좀 더 들여다보면 다른 모습을 발견할 수 있다. 1980년에는 16만 원~20만 원대에 19.83%가 분포했지만, 46만 원 이상의 상위 구간들에도 23.6%가 분포했다. 저소득층 못지않게 고소득층도 상당히 많았던 것이다. 이에 비해 1982년에는 고소득자 비율이 크게 줄어들면서 상대적으로 20만 원~30만 원대로 평준화되었다. 다만 음·미대와 의예과 등은 고소득층이 차지하는 비율이 여전히 높았다. 이러한 경향은 1982년 이후에도 이어졌다. 이렇게 서울대생의 가정 형편은 1980년대에 들어서 하향평준화되고 있었다.

출신 지역 면에서, 1980년대에 들어 지방 출신의 비율이 늘어났다. 이러한 추세는 1970년대 후반부터 시작되어 1980년대에도 이어졌다. 서울 출신 비율은 1976년 66.1%에서 1979년 49.4%로 줄더니, 1982년 47.2%, 1984년 41.6%로 계속 떨어졌다. 8년 사이에 25%p 이상 줄어든 것이다. 1987년에 잠시 46.0%로 반등했지만, 이것도 연세대 61.7%나 고려대 53.0%보다는 낮은 수치다. 이렇게 서울 출신 비중이 줄어든 만큼 지방 출신이 늘어났다.

이상 두 가지 면으로 보아 서울대는 지방의 어려운 집안 출신 수재들이 모여든 대학이라는 전통적인 이미지가 1980년대에 들어 더욱 심화되었다고 할 수 있다. 한편 등록금 인상은 그들의 생활을 힘겹게 만들었다.

전통적으로 서울대의 장점 중 하나가 사립대에 비해 저렴한 등록금이었으나 1980년대 초부터 달라졌다. 전두환 정권은 1981학년도 국공립대 등록금을 책정하면서 장기적으로 국립대 등록금을 사립대 등록금의 80% 수준으로 인상한다는 방침을 세웠고, 이에 따라 서울대 등록금은 계속 인상되었다. 인문·사회계의 학부 등록금이 1980년 약 13만 원에서 1981년에는 약 37만 원으로 크게 인상되었다. 1987년에는 50만 원을 돌파했다. 이는 학생들의 생활비 부담을 가중시키는 요인으로 되었다.

● 졸업정원제 세대의 대학생활

졸업정원제가 실시되고 등록금이 인상되더니 과외교습까지 금지되었다. 이는 대학생활의 풍속도를 바꿔놓았다.

전두환 신군부는 1980년 7월 계엄령하에서 사교육비 부담을 줄인다는 명분으로 과외 금지 조치를 단행했다. 당시 과외 금지 조치의 직접적 대상은 현

과외금지조치 이후 대학생 아르바이트 실태

과외 폐지 이전에 학생들에게 가정교사 자리를 활발하게 알선하여 주었던 본교 학생처 직업보도실도 이제는 교정·번역·편집·사무보조 등의 일에서 시작하여 판매·배달·수금 등도 알선하고 있으며 심지어 식당 접시닦이·사진 촬영·다방 DJ 등 옛날에는 생각도 못했던 아르바이트 자리의 신청을 받고 있다. …… 최근 S호텔의 식당 그릇닦이는 4시간 근로에 2,500원의 비교적 낮은 임금이지만 실내에서 하는 일이어서 하려는 학생들이 많다고 한다. …… 어떤 운반 도구의 설계도를 그려주고 3만원을 받았다는 김모군(기계설계학과3)은 '처음에는 10만원을 요구했다가 3만원에 합의를 보았다'며 가정교사를 할 때와는 차이가 많다고 했다.

≪대학신문≫, 1981년 4월 6일

직 교사와 학원강사들이었지만, 대학생들의 과외교습도 함께 금지되었다. 이 조치에 따라 가정 형편이 어려운 대학생들의 학비와 생활비 보충 수단이 갑자기 사라졌고, 가뜩이나 지방 출신 학생이 많이 늘어난 서울대의 경우 학생들이 겪는 어려움은 더 컸다. 이제 번역, 사무 보조, 접시닦이 등 훨씬 힘든 일이라도 마다하지 않을 수 없게 되었다.

졸업정원제로 학생 수가 엄청나게 늘어난 결과 캠퍼스의 모습도 많이 바뀌었다. 학생식당의 배식을 기다리는 줄은 한없이 길어졌으며 도서관에서 자리를 잡는 것도 과거에 비해 힘들어졌다. 소수의 학생이 옹기종기 모여 진행하는 소규모 강의 대신 몇백 명씩 한꺼번에 들어가는 대형 강의실에서 수강하는 대규모 강의가 많아졌다.

신군부는 졸업정원제를 실시하면 강제 탈락 규정 때문에 이른바 '면학 분위기'가 조성될 것이라고 선전했다. 학생들을 학점의 노예로 만들어 정치문제에 눈길을 돌릴 여유가 없도록 하겠다는 것이었다. 그렇지만 졸업정원제가 실시된 뒤 학점 경쟁이 전면적으로 확산되지는 않았다. 그때까지만 해도 학부 시절 성적이 취업에 큰 변수가 되지 못했을뿐더러 졸업정원제가 독재정권과 함께 얼마 못 가 폐지될 것으로 여겨졌기 때문이다.

따라서 졸업정원제는 학생운동을 억제하기는커녕 오히려 그것을 양적으로 성장시키는 데 기여했다. 학생 수가 크게 늘었으니 시위가 벌어지면 참가하는 학생 수도 크게 늘어났다. 언더서클들의 신입회원 수도 졸업정원제가 실시된 직후인 81학번부터 크게 늘어나는 추세를 보였다. 졸업정원제가 유야무야된 후에 별도로 증가한 입학 정원도 학생운동의 풀을 확대하는 결과를 가져왔다. 이와 같은 학생 수의 양적 팽창은 앞에서 말한 학회 충원 방식의 변화와 함께 학생운동의 구조가 소수 정예 중심의 운동에서 학생 대중에 의거한 운동으로 바뀌는 데 근본적 원인으로 작용했다.

4. 되살아난 학생운동

● 무림사건과 학림사건

1980년 당시 서울대 학생운동은 한국사회연구회를 비롯한 여러 언더서클
들의 협의체(이하 언더 협의체)가 주도하고 있었다. 그해 4학년이던 77학번들이
이 협의체를 이끌면서, 학생회의 부활로부터 정치민주화를 위한 투쟁에 이르
기까지 학생운동 전반을 주도했다.

언더 협의체는 서울의 봄 당시 단계적 투쟁론을 견지함으로써 전면적 투쟁
론을 주장한 복학생들의 비판을 받았는데, 이렇듯 신중한 태도는 5·17군사정
변 이후에도 그대로 이어졌다. 그들은 일단 학생운동의 역량을 보존하는 것이
무엇보다 중요하며 이를 위해 성급한 시위는 자제해야 한다고 생각했다.

언더 협의체는 근본적인 사회변혁을 위해서는 노동운동 등 민중운동의 주
체 역량을 건설해야 하며, 이를 위해 지식인과 학생이 노동 현장에 직접 뛰어
들어 노동자와 농민을 의식화하고 조직화해야 한다고 생각했다. 아직 민중운
동의 수준이 낮은 상태에서 학생운동만이 그나마 유일하게 투쟁 역량을 가지
고 있는데 이러한 소중한 인적자원을 산발적인 학생시위로 소모해서는 안 된
다는 것이 그들이 생각이었다. 이들은 근본적인 사회변혁을 향한 장기적인
전망 속에서 지구전을 펼치려 한 것이다.

이러한 지구전 전략은 5·17군사정변 이후 갑자기 생겨난 것이 아니다. 앞
서 살펴보았듯이 1975년 이른바 오둘둘사건을 겪은 다음 서울대 학생운동 진
영이 취한 전략이 바로 지구전 전략이었다. 즉 최대한 학생운동 역량을 보존
해 나가면서 지속적인 저항을 통해서 유신체제의 균열을 확대해 나가는 전략
을 실천했던 것이다. 1980년 봄 언더 협의체는 과거 선배들이 실천했던 지구
전 전략을 이어받아서 장기전을 펼치려 한 것이다.

하지만 당시 서울대에는 이와는 다른 생각을 가진 사람들이 있었다. 학생
운동은 선도적인 문제 제기 집단이며 노동운동이야말로 주도적인 문제 해결
집단이므로, 현 단계에서 학생운동이 떠맡아야 할 역할은 선도적 정치투쟁이

라는 것이었다. 흥사단아카데미나 대학문화연구회 등 몇몇 언더서클 회원들이 이러한 주장을 펼쳤다. 이 서클들은 상대적으로 서울대 학생운동에 관여한 역사가 짧거나 범대학적 성격을 띤 서클들이었다. 서울대 학생운동 진영 내부에서 보자면 상대적으로 비주류의 위치에 있던 세력이라고 할 수 있다.

서울대의 언더 협의체는 이 비주류 세력들의 비판에 대응하기 위해 1980년 12월 11일 학생시위를 감행했다. 이 시위는 급조한 탓에 준비가 부족하여 이내 진압되고 말았다. 시위 현장에서 '반파쇼투쟁선언'이라는 유인물이 살포되었는데, 신군부의 5·18광주학살을 규탄하고 정부의 시책을 비판하는 것을 넘어서 앞으로 학생운동이 나아가야 할 방향에 대해 설파하는 내용을 담고 있었다. 이에 특별히 주목한 공안 당국은 서울대 학생운동을 주도하는 세력이 이 유인물을 제작한 것으로 판단하고 대대적인 검거에 나섰다.

이 사건으로 100명이 넘는 학생들이 체포되어 조사를 받았고, 그 결과 언더 협의체뿐만 아니라 그 기반이 되는 언더서클들과 그들 사이의 연락 체계까지 모두 드러났다. 당초 공안 당국은 이 사건을 대규모 조직 사건으로 확대하려고 했다. 하지만 최종적으로 구속된 사람은 김명인·박용훈·현무환·허헌중·남명수·김회경·윤형기·남충희·고세현 등 9명에 불과했다. 그 대신 90여 명의 학생이 강제로 군대에 끌려갔다.

당시 공안 당국은 이 조직에 제대로 된 이름을 붙이지 못하고 단지 '무림사건'이라고만 불렀다. 여기서 무림이란 '안개의 숲(霧林)'으로, 도무지 모호해 그 실체를 알 수 없다는 뜻이었다. 원래 언더 협의체는 유연하고 융통성 있는 네트워크로서 일사불란한 조직이 아니었기 때문에 공안 당국이 혼란스러워했음을 보여주는 결과였다. 이 사건 이후 서울대 학생운동을 주도하던 세력을 일컬어 '무림그룹'이라고 부르게 되었다.

1980년 겨울방학 동안 무림그룹이 큰 타격을 입는 가운데 앞서 언급한 비주류 세력이 더 적극적인 활동을 시작했다. 이들은 서울대 내에서 세력을 결집하는 한편 흥사단아카데미의 범대학 네트워크를 활용해 다른 대학의 학생운동과 연결을 도모하기 시작했다. 그 결과 1981년 2월 27일 전국민주학생연

반파쇼학우투쟁선언

팔레비와 소모사를 능가하는 악랄한 살인마 전두환에 맞서서 끝까지 이 땅의 민주주의와 통일을 위해 몸 바친, 이제는 온 겨레의 등불로 길이 남을 광주의 넋 앞에 이 글을 바친다. …… 아직 우리 근로대중의 조직화 세력화가 명확한 모습을 드러내지 않은 상태에서 누가 과연 역사적으로 부여된 당면투쟁을 주도해 나갈 것인가? 이를 수행할 추진력은 현재 유일한 역량을 지니고 있는 학생운동에서 나올 수밖에 없다. 이제 학생운동은 산발적 투쟁의 한 요소가 아니라 전체 투쟁을 진행시키는 주도체로서 자기 변신을 하지 않으면 안된다. 이러한 역사적 요구는 학생운동의 양적 확대와 질적 심화를 당위적으로 요청하는 것이다.

Ⅰ. 근로대중에 대한 정확한 이해와 그들과 더불어 투쟁을 전개할 수 있는 실천력 전투력의 강화이다. 이는 한국사회의 경제적 모순 구조에 대한 과학적 분석과 구체적 검증이 뒷받침되어야 한다.

Ⅱ. 학생운동 역량의 양적 확대와 질적 심화가 어디서든지 전개되어야 한다. 그리하여 모든 투쟁 역량을 통일적으로 적에 대한 투쟁을 향해 전개해야 한다.

Ⅲ. 간단없는 투쟁의 전개이다. 투쟁 역량의 승화로부터 지속적이고 철저한 투쟁이 전개되어야 한다. 따라서 모든 학생대중은 항상 투쟁의 자세를 가다듬고 상황의 전개에 임해야 한다.

Ⅳ. 시위 만능의 투쟁관은 타기되어야 한다. 시위는 그것을 포함한 모든 전술적 요소의 전면적 고려 하에서 가장 효과적으로 사용되어야 하며 그래야만 비로소 학생운동은 적들에 대한 탄력적인 전체적인 응전력을 확보할 수 있게 된다. 이를 위한 모든 전술적 요소의 개발은 집중적 과제이다.

Ⅴ. 학생 세력의 민중운동에로의 수렴 과정이 보다 집단화되고 체계화되어야 한다. 이를 통해 광범한 반파쇼민중연합이 이념적 조직적으로 성숙될 것이다. ……

맹(이하 전민학련)을 결성하는 데 성공했다. 무림사건으로 전통적인 언더서클들이 초토화된 빈자리를 이들이 메우기 시작한 것이다.

이들은 1981년 서울대를 비롯한 대학가의 시위를 주도하기 시작했다. 하지만 이들도 공안 당국의 침탈에서 자유로울 수 없었다. 1981년 6월 전민학련을 이끌던 이선근이 체포된 것을 시작으로 전국에 걸쳐 500여 명이 잡혀 들어갔다. 무림사건에 비해 조사 대상자의 숫자가 많았던 것은 이들이 무림과는 달리 전민학련이라고 하는 분명한 조직을 건설했고, 그 조직이 서울대뿐 아니라 전국에 걸쳐 있었기 때문이다.

당시 공안 당국은 이 사건에 전민학련이라는 공식적인 단체명 대신에 '학림사건'이라는 이름을 별도로 붙였다. '학림'이라는 말의 유래에 대해, 이 조직의 성원들이 동숭동에 있는 학림다방에서 회합을 했기 때문이라는 설도 있지만, 무림사건에 이어 돌림자로 '학림'이라는 이름을 붙였을 가능성이 더 크다. 이 사건에 이어 1981년 9월 부산에서도 이른바 '부림사건'이 발생했다.

당시 공안 당국은 전민학련 사건을 발표할 때 전민노련이라고 하는 단체까지 묶어 마치 하나의 사건인 것처럼 발표했다. 전민노련은 민주적인 제2의 한국노총을 건설하기 위해 1980년 5월 결성된 노동운동단체로서 지식인과 노동자가 힘을 합쳐 만들었다. 이 단체는 조직의 위상과 성격이라는 측면에서 전민학련과는 엄연히 별개의 단체였다. 단지 이 단체를 만드는 데 큰 역할을 한 이태복이 이선근과 긴밀한 관계가 있었다는 이유로 하나로 묶여 반국가단체로 규정된 것이다. 그 결과 노동운동가 350여 명이 연행되어 조사받았다. 전민학련과 전민노련 사건으로 핵심적인 활동가 28명이 구속되었다.

• 언더서클의 재건

무림사건과 학림사건으로 서울대 학생운동 진영은 큰 타격을 입었다. 무림사건의 경우 구속된 사람의 숫자는 그리 많지 않았지만 강제징집으로 군대에 끌려간 사람이 너무 많았다. 학림사건의 경우 피해자가 서울대뿐 아니라 여러 대학에 걸쳐 있었지만 그 가운데 서울대생들이 가장 큰 비중을 차지하고 있었다. 두 사건 이후 서울대에는 학생운동을 펼칠 수 있는 인력이 50여 명 밖에는 남지 않았다는 이야기가 돌 정도였다. 그야말로 학생운동의 존폐가 걸린 위기였던 것이다.

이러한 위기 상황을 극복하는 일은 당시 서울대 학생운동의 뿌리 역할을 하고 있던 언더서클들을 재건하는 일로부터 시작되었다. 무엇보다 급선무는 언더서클의 보안을 강화하는 것이다. 그들은 70년대 후반에도 은밀하게 활동 했지만, 가능하면 등록 단체의 지위를 유지하기 위해 공개·비공개의 2중 구 조를 채택하기도 했다. 그러나 5·17군사정변 이후 무림사건과 학림사건을 겪 으면서, 학교 당국에 단체 등록을 한다는 것은 자살행위와 다를 바 없었다. 서 클의 이름은 물론 '학회'라는 말까지도 금기어가 되었고, '학회'라는 말 대신에 '팀'이나 '집' 혹은 '패밀리'라는 말을 사용했다.

이렇게 언더서클들은 무림사건 이후 과거보다 더 조심스럽게 활동해야 했 지만 얼마 지나지 않아 무림사건의 상처를 회복할 수 있었다. 81학번 이후 언 더서클 회원이 급증하기 시작했는데, 이는 광주항쟁의 충격과 학생운동 탄압 에 대한 반작용 때문이었다. 사복경찰이 캠퍼스 안까지 들어와서 학생들을 감시하는 상황이 학생들로 하여금 더욱 강하게 학원민주화를 갈망하게 만들 었다. 또 다른 이유로는 앞에서 이미 살펴보았듯이 졸업정원제와 그 후의 대 학 정원 증가로 학생 수가 크게 늘어난 점을 꼽을 수 있다. 특히 학생운동이 상대적으로 활발했던 인문사회계 학생 수의 증가가 거기에 영향을 미친 것으 로 보인다.

졸업정원제 실시 이후 크게 늘어난 여학생들도 언더서클의 회원 증가에 가세했다. 여학생의 언더서클 가입은 1975년 관악캠퍼스 시대가 열리면서 시 작되었고 1980년대에 들어서 크게 증가해 여학생이 학생운동의 한 축을 담당 했다. 이 과정에서 여학생들이 독자적으로 언더서클을 만들기도 했다.

언더서클의 회원 수 증가는 바람직한 일이지만, 그로 인해 보안상 취약점 이 생겨날 우려가 있었다. 이를 최소화하기 위해 언더서클들의 회원이 일정 한 숫자 이상으로 늘어나면, 몇 개 소그룹으로 나누어 운영했다. 소그룹들 사이에도 서로를 알 수 없게 하여 보안을 유지했다. 후속 세대 양성에 성공한 언더서클의 경우 여러 개 소그룹을 거느릴 수 있게 되었고 그만큼 서울대 학생운동에서 차지하는 위상도 높아졌다.

1981년 이후 전통적인 언더서클뿐 아니라 언더서클과 비슷한 기능을 하고 있던 단과대학 학보 편집실도 북적거리기 시작했다. 학보 편집실은 언더서클과는 달리 공개되어 있었기 때문에 특별한 인맥이 없는 일반 학생들도 찾아오기 쉬웠다. 고전연구회를 비롯한 공개된 본부 소속 학술 서클들에도 학생들이 많이 가입했다. 이 학술 서클들도 점차 내용 면에서 언더서클을 닮아가기 시작했다.

● 대중 활동의 공간 확대

서울대 학생운동이 전두환 정권의 철권통치에 맞서 운동 역량을 보존하면서 장기전을 벌이기 위해서는 언더서클을 재건하는 것만으로는 부족했다. 이미 공안 당국의 표적이 된 언더서클의 울타리에서 벗어나 여러 합법적 공간에 진출해 일상적인 대중 활동을 벌임으로써 학생운동 진지를 강화할 필요가 있었다. 따라서 언더서클 회원들은 1982년 이후 합법적이고 대중적인 공간을 개척하기 위해 활동을 시작했다.

이를 위해 언더서클 회원들은 먼저 오픈서클을 새로 만들었다. 이렇게 만들어진 오픈서클은 전교생을 모집 대상으로 하는 본부 소속인 경우도 있고, 단과대학이나 계열별 소속인 경우도 있었다. 1982년 무렵까지만 해도 신입생은 학과가 아니라 단과대학이나 계열별로 입학했기 때문에 특정 학과에 소속되지 않은 채 1학년을 보냈으므로 이들을 겨냥해 단과대학이나 계열별 서클이 만들어졌다. 이 오픈서클들의 핵심 세력은 언더서클의 회원들이었으며 학습 프로그램도 언더서클과 별반 다르지 않았다.

이렇게 오픈서클을 만들려는 움직임은 결국 학과를 단위로 하는 학회, 즉 과(科)학회 건설로 이어졌다. 이 무렵 학과는 합법적인 대중 활동 공간으로 각광을 받았다. 언더서클의 회원들은 과별 학회를 만들거나 과(科)회지를 발행하는 등 학과에서의 활동에 많은 시간을 할애했다. 농촌활동도 1982년부터는 언더서클별 활동에서 학과별 활동으로 바뀌기 시작했다. 이로써 일반 학생들도 농촌활동에 많이 참가할 수 있었다. 그렇지만 이를 적극적으로 추진한 사람은 대부분 언더서클의 회원들이었고, 따라서 농촌활동의 성격은 크게 바뀌지 않았다.

● 학도호국단의 활용

서울대 학생운동 주도층은 학생운동의 대중적 기반을 확대하기 위해 학도호국단도 적극적으로 활용했다. 이는 1982년도 학도호국단 총학생장 선거에 과회장들도 참가할 수 있게 되면서 나타난 전술의 변화이다. 1981년도 선거에서는 단과대학 학생장들만 참가할 수 있었지만, 이제 선거 참가자의 폭이 넓어진 만큼 학생운동 진영은 자신들의 후보도 당선될 가능성이 크다고 판단한 결과이다.

이에 학생운동 진영의 총학생장 후보로 언더서클 농촌법학회의 회원이던 김상준이 출마했다. 그는 무난하게 당선되었는데, 1980년 서울의 봄 당시 총학생회장이던 심재철, 대의원회 의장이던 유시민과 같은 서클 출신이다. 즉 그는 학생운동 진영에서 의도적으로 파견한 총학생장이었다.

당시 김상준을 비롯한 학도호국단 간부에게 부여된 임무는 학도호국단의 틀을 활용해 학생들의 의사를 대변하다가 임기 말에 접어들면 장렬하게 자폭하는 것이었다. 실제 1982년 학도호국단 집행부는 대동제나 대학축전 등 각종 공식 행사를 통해 학생들의 정치의식을 고양하는 등 한 해 동안 맡은 바 임무를 충분히 수행한 후 11월 10일 반정부 시위를 벌이고 자폭했다.

이날의 시위로 총학생장 김상준, 부학생장 송태수, 문예부장 이호곤, 총무부장 이건준 등 4명이 체포되었다. 당시 시위를 벌이면 '집시법' 위반으로 즉각 구속되는 것이 보통이었다. 공안 당국은 이들의 신분이 학도호국단의 간부였으므로 구속하는 대신 지도휴학 형식으로 입대시켜 사건을 마무리했다.

학도호국단을 활용한다는 1982년의 실험은 비교적 성공적이었다고 평가

되었다. 따라서 서울대 학생운동 진영은 이후로도 계속 학도호국단을 장악해 이를 활용했다. 학도호국단을 둘러싸고 공안 당국과 학생운동 진영이 기묘한 줄타기를 하고 있었던 셈이다. 1984년 학생회 재건이라는 과제를 공교롭게도 학도호국단이 떠맡게 된 것도 결코 우연한 일은 아니었다.

● 학생운동 시스템의 변화

1970년대 후반에 형성된 언더 협의체 중심의 학생운동 시스템은 무림사건으로 큰 타격을 입었다. 공안 당국이 서울대 학생운동의 재생산구조를 속속들이 파악한 만큼 언제든 대규모 침탈을 가해올 수 있게 되었다. 따라서 학생운동 시스템의 재건은 얼마 되지 않는 언더서클 회원들이 당면한 과제였다. 이를 재건하되 보안상의 취약점을 극복하기 위해서는 상당 부분 개편도 필요했다.

새로운 학생운동 시스템은 1982년 무렵부터 재건되었다. 그 골자는 먼저 모든 언더서클의 회원들이 주요 단과대학을 단위로 헤쳐 모이도록 한 다음, 단과대학별로 논의 체계와 동원 체계를 구축하는 것이다. 그리고 단과대학별 동원 체계를 책임지는 사람을 두었는데, 그를 '단과대학 포스트'라고 불렀다. 이렇게 뽑힌 7명의 주요 단과대학 포스트들이 모여 협의체를 구성하고 서울대 학생운동의 방향과 일정 등을 조율했다. 이 협의체에서 결정된 사항은 각 단과대학 포스트를 통해 각 단과대학별 동원 체계에 전달되었다. 당시 이러한 시스템을 'po시스템'이라고 불렀다. 'po'는 'post'의 약칭이다.

po시스템의 등장은 학생운동 인력의 재생산 주체와 학생시위 주체를 분리해 전자를 언더서클에 맡기고 후자를 po시스템에 맡김으로써 언더서클에 닥칠 위험을 예방하기 위한 것이었다. 학과가 대중 활동을 위한 합법적인 공간으로 주목을 받으면서 각 언더서클 회원들이 학과 활동을 강화하고 있었던 것도 학생운동 시스템을 단과대학 중심으로 개편하게 된 이유 중 하나다.

po시스템이 구축되면서 학생운동의 중심이 언더서클에서 단과대학으로 이동하기 시작했다. 하지만 po시스템이 구축된 이후에도 언더서클 자체가 없어진 것은 아니었다. po시스템에 참여한 사람은 모두 언더서클의 회원들이었다. 따라서 회원이 많고 여러 개의 소그룹을 거느린 주요 언더서클의 영향력은 여전히 컸다. 당시 이러한 주요 언더서클들을 '메이저 패밀리'라고 불렀다.

1980년대에 들어서 서울대 학생운동 조직이 재건되면서 다른 대학들과의 연대도 모색되었다. 1974년 민청학련 사건 이후 학교 간 연대 시도는 큰 효과를 거두지 못하고 있었다. 1975년에 명동성당을 기반으로 조직하려고 했던 전국대학생연맹도 실패로 돌아갔고, 1978년의 6개 대학 연합 조직에 의한 광화문 연합 시위도 미수에 그쳤다. 그 결과 서울의 봄 당시에도 이렇다 할 대학 간 연대 조직이 없었기 때문에 급조된 학생회장단 회의가 그 역할을 떠맡아야만 했다.

대학 간 연대는 서울대·고려대·성균관대 등 3개 대학이 참가하는 모임으로 시작되었고, 곧이어 연세대도 합류했다. 이 연대 모임은 거창한 조직명을 내세우지 않고 매우 낮은 수준의 협의체로 출발했다. 모임의 수준을 높여다간 자칫 공안 당국의 침탈을 받을 수도 있어 조심한 것이다. 이 협의체는 매주 한 번 회의를 열어 각 학교의 정보를 교환하고 새로 발생한 이슈에 대해 토론했다. 모임의 형식이 협의체였기에 쉽게 합의할 수 없는 사항에 대해서는 끝까지 논의하지 않았다. 하지만 점차 논의가 깊어져 이 네 개 대학들이 모두 참여하는 연합 가두시위를 성사시킬 정도로 발전했다.

서울대는 무림그룹에서 이 협의체에 대표자를 보냈다. 학림그룹은 자신과 노선을 같이하는 성균관대 대표를 통해 자신의 의견을 관철시키려 했기 때문에 간혹 혼선이 발생하기도 했다.

5. 재개된 학생시위

● 재개된 학생시위

학생들은 1981년 3월 19일 무림사건의 상처를 딛고 일어서 전두환 정권에 대해 반격을 시작했다. 교내 곳곳에 배치된 사복형사들에 의한 초동 진압을

피하면서 시위 대열을 형성하려면 도서관과 학생회관의 옥상이나 난간 등 고공으로 올라가 그들을 따돌리고 학생들의 시선을 끌어야 했다. 그와 동시에 현장에서 시위 대열을 이끄는 사람도 필요했다. 3월 19일의 시위 때는 이 두 가지 요건이 갖춰져서 오래도록 시위를 이어갈 수 있었다. 이날 시위를 주동한 문용식과 박태견 등은 현장에서 체포되었지만, 유기홍 등은 이날 붙잡히지 않고 도피해 4월 14일 다시금 학교에 나타나 시위를 이끌었다.

광주항쟁 1주기를 맞은 5월 27일 관악캠퍼스에는 팽팽한 긴장감이 감돌고 있었다. 아크로폴리스에서 희생자 위령제가 예정되어 있었기 때문이다. 하지만 위령제는 경찰의 저지로 열리지 못했고, 산발적인 침묵시위가 이어지는 가운데 시간만 흘러갔다. 그러던 중 3시 20분경 중앙도서관 6층에서 한 학생이 "전두환은 물러가라!"라고 세 번 구호를 외친 후 몸을 던졌다. 경제학과 4학년 김태훈이었다. 땅바닥에 떨어진 그의 시신 주위로 학생들이 모여들었고 그 위에 최루탄이 난사되었다.

그날은 소식이 제대로 전파되지 않은 바람에 그대로 지나갔다. 학생들의 분노는 다음 날인 5월 28일 폭발했다. 김재철 등이 도서관 난간에 올라가 시위를 주도하자 학생 1000여 명이 시위를 시작했다. 이후 시위 군중은 수천 명으로 불어나 교내 곳곳에서 시위를 벌였다. 150여 명의 학생은 신림사거리로 진출해 가두시위를 벌이기도 했다. 5월 29일 아크로폴리스에서 김태훈의 장례식을 치르려 했으나 경찰의 저지로 무산되자 학생들은 분노하며 교내 시위를 벌였다. 이렇게 1981년 5월의 시위는 사흘간 계속되었다. 이렇게 '5월투쟁'의 전통이 시작되었다.

1981년 5월 전두환 정권은 광주항쟁 1주기에 대한 관심을 분산시키기 위해서 '국풍81'이라는 이름의 관제 축제 행사를 여의도 광장에서 개최했다. 학생들은 여의도에 몰려가 가두시위를 통해 이 행사를 저지하려 했다. 하지만 불행히도 광장이 너무 넓고 군중은 너무 많아서 학생의 시위가 군중의 물결속에 파묻히는 바람에 큰 반향을 일으키지는 못했다.

국풍81을 저지하기 위한 시위 경험은 그해 가을 관악의 대학축전에서 다시금 활용되었다. 대학축전은 어용적인 학도호국단이 주최했는데, 대다수 학생들의 의견과는 달리 소비적이고 향락적인 프로그램 일색이었다. 따라서 학생들은 이를 물리적으로 저지하기 위해 시위를 벌였고, 이는 학도호국단 자체를 거부한다는 의미를 지니고 있었다. 축제 반대시위는 5일간 계속되었고, 이로 인해 제적 7명, 유기정학 11명, 무기정학 47명 등 65명이 징계를 받았다.

2학기에는 축제 반대시위 외에도 전두환 정권을 공격하는 시위가 계속 이어졌다. 9월 17일 인문대 5동 건물 난간에서 김성환 등이 '학원반파쇼선언'을 살포하며 시위를 벌인 것을 시작으로 2학기 동안 한 달에 한 번꼴로 시위가 벌여졌다. 이로써 서울대 학생운동이 무림사건과 학림사건의 피해를 극복하고 투쟁 역량을 완전히 회복했음을 분명히 보여주었다.

• 거리로 진출하다

1982년 1학기 관악캠퍼스는 상대적으로 조용했다. 5월 27일 김태훈의 1주기를 맞아 그를 추모하는 모임을 아크로폴리스에서 열려다가 경찰이 저지하자 학생 100여 명이 시위를 벌인 것이 고작이었다. 1982년 1학기에 들어서 학생시위가 줄어든 것은 앞에서 살펴보았듯이 이 무렵부터 학생운동의 역량을 학과, 오픈서클, 학도호국단 등 대중 활동의 공간을 확대하는 데 집중적으로 투입했기 때문이다.

학생들의 시위는 줄어들었지만 집회는 결코 줄어들지 않았다. 학생운동 진영이 학도호국단을 장악했기 때문에 학도호국단을 통해 합법적으로 행사를 열 수 있었던 것이다. 물론 정치적 색채가 뚜렷한 집회를 열 수는 없었지만 대동제 등 문화행사를 통해 학생들의 정치의식을 고양시키는 것은 어느 정도 가능했다.

2학기가 시작되자 학생시위는 본격적으로 터져 나왔다. 당시 가장 먼저 학생시위 이슈를 제공한 것은 일본이었다. 일본이 역사 교과서를 왜곡해 식민지지배와 침략전쟁을 부인·미화하자 7월 22일 한국의 문교부가 이를 시정하라고 요구함으로써 양국 간 외교 현안이 되었기 때문이다. 일본 교과서 문제는 대중적인 호소력이 있는 이슈였던 만큼 서울대 학생운동 진영은 이 문제를 정치쟁점화하기로 했다.

학생들은 여름방학이 끝나기 전인 8월 20일에 일본의 교과서 왜곡을 규탄하는 반일시위를 개시했으며, 2학기 개강과 함께 본격적으로 대응에 나섰다. 9월 14일 역사 관련 네 개 학과 학생들이 이 문제와 관련해 공개 토론회를 열었는데, 학술적인 성격의 행사로는 유례없이 많은 학생들이 참석하여 열띤 토론을 벌였다. 9월 15일과 16일 이틀에 걸쳐 일본의 교과서 왜곡을 규탄하고 일본과의 경제협력을 중단할 것을 요구하는 교내 시위가 벌어졌다.

당시 학생운동 진영은 일본을 규탄하는 반일시위를 전두환 정권의 매판성을 비판하는 반정부 투쟁으로 발전시키려 했다. 또한 일본 교과서 문제는 국민적인 호응을 받을 수 있는 이슈였기 때문에 이 문제를 가지고 조심스럽게 도심지에서의 가두시위를 시도했다. 9월 24일 오후 1시경 박승현과 박정곤 등은 일본의 교과서 왜곡을 규탄하는 교내 시위를 벌인 후 오후 4시경 종로2가 YMCA회관 앞에서 거리시위를 벌였다. 이날 서울대뿐 아니라 다른 대학 학생들도 거리시위에 나섰고, 시청 앞과 청계천 등지에서도 동시다발적으로 시위가 일어났다. 이날의 시위는 1980년 서울의 봄 이후 최초로 성사시킨 도심지 가두시위였다.

11월 3일은 일제강점기 광주학생운동을 기념하는 학생의 날이다. 그런데 박정희 정권이 1972년 10월 유신 선포와 동시에 학생의 날을 폐지해 버렸다. 이에 1982년 11월 3일 김상준을 비롯한 학도호국단 간부들은 '학생의 날에 즈음하여'라는 제목의 유인물을 뿌려 학생의 날의 부활을 요구하면서 교내 시위를 벌였다. 그들의 시위는 신호탄에 불과했고 진짜 노리고 있던 것은 도심지 가두시위였다.

학생들은 이날 저녁 다시금 도심지 가두시위를 벌였다. 이날 약 2000명의 학생들이 시위에 참가했다. 시위대는 종로 2가와 종로 3가 사이를 오가며 게릴라 시위를 전개했고, 400여 명이 연행되었다. 이날 시위는 9월의 시위 때와 달리 "전두환 정권 타도"라는 구호를 전면에 내걸었다. 이렇게 서울대 학생운동은 5·17군사정변 이후의 상처를 이겨내고 역량을 회복하는 데 성공했다. 1982년 하반기에 이르면 그 힘을 드디어 외진 관악 교정의 울타리를 넘어 도심의 거리로까지 분출하기 시작했다.

해마다 5월이면 벌어지던 교문 투쟁

● 전두환 정권과의 정면충돌

1983년에 들어서자 학생시위는 건수도 급증하고 강도도 훨씬 격렬해졌다. 최근 2년간 5월을 제외하고는 한 달에 한 번 정도였으나 1983년에는 4월 8일 첫 시위 이후 한 달 동안에도 여러 차례 시위가 일어났다. 학생운동이 양적으로 성장한 결과 시위를 주도하겠다고 나서는 사람이 많아 순번을 조정하기 어려울 정도였다.

특히 5월에는 5월 6일, 13일, 18일, 24일, 27일 등 다섯 번이나 시위가 벌어졌고, 갈수록 격렬해졌다. 이에 따라 경찰과의 물리적 충돌도 더욱 심해졌다. 5월 13일 사복형사들이 학생들을 무자비하게 구타하자 학생들이 도망치지 않고 돌과 각목으로 맞서 치열한 난투극이 벌어졌다.

5월 24일의 시위는 더욱 격렬했다. 학생들은 인문사회관 7동에 들어가 "폭력정권 타도하자"라는 내용의 유인물을 뿌리고 바리케이드를 쳐서 경찰의 진입을 막았다. 그 와중에 사회대 행정실에 있던 학생 사찰 관련 서류를 들고 나와 불태워 버렸다. 그러자 경찰은 5동에서 8동까지의 모든 출입문을 봉쇄하고 건물 안에 난입해 학생들을 무차별 연행했으며, 이 과정에서 대학원생과 교수들에게까지 폭행을 가했다. 이날 모두 465명의 학생이 연행되어 4명이 구속되고, 무기정학 2명과 강제 입대 18명 등의 징계를 받았다.

5월 27일 시위는 관악교정에서 시작된 후 시내 중심가로 이어졌다. 이세욱과 최광열 등의 주도하에 학생들은 이날 저녁 광화문과 종로 3가, 영등포 등으로 진출해 가두시위를 벌였다. 1982년 2학기에 시도되어 비교적 성공적이었다는 평가를 받은 가두시위를 더욱 본격화한 것이었다.

1983년의 도심지 가두시위는 5월 27일, 6월 16일, 9월 30일, 11월 11일 등 네 차례나 벌어졌다. 이는 대부분 서울대·고려대·연세대·성균관대 등 4개 학교의 연대 모임에 의거한 연합 시위였다. 낮에 교내에서 시위를 벌인 후 저녁 때 도심으로 진출해 게릴라 시위를 벌이는 것이 일반적인 패턴이었다. "민주회복"과 "서민 생계 보장" 등의 구호를 외쳤으며, 간혹 김영삼 단식에 대해 해명할 것을 요구하거나 레이건 미국 대통령의 한국 방문을 반대하는 등 시의성 있는 주장을 펼치기도 했다.

시위대와 경찰의 충돌이 격렬해지자 공안 당국은 더 많은 사복형사를 학내에 투입해 촘촘한 감시망을 펼쳤다. 새벽 시간에 유인물이 살포되는 것을 막기 위해 24시간 감시체계를 구축했고, 심지어 도서관 열람실에까지 사복형사를 배치했다. 이렇게 촘촘해진 감시체계는 기어코 황정하의 죽음을 불러오고야 말았다.

황정하는 도시공학과 4년생으로 11월 8일 시위 팀의 일원이었다. 그의 임무는 도서관 난간에서 고공 시위를 이끄는 것이었다. 그가 도서관 창문을 뜯고 난간으로 내려오려는 순간 열람실에 잠복해 있던 사복형사들이 잡으려 달려드는 바람에 중심을 잃고 도서관 아래 시멘트 바닥으로 떨어져 숨지고 말았다. 이제 시위 주도에도 목숨을 걸어야 하는 상황이 된 것이다. 이날 시위를 위해 준비한 유인물에는 레이건 대통령의 방한에 맞춰 전두환 정권의 폭정에 반대한다는 내용이 담겨 있었다.

한편 학내문제 역시 학생시위의 중요한 이슈였고 1983년의 새로운 이슈로 떠오른 것이 졸업정원제 문제이다. 그 시초는 3월 11일 졸업정원제의 문제점을 지적하는 유인물이 교내에 뿌려진 것이었다. 2학기에는 학도호국단도 이

> ## 우리는 형제를 잃었다
>
> 지난 11월 8일 민주화 시위를 주도하려다 추락한 황정하형은 11시 22분 절명하고 말았
> 다. 민주를 위하여 진달래처럼 붉게 핀 정하형의 죽음 앞에 아직 살아 있는 사람들로서 우
> 리는 형을 추모한다. …… 피와 자유를 맞바꾸려 했던 80년의 열기들. 그 항쟁과 피흘림
> 의 역사 속에 정하형은 김상진형, 김태훈형과 함께 우뚝 솟아 우리의 메마른 가슴 속에 활
> 활 타오르고 있는 것이다. …… 어두운 시대가 정하형을 죽음으로 몰아간 것이다. 죽은 것
> 은 우리이고 산 것은 정하형이 아닌가? …… 험한 역사의 길에 동참하라는 정하형의 소리
> 가 귀에 쟁쟁 울리는 지금 우리는 그의 죽음을 회피하지 않고 현실의 첨예한 모순의 드러
> 남으로서 직시하려 한다. ……
> 우리의 결의: 오늘(11.18) 오후 1시 아크로폴리스에서 황정하형의 학원장을 거행함과 동
> 시에 민주화시국학생총회를 개최한다.
>
> 1983년 11월 18일 서울대학교학도호국단

문제에 뛰어들었다. 학도호국단은 9월 27일 졸업정원제에 관한 공청회를 개
최하려 했으나 학교 당국의 금지로 무산되었다. 이에 1500여 명의 학생들이
행사 예정일인 9월 27일 아크로폴리스에 모여 졸업정원제를 반대하는 시위를
벌였다. 이 시위는 28일에도 이어졌으며 10월 7일에는 수원캠퍼스에서도 시
위가 벌어졌다. 1983년에 들어서 졸업정원제 문제가 뜨거운 이슈로 부각된
것은 이 제도에 의한 강제 탈락이 눈앞의 현실로 닥쳐오고 있었기 때문이다.

　학교 안팎에서 학생시위가 일상화되고 격렬해지면서 학생들의 복장도 바
뀌었다. 구두 대신 운동화를 즐겨 신었으며 손가방보다는 어깨에 걸쳐 멜 수
있는 숄더색이 유행했다. 아크로폴리스광장의 장미꽃과 도서관 창문의 쇠창
살에 이어 열람실 안에까지 잠복한 형사들 때문에 캠퍼스 전체가 거대한 감
옥으로 바뀌었다. 전과 달리 휴교와 휴업은 없었다.

6. '학원자율화조치'와 학생회 재건

● 학원자율화조치

전두환 정권은 1983년 말부터 이른바 '학원자율화조치'를 취했다. 먼저 12월 21일 시국 문제와 관련하여 제적된 학생들의 복교를 허용하고 처벌 위주의 학생 대책을 선도 위주로 바꾸겠다고 발표했다. 이에 따라 공안사건 관련자 172명이 특별사면과 형집행정지로 풀려났는데, 그 안에 학생시위 관련자 131명도 포함되었다. 당시 정부가 밝힌 복교 대상자는 모두 1363명이었는데 그 가운데 서울대생은 210명이다.

곧이어 대학에 상주하던 경찰을 철수시키는 조치도 취해졌다. 1984년 1월 권이혁 문교부 장관은 총장, 학장이 요청하면 대학에 상주하는 경찰을 철수시킬 수 있다고 했다. 경찰은 2월 29일 학내에 상주하던 사복형사들을 모두 철수시켰고, 앞으로 총장, 학장의 요청이 있을 때만 대학에 경찰 병력을 투입하겠다고 밝혔다. 이와 같은 유화적인 조치는 서울아시안게임(1986)을 앞두고 국제여론을 의식한 결과이기도 하다.

시국 문제와 관련해 제적되었던 서울대생 140명은 1984년 1월 14일 총회를 열고 '진정한 복교를 위하여'라는 결의문을 채택했다. 학생들은 이 결의문에서 복교를 위해서는 학원민주화가 선행되어야 하며 모든 부문에서 권리 회복과 민주주의의 보장이 이뤄져야 한다고 주장했다. 1월 25일에는 경인지구 20개 대학의 제적생들이 모여 통합복교대책위원회를 구성했다. 제적된 학생의 복학 문제는 3월 신학기가 시작되면서 일단락되었다.

한편 전두환 정권이 학원자율화조치를 취한 이유를 분석하는 과정에서 학생운동 주도층의 입장이 내인론과 외인론으로 갈라졌다. 내인론자들은 자율화조치가 전두환 정권의 통치 체제가 균열되어 나타난 일시적 현상이며 형식적이고 기만적인 조치에 불과하므로 곧 폭압적 본질을 다시 드러낼 것이라고 주장했다. 이에 비해 외인론자들은 자율화조치가 미국과 중국의 관계 개선이라는 동북아시아 국제정세의 변화와 그에 따른 미국의 외교적 압력에 의한 것이며, 따라서 생각보다 장기화될 수도 있다고 주장했다.

현실에 대한 진단이 다른 만큼 처방도 달랐다. 내인론자들은 전두환 정권의 균열이 드러나기 시작한 이상 이를 타격하기 위해 과감한 정치투쟁이 필요하다고 주장했다. 이에 비해 외인론자들은 유화 국면이 생각보다 오래 이어질 수도 있으므로 이를 이용해 대중적 기반을 확대할 필요가 있다고 주장했다. 양측은 1984년 이후 각자의 입장에 따라 실천 활동을 전개했다.

● '학자추위'의 결성과 활동

1984년 봄부터 시작된 학원자율화 운동의 모태 역할을 한 것은 학도호국단이다. 앞에서 보았듯이 이미 3년 전부터 학생운동 진영은 학도호국단을 장악하여 활용해 왔으므로 이는 자연스러운 일이라 할 수 있다.

학도호국단은 출범하자마자 그 산하에 학원자율화 운동을 추진하기 위해

진정한 학원자율화를 위한 우리의 노력은 이제 시작되었다

지난 겨울 제적생 복교 조치 및 학내 상주 경찰의 철수가 발표된 이후 학내·외에서는 거의 매일 자율화에 대한 논의가 계속되고 있습니다. …… 그러나 우리에게 주어진 자율은 외부에서 일방적 선언에 의해 만들어진 형식적인 자율화인만큼 아직도 우리에게는 알찬 내용을 채워나갈 노력이 절실히 요구되는 것입니다. 이러한 필요성에 의해 지난 14일 아크로폴리스에서 많은 학우들의 뜨거운 격려와 성원 속에 학원자율화추진위(학자추위로 약칭)가 발기하기에 이른 것입니다. 우리는 학원자율화를 저해하여 온 제반 문제들을 분류하여 좀 더 효율적인 학우들의 의견 수렴과 이의 해결 방향을 찾기 위해 학자추위 산하에 학칙·교육·문화·언론분과를 두기로 했으며 학자추위는 총단 집행부 8인, 단대학생장 15인, 분과 정·부위원장 8인, 서클 대표 23인, 학내 언론대표 23인으로 구성했습니다. ……

1984년 3월 16일
서울대학교 학원자율화추진위원회

'학원자율화추진위원회'(이하 학자추위)를 구성했다. 학자추위는 명목상 학도호국단 산하 조직으로 출범했지만 실제로는 학도호국단을 대체하는 자치 조직을 지향했다.

학도호국단은 3월 6일 공개토론회를 개최하여 학원자율화에 관한 논의를 시작했다. 여기서 학도호국단을 대신할 새로운 학생자치 조직을 건설하는 문제가 논의되었고 그에 따라 학도호국단은 3월 9일 운영위원회를 개최해 학자추위를 결성하기로 결의했다. 이처럼 학자추위는 처음부터 학도호국단을 대체하는 학생자치 조직으로 만들어진 것이다.

학자추위는 새로운 학생자치 기구를 지향하는 만큼 상향식으로 만들어졌다. 먼저 각 학과를 단위로 학과 학자추위가 결성되었으며, 이를 기반으로 각 단과대학별 학자추위가 구성되었고, 마지막으로 이를 묶어 서울대 전체 학자추위가 구성되었다. 전체 학자추위는 3월 14일 아크로폴리스에서 2000여 명의 학생들이 모인 가운데 결성되었다. 그 위원장으로 남승우가 선출되었다.

학자추위는 출범식에서 학원자율화를 위한 실천 과제로 학칙 개정, 학내 언론 자유 보장, 졸업정원제와 분담 지도교수제 및 지도휴학제의 폐지 등을 내걸었다. 학자추위는 이 무렵 함께 결성된 언론협의체 및 서클협의회와 손잡고 학원자율화를 위한 실천 활동에 들어갔다. 3월 20일 학생회관 등 여섯 곳에 '자유의 벽'을 설치해 학생들이 자유롭게 대자보를 붙일 수 있도록 했다. 4월 3일에는 아크로폴리스에서 집회를 열고 그 주변의 장미를 뽑아냈으며 학교 당국에게 도서관 쇠창살을 철거해 줄 것을 요구했다.

학자추위는 3월 30일 한희철 추도식을 거행했다. 한희철은 군 복무 중인 1983년 12월 11일 녹화사업과 관련해 의문의 죽음을 당했다. 이 무렵 다른 대학에서도 강제징집에 따른 녹화사업으로 말미암아 의문사한 학생이 있어서 당시 대학가에서 큰 이슈가 되고 있었다. 학자추위는 한희철과 같은 희생자가 또다시 발생하지 않도록 하기 위해 지도휴학제와 강제징집을 철폐할 것을 요구하는 서명운동을 전개했다.

한편 학자추위는 학교 당국에 자신을 공식적인 학생자치 기구로 인정해 줄

것을 요구했다. 하지만 당시 학교 당국은 정부의 눈치를 살피느라 학자추위를 학도호국단 산하의 자문기구로서만 대우할 뿐이었다. 이에 맞서 학자추위와 학도호국단 간부들은 4월 10일부터 12일까지 도서관을 점거하고 철야 농성을 벌이기까지 했다. 하지만 학교 당국은 끝내 이러한 요구에 응하지 않았다.

그러자 학자추위와 학도호국단은 4월 12일 철야 농성 해단식을 갖고 학생 운동의 방향을 정치민주화로 전환할 것을 선언했다. 서울대와 고려대 등 6개 대학 학자추위와 학도호국단들이 5월 4일 고려대에서 강제징집 사망 학우 합동 위령제를 개최했으며, 5월 9일에는 서울대 등 5개 대학 연합 통일문제 심포지엄을 개최했다.

서울대는 5월 11일 아크로폴리스에서 '자율화실천보고 및 결의대회'를 개최했는데, 이 자리에서 그 산하 기구로 민중생활조사위원회와 광주항쟁진상조사위원회를 구성했다. 민중생활조사위원회는 노동자·농민·도시빈민 등 민중의 어려운 삶의 실태를 학생들에게 알리는 역할을 했으며, 광주항쟁진상조

한희철 형은 누가 죽였는가?

한희철 형은 79년에 입학했으며 독실한 가톨릭 신자로(세례명 귀리노) 가톨릭학생회에서 활동해 왔다. 몸은 무척 허약한 편이었으나 성품은 대단히 강직했다고 한다. 82년 1학기 군에 입대하여 83년 가을 이른바 야학연합회 사건 수사 중 그가 교사로 있었던 야학이 문제가 되어 보안사로부터 모종의 수사를 받았다고 한다. 83년 11월 중순경 돌연 휴가를 나와서 보름 정도 집에 머물다 11월 말 경 귀대했다. 12월 10일 그가 자살했다는 통지서와 함께 타이핑된 유서가 도착했다. 그의 부친이 시체를 확인한 결과 가슴에 3발의 총상을 입고 있었다고 한다. 소속 부대에서 거행된 그의 장례식에서는 조포 발사와 함께 애국 군인의 예우를 받았다고 한다(자살자에게 애국군인 대우는 비상례적임). 그의 유해는 화장되고 말았다.

1984년 3월 16일
민족의 민주화를 희구하는 민주학우로부터

사위원회는 전두환 정권의 폭력성을 폭로하는 활동을 전개했다.

학생들은 학자추위 산하 두 위원회의 활동을 기반으로 정치민주화를 위한 행동에 나섰다. 그들은 5월 17일 광주항쟁 기념식을 관악교정에서 가진 후 서대문 로터리 등지에 나가서 거리시위를 벌였다. 이후 해마다 5월이면 광주항쟁을 기리는 교내 집회를 가진 뒤 거리시위를 벌이는 것이 전통처럼 되었다. 5월 25일에는 남대문시장·가리봉오거리·부천역 등지에서 노동삼권 보장, 서민생계 보장, 임금동결 철폐 등을 외치며 거리시위를 벌였다.

● 속속 등장한 대안언론

당시 학내외 언론은 전두환 정권의 엄격한 보도 통제로 진실을 전하지 못하고 있었다. 그에 대한 학생들의 불만과 불신을 표출하기 위한 퍼포먼스로 학자추위는 1984년 4월 6일 관제언론 화형식을 거행했다. 이때 여러 일간신문뿐만 아니라 《대학신문》도 함께 불태워지는 수모를 겪었으니, 학생들의 불신이 그만큼 깊었던 탓이다. 이에 학생들은 학내 민주화운동의 일환으로 그것을 대신하기 위한 대안언론을 만드는 일을 시작했다.

대안언론 건설의 핵심적 역할을 맡은 것은 1984년 3월 28일 결성된 언론협의체였다. 언론협의체는 단과대학 학보사 편집실의 연대 기구로, 여기서 가장 먼저 추진한 사업은 《대학신문》을 대신할 수 있는 그야말로 진정한 '학생의 신문'을 발간하는 것이었다.

언론협의체는 5월 14일 《자유언론》을 창간했다. 《자유언론》은 일간지와 같은 판형으로 처음에는 4면으로 시작했지만, 학생들의 호응이 좋아 8면으로 증면했다. 약 4000부를 발행·판매해 제작비를 충당했다. 학생들은 공짜로 받아볼 수 있는 《대학신문》을 거부하고 돈을 주고 사서 보는 《자유언론》을 읽기 시작했다. 이 무렵 농대에서도 농과대학 언론활동위원회가 농대 학생 신문 《민주서둔》을 펴냈다.

한편 학자추위 기관지 《아크로폴리스》도 5월 14일 창간되었다. 사륙배판 22쪽짜리 소책자 형태로, 학생운동 및 사회운동 소식과 칼럼·기획·투고·

논단·특집 등을 담았다. ≪자유언론≫이 신문의 형태를 취하고 있었다면 ≪아크로폴리스≫는 잡지 형태를 취했다. 매체의 형태와 역할이라는 면에서 그것은 1983년의 지하 유인물 ≪민주광장≫을 계승한 것이었다. 한 장짜리 지하 유인물이 진화를 거듭해 10쪽 내외의 잡지로 탄생한 것이 ≪민주광장≫으로, 4호까지 발행되었다.

학원자율화조치로 복학한 복학생들도 ≪전진≫이라는 기관지를 발행해 대안언론 건설에 힘을 보탰다.

≪자유언론≫, 제2호

≪전진≫은 복학생협의회의 소식지를 넘어 자신들의 경험을 후배들에게 전수하기 위한 일종의 이론지 구실을 했다. 이것은 복학생뿐 아니라 재학생들에게도 인기가 있어 ≪자유언론≫이나 ≪아크로폴리스≫처럼 유가지로 판매되었다.

이때 발행된 대안언론 중 하나로 각 학과에서 발행한 과회지도 빼놓을 수 없다. 과회지는 학과를 무대로 한 대중 활동이 활발히 전개되기 시작한 1982년 무렵부터 발행되었으며 1984년 학원자율화를 추진하면서 각 학과 학자추위 언론분과에 의해 더욱 확산되었다.

또 하나의 대안언론으로 대자보를 들 수 있다. 대자보는 1980년 서울의 봄 당시 잠깐 등장했다가 5·17군사정변으로 자취를 감추었으나 학원자율화 추진 상황에서 다시 등장했다. 학자추위는 1984년 3월 20일 '자유의 벽'이라는 이름의 벽보판을 교내 다섯 곳에 설치했고, 학생들은 여기에 대자보를 붙였다. 이를 학교 당국이 철거하고 학생들이 재설치하는 공방전을 벌인 끝에 살아남아, '자유의 벽'은 또 하나의 대안언론으로 정착했다. 수원캠퍼스에서도 농대 학자추위가 설치한 '상록의 벽'이 그런 역할을 담당했다.

● 학생회를 다시 만들다

1984년 봄부터 시작된 학원자율화 운동은 2학기에 들어서 학생회의 재건으로 이어졌다. 서울대에서는 8월 15일 학도호국단·학자추위·언론협의체·서클협의회가 힘을 합쳐 '학생대표기구개선협의회'를 구성했다. 이 협의회가 마련한 학생회칙 시안이 9월 14일 열린 학생총회에서 통과됨으로써 새 학생회칙으로 확정되었다. 이 과정에서 학자추위의 기초 단위인 학과별 학생자치 조직들이 큰 역할을 했다.

새 학생회칙은 1980년의 학생회칙을 대부분 원용했다. 하지만 총학생회장의 선출 방식만은 총대의원회에 의한 간선제에서 직선제로 바꾸었다. 그에 따라 총학생회장의 위상이 전에 비해 강화되었다. 새 학생회칙에 따라 이정우가 총학생회장에 선출되고, 9월 28일 총학생회가 정식으로 출범했다. 그 무렵 각 단과대학마다 여학생회장을 선출했고 이듬해 봄 총여학생회장을 선출함으로써 총여학생회가 다시 만들어졌다. 이로써 학생회의 재건 작업이 모두 마무리되었다.

다시 만들어진 서울대 학생회는 처음부터 여러 가지 어려움을 겪어야만 했다. 학교 당국은 학도호국단만을 공식 기구로 인정할 뿐 학생회를 인정하지 않았고, 학도호국단비라는 이름으로 등록금과 함께 걷은 학생자치 경비를 학생회에 전달하지 않았기 때문이다. 이에 학생회는 학생들로 하여금 학생회비를 학생회에 직접 납부하도록 하는 캠페인을 벌였다. 당분간 호국단과 학생회가 병존하는 보기 드문 상황이 전개되었다.

학생회가 새로 출범할 무렵 발생한 이른바 '서울대 프락치 사건'도 이제 막 본격적인 활동을 시작하려는 학생회의 발목을 잡았다. 학생회를 재건하는 과정에서 학교 구내에 잠입해 정보를 수집하던 가짜 학생이 적발되었는데, 경찰이 학원자율화조치에 따라 사복형사를 철수시킨 뒤 그 대신 투입한 끄나풀이었다. 이 사건이 발생하자 경찰은 즉각 복학생협의회장 유시민을 구속하고 학도호국단 총학생장 백태웅을 비롯해 8명의 학생을 수배했다.

백태웅을 비롯한 350여 명의 학생들이 9월 28일 당시 제1야당이었던 민한

당사로 몰려가 이 사건의 진상을 규명해 줄 것을 요구했다. 하지만 학교 당국은 다음 날 곧바로 백태웅과 총학생회장 이정우 등 관련 학생들을 제명했다. 학교 당국은 10월 4일에도 전 학자추위 위원장 남승우 등 3명을 추가로 제명했다.

총학생회는 이에 맞서 10월 중순부터 중간고사를 거부할 것을 결의했다. 법대와 사범대를 중심으로 시험 거부가 확산되면서 10월 22일에 이르면 기초과정 중간고사 결시율이 80%를 넘어섰다. 그러자 경찰은 중간고사에 응시하려는 학생을 보호한다는 이유를 내세우며 5월 24일 새벽 6420명의 병력을 교내에 투입했다. 하지만 경찰이 투입된 후 결시율은 오히려 높아졌다.

총학생회는 10월 26일 2000여 명의 학생들이 참가한 가운데 경찰 투입에 항의하는 대규모 집회를 열었다. 그들은 집회를 마친 후 교문으로 몰려가 시위를 벌였다. 총학생회가 재건된 후, 아크로폴리스에서 집회를 한 뒤에 교문으로 몰려가 그곳을 지키는 전경들과 공방전을 벌인 다음 교내로 돌아와 농성을 벌이는 것이 일상적인 풍경이 되었다.

경찰은 이후에도 신임 총학생회장 이정우를 체포하기 위해 병력을 종종 교내에 투입했다. 이정우를 찾는다며 퇴근하는 교수의 차량 트렁크를 뒤지기까지 했다. 그는 수배된 지 86일 만인 12월 29일 체포되었다. 그가 겪은 고초에서 볼 수 있듯이 재건된 총학생회의 앞날은 험난하기만 했다.

총학생회는 이러한 어려운 여건 속에서도 학생자치 기구로서 활동을 시작했다. 총학생회의 뿌리는 각 학과에 조직된 과학생회였다. 총학생회가 재건됨에 따라 각 학과를 단위로 실시되던 농촌활동도 총학생회 차원에서 더욱 조직적으로 전개할 수 있었다. 총학생회가 주관하는 농촌활동은 1985년 여름 방학부터 실시되었는데, 모두 133개 팀 2800명의 학생들이 참가했다.

전국 각 대학 총학생회 간의 연합조직을 건설하는 작업도 시작되었다. 1984년 11월 3일 각 대학의 학생회장들이 모여 '전국학생대표기구회의'를 만들고 11월 20일에는 이를 확대·개편해 전국학생총연맹을 결성했다. 전국학생총연맹에는 전국 42개 대학 총학생회가 참여했다. 이 연맹의 의장은 지명

수배 중이던 서울대 총학생회장 이정우, 부의장은 고려대 총학생회장 김영춘, 대변인은 연세대 총학생회장 송영길이 맡았다.

7. 혁명을 꿈꾸다

● 급진화된 학생운동

학생들은 1980년대 중반부터 정부에 대한 비판 차원을 넘어 더 근본적인 사회적 변화, 즉 혁명을 모색하기 시작했다. 그 직접적인 배경은 신군부의 강권 통치였지만, 그보다 좀 더 긴 모색 과정이 주목되어야 한다.

학생들이 형식적·절차적 민주주의를 넘어 노동문제에까지 관심을 기울이게 된 것은 1970년 전태일 분신 사건 이후이다. 이를 계기로 많은 학생들이 야학이나 산업선교회 등을 통해 노동운동에 관여하기 시작했으며, 직접 노동 현장에 뛰어들기도 했다. 1970년대 말에는 그 이전부터 이어져 온 마르크스주의 경제학을 바탕으로 한국 경제를 분석해 근본적인 사회변혁의 필요성을 제기하고 그 속에서 학생운동의 장기적 방향을 가늠해 보는 사람도 나타났다. 하지만 그러한 논의는 아직 원론적인 수준에 머물러 있었다.

이런 과정을 거쳐 1980년대에 들어서자 학생운동은 빠른 속도로 급진화했다. 산업화에 따른 계급 간 갈등이 더욱 심해진 데다가 광주민중항쟁의 경험이 큰 영향을 미친 결과이다. 특히 광주항쟁은 전통적으로 미국에 대해 품었던 우호적인 생각을 바꾸게 하는 근본적인 원인이 되었다. 대학가에서는 한국전쟁 이래로 한국 사회를 지배하고 있던 반공이데올로기가 무너지고 여태까지 학생들의 생각을 가두어놓았던 사상적 금기가 깨어져 버렸다. 이제 학생들은 근본적인 사회적 변화, 즉 혁명을 공공연히 얘기하기 시작했다.

혁명을 실행에 옮기기 위해서는 사회적 모순의 구조와 그에 상응하는 변혁의 성격을 과학적으로 규명할 필요가 있다. 이를 위해 학생들은 유물론과 변증법 등 마르크스레닌주의에 입각한 서적들, 외국의 사회개혁과 혁명의 경험을 담은 책들을 본격적으로 탐독하기 시작했다. 당시 이러한 책들을 '사회과학서적'이라고 불렀다. 이와 같은 책을 출판해 학생들에게 공급하는 '사회과학출판사'와 '사회과학서점'들도 등장했다. 1980년대는 그야말로 사회과학의 시대였다.

학생들은 이와 같은 사회과학 학습을 기반으로 한국 사회의 성격과 한국혁명의 방향을 탐색하기 시작했다. 그 하나의 단면을 보여준 예가 바로 CNP론이다. CNP론은 1983년 9월 결성된 민주화운동청년연합(이하 민청련)에서 당시 각 운동단체와 세력의 성향 및 입장을 분석해 세 노선으로 구분하여 정리한 것이었다. CNP란 시민민주주의(civil democracy)와 민족민주주의(national democracy), 민중민주주의(people's democracy)의 영문 이니셜을 모아놓은 것이다.

시민민주주의혁명(CDR)론은 한국의 사회 성격을 주변부 자본주의로 파악하고, 그 속에서 핍박받는 계층은 노동자와 농민뿐 아니라 영세자영업자와 중소자본가도 포함하므로 당면한 투쟁의 목표는 이 네 계층의 연합으로 독재권력을 타도하고 민주적인 민간 정부를 수립하는 것이라고 보았다.

이에 비해 민중민주주의혁명(PDR)론은 한국의 사회 성격을 국가독점자본주의로 파악하고 그 속에서 핍박받는 계급은 노동자이므로 당면한 투쟁의 목표는 노동자계급을 주체로 하여 자본주의 체제의 모순을 타파하는 것이라고 보았다. 마지막으로 민족민주주의혁명(NDR)론은 대략 CDR과 PDR 사이의 중간쯤에 해당하는 노선으로, 당시 민청련은 CDR과 PDR을 포용하며 연대한다는 뜻에서 자신의 운동 노선을 NDR론으로 정리했다.

민청련의 CNP론은 원래 이 단체의 회원들을 위한 내부용 교육자료였지만 이 단체의 회원들과 서울대생들은 선후배 관계로 연결되어 있었기 때문에 학생들에게도 큰 영향을 미쳤다. 민청련의 CNP론을 계기로 학생들 사이에 한국의 사회 성격과 혁명 주체에 대한 논의가 확산되었으니, 이제 학생들도 그만한 위험을 감수해야만 했다.

- 깃발그룹의 활약

1984년 가을 「깃발」이라는 이름의 유인물이 두 차례에 걸쳐 서울대 구내에 살포되었다. 「깃발」 제1호(8월 21일)와 2호(10월 4일)는 각기 12쪽과 17쪽의 소책자 형태로 만들어졌다. 1983년에도 「민주광장」이 소책자 형태로 4호까지 발행된 바 있지만, 「깃발」의 내용은 그것과 전혀 달랐다. 그것이 일반 학생을 대상으로 한 것이었다면 「깃발」은 시기별 정세 분석과 그에 따른 학생운동의 방향을 담고 있다는 점에서 학생운동 활동가들을 대상으로 한 것이었다.

공안 당국은 이런 차이에 주목하고 전담반을 구성해 수사에 착수했다. 서울대 학생운동을 배후에서 조종하는 세력에 의해 제작된 유인물이라고 본 것이다. 「깃발」 제1호는 전두환 대통령의 일본 방문을 비판하라고 했는데, 실제로 2주 뒤인 9월 4일 서울지역 19개 대학 학생들이 종로 2가 등지에서 이를 위한 연합 가두시위를 벌였다. 서울대 학생들은 9월 6일에도 강남터미널 일대에서 전두환의 일본 방문을 반대하는 가두시위를 벌였다.

10월 4일에 배포된 「깃발」 제2호는 청계피복노조 지원 투쟁의 중요성을 강조했는데, 실제로 10월 12일에는 서울대생을 비롯한 대학생들이 노동자들과 힘을 합쳐 '청계피복노조 합법화쟁취대회'를 개최했다. 「깃발」은 빈민과 노동자 밀집지대인 '생산지'를 무대로 하는 투쟁의 중요성도 강조했으며, 그에 따라 학생들은 1984년 2학기에 구로공단·부평역·남대문시장·성남시 등 이른바 생산지에서의 가두시위를 벌였다.

이렇게 「깃발」에서 제시한 내용이 상당 부분 현실화되자 경찰은 본격적으로 수사에 착수했다. 경찰은 집요한 추적 끝에 이듬해인 1985년 봄부터 이 책자를 발행한 그룹의 구성원들을 하나둘 체포하기 시작했다. 검찰은 같은 해 10월 29일 문용식을 비롯한 일부 학생들이 민주화추진위원회(이하 민추위)라는 지하 단체를 조직해 학생운동을 배후에서 조종한 혐의로 관련자 29명을 구속했다고 발표했다.

공안 당국의 발표에 의하면 민추위는 1984년 10월경 구성되었다. 민추위는 하부조직으로 민주화투쟁위원회, 노동문제투쟁위원회, 홍보위원회, 깃발

> ## 현 국면에서의 학생운동의 지도 방향
>
> 학생운동의 기본축은 정치투쟁(선도적)이며 그 보조축은 민중지원투쟁이다.
> 학생운동의 정치투쟁을 선도하는 역할은 제 계층을 망라한 반파쇼투쟁의 연대성 확보에
> 있으며, 이는 또한 민중운동의 활성화를 위한 여건 조성을 가능하게 한다. 민중지원투쟁
> 은 장기적으로 노학연대의 기반 위에서 타 계층운동을 포섭할 수 있는 운동의 계급적 토
> 대를 구축하는 것이다. 이로써 학생운동은 현실적인 정치투쟁 역량을 가지면서 운동의 민
> 중 지향성과 구체성을 획득할 수 있고 또한 학생운동의 양축은 원활한 상호 관련 하에 적
> 의 물적 정치적 기반을 붕괴시키고 운동의 대중성과 민중성을 확보할 수 있는 것이다.
>
> 「깃발」, 제2호

배포 팀 등을 두었다. 민추위는 비공개적으로 은밀히 활동하는 전위 조직을 지향했다. 민추위 내에서 학생운동에 대한 지도는 민주화투쟁위원회가 담당했다.

이처럼 민추위 그룹은 「깃발」을 통해 큰 선풍을 일으켰지만, 이 그룹이 처음 만들어질 당시만 해도 서울대 학생운동의 주류 세력은 아니었다. 따라서 그들은 학생운동의 방향을 둘러싸고 주류 세력과 치열한 논쟁을 벌였다. 이 논쟁을 일컬어 MT·MC 논쟁이라고 부른다. MT란 민주화투쟁위원회의 약칭인 민투의 영문 이니셜에서 따온 것이며 MC는 주류라는 의미의 main current 의 영문 이니셜이다.

MC그룹이 서울대 학생운동을 주도해 온 '무림'의 전통을 잇고 있었다고 한다면 MT그룹은 '학림'의 전통을 잇고 있었다고 볼 수 있다. 당시 정세를 보는 그들의 기본 관점은 크게 달랐다. MC그룹은 1984년의 학원자율화조치가 상당 기간 지속될 것으로 보고 학생회 건설을 비롯한 학생운동의 대중적 기반을 확대하는 데 주력하고 있었다. 이에 반해 MT그룹은 학원자율화조치가 학생운동을 비롯한 민주화운동과 국민 대중을 분리시키려는 것으로 판단하고 전면적 정치투쟁으로 이를 분쇄하려고 했다. 그 수단은 학생회가 아니라 반

(半)합법적 투쟁 조직이었다.

MT그룹의 반합법 투쟁 조직은 서울대뿐 아니라 다른 대학들에도 만들어졌다. 1984년 11월 2일부터 3일까지 연세대에서 거행된 학생의 날 연합집회에서 여러 대학의 투쟁 조직들이 힘을 합쳐 민주화투쟁학생연합(이하 민투학련)을 결성했다. 이와 달리 MC그룹은 학생회와 그것들의 결집체인 전국학생총연맹을 건설했다.

● 백골단과 화염병의 등장

이처럼 깃발그룹의 노선, 곧 학생회가 아니라 반합법 투쟁 조직이 주도하는 선도적 정치투쟁이 시도됨에 따라 1984년 후반의 학생시위는 더욱 격렬해졌다. 앞서 본 도심지 기습시위와 공단 부근에서의 생산지 투쟁을 넘어서 이제 정권 핵심부의 상징적 건물에 대한 점거 투쟁까지 시도했다. 1985년 1월 14일 당시 집권당인 민정당사 점거가 그것이다.

민정당사 점거 투쟁에는 고려대·연세대·성균관대 민투학련 소속 학생 264명이 참가했으며, 원래 서울대생도 참가할 예정이었으나 중간에 약간 혼선이 생겨서 참가할 수 없게 되었다. 이들이 민정당사를 타격 대상으로 삼은 것은 민추위가 「깃발」 2호를 통해, 총선 대응 전략으로 민정당의 실정과 부정부패를 폭로할 것을 강조한 것과 맥이 닿아 있었다.

학생시위가 더욱 격렬해지자 경찰의 시위 진압 방법도 더욱 거칠어졌다. 1984년 들어서 다탄두 최루탄발사기를 비롯한 신무기를 도입하고, 최루탄 사용량을 크게 늘렸다. 서울대 교내 시위를 막기 위해 10월 10일 하루 동안 소모된 것만 3000만 원어치였다. 당시 서울대의 한 학기 등록금이 50만 원 정도였으니 60명분의 등록금이 하루 만에 날아간 것이다. 최루탄에 맞서서 학생시위대가 사용한 무기는 '짱돌'이었다. 처음에는 길가의 돌멩이를 주워 던졌지만 나중에는 보도블록을 깨서 던졌다.

그뿐만 아니라 경찰은 1980년대 중반에 접어들면 기존의 중무장 전경부대 이외에 경무장한 사복 체포조를 투입하기 시작했다. 이들은 청재킷에 청바지를 입고 머리에 헬멧만을 쓰고 있었다. 이 때문에 당시 학생들은 이들을 '백골단'이라고 불렀다. 이들은 짱돌을 무릅쓰고 몽둥이 하나만을 들고 돌격해 시위 대열을 무너뜨리고 시위 가담자를 체포했다. 시위 현장에 백골단이 등장할 무렵 함께 등장한 것이 바로 화염병이다. 짱돌만으로는 사복 체포조를 막아낼 수가 없었다. 학생들은 이러한 사복 체포조의 돌격을 제압하기 위한 수단으로 화염병을 사용했다.

● 전학련과 삼민투

앞서 본 대로 민추위 그룹은 「깃발」 2호를 통해 1985년 2월 12일로 예정된 국회의원선거에 적극적으로 대응하라는 지침을 내려놓은 상태였다. "모든 민주세력은 반독재 민주화의 대열로"라는 구호 아래 신생 야당과 연대할 것을 주장했다. 전두환 신군부에 의해 발이 묶였다가 거의 5년 만에 풀려난 김영삼 등 정치인들이 1월 18일 신생 야당인 신한민주당을 조직해 전두환 정권을 공격하기 시작했다. 이 선거는 정국의 분수령이 될 것으로 예상되었다.

서울대 총학생회는 1984년 12월 12일에 이미 총선대책위원회를 구성했으며 이듬해 1월 14일에는 서울대에서 범대학 기구인 민주총선쟁취학생연합이 결성되었다. 학생들은 가두시위와 유인물 배포 등 여러 가지 방법으로 이른바 '총선투쟁'을 벌였다. 특히 2월 4일 서울 종로·중구 연설회에서 신한민주당 이민우 후보를 지지하는 대규모 시위는 서울의 판세를 신한민주당 편으로 기울게 만드는 데 기여했다. 다음 날에는 학생들이 동작구의 합동연설회에서 민정당 후보에게 암모니아를 투척하기도 했다.

신생 야당인 신한민주당은 학생들의 총선투쟁에 힘입어 1985년 2월 12일 실시된 국회의원선거에서 돌풍을 일으키며 일약 제1야당으로 떠올랐다. 이 선거로 말미암아 제도권 야당이 활성화되면서 반독재투쟁의 환경이 크게 달라졌다.

총선이 끝나자 학생들은 학생회 재건 작업에 나섰다. 1984년 재건된 총학생회는 학교 당국의 인정을 받지 못한 채 간부들이 구속되는 바람에 제대로 된 사업을 펼쳐보지도 못했다. 1985년 봄 총학생회 준비 위원회가 구성되자 위원장이 경찰에 불법 연행되는 탄압을 받았다. 이러한 탄압 속에 1985년에도 총학생회가 구성되었으나 학교 당국은 여전히 이를 인정하지 않았다. 이는 정부의 방침이었으므로 다른 대학에서도 마찬가지였다.

그럼에도 각 대학 총학생회 간의 연합은 다시금 추진되었다. 4월 10일 아크로폴리스에서 경인 지역 12개 대학 학생 2500명이 모여 경인지구학생연합(이하 경인학련)을 결성했으며, 4월 17일에는 고려대에서 전국학생총연합(이하 전학련)이 결성되었다. 서울대 총학생회장 김민석이 전학련 의장에 선출되었다.

학생회의 연합체인 전학련과 별도로 반합법 투쟁 조직들의 연합체도 만들어졌다. 경인학련을 결성할 때 그 산하에 반외세민족자주수호투쟁학생연합을 만들었으며 전학련을 만들 때 그 산하에 민족통일민주쟁취민중해방특별위원회(이하 삼민특위)를 설치했다. 전학련은 5월 6일 열린 2차대회에서 삼민특위를 민족통일민주쟁취민중해방투쟁위원회(이하 삼민투)로 개편했다. 그다음 날인 5월 7일 아크로폴리스에서는 약 800명의 학생이 모인 가운데 서울대 삼민투 결성식이 개최되었다.

1984년에 시작된 MT그룹과 MC그룹 사이의 논쟁은 1985년에도 여전히 이어지고 있었다. MC그룹은 대중조직인 학생회를, MT그룹은 반합법 투쟁 조직을 강조했다. 따라서 학생회의 연합체인 전학련의 결성은 MC그룹이 주도했다. 하지만 반합법 투쟁 조직인 삼민투의 경우 두 정파가 힘을 합쳐 만들었기 때문에 두 정파 출신인 함운경과 김연형이 공동위원장을 맡았다. 즉 삼민투는 MT그룹과 MC그룹의 타협의 산물이었다.

삼민투가 만들어지면서 이후 '삼민(三民)'이란 말은 학생운동을 대표하는 키워드로 떠올랐다. 앞서 살펴본 바와 같이 삼민투가 두 노선 간의 타협으로 만들어졌듯이 '삼민이념'이라는 것도 약간은 절충적인 성격을 띠고 있었다. 삼민이란 민족통일·민중해방·민주쟁취라는 세 가지 이념을 모아놓은 데 불과했다. 4·19혁명 이후 학생운동이 지향했던 이념적 가치들을 모두 종합한 것으로, 사회과학적인 이론 체계를 갖추고 있지는 못했다.

삼민투의 실천 가운데 가장 주목할 만한 사건으로는 미국 문화원 점거농성을 들 수 있다. 1985년 5월 23일 서울대 삼민투 위원장 함운경을 비롯한 고려대·연세대·성균관대·서강대 학생 73명이 미국 문화원을 기습 점거하고 미국이 광주항쟁 당시 신군부를 지원한 것을 공개 사과할 것을 요구했다. 학생들은 26일까지 농성을 지속하다가 자진 해산했다. 미국 문화원을 점거한 학생들이 비록 자신들은 반미가 아니라고 주장했지만, 학생운동이 처음으로 미국을 직접 겨냥한 행동을 시작했다는 점에서 당시 큰 충격을 주었다.

전두환 정권은 이 사건을 계기로 전학련과 삼민투를 '국가보안법'상 이적단체로 규정하고 탄압했다. 점거농성에 참가한 사람은 물론이고 전국 주요 대학을 기습해 전학련 간부들을 모두 잡아들였다. 관련 학생에 대한 징계에 미온적이라는 이유로 서울대 총장을 경질하기도 했다.

전두환 정권은 여기서 더 나아가 운동권 학생들을 영장 없이 바로 체포·구

증언

삼민투의 미 문화원 점거농성이 계획되었을 때 비밀리에 의예과 언더서클 구성원들을 상대로 자발적인 참여자를 모집했던 것으로 기억한다. 구체적인 장소는 언급하지 않고 기한이 예정되지 않는 농성투쟁이라 공지되었고 죽기를 각오해야 하는 - 마지막 수단으로 단식 혹은 분신으로라도 저항하리라는 - 투쟁이라고 했다. 미리 인원이 배정된 것이 아니었고 자발적으로 결단을 내리고 참여하는 형태였다. 이미 많은 시위에서 여러 번 구류 처분을 받았던 경험이 있었던 나였지만 두려움이 앞섰다. 처음 제안을 받았을 때 선뜻 나설 수가 없었던 이유였다. 동료들 중에 자원자가 있었고 준비는 잘 마무리되었지만 그 일은 이후 계속 나의 마음에 짐이 되었다. 미 문화원 점거농성 투쟁은 처음부터 마지막까지 어렵고 힘들었지만 다행히 한 사람의 희생도 없이 성공적으로 마무리되었다. 당시 자연스럽게 타 대학 학생회들과의 연합체가 만들어지고 있었고 삼민투 또한 연합체로 규모가 커지면서 선도 투쟁은 좀 더 활성화되었던 것으로 기억된다.

이재광(의예과 83)

금할 수 있는 악법인 '학원안정법' 제정에 착수했다. 일본에서 1960년대 말 학생운동을 탄압하기 위해 제정했던 '대학운영에 관한 입시조치법'을 벤치마킹한 학원안정법 시안이 8월 8일 발표되었다. 그러자 학원안정법에 대한 각계각층의 반대운동이 시작되었다.

서울대생들은 8월 16일 아크로폴리스에서 '학원안정법저지결사투쟁위원회' 발족식을 갖고 학원안정법에 대한 반대운동에 돌입했다. 8월 19일에는 서울 시내 12개 대학 250여 명의 학생들이 학원안정법에 반대하는 야간 가두시위를 벌였다. 9월 19일에는 학원안정법반대전국투쟁위원회가 '학원안정법반대범국민대회'를 탑골공원에서 개최했다. 야당까지도 학원안정법에 반대하고 나서는 바람에 전두환 정권은 결국 학원안정법 입법을 포기하고 말았다.

전두환 정권은 학원안정법 제정이 무산된 이후에도 학생운동에 대한 강경기조를 그대로 유지했다. 학교 구내에 경찰 병력을 투입하는 일도 잦아졌다. 가장 대표적인 사건을 들자면 1985년 10월 31일 경찰이 교내에 진입해 아크로폴리스에서 집회를 이끌던 총학생회 부학생회장 손영진을 강제 연행한 사건을 들 수 있다. 학생들은 이에 격분해 돌과 화염병을 던지며 시위를 벌였다. 학생들은 학교 당국이 경찰을 끌어들였다고 비판하면서 행정관으로 몰려가 "어용총장 물러가라"라는 구호를 외치며 시위를 벌였다.

전두환 정권이 이렇게 1985년 하반기에 들어서 학생운동에 대해 강경 기조로 돌아서면서 학생시위와 관련해 구속되는 사람들이 부쩍 늘어났다. 학내에서 조직된 깃발그룹에 속한 민추위 관련자들을 수사하던 공안 당국은 민청련 의장 김근태를 체포하고, CNP론을 고리로 삼아 그를 민추위의 배후로 몰아갔다. 이를 위해 남영동 대공분실에서 고문 기술자 이근안 경감이 그에게 육신과 영혼을 파괴하는 야만적인 전기고문을 가했다.

전두환 정권이 1985년 하반기부터 그동안의 유화 기조를 버리고 강경 일변도로 돌아선 것은 이른바 '개헌정국'이 시작되어 정치적 긴장이 높아졌기 때문이다. 2·12총선에서 사실상 승리한 신민당이 개헌을 요구하고 나섰으며 학생들도 파쇼헌법 폐지와 삼민헌법 쟁취를 내세우며 개헌정국에 가세했다. 그 결과 시간이 갈수록 정치적 대립과 갈등이 심화되고 있었다.

• NL의 등장

1985년 겨울방학을 지나면서 서울대에서는 반제투쟁의 중요성을 강조하는 학생들이 부쩍 늘어나기 시작했다. 1986년부터 이들이 서울대 학생운동을 주도했는데, 이런 현상은 다른 대학들에서도 동시다발적으로 나타났다.

1985년 2학기에 「반제민중민주화운동의 횃불을 들고 민족해방의 기수로 부활하자」라는 소책자가 서울대 구내에 배포되었다. 이 소책자는 김영환과 정대화 등 단재사상연구회 회원들의 작품으로 알려져 있다. 단재사상연구회는 본부 소속 학술서클이던 고전연구회의 일부 회원들이 조직한 언더서클이다. 이 소책자는 도입부에 김정환 시인의 작품 「해방서시」를 수록했기 때문에 '해방서시'라는 별명으로 불리기도 했다.

단재사상연구회 회원들은 이후에도 '한 노동운동가가 청년학생들에게 보내는 편지'를 비롯한 일련의 소책자들을 계속 제작해 배포했다. 이 소책자들의 저자는 대부분 '강철'이라는 필명을 사용했으므로, 당시 '강철 시리즈'로 통칭되었다. 강철 시리즈는 1985년 2학기부터 1986년 1학기까지 학내에 배포되어 큰 반향을 일으켰다.

강철 시리즈는 종래의 삼민혁명론을 비판하면서 반제, 즉 반미 투쟁의 중요성을 드러내놓고 강조했다. 강철 시리즈는 종래의 삼민혁명론이 반외세투쟁과 반독재투쟁에서 반파쇼 민주전선을 당면과제로 설정함으로써 결과적으로 반제투쟁을 회피하거나 소홀히 했다고 비판했다. '한반도 민중의 주된 적은 이 땅을 식민지로 지배하고 있는 미국이며, 군부독재정권도 결국 미국의 꼭두각시에 불과하다'는 것이 이들의 주장이다.

이전에도 서울대 학생운동 진영 내에서 미국에 대한 문제 제기가 전혀 없지는 않았다. 하지만 미국 문화원 점거농성 당시 농성자들이 자신이 반미가 아님을 극구 강변했던 것처럼, 1985년 무렵까지만 해도 아직 반미를 전면에 내세우지는 못하고 있었다. 따라서 이 소책자들이 반미투쟁을 전면적으로 전

> ## 반제민중민주화운동의 횃불을 들고 민족해방의 기수로 부활하자
>
> 30년 동안 제 자리 걸음을 해오던 우리 학생운동의 일보 전진을 위해서는 기존의 모든 관성과 구태의연한 사고방식으로부터 과감히 박차고 일어나는 용기가 필요하다는 것을 명확히 깨달아야 한다. 학우들이 이 글을 읽기 전에 몇 가지 충고를 해두고 싶다. 첫째 미 제국주의에 대한 적개심으로 혈관이 꿈틀거리지 않는 사람은 이 글을 읽기 전에 먼저 반성부터 할 필요가 있다. …… 우리의 유일한 적은 미 제국주의이며 다른 모든 적대적인 집단은 미 제국주의의 앞잡이이기 때문에 적대적인 것이다. …… 우리의 모든 투쟁은 미 제국주의에 대항하는 한국 민중의 반제민중민주화투쟁이며 또 그렇게 되어야 한다. …… 우리의 당면 과제는 한국 민중에 대한 파쇼지배체제의 위기를 모면하려는 미 제국주의의 파쇼체제 안정화음모 저지이다. …… 학우여 다시 한번 강조해서 말해 주고 싶은 것이 있다. 이 글을 읽고 나서 아직도 미제국주의에 대한 불타는 적개심을 가지지 못하는 사람은 이 글을 이해했다고 말할 자격도, 이 글을 비판할 자격도 없다. 왜냐하면 미 제국주의에 대한 적개심이 있어야 할 자리에 소시민적 관념 덩어리가 자리 잡고 있어서야 결코 올바른 인식과 실천을 해낼 수 없기 때문이다.

개할 것을 주장하고 나선 것은 당시로서는 획기적인 일이다. 이들은 종래의 삼민혁명 대신 민족해방민중민주주의혁명(NLPDR)을 내세웠기 때문에 줄여서 'NL'로 불렸다.

NL 계열의 학생운동 세력은 1986년 1학기에 들어서면서 조직적으로 결집하기 시작했다. 서울대에서는 1986년 3월 29일 교내 22동 404호에서 100여 명의 학생들이 모여 구국학생연맹(이하 구학련)을 결성했다. 여기에는 단재사상연구회 회원들을 주축으로 다른 언더서클 회원들도 참여했다. 구학련은 서울대 내의 NL 계열 학생운동 세력의 결집체였다. 구학련 결성에는 종래의 MC그룹 활동가들이 많이 참여했다. 그러나 NL은 언더서클을 해체한 데서도 보이듯 의식적으로 MC그룹의 전통과 단절하려 했고, 다만 대중적 활동을 강조하던 MC그룹의 경향은 이어갔다.

구학련의 결성은 학생운동 조직의 큰 변화를 가져왔다. 1985년 겨울방학부터 NL 계열 학생운동 세력이 조직 이기주의와 분파주의 청산을 주장하면서 언더서클들을 해체하고, 이듬해 1986년 봄에는 언더서클에 의거한 po시스템도 해체해 버렸다. 당시 서울대 학생운동을 주도하던, '5대 패밀리'나 '8대 패밀리'로 불리던 주요 언더서클들은 그 바깥에서 학생운동 조직들이 양적으로 급속히 팽창하자 이를 적절히 포용할 수 없었다. 이에 따라 종래의 주류 언더서클 중심의 학생운동 시스템에 대한 불만이 제기되었고, 이는 NL 계열의 학생운동 세력들이 언더서클을 해체하는 배경 중 하나가 되었다.

그와 동시에 각 단과대학의 학보 편집실들도 해체되었다. 앞에서 보았듯이 학보 편집실들도 본래의 편집 업무를 뛰어넘어 자체적인 인력 재생산 구조를 갖추고 언더서클 기능을 담당하고 있었으니 해체를 피하기 어려웠을 것이다. 인문대·사회대·사범대 등의 학보 편집실이 그런 부류에 속했다. 법대의 ≪피데스≫와 경영대의 ≪경영평론≫ 편집실은 그대로 유지되었다.

- **'자민투'의 결성과 전방 입소 거부운동**

NL 계열이 단일한 혁명적 대중조직인 구학련을 결성하고 언더서클과 그에 의거한 po시스템을 해체한 것은 서울대에서만 나타난 변화가 아니었다. 다른 대학들에서도 이와 흡사한 조직이 결성되었으니 고려대의 애국학생회와 연세대의 구국학생동맹이 그러한 예이다.

구학련은 혁명적 대중조직답게 그 산하에 반미자주화반파쇼민주화투쟁위원회(이하 자민투)라는 반공개적 투쟁 기구를 두었다. 서울대 자민투는 1986년 4월 10일 결성되었고, 그 밖의 다른 대학들에서도 자민투가 속속 결성되었다. 서울대 자민투는 하부에 반전반핵투쟁위원회, 조국통일투쟁위원회, 노동자해방지원연대투쟁위원회를 두었다.

그중 가장 먼저 눈에 띄는 활동을 펼친 것은 반전반핵투쟁위원회다. '반전반핵투쟁'은 남한에 배치된 미군의 전술핵무기를 겨냥한 것으로, "반전반핵 양키고 홈"이라는 구호를 내세웠다. 반전반핵투쟁위원회는 한국군과 미군이 함께 실시하던 팀스피리트훈련에 반대하는 가두시위를 벌였으며, '대학생 전방 입소를 미국을 위한 용병 교육'이라고 규정해 거부했다.

당시 대학생들은 2학년 때 일정 기간 전방부대에 입소하여 방책선에서 보초 근무를 서는 등 군사훈련을 받아야만 했다. 서울대 학생들의 훈련은 1986년 4월 28일부터 5월 3일까지로 예정되어 있었다. 이에 반전반핵투쟁위원회는 전방 입소 대상자인 2학년들과 함께 4월 27일 연건동에 위치한 의대 도서관을 점거해 장기농성을 벌일 계획이었으나 사전에 정보를 입수한 경찰에 의해 봉쇄됨으로써 무산되었다. 다음 날 그들은 관악캠퍼스에 들어가 농성을 벌이려 시도했으나 학교 당국이 교문 출입을 통제하자 신림사거리로 자리를 옮겨 시위를 벌였다.

학생들이 신림사거리 가야쇼핑 앞에서 전방 입소에 반대하는 연좌시위를 벌이는 과정에서 반전반핵투쟁위원장 이재호와 자연대 학생회장 김세진이 분신했다. 경찰은 그 직후 연좌농성을 벌이던 학생들을 전원 연행해 강제로 전방 입소 훈련을 받도록 했다. 김세진은 5월 3일 숨을 거두었고, 이재호는 좀 더 버티다가 5월 26일 운명했다.

전방 입소 거부운동을 통해 불붙은 반미투쟁은 또 다른 죽음으로 이어졌다. 5월 20일 5월제 행사 도중 학생회관 4층 난간에서 한 학생이 "미국은 떠나라"라는 구호를 외치며 몸에 불을 붙인 채 아래로 떨어졌다. 원예과 2학년 이동수였는데, 그는 현장에서 숨을 거두었다. 그다음 날에는 국문과 4학년 박혜정이 잇단 분신과 암울한 현실에 가슴 아파하며 한강에 몸을 던졌다.

이런 아픔을 뒤로하고 1986년 2학기부터 NL 계열의 학생운동 세력은 전국 주요 대학의 주도권을 장악했다. 이는 10월 28일 건국대에서 반외세반독재애국학생투쟁연합(이하 애학투련)을 결성하는 것으로 나타났다. 당일 경찰은 건국대 구내를 완전 봉쇄했고, 학생들은 이에 맞서 여러 건물을 점거해 농성을 벌였다. 경찰은 10월 31일 병력을 건물 내에 투입해 농성을 벌이던 1525명의 학생 전원을 연행했고, 이 가운데 1288명을 구속했다. 공안 당국은 애학투련의 몇몇 과격한 구호를 문제 삼아 "공산혁명분자의 점거 난동"으로 몰아갔으며, 이로써 NL 진영은 큰 타격을 입었다.

● '민민투'의 결성과 CA그룹의 등장

한편 1986년 3월 서울대에서는 반제반파쇼민족민주화투쟁위원회(이하 민민투)가 결성되었다. 민민투는 민추위가 무너진 후 살아남은 MT그룹 학생들에 의해 조직된 것으로, MC그룹이 변신한 NL과 노선을 달리했다.

이후 연세대와 성균관대 등 다른 대학에서도 민민투가 조직되기 시작했다. 서울대를 비롯해 16개 대학 민민투 소속 1000여 명의 학생들이 3월 20일 서울대에 모여 전국반제반파쇼민족민주학생연맹(이하 민민학련)을 결성했다. 민민학련은 여러 대학의 민민투들이 모여 결성한 것이었다.

이렇게 자민투와 민민투가 결성되면서, 서울대 학생운동 진영은 이 두 조직을 중심으로 양분되어 치열한 노선 투쟁을 벌였다. 민민투는 과거 MT그룹의 전통을 계승하고 노학연대와 선도적 정치투쟁을 강조해 반외세 투쟁을 강조하는 자민투와 대비된다. 민민투와 자민투는 각기 기관지 ≪민족민주선언≫과 ≪해방선언≫을 통해 논쟁을 벌였다. 각 대학에서도 자민투와 민민투 사이의 주도권 다툼이 치열하게 벌어졌다. 1985년에는 MC그룹과 MT그룹이 논쟁을 벌이면서도 삼민투에 합류해 공동 투쟁을 벌인 바 있지만, 1986년 자민투와 민민투로 나뉜 이후에는 힘을 합쳐 함께 투쟁하는 예를 찾아볼 수 없게 되었다.

민민투는 1986년 하반기부터 제헌의회 소집론을 내세운 선배 그룹의 지도를 받았다. 이 선배 그룹은 '제헌의회(Constituent Assembly)그룹' 또는 그 영문 이니셜을 따서 'CA그룹'으로 불리는데, 최민과 김성식 등 과거 전민학련 관련자들이 만든 전위 조직이다. CA그룹은 1986년을 혁명을 예고하는 시기로 판단하고, '민중이 스스로 권력의 주인이 되기 위해서는 국회를 해산하고 제헌의회를 소집해야 한다'고 주장했다. 이를 위해 그들은 실천적 지도부와 사상적 지도부로 이원화된 '중앙지도부'를 꾸렸으며, 실천적 지도부 산하에 경인지방위원회와 영남지방위원회를 두어 노동자가 집중된 두 지방에 초점을 맞

혁명의 기수를 제헌의회 소집으로

현재의 상황은 혁명을 예고한다. 대다수 민중이 현 정권으로부터 이탈하고 정부에 대한 사실상의 불복종을 나타내며 각 계급들이 동요하는 상황이다. 이뿐만 아니라 현 정권 스스로가 동요하는 여러 계급에게 혁명의 위험을 상기시킨다. 기회주의적 부르주아지들은 혁명적 길이 가능하다는 것에 두려워하며 혁명이라는 악귀로 독재정권을 놀라게 하며 초라한 개량을 위해 타협하고 아첨한다. …… 혁명은 먼 장래의 일도, 운동의 지도자와 대중이 충분하게 만족할 만한 준비가 되었다고 생각할 때 비로소 서서히 우리 눈앞에 나타나는 것도 아니다. 오히려 그러한 생각들을 비웃기라도 하는 듯이 이들을 앞질러 어느 날 갑자기 닥쳐올 수 있다. …… 혁명적 프롤레타리아트에 의해 지도되는 민중은 '개헌'이 아니라 '제헌'을 요구한다. 민중은 모든 빈곤·굴종·소외·모욕을 단호히 거부하며 완전한 정치적 자유를 외친다. '혁명'이냐 '개혁'이냐라고 울부짖으며 다급하게 대타협을 외치는 개량주의적 부르주아 신문의 물음에 대해 민중들은 혁명을 원하고 있음을, 또 현재의 싸움에 무승부란 있을 수 없는 전면적 결전임을 분명히 선언했다. ……

추었다.

이처럼 CA그룹은 조직의 중심을 노동운동에 두었지만 1986년 하반기부터 민민투를 통해 학생운동도 지도했다. 이후 민민투로 대표되는 학생운동 세력도 제헌의회 계열 혹은 CA 계열로 불렸다. 그들은 1986년 하반기부터 제헌의회 소집을 주장하면서 가두시위를 전개했다. 1986년 7월 18일 성남시 상대원 시장 앞에서 서울대와 성균관대 민민투 소속 학생 100여 명이 헌법특위 분쇄와 제헌의회 소집을 주장하며 가두시위를 벌였으며, 7월 30일에는 민민학련 소속 학생들이 서울대에서 '전국민대회'를 열었다.

제헌의회 소집을 주장하는 가두시위는 2학기에도 계속되었다. CA 계열은 10월 15일 영등포 대림시장 앞에서 시위를 벌였다. 서울대 등 8개 대학 CA 계열 민민투 조직이 총출동해 11월 13일 신길동에서 시위를 벌였다. "해방의 그날을 위해 제헌의회 소집 투쟁의 깃발 아래 궐기하자"라는 제목의 유인물 1만여 장이 시위 현장 주변에 살포되었다. 이날 시위로 경찰 차량 3대가 전소되었으며, 수많은 학생과 노동자가 구속되었다. CA 계열은 이날의 시위로 큰 타격을 받았다.

1986년은 NL 계열과 CA 계열 모두에게 혁명적 열정이 가장 고양된 시기였다. 앞에서 보았듯이 NL 계열은 '민족해방민중민주주의혁명(NLPDR)'을 추구했으며 CA 계열은 제헌의회 소집이라는 구호 아래 사실상 사회주의 혁명을 추구했다. 둘 다 혁명적 방법으로 자본주의적 질서를 부정하려 했지만, NL은 계급 모순보다 민족 모순을 우선시했기에 자본주의 질서에 대해 상대적으로 유연한 태도를 취했다. 그럼에도 NL 계열이 당시 한국 사회에서 금단의 영역이던 반미투쟁을 실행한 것은 CA 계열의 사회주의혁명론 못지않게 위험하게 여겨졌다.

8. 노동운동의 현장에 뛰어들다

• '위장취업자'의 등장

노동문제에 주목한 대학생들이 노동 현장에 뛰어들기 시작한 것은 1970년대부터이지만, 이런 움직임은 1980년대 들어 크게 확산되었다. 이전에는 대부분 개인적 결단에 의해 개별적으로 노동 현장에 들어갔다면, 이제는 그것이 보다 조직적으로 이뤄졌다. 각 언더서클들은 '존재이전팀'을 구성해 현장 진출을 위한 준비 프로그램을 더 체계적으로 실시했다.

대학생이 생산직 노동자로 취업하는 데는 여러 가지 어려움이 뒤따랐다. 우선 학생시위로 구속된 경력이 있는 경우 '전과' 문제가 있어서, 아예 주민등록증을 위조해 다른 사람의 이름으로 취업하기도 했다. 그렇지 않은 경우라도 대학생이라는 신분은 반드시 숨겨야만 했다. 당시 공안 당국은 이와 같은 대학생 출신 노동자들을 일컬어 자신의 신분을 숨긴 '위장취업자'라고 불렀다.

여학생들은 남학생들에 비해 생산직 노동자로 취업하기가 상대적으로 용이했다. 남학생에 비해서 시위에 직접 나서는 일이 적었기 때문에 전과가 문제가 될 일도 별로 없었고, 남학생들이 져야 하는 병역의 의무도 없었다. 여학생들은 여성 노동자가 많이 근무하는 중소 봉제공장에 주로 취업했는데, 당시 이런 공장은 널려 있었다. 따라서 남학생들이 주로 들어가려고 했던 중화학공업 분야의 대공장에 비해 상대적으로 취업하기 쉬웠다. 위장취업자 중 여학생이 남학생보다 상대적으로 많았던 것은 이런 이유 때문이다.

1980년대에 노동 현장에 진출한 대학생 출신 노동자가 몇 명인지는 정확히 알 수 없다. 노동부는 '1985년 4월 8일 대학생 출신 노동자의 숫자가 46개 업체 84명'이라고 발표했지만, 7월 3일에는 '78개 업체 160명'이라고 늘려 발표했다. 석 달 만에 그 숫자가 두 배 가까이 늘어난 것이다. 1년 뒤인 1986년 10월 말 현재 그 수는 전국 373개 업체에서 699명이었다고 한다. 이것은 공안 당국에서 파악한 수치이므로 적발되지 않은 사람까지 포함한다면, 실제 대학생 출신 노동자 숫자는 수천 명에 달했을 것으로 보인다.

수천 명의 대학생 출신 노동자들은 노동 현장에서 정력적인 활동을 전개했다. 그들의 활동으로 노동 현장의 분위기가 바뀌고 이에 자극받아 곳곳에서 노동조합이 결성되어 노동운동이 크게 활성화되었다. 이에 공안 당국은 위장취업자의 존재에 주목하고 이들을 색출하기 위해 모든 수단과 방법을 동원했다. 그 목표는 위장취업자들을 공장에서 쫓아내는 것이 아니라 서로 엮어서 커다란 공안사건을 만들어내는 것이다. 그 절정이 이른바 부천서 성고문 사건이다.

부천서 성고문 사건은 1986년 6월에 발생했다. 당시 인천 지역의 노동 현장에서 일하던 한 서울대 출신 여학생이 남의 신분증을 위조해 취업했다는 이유로 부천경찰서에 연행되어 성고문을 당했다. 당시 문귀동 형사는 연행한 이유와 상관없이 시국 사건 수배자의 거처를 알아내기 위해 두 차례에 걸쳐서 강제 추행을 하는 등 이 여성에게 성고문을 가했다. 이 사건은 당시 사회적으로 큰 파장을 불러일으켰으며, 학생운동 진영뿐 아니라 여성계·종교계·법조계 등을 망라해 결성된 연대 기구가 전국적 규모의 항의 운동을 전개했다.

● 구로동맹파업

1980년대 초 대학생 출신 노동자들 사이에는 '소그룹운동론'이 유행했다. 성급하게 전국적 조직을 건설하기보다 개별적인 소그룹을 만들어 현장의 주체 역량을 육성하는 것이 급선무라는 것이 그 골자이며, 실제로 위장취업자들은 이 일에 주력했다. 이는 1981년 발생한 전민노련 사건에 많은 활동가들이 연루되어 큰 피해를 입었기 때문이다.

그러다가 1984년부터 위장취업자들은 적극적으로 노조 결성에 나서기 시작했다. 그해 봄 대학가의 학원자율화조치와 함께 노동 현장에 대한 통제도 일시적으로 완화된 틈을 노린 선택이었다. 그동안 공들여 온 노동자들의 현장 소그룹 운동을 기반으로 구로공단을 비롯한 곳곳에 여러 노동조합이 만들어졌다.

대표적인 예로 구로공단에서 1984년에 만들어진 가리봉전자(6월 8일), 대우어패럴(6월 9일), 효성물산(7월 14일) 등의 노동조합을 들 수 있다. 이듬해에는 인천의 경동산업에도 노조가 만들어졌다. 대학생 출신 노동자들이 나서서 기존의 어용노조를 민주화한 경우도 있었다. 인천의 대우자동차 노동조합과 구로동의 성원제강 노동조합이 그런 사례에 속한다.

이렇게 1984년 이후 만들어진 민주 노조들은 노조 건설을 주도한 소모임 간의 상호 교류를 바탕으로 노동조합 사이의 연대를 확보하고 있었다. 전두환 정권의 공안 당국은 이런 움직임을 감지하고 1984년 하반기부터 노동운동에 대한 탄압을 강화했고, 이듬해에는 양자 사이에 일대 충돌이 벌어졌다. 이 충돌의 산물이 바로 '구로동맹파업'이다.

1985년에 들어서 회사는 노조를 파괴하려고 노동자를 회유·협박하고, 공권력은 일방적으로 사용자 편을 들어 노동자의 발목을 옭아매려 했다. 이런 와중에 경찰이 6월 22일 대우어패럴 노동조합 사무실에 들이닥쳐 노조위원장 등 노동자 3명을 잡아갔다. 두 달 전에 있었던 임금인상 요구 농성이 불법이라는 것이 그 이유였다.

이에 항의해 대우어패럴 노조가 6월 24일 파업에 들어가는 것과 동시에 인

구로동맹파업 당시 살포된 유인물

근의 여러 노조가 동맹파업을 벌였다. 효성물산·가리봉전자·선일섬유·세진전자·남성전기·롬코리아 등의 민주 노조들도 '이것이 신생 노조에 대한 전면적인 탄압의 신호탄'이라고 판단하여 동참한 것이다. 이로써 한국전쟁 이후 유례없는 동맹파업이 성사되었다. 파업 참여 업체가 주로 구로공단에 몰려 있었기 때문에 '구로동맹파업'으로 불리는데, 노동자 대다수가 여성이었다는 점에서도 남다른 의미를 갖는다.

이 파업에는 서울대 남녀 학생들이 직간접으로 관여했다. 역사교육과 제적생 심상정은 앞서 언급한 한 봉제공장에 취업해 노조 활동을 벌인 후, 이 사건을 배후에서 조종했다는 이유로 경찰에 의해 수배되었다. 무역학과 졸업생으로 대우어패럴에 위장 취업한 최한배도 같은 혐의로 수배되었다. 재학생들은 파업 지원에 나서, 6월 28일 안치웅·김성주·김현구 등 18명이 빵·우유·구급약품 등을 짊어진 채 공장 지붕을 넘어 대우어패럴 농성장에 합류해 노학연대를 실천했다.

하지만 동맹파업은 6월 29일 사복경찰과 이른바 '구사대'의 폭력 앞에 무참히 진압되었다. 이 사건과 관련해 65명이 연행되고 그중 44명이 구속되었으며, 수많은 노동자들이 해고되었다. 이렇게 구로동맹파업은 큰 피해를 입은 채 끝났지만, 이후 노동운동을 크게 고양하는 역할을 했다.

● '서노련'과 '인노련'의 등장

구로동맹파업을 겪고 난 후 '지역노동운동론'이 대두했다. 여태까지의 수공업적이고 고립·분산적인 소그룹 운동의 단계를 넘어, 지역을 단위로 노동운동 역량을 결집하고 노동운동의 주도 세력을 만들어가야 한다는 것이었다.

이에 따라 먼저 8월 25일 서울노동운동연합(이하 서노련)이 결성되었다. 여기에는 구로노동자연대투쟁연합, 청계피복노조, 노동운동탄압저지투쟁위원회, 구로지역노조민주화추진위원회 등 4개 단체가 참가했다. 서노련은 학생출신 활동가와 현장 노동자가 힘을 합쳐 노동자들의 대중 정치조직을 지향했다. 임금인상에 치중하는 경제투쟁을 넘어 노동자의 입장에서 정치활동을 펼치겠다는 것이다. 인천에서도 비슷한 논리에 따라 인천지역노동자연맹(이하 인노련)이 결성되었다.

서노련이 일상적인 노동조합 활동을 넘어서 선도적 정치투쟁에 나서자 전두환 정권은 서노련을 '국가보안법'상의 반국가단체로 규정하고 관련자를 검거해 잔인한 고문을 가했다. 서울대 출신 활동가 중에서도 여러 사람이 고초를 겪었다. 1970년대부터 현장 활동을 전개해 온 김문수가 그 대표적 인물이었으며, 최한배·서혜경·유시주 등도 심한 고문을 당했다.

전두환 정권은 이렇게 서노련을 와해시켰지만, 당시 급진화된 학생운동의 이념이 대학생 출신 노동자를 통해 노동 현장에 전파되는 흐름을 원천적으로 봉쇄할 수는 없었다. 그리고 노동 현장에서 다듬어진 급진적인 논리가 대학의 학생운동 현장에 역도입되기도 했다.

9. 1987년 6월항쟁

● 박종철 고문치사 사건

1987년 1월 14일 언어학과 4학년 박종철이 남영동의 치안본부 대공분실에서 물고문을 받다가 사망했다. 경찰은 선배인 박종운의 행방을 알아내기 위하여 고문을 가하다 그의 목숨을 빼앗아 놓고서 단순 쇼크사로 위장했다. 부검의의 증언과 천주교 정의구현전국사제단의 폭로로 그 실상이 알려지면서, 박종철 고문치사 사건은 1987년 나라 전체를 뒤집어 놓은 6월항쟁의 불씨가 되었다.

이 사건은 결코 우연히 발생한 사고가 아니었다. 전두환 정권은 1986년 10월부터 개헌 정국에 대응하기 위해 치안본부에 공안 분야를 전담하는 치안감을 신설하고 박처원을 그 책임자로 임명해 공안 통치를 강화했다. 박처원이 등장한 이후 구학련 사건, 마르크스레닌주의당 사건, 제헌의회그룹 사건 등 굵직굵직한 조직 사건이 연이어 터졌다. 그에 따라 수많은 학생들이 잡혀

들어갔고, 박종운도 제헌의회그룹 사건에 연루되어 수배된 상태였다. 이 같은 전두환 정권의 공안 통치 강화 과정에서 발생한 비극이 바로 박종철의 죽음이었다.

서울대생이 민주화의 제단에 목숨을 바치는 일은 박종철이 죽고 나서도 이어졌다. 그로부터 불과 한 달 만인 2월 20일 경영학과 83학번 김용권이 군 복무 중 침대에 목을 매 숨진 상태로 발견되었다. 1987년 9월 8일에는 서양사학과 84학번 최우혁도 군 복무 중 분신한 사체로 발견되었다. 1983년에 숨을 거둔 한희철의 경우에 비춰볼 때 이 두 사람도 이른바 녹화사업 때문에 목숨을 잃은 것으로 추정된다.

일찍이 한희철이 숨을 거둔 이후 서울대생의 의문사는 지속적으로 발생했다. 1985년에는 민추위 사건으로 수배를 받고 있던 사회복지학과 우종원이 경부선 영동-횡간 구간 철로변에서 변사체로 발견되었고, 1986년 6월 21일에는 지리학과 김성수가 행방불명된 지 사흘 만에 부산 송도 앞바다에서 시멘트 덩이를 매단 사체로 발견되었다.

박종철의 죽음은 서울대생들에게 큰 충격을 주었다. 언어학과 동료 학우들이 가장 먼저 나섰다. 그들은 1987년 1월 16일 과(科)사무실에 분향소를 설치하고, 다음 날 과학생회 차원에서 추모 의식을 가졌으며, 주변에 사건의 경과를 알리는 대자보를 부착했다. 분향소에는 학생들뿐만 아니라 외부 인사들까지 찾아와 참배했다. 이 장면이 매스컴에 보도되자 학교 당국이 분향소를 철거했고 학생들은 그때마다 이를 다시 설치했다.

총학생회가 주최한 박종철 추모 행사가 1월 20일 학생회관 라운지에서 열렸다. 약 1000여 명의 학생들은 추모제를 마친 후 아크로폴리스로 이동해 '살인정권타도를 위한 궐기대회'를 열고 교내 시위를 벌였다. 이날 서울대 이외에 서강대·경희대·서울시립대에서도 교내 시위가 벌어졌다.

1월 27일 재야인사들을 중심으로 '박종철국민추도회준비위원회'(이하 추도회준비위)가 발족했다. 이날 추도회준비위는 2월 7일을 국민 추도일로 선포하고 그날 오후 2시 명동성당에서 추도회를 갖기로 결정했다. 그러자 전두환 정

언어학과 학우들이 박종철을 추모하면서 부른 노래

어두운 죽음의 시대

내 친구는 굵은 눈물

붉은 피 흘리며

역사가 부른다

멀고 험한 길을

북소리 울리며 사라져 간다

친구는 멀리 갔어도

없다 해도 그 눈동자

별빛 속에 빛나네

내 맘 속에 영혼으로 살아 살아

이 어둠을 살르리 살르리

꽃상여 타고 그대 잘가라

세상에 모진 꿈만 꾸다가는 그대

이 여름 불타는 버드나무 숲 사이로

그대 잘가라 꽃상여 타고

가슴에 돋는 칼로 슬픔을 자르고

어이 어이 큰 눈물을 땅에 뿌리고

1987년 1월 19일
서울대 인문대학 언어학과 학우 일동

권의 정호용 내무부 장관은 1월 29일 이 국민추도회를 겨냥해 "좌경용공세력 척결에 경찰력을 집중하라"고 지시했다.

검찰과 경찰은 2월 7일의 추도 집회를 불법으로 규정하고 원천 봉쇄에 나섰다. 경찰은 비상근무령 속에 재야 단체 사무실을 압수수색하고 국민추도회가 열리기로 예정된 명동성당 부근에서 검문검색으로 출입을 통제했다. 국민추도회에 참석할 것으로 예상되는 재야인사에 대해서는 가택연금을 실시하고, 서울대의 교내 시설을 수색하는 한편 언어학과에 설치된 분향소도 거듭 철거했다.

서울대에서는 2월 5일 총학생회 주최로 궐기대회가 열렸다. 학생들은 이 자리에서 '2·7국민추도회'를 무산시키려는 전두환 정권의 만행을 규탄하면서 2월 7일 당일 명동 입구의 중앙극장 앞에 집결해 가두시위를 벌이기로 결의했다. 이날 서울대 교수 100여 명도 밤 9시까지 연구실을 지키며 박종철을 애도하는 의식을 가졌다.

2월 7일 국민추도회 당일, 경찰은 이를 저지하기 위해 전국에 5만여 명의 병력을 투입했다. 그중 3만 6000명을 명동성당을 중심으로 한 서울에 배치하여 집회를 원천 봉쇄했다. 이로 인해 국민추도회는 제대로 열리지 못했다.

이에 서울대 학생을 비롯한 각 대학 학생과 시민 및 재야인사들은 시내에서 항의시위를 벌였다. 명동성당 부근에서는 200여 명이 당일 12시 50분경부터 경찰과 몸싸움을 벌이는 것을 시작으로 시내 곳곳에서 경찰의 저지에 맞선 학생과 시민의 시위가 벌어졌다. 그 무렵 2000여 명의 시위대가 프라자호텔 - 조선호텔 - 을지로 입구에 걸친 지역에서 명동성당으로 향하다가 경찰의 제지를 받자 시위를 벌였다. 남대문시장 일대에서도 숨바꼭질 시위가 벌어졌다. 경찰은 이날 시위로 798명을 연행했다.

2월 26일 서울대 졸업식에서는 조용한 시위가 일어났다. 졸업생들은 박종철을 추모하는 리본을 패용하고 졸업식장에 입장했다. 문교부 장관이 축사를 낭독하는 순서에 이르자 졸업생들은 일제히 그에게 야유를 보내면서 등을 돌리고 퇴장했다. 국가 폭력에 희생당한 동료와 함께하지 못하는 졸업식을 여느 해처럼 즐거움 속에 치를 수는 없었던 것이다.

추도회준비위는 2·7국민추도회가 무산되었음에도 그대로 물러서지 않았다. 추도회준비위는 3월 3일 박종철 사십구재를 기해 다시금 '고문추방민주화

국민평화대행진'을 거행하겠다고 발표했다. 하지만 '3·3국민평화대행진'도 2·7국민추도회와 마찬가지로 원천 봉쇄되었다. 시위대는 경찰의 저지를 피해가며 산발적인 시위를 벌일 수밖에 없었다. 이날 시위에서도 전국적으로 439명이 연행되었다.

전두환 정권은 경찰력을 총동원해 2·7국민추도회와 3·3국민평화대행진을 저지하는 데 성공했다. 여기에 자신감이 붙었는지 4월 13일에는 국민들의 개헌 요구를 정면에서 거부한 이른바 4·13호헌조치를 발표했다.

● 대중노선으로의 전환과 민주대연합노선 채택

'박종철고문치사사건' 이후 추모시위가 벌어지던 무렵 학생운동 내부에서는 소리 없는 변화가 일어났다. 1986년 '5·3인천사태'와 '건대사태'로 말미암아 지나치게 급진화된 학생운동이 국민 대중으로부터 외면받으면서 선도적 정치투쟁과 전위 중심의 조직 운영에 대해 자성하는 분위기가 조성된 것이다. 이러한 자기비판은 주로 NL 계열의 학생운동 진영에서 제기되었다.

선도적 정치투쟁은 '전민학련'의 전통을 이은 CA 계열이 특히 강조한 것이었지만, NL 계열의 행태도 처음에는 CA 계열과 크게 다르지 않았다. NL 계열은 1986년 구학련과 같은 핵심 조직과 자민투와 같은 반합법 투쟁 조직을 중심으로 하는 학생운동 방식을 채택한 바 있다. 이것은 CA 계열의 방식과 크게 다를 바 없었다. 건국대에서 있었던 애학투련 출범식에서도 국민 대중이 받아들이기 어려운 과격한 구호가 난무했다.

1986년까지 학교 바깥에서 벌어지는 가두시위에는 반합법 투쟁 조직에 소속된 소수의 전투적 학생들이 주로 참가했다. 시위 현장에서 그들이 던진 화염병은 원래 백골단이라 불리던 사복 체포조를 제압해 그들로부터 시위 대열을 지키기 위한 무기였다. 하지만 투쟁이 격렬해지면서 화염병은 공격용 무기로 남용되기 일쑤였고 이는 일반 학생들이 시위대에 끼어들기를 두렵게 만드는 역효과를 초래했다. 이러저러한 이유로 일반 학생들이 가두시위에 동참하는 것이 결코 쉽지 않아졌다.

NL 계열이 먼저 이러한 선도적 투쟁의 문제점을 깨닫고 86년 하반기부터 노선 전환을 시도했다. 애학투련은 결성식 당시 살포한 '전두환 일당 장기집권 음모 분쇄와 민주적 제 권리 쟁취 투쟁선언문'에서 대중투쟁을 행동화하기 유용한 슬로건으로 대통령직선제를 제시한 바 있다. 이는 NL 계열이 전두환 정권과 맞서기 위해서는 제도권 야당과 손잡을 수도 있다는 '민주대연합노선'을 채택한 것을 의미한다. 5·3인천집회 당시 제도권 야당을 기회주의적 집단으로 몰아 타격하려 했던 것과 비교한다면 파격적인 노선 전환이라 할 수 있다. 그러나 CA 계열은 여전히 제헌의회 소집을 주장하고 있었다.

1987년 3월 서울대 총학생회장 선거에서 NL 계열이 CA 계열을 제치고 승리했다. 서울대 이외에도 연세대와 고려대 등 주요 대학 총학생회를 NL 계열이 장악했다. NL 계열이 장악한 각 대학의 총학생회는 민주대연합노선을 채택했다. 2월 7일의 국민추도회와 3·3국민평화대행진 때도 NL 계열의 학생들은 평화적 투쟁 원칙에 따라 화염병을 사용하지 않았다.

1987년 1학기 각 대학의 학생회들은 정치문제 못지않게 학내문제에도 주력하면서 학생 대중의 일상적 이익을 옹호하는 활동을 펼쳤다. 대정부투쟁도 과거에 비해 온건한 방식으로 진행했다. 가두시위와 연합시위는 되도록 자제했으며, 5월 광주민중항쟁 계승 주간에도 문화행사나 대중 교육 프로그램 중심으로 진행했다.

● 고문치사 규탄에서 6월항쟁으로

1987년 5월 18일 명동성당에서는 광주민중항쟁 7주기 미사가 열렸다. 이 자리에서 김승훈 신부가 박종철 고문치사 사건의 진상이 축소·조작되었다는 사실을 폭로했다. 2·7국민추도회와 3·3평화대행진의 원천 봉쇄로 꺼져갈 듯했던 박종철 고문치사 사건의 불씨가 이로 인해 되살아났다.

박형규·송건호·성래운 등 재야인사 134명이 5월 23일 기독교회관에서 모임을 갖고 '박종철 고문살인 은폐조작 규탄 범국민대회 준비위원회'를 발족하면서 '6월 10일에 범국민적인 규탄대회를 개최한다'고 발표했다. 5월 27일 재야인사들이 발기한 호헌철폐 및 민주헌법쟁취 국민운동본부(이하 국민운동본부)도 6월 10일 규탄대회를 벌이기로 결정했다. 거기에는 김대중김대중과 김영삼 등 야당 정치인들도 참여했다. 이로써 박종철 고문치사 사건에 대한 규탄운동을 '민주헌법쟁취운동'으로 확산시키기 위한 조직적 기반이 갖춰졌다. 국민운동본부는 이후 6월항쟁의 지도부 역할을 담당했다.

학생들도 김승훈 신부의 폭로에 분노해 행동을 시작했다. 마침 이 무렵 각 대학에서는 이른바 5월 투쟁이 시작되고 있었다. 서울대에서는 5월 16일 교내 시위가 시작되었고, 폭로 당일인 5월 18일에는 2000명의 학생들이 야간에 횃불시위를 벌였다. 5월 22일에는 서울대 등 전국 18개 대학에서 규탄시위가 벌어졌다. 하지만 이 무렵까지만 해도 각 대학 학생회들은 앞에서 살펴본 바와 같이 과격한 가두시위를 자제하고 각종 문화행사와 대중 교육을 위한 프로그램 위주로 5월 투쟁을 진행하고 있었다.

이렇게 과격한 시위를 의식적으로 자제했음에도, 시간이 갈수록 고조되어가는 학생들의 분위기는 어쩔 수 없었다. 서울대 총학생회장과 단과대학 학생회장단은 5월 25일 현 정권 타도를 위한 정치적 동맹휴업을 촉구하면서 단식농성에 돌입했다. 학생들은 각 학과별로 학생총회를 열고 동맹휴업을 결의하여 5월 27일부터 3일간의 동맹휴업에 돌입했다.

동맹휴업에 들어간 첫날인 5월 27일 5000여 명의 학생이 아크로폴리스에서 규탄대회를 열었다. 총학생회는 이 자리에서 그동안 자제해 왔던 가두시위를 재개할 것을 선언했고, 이에 따라 1000여 명의 학생들이 신림사거리까지 진출해 가두시위를 벌였다. 학생들은 다음 날 아크로폴리스에서 가두 투쟁 보고대회를 열어 동맹휴업 투쟁을 전 국민적인 투쟁으로 확산시킬 것을 다짐했다.

한편 1987년 5월 6일 서울지역대학생대표자협의회(이하 서대협)가 서울지역 대학 총학생회장들의 협의체로 결성되었다. 의장은 이인영 고려대 총학생회장, 부의장은 이남주 서울대 총학생회장이 맡았다. 5월 29일 호헌철폐와 민주개헌쟁취를 위한 서울지역학생협의회(이하 서학협)가 서대협 소속 대학들의 특별위원회의 연합체로 결성되었다.

서학협은 서대협의 산하 투쟁 기구였지만 과거 선도적 정치투쟁을 수행했던 삼민투와 같은 투쟁위원회라는 명칭은 사용하지 않았다. 서학협은 산하에 '총궐기위원회'를 두어 6·10범국민대회를 준비하도록 했다. 6월 1일 이후 학생시위는 서대협 산하 총궐기위원회의 주도로 더 조직적으로 이뤄졌다.

6월 1일 서대협 소속 13개 대학 학생회장단이 단식농성에 돌입했다. 6월 6일 고려대에서 서대협 주관으로 대동문화제가, 6월 9일 각 대학에서 '6·10 고문살인 은폐조작 규탄 총궐기를 위한 실천대회'가 열렸다. 연세대에서는 이한열이 이 대회에 참가했다가 경찰이 쏜 직격탄에 머리를 맞아 의식을 잃고 쓰러져 7월 5일 사망했다. 서울대에서는 6월 9일 '6·10총궐기를 위한 범관악 제2차 실천대회'가 열렸다. 교내 학생회관에는 총학생회의 이름으로 "가자 시청으로"라는 대형 현수막이 걸렸다.

● 6월항쟁의 전개

6월항쟁은 6월 10일부터 6월 29일까지 약 19일에 걸쳐서 전국적으로 전개되었다. 6월 10일 '고문살인 은폐규탄 및 호헌철폐 국민대회'가 서울 등 전국 22개 도시에서 열렸다. 참가자는 경찰 추산으로는 4만 5000명이라고 했지만 국민운동본부의 파악으로는 30만 명이었다. 6·10국민대회는 뒤이어 발생한 명동성당 농성을 통해 장기적인 항쟁으로 발전했다. 6월 10일 밤 명동성당으로 피신한 1000여 명의 시민과 학생들은 성당 구내에서 6월 15일까지 농성을 계속해 항쟁의 불씨를 이어갔다. 이 기간 동안 서울대 등 여러 대학 학생들이 날마다 농성 학우의 구출을 위한 출정식을 갖고 명동성당 부근으로 진출해 응원 시위를 벌였다.

국민운동본부는 이러한 열기에 고무되어 6월 18일을 '최루탄 추방의 날'로 정하고 다시금 전국적인 시위를 전개하기로 결정했다. 그날 전국 16개 도시 247개소에서 집회와 시위가 벌어졌다. 참가자는 경찰 추산은 8만 6000명이라고 했지만 기독교사회문제연구원의 자료에 따르면 150만 명이었다. 이어서 6월 26일에는 '민주헌법쟁취를 위한 평화대행진'을 벌이기로 결정했다. 그 직전 전두환과 김영삼이 난국을 타개하기 위해 영수회담을 벌였지만 끝내 결렬되고, 결국 예정대로 '평화대행진'이 열렸다. 전국 33개 도시에서 수많은 시민과 학생이 참가했는데, 그 수가 경찰 추산은 5만 8000명, 국민운동본부 추산으로는 130만 명이었다. 이렇게 결집된 국민의 힘 앞에 전두환 정권은 6·29선언으로 항복할 수밖에 없었다.

6월항쟁에 서울대 학생들도 적극 참가했다. 6월 10일 오후 1시 학생 5000여 명은 아크로폴리스에서 총궐기를 위한 출정식을 갖고 시내에 진출해 시청 앞, 한국은행, 서울역 일대에서 밤늦게까지 시위를 벌였다. 그 후에도 이런 패턴의 출정식과 거리시위를 계속했다. 6월 19일 학교 당국이 조기방학을 결정하자 아크로폴리스에 약 8000여 명의 학생이 모여 조기방학을 거부하는 집회를 열었고, 그중 2000여 명은 도서관을 점거해 철야 농성을 벌였다. 평화대행진이 열린 6월 26일에도 약 2000여 명의 학생들이 아크로폴리스에서 출정식을 열고 서울역 일대에 나가 시위를 벌였다.

6월항쟁 당시 주요 시위가 있는 날이면 서울대생들은 늘 다음과 같은 일과를 되풀이했다. 먼저 아크로폴리스에서 총학생회가 주최하는 출정식에 참석한 다음 삼삼오오 짝을 지어 대중교통을 이용해 도심지로 나가 시위를 벌였다. 시위를 마친 뒤 신림동 녹두거리로 돌아와 막걸리 잔을 기울이면서 정리 모임을 가진 후 귀가했다.

가두시위를 위한 전술지침은 서학협이 수립하여 각 학교 학생회를 통해 비밀리에 전달되었다. 서대협은 소속 대학을 4개 지구로 구분해 지구별로 예정지에 집결해 시위를 벌이도록 했다. 서울대가 속한 남부 지구는 주로 서울역과 한국은행 부근에 집결했다. 4개 지구별로 시위 대열이 형성되면 시청 앞 광장을 향해 모여들어 광장을 점령할 계획이었다. 대중노선이 채택되면서 화염병 사용은 자제되었고, 특히 도심지 가두시위에서는 이를 절대로 금했다. 이것이 일반 시민들이 시위대에 쉽게 동참할 수 있도록 한 요인 중 하나였다.

6월항쟁의 시위 양상을 4·19혁명과 비교하면 다음과 같은 차이점을 발견할 수 있다. 4·19 때는 학생들이 각 학교에서 집결해 대열을 지어 도보로 도심지에 진출해 시위를 벌이는 일종의 전면전 방식을 취했다면, 6월항쟁에서는 개별적으로 대중교통을 이용해 도심지로 이동한 후 모였다가 흩어지기를 반복하면서 시위를 벌이는 일종의 게릴라전 방식을 택했다. 이 새로운 방식은 1978년 광화문 시위 때 처음 시도된 이래 도심지 시위를 벌일 때마다 빈번히 활용된 바 있으며 6월항쟁 때 전면적으로 적용되었다.

10. 학생회의 시대가 열리다

● 학생회의 공인과 학생언론의 활성화

6월항쟁이 승리를 거둔 후 그 주역 중 하나인 학생회의 위상과 역할은 갈수록 높고 커졌다. 그러나 아직도 학생회는 당국으로부터 공식 인정을 받지 못한 상태였다. 등록금과 함께 징수한 학생자치경비도 학생회에 전달되지 않았다. 이제 학생회가 곧바로 해결해야 할 과제는 공식으로 인정받는 것이었다.

학생회는 즉시 학교 당국과 교섭을 시작했다. 교섭의 큰 걸림돌은 문교부가 1985년에 발표한 5원칙으로, 그 핵심은 '학생의 정치활동을 금지한다'는 조항을 학생회칙에 명시하라는 것이었다. 당시 서울대 학생회칙에는 "조국의 자주·민주·통일을 실현한다"라는 내용이 포함되어 있었고, 학교 당국은 '이것이 문교부 5원칙에 위배된다'는 이유로 학생회를 인정하지 않고 있었다. 6월항쟁 이후 문교부는 입장을 바꾸어 7월 16일 이른바 '5원칙을 강요하지 않겠다'고 밝혔다.

이렇게 문교부의 방침이 전향적으로 바뀌자 총학생회도 유연한 태도를 취했다. 총학생회는 9월 14일 학생회칙 가운데 "총학생회는 조국의 자주·민주·통일을 실현하며 대학의 자치를 완전히 실현함을 그 목적으로 한다"라는 문구를 "사회의 봉사에 능동적으로 기여한다"로 수정하는 선에서 학교 당국과 타협했다. 이에 따라 총학생회장 선거를 다시 치러 박홍순과 이종일을 회장과 부회장으로 선출했다. 새로 구성된 총학생회는 9월 29일 약 5000여 명의 학생이 참석한 가운데 출범식을 가졌다.

총여학생회도 우여곡절을 거쳐 재건되고 공식 인정되었다. 총여학생회도 총학생회와 마찬가지로 1985년 봄에 재건되었지만 그 이듬해에 바로 총학생회 산하의 여학생부로 흡수되었다. 남녀 학생 모두 학생회를 중심으로 격렬하게 진행되던 학생운동의 소용돌이에 휘말린 결과 총여학생회를 별도로 운영하기 어려웠기 때문이다. 하지만 6월항쟁 이후 곧바로 총여학생회를 재건하기 위한 움직임이 시작되었고, 그 결과 1989년 총여학생회가 재건될 수 있었다.

6월항쟁 이후 학생언론도 재건되었다. 우선 총학생회는 10월 12일 기관지 ≪자주관악≫을 발행했다. 그에 앞서 총학생회는 1987년 4월 24일 ≪아크로폴리스≫라는 제목의 기관지를 창간했으나 6월 4일까지 모두 네 차례 발행한 후 6월항쟁의 소용돌이 속에서 중단되었다. 그 뒤를 이어 발행된 잡지가 ≪자주관악≫이다.

각 단과대학 학보도 활성화되었는데, 특히 주목되는 것은 통합 교지의 발행이다. 이 작업은 1984년에 단과대학 학보편집실들을 중심으로 만들어진 언론협의체가 주도했다. 언론협의체는 1988년 3월 14일 총학생회 건설 준비위원회의 후원을 받아 교지편집위원회를 발족시켰다. 통합 교지를 발행하는 일은 여러 가지 사정으로 많은 시간이 소요되었고, 1990년 봄 ≪관악≫이라는 이름으로 창간호가 나왔다.

≪대학신문≫의 편집도 6월항쟁 이후 많이 개선되었다. 학생기자들이 스스로 학생편집장을 선출할 수 있게 되었으며, 그에 따라 편집권도 어느 정도 자율적으로 행사할 수 있었다. 하지만 이것은 운용상의 타협이었을 뿐 "주관 교수가 신문사의 모든 업무를 통할한다"라는 사칙의 독소조항은 여전히 남아 있는 상태였다. 따라서 학생기자들은 편집권 독립을 제도적으로 보장할 것을 계속 요구했다. ≪대학신문≫은 6월항쟁 이후 공정한 사실 보도를 넘어 진보적 이론에 대한 소개와 토론의 장을 제공하기도 했다.

● NL의 전투적 학생회론, PD도 학생회에 주목하다

6월항쟁 이후 학생회가 학생운동에서 차지하는 영향력과 역할은 더욱 확대되었다. 여기에는 당시 대학가에 유행한 '전투적 학생회론'이 크게 작용했다. 이것은 1987년 무렵부터 주로 NL 계열 학생운동 진영에서 대두하기 시작한 논리로, 그 골자는 다음과 같다. '학생회는 기본적으로 학생들의 자치조직이지만 동시에 학원민주화운동과 정치민주화운동, 민족해방운동을 동시에 수행할 수 있는 조직이다. 따라서 학생회에 모든 학생운동 역량을 투입하여 학생회를 중심으로 학생운동을 전개해야 한다.'

1987년 무렵 이러한 논리가 제기된 데에는 그럴만한 이유가 있었다. 학생회는 1984년 재건된 후 1986년까지 학생운동에서 핵심적인 위상을 확보하지 못했다. 오히려 민추위나 제헌의회그룹과 같은 비합법 지도조직과 민민투나 자민투와 같은 반합법 투쟁 조직이 학생운동을 주도했다. 학생회는 이러한 비합법 혹은 반합법 학생운동 조직들을 위한 도구이자 외피에 불과했다.

그런데 1987년에 접어들면서 NL 계열 학생운동 진영이 대중노선을 채택하면서 대중적인 역량을 결집하고 동원할 수 있는 활동공간으로서 학생회에 주목하기 시작했다. 이후 NL 계열의 학생운동 진영은 인적 역량의 대부분을 학생회에 투입하여 학생회를 장악했으며, 학생회를 통해 공개적인 방식으로 학생운동을 실천하기 시작했다. 그들은 이러한 학생회를 일컬어 '전투적 학생회'라고 불렀다.

전투적 학생회는 앞에서 보았듯이 6월항쟁 과정에서 막강한 위력을 발휘했다. 그 결과 전투적 학생회론은 그 후 새로운 학생운동 방법론으로 확고하게 자리 잡았으며, 약간의 변형을 거치면서 기본적으로 1991년 무렵까지 이어졌다.

NL 계열은 대중노선을 채택했기 때문에 일찍부터 학생회의 가치에 주목했고 전투적 학생회론으로 학생회를 장악했다. 이와 경쟁하는 PD 계열도 1989년 이후 민중민주학생회론을 내세우면서 학생회 장악에 나섰다.

PD 계열은 과거 CA 계열의 전통을 계승한 학생운동 정파였다. CA 계열은 전통적으로 선도적 정치투쟁을 선호했기에 6월항쟁 당시에도 학생회가 아니라 반합법 투쟁 기구를 중심으로 학생운동을 전개했다. 그 결과 노력한 것만

증언

그렇게 풍운의 87년이 지나가고 88년이 되면서 학생운동 내의 비NL 진영의 이념적 분화가 본격화되기 시작했다. 물론 단일한 방향성을 가진 것은 아니었지만 PD적 경향성이 조금씩 형성되는 과정이었고, 이론 학습을 통해 다양한 그룹들이 등장하고 있었다. 이들 간의 연계와 교류가 많지는 않았다. 또한 87년까지 NL 경향에 대한 주된 비판그룹이었던 CA그룹도 아직 남아 있었지만, CA그룹이 87년 대선을 거치면서 다수파와 소수파 등으로 분화되었고 그 영향력은 갈수록 줄어드는 상황이었다. 이들 PD와 CA 소수파 등 NL 경향에 비판적인 학내 그룹들이 연합하여 1988년 총학생회 선거를 치렀다. "민중정당 건설"을 주된 구호로 내세운 PD 계열 후보(정치 85 전상훈)와 남북청년학생회담 개최를 내건 NL 계열 후보(철학 85 김중기)가 맞붙어서, 예상과 달리 PD 후보가 승리했다. 나는 PD 후보의 선거운동원으로 참여했다. 물론 정확히 PD라고 하기는 어려운 그 초창기 맹아 수준이었다고 할 수 있다. CA, NDF, CPC, 비주사NL, PD 등의 경향들이 서로 혼재되어 있었다.

정종권(국사학과 87)

큰 반향을 일으키지는 못했다. 6월항쟁 이후 CA 계열은 대통령 선거에서 민중독자 후보를 내세워 참가했으나 다수파와 소수파로 분열하고 다수파가 NL에 합류하면서 사실상 와해되었다. 당시 노동 현장이나 대학가에는 CA 계열의 민족민주혁명(NDR)을 대신해 민중민주혁명(PDR)을 주장하는 사람들이 나타났다. 이들이 1989년 무렵 CA 소수파를 흡수하면서 당시 학생운동의 주류였던 NL 계열을 견제하는 세력으로 나섰다.

이들은 선도적 투쟁과 전위 조직을 통한 목적의식적 활동을 강조했다는 점에서 CA 계열의 전통을 계승했다. 하지만 이들은 CA가 레닌의 초기 사상의 한계를 답습해 한국에 기계적으로 적용함으로써 NL의 개량주의와 철저히 단절하지 못했다고 비판했다. CA 계열이 가지고 있던 레닌주의적 문제의식을 더욱 급진화한 것이 PD라고 할 수 있다.

PD 계열은 단일한 조직으로 통합되어 있지는 않았다. PD 계열 내부에는 수많은 정파가 존재하고 있었다. 이 가운데는 노동 현장의 활동가 그룹과의 관련성 속에서 조직된 정파도 있고 사회과학을 연구하는 젊은 학자들이 주축이 되어 형성된 학생운동 그룹도 있다. PD도 MT와 CA 시절부터 내려온 전통을 이어받아 처음에는 학생회에 대해 상대적으로 무심했다. 하지만 시간이 가면서 학생회의 중요성을 깨닫고 이른바 '민중민주학생회론'을 내걸고 학생회 장악에 적극 나섰다.

그 결과 1989년 가을에 치러진 총학생회장 선거에서 서울대를 비롯해 동국대·이화여대·숙명여대·전북대 등 40여 개 대학에서 PD 계열 후보가 승리했다. 이 PD 계열 총학생회장들은 1990년에 민중민주학생회론을 실천했다. 민중민주학생회론도 학생회를 통해 학생운동을 전개한다는 점에서 전투적 학생회론과 크게 다르지 않았다.

● 총학생회 시스템의 정착, 과(科)학회가 떠받치다

전투적 학생회론의 등장과 함께 총학생회 중심의 학생운동 시스템도 정착했다. 학생운동 시스템의 정점에 총학생회가 있고, 이를 인격적으로 대표하는 사람이 바로 총학생회장이다. 이로써 총학생회장은 모든 서울대생과 서울대의 학생운동을 대표하는 존재가 되었다.

하지만 서울대 학생회의 역사를 살펴볼 때 원래부터 총학생회가 학생회 활동의 중심이었던 것은 아니다. 1975년 학생회가 해체될 때까지만 해도 학생회 활동의 중심은 단과대학학생회였다. 분산되었던 각 캠퍼스가 관악으로 종합화되면서 총학생회장의 위상이 강화될 객관적 조건이 생겼지만, 1980년에도 총학생회장은 직선이 아닌 간선으로 선출되었다. 과거 단과대 학생회 시절의 습관이 남아 있었던 것이다. 총학생회장은 1984년에 가서야 비로소 전체 학생이 참여하는 직접선거로 뽑혔고, 그에 따라 위상과 영향력도 높고 커졌다. 이때부터 학생회라고 하면 무엇보다 먼저 총학생회를 떠올리게 되었다.

이렇게 1984년 이후 총학생회와 총학생회장의 위상이 높아지고 그만큼 역할도 커졌다. 총학생회 중심의 학생운동 시스템을 튼튼하게 지탱해 준 것은 학과 단위로 조직된 과학생회들이었다. 과거에도 과학생회나 과학생회장이 있었으나 이름에 걸맞은 조직적 실체를 갖추고 있지 못했는데, 1980년대 중반부터 달라진 것이다. 이는 당시 언더서클에서 활동하던 이른바 운동권 학생들이 주축이 되어 과학생회를 건설한 결과이다. 그들은 각종 학생활동을 학과 단위로 전개하면서 과(科)학회를 운영하기도 했다. 이러한 기초 위에서 건설된 과학생회가 1984년 이후 총학생회를 밑에서 떠받쳤다.

당시 과학생회의 조직 체계를 살펴보면 학과마다 약간의 차이는 있지만, 대체로 과학생회장 산하에 편집부·사회부·문화부 등의 집행 부서를 두는 것이 보통이었다. 여학생부를 별도로 둔 학과도 있었다. 문화부 산하에는 복수의 과(科)학회들이 편제되어 있었다. 편집부는 과학생회의 소식지인 과회지를 발간하는 일을 담당했다. 사회부는 학과 구성원을 대상으로 하는 정치 토론을 담당했다.

각 학과에는 복수의 과학회들이 있었지만 학습 내용은 거의 비슷했다. 대부분의 과학회들은 한국근현대사 → 경제사 → 정치경제학 → 철학으로 이어지는 커리큘럼을 갖고 있었다. 1980년대 후반 과학회의 커리큘럼에 포함된 도서를 살펴보면 다음과 같았다. 우선『역사란 무엇인가』,『지식인을 위한 변명』, 『해방전후사의 인식』,『소외된 삶의 뿌리를 찾아서』와 같은 전통적인 필독서를 여전히 포함하고 있었다. 한국근현대사와 관련해서는『한국공산주의운동사』나『한국전쟁의 기원』과 같이 세부적인 내용까지 다룬 책들도 읽었다. 1986년 간행된『한국민중사』와 1988년에 간행된『다시 쓰는 한국현대사』가 커리큘럼에 추가되었으며, 북한에서 편찬된『조선전사』도 읽기 시작했다.

과학회들은 모든 영역의 학생활동을 펼치는 무대로 거듭났다. 먼저 신입생을 대상으로 세미나 프로그램을 진행하여, 대부분의 신입생들이 이 세미나를 통해 교양교육을 이수하는 효과를 거두었다. 2~3학년 대상의 세미나와 학회지 발행, 농촌활동 등도 이어졌다. 이런 과학회 활동은 학생들 사이에 진보적 컨센서스를 형성하는 데 큰 영향을 미쳤다. 그 위에서 과학생회는 총학생회 시스템을 구성하는 가장 기본적인 토대가 되었고, 이를 위해 많은 활동가들이 눈에 띄지 않는 곳에서 노력한 덕택에 총학생회가 막강한 힘을 발휘할수 있었다.

● **총학생회 간의 연대, 전대협의 결성**

과학생회가 총학생회 시스템의 뿌리였다고 한다면 총학생회의 날개 역할을 한 것은 다른 대학 학생회와의 네트워크였다. 1984~1985년에는 전학련이그 역할을 담당했다. 하지만 당시 학생운동을 실질적으로 주도한 것은 학생회가 아니라 반합법 투쟁 조직들의 네트워크이다. 1984년의 민주화투쟁학생연합과 1985년의 삼민투, 1986년의 자민투와 민민투 그리고 민민학련과 애학투련이 그 역할을 담당했다.

이런 상황을 타개하고 각 대학 총학생회들이 상호 연대하여 학생운동을주도한 것은 1987년부터다. NL 진영 내부에서 제기된 대중노선에 따라 반합법 투쟁 조직 중심의 운동 방식을 비판하고 대중조직인 총학생회들의 네트워크를 형성하게 된 것이다. 5월 6일 결성된 서대협(서울지역대학생대표자협의회)이 바로 그것이다. 서대협은 6월항쟁 당시 서울지역 대학생 가두시위의 컨트롤타워 역할을 담당했다. 서대협은 이러한 성과에 고무되어 8월 19일 조직을확대·개편해 전국대학생대표자협의회(이하 전대협)를 결성했다. 당시 전대협에는 전국 95개 대학 학생회장들이 참여했다.

당초 서대협과 전대협의 결성은 NL 계열의 학생운동 세력이 주도했다. 그러나 앞에서 보았듯이 와해된 CA 계열을 대신한 PD 계열이 민중민주학생회론을 무기로 학생회 장악에 나서면서 이들도 전대협에 참여했다. 결과적으로전대협은 전체 학생운동을 대표하는 조직으로 성장했다. 하지만 전대협을 처음부터 끝까지 주도한 것은 분명히 NL 계열이다.

전대협은 1988년부터 그동안 각 대학의 총학생회가 주관해 왔던 농촌활동을 총괄했다. 전대협은 전국농민회총연맹과 손잡고 '농민학생연대활동'이라는 방식으로 농촌활동을 실시했다. 그 주관하에 매년 여름방학마다 학생들은 전국 각지에서 더 조직적으로 농촌활동을 벌이는 한편, 농업 현안과 관련해 현지 주민들과 함께 시위를 벌였다. 이는 한동안 연례적인 활동으로 정착되었다.

11. 6월항쟁 이후의 학생운동

● 통일운동의 물꼬를 트다

전국의 학생운동 진영은 1987년 6월항쟁이 성공한 후 그 기세를 통일운동으로 이어가려 했다. 이는 마치 4·19혁명 직후 학생들의 움직임과 흡사하다. 1960년에도 1988년에도 학생들은 남북학생회담을 시도했다.

| 남북학생회담 |

1988년 3월 29일 서울대 총학생회장 선거 유세에서 김중기 후보가 북한에 학생 교류를 제안했다. 4·19혁명 직후와 마찬가지로 김중기 후보의 제안에 대해 경희대와 연세대 등 시내 8개 대학 총학생회가 곧바로 지지 선언을 했으며, 전대협도 이 제안을 받아들여 정책으로 채택했다. 서울올림픽대회를 앞둔 시점의 분위기도 고려된 움직임이라 할 수 있다.

같은 해 5월 14일 명동성당에서 개최된 '광주민중항쟁 계승 5월제'에 참가한 화학과 2학년 조성만(명동성당 청년단체연합회 산하 가톨릭민속연구회장)이 명동성당 교육관 옥상에서 '조국 통일'과 '공동 올림픽 개최' 등의 구호를 외치며 칼로 배를 찌른 뒤 투신했다. 조성만의 자결은 이제 막 시작된 통일운동의 열기를 확산시키는 데 큰 역할을 했다. 조성만의 장례식은 5월 19일 아크로폴리스에서 약 1만여 명의 학생과 시민이 참석한 가운데 민주국민장으로 엄숙하게 치러졌다. 상여는 김세진·이재호 추모비 앞에 잠시 머문 뒤 장지인 망월동으로 떠나갔다.

전대협은 김중기를 단장으로 하는 학생회담 대표단을 구성해 남북학생회담을 추진하기 시작했다. 서울대의 경우 학생 교류를 제안한 김중기가 총학생회장에 당선되지 못했기 때문에 총학생회와는 별도로 NL 계열을 중심으로 조국통일특별위원회를 구성해 전대협의 사업에 참여했다.

남북학생회담의 날짜는 6월항쟁이 시작된 지 꼭 1주년이 되는 6월 10일로 잡았다. 경찰은 대표단 13명 전원에 대한 검거령을 내리는 한편, 6월 10일 당일에는 대규모 병력을 동원하여 학생들의 판문점행을 저지했다. 경찰의 원천봉쇄로 이 남북학생회담은 결국 무산되고 말았다.

학생들이 통일운동의 물꼬를 트자 민주통일민중운동연합(이하 민통련) 등 재야 단체들이 이를 이어갔다. 민통련은 7월 4일 '남북사회단체회담'을 제안했으며 재야 11개 단체는 7월 20일 이 제안을 실현하기 위해 조국의 자주적 평화통일을 위한 민주단체협의회를 결성했다. 민족문학작가회의도 7월 4일 '남북작가회담'을 제안했다.

야당들은 6월 10일 이전까지 학생들의 자제를 촉구해 왔으나 그 후부터 조심스럽게 남북학생회담을 지지하기 시작했다. 야당 주도로 '남북국회회담'이 추진되었고, 이에 따라 주식시장의 주가가 상승하기도 했다. 이렇게 6월 10일 남북학생회담 자체는 봉쇄되었지만 그것을 계기로 통일운동의 열기가 여러 방면으로 확산되었다.

당시 노태우 정권의 입장도 결코 단순하지 않았다. 노태우 대통령은 1988년 2월 취임사를 통해 북방정책을 표방한 데 이어 7월 7일에는 '민족자존과 통일 번영을 위한 특별선언'을 발표했다. 이 특별선언의 골자는 남북 상호 교류와 이산가족 문제 해결 등인데, 발표 당일 정부가 직접 나서서 남북 학생 교류를 북측에 제안했다. 그런 만큼 정부가 학생과 시민·재야 단체들의 남북교류를 무조건 저지만 할 수는 없는 노릇이었다. 이에 노태우 정권은 국민들의 남북교류를 허용하는 대신 창구를 일원화하겠다는 방침을 밝혔다. 남북교류를 위해서는 반드시 정부의 허가를 받아야 하며, 허가를 받은 경우라도 반드시 정부를 통해 교류를 해야만 한다는 것이었다.

학생들은 무산된 6·10학생회담 대신 8월 15일 광복절을 맞아 다시금 학생회담을 추진했다. 노태우 정권은 창구 일원화 방침에 따라 8·15남북학생회담도 원천 봉쇄했다. 이렇게 두 차례 추진된 학생회담은 노태우 정권이 완강히 저지하는 바람에 성사되지 못했지만, 통일문제를 사회적 이슈로 만드는 효과를 거두었다.

| 세계청년학생축전 |

1989년 7월에는 평양에서 세계청년학생축전이 열리기로 예정되어 있었다. 그해 벽두부터 대학가에서는 이 축전에 참가하는 문제가 현안으로 떠올랐다. 당초 노태우 정권은 1988년 하반기부터 북측에 정상회담을 제의하는 등 대화 공세를 펴고 있었기 때문에 이 문제에 대해 유연한 태도를 보였다.

정부는 1989년 1월 19일 '학생 대표단의 평양축전 참가를 허용하겠다'고 밝혔고, 이어서 각계 원로 11명으로 '남북교수·학생 교류추진협의회 자문위원회'를 구성했다. 이런 분위기를 타고 전국대학신문기자연합은 2월 11일 공동기자단 구성을 북한에 제의했다. 전대협도 2월 23일 청년학생축전에 참가하기로 결정하면서 정부의 창구 일원화 방침에 따르기로 했다. 정부도 청년학생축전과 관련된 전대협의 편지를 북측에 전달했다.

그런데 1989년 3월 25일 문익환 목사가 평양에 도착한 사실이 알려지면서 분위기가 180도 달라지기 시작했다. 그의 평양 방문은 북한이 남북협상회의를 제안하면서 초청장을 보내온 데 따른 것이었다. 북한은 문 목사뿐만 아니라 4개 정당 총재들과 김수환 추기경에게도 초청장을 보냈는데, 다른 이들은 초청에 응하지 않았다. 문 목사는 평양에서 김일성 주석과 회담하고 허담과 공동성명을 발표했다. 문 목사의 방북 이후 여러 인사의 방북이 이어졌다. 4월 23일에는 황석영 작가가, 6월 27일에는 서경원 의원이 북한을 방문한 사실이 밝혀졌다. 이 세 사람의 방북은 정부와 사전 협의를 거치지 않은 것이어서 정부의 창구 일원화 방침에 위배되었다.

노태우 정권은 문익환 목사 방북 사건을 계기로 공안합동수사본부를 설치하는 등 공안정국을 조성했다. 문 목사는 귀환 즉시 구속되었다. 그러자 북한 측은 문 목사의 구속을 이유로 남북대화 중단을 선언했고, 노태우 정권은 이후 정부의 승인을 받지 않은 대북 접촉은 '국가보안법' 위반으로 처벌하겠다고 밝혔다. 결국 국내 정국과 남북관계가 한꺼번에 얼어붙었고, 남북국회회담을 위한 준비 접촉도 무기한 연기되었다. 문교부도 당초의 방침을 뒤집어 전대협의 청년학생축전 참가를 불허하기로 결정했다.

전대협은 정부 당국의 불허 결정에도 청년학생축전 참가를 강행하기로 했다. 6월에 접어들면서 이와 관련된 행사가 많이 열렸다. 서울대에서도 6월 1일부터 '평양축전 대표선수 관악선발전'을 비롯해 여러 행사가 열렸다. 이러한 분위기 속에서 한국외대 임수경이 전대협 대표로 청년학생축전에 참가하기 위해 평양에 도착한 사실이 알려졌다. 임수경의 방북과 관련해 전대협 의장 임종석과 함께 서울대 총학생회장 문광명도 수배되었다.

임수경은 6월 30일 평양에 도착했고 그곳에서 한 달 보름 정도 머물렀다. 임수경은 8월 15일 문규현 신부와 함께 판문점을 통해 귀환했고, 그들은 즉시 구속되었다. 서울대에서는 8월 28일 임수경과 문규현 신부의 사법 처리에 반대하는 결의대회가 열렸다. 전대협은 8월 29일 전국 19개 대학에서 '임수경·문규현 신부 방북 투쟁 계승을 위한 진군대회'를 개최했다. 국가안전기획부는 9월 8일 '임수경 방북사건 관련해 63명을 검거하고 19명을 구속했다'고 발표했다.

| 범민족대회 |

청년학생축전이 1989년을 장식한 사건이었다고 한다면 1990년을 장식한 사건은 범민족대회였다. 범민족대회는 문익환 목사가 1988년 8월 28일 북한과 해외동포들이 한자리에 모여 문화교류를 할 것을 제안한 것으로부터 비롯되었다. 학생들이 통일운동의 물꼬를 트자 이에 고무되어 나온 것이다.

1989년 1월 22일 출범한 재야 단체인 전국민족민주운동연합(이하 전민련)이 범민족대회 개최를 위한 예비 실무 회담을 개최할 것을 북한에 제안하면서 범민족대회 구상은 조금씩 구체화되기 시작했다. 이를 위한 준비 작업으로 1989년 7월 전민련과 전대협 등 21개 단체가 모여 '8·15통일염원 범민족축전 추진본부'(남측)를 구성했다. 이 추진본부가 서울 등 11개 지역에서 8월 15일부터 '범민족축전'을 일제히 개최했다.

1989년의 범민족축전은 국내에서만 개최되었으나 이듬해에는 당초의 구상대로 남북한과 해외동포가 함께 참여하는 '범민족대회'로 추진되었다. 이렇게 규모를 확대한 범민족대회를 개최하려는 엄두를 낼 수 있었던 것은 노태우 정권이 1990년 7월 20일 이른바 '7·20선언'을 발표했기 때문이었다. 이 선언은 광복절을 전후해 민족 대교류를 시행하고 판문점을 개방하며, 북한 동포의 남한 방문을 허용하겠다는 내용을 담고 있었다. 정부가 이처럼 유화적인 태도를 취한 것은 이 무렵 소련과의 수교 등 북방정책에 탄력이 붙고 있었기 때문이다. 하지만 범민족대회를 위한 예비회담이 무산되는 바람에 1990년의 범민족대회도 남북한이 별도로 개최할 수밖에 없었다.

이 과정에서 서울대 학생들은 범민족대회의 성사를 위해 나름대로 노력했다. 학생들은 1990년 4월 24일 아크로폴리스에서 전학대회를 열고 '한반도 비핵군축과 남북한 자유왕래 전면개방 실현을 위한 학생추진위원회'를 결성했다. 범민족대회가 임박한 8월 6일에는 서울대 범민족대회 추진본부(이하 서울대 추진본부)를 발족했다. 서울대 추진본부는 범민족대회주간을 선포하고 통일학교를 비롯한 각종 행사를 개최하는 등 범민족대회를 뒷받침하기 위한 활동을 활발히 전개했다.

하지만 1990년 총학생회를 PD 계열이 장악했기 때문에 NL 계열이 주도하던 서울대 추진본부와는 노선이 달라, 서울대에서는 범민족대회를 뒷받침하기 위한 행사를 원활하게 진행할 수 없었다. 당시 PD 계열은 NL 계열이 주도하는 통일운동에 비판적인 생각을 품고 있었기 때문이다. 또한 1990년 총학생회가 '3당 합당'에 의해 만들어진 민자당에 반대하는 운동에 역량을 집중한 것도 상대적으로 통일운동이 가라앉은 이유 중 하나였다.

- **노동자·농민과의 연대투쟁**

1987년 이후 학생들은 통일운동과 함께 노학연대투쟁을 전개했다. 6월항쟁 직후 벌어진 '노동자대투쟁'을 시발점으로 노동운동이 크게 고양된 흐름을 탄 결과이기도 하다. 앞에서 보았듯이 통일운동을 NL 계열이 주도했다고 한다면 노학연대투쟁은 CA 계열이 분화하면서 등장한 PD 계열이 주도했다.

1987년 노동자대투쟁은 6월 29일부터 10월 4일까지 쟁의 건수 3255건, 참가 인원 121만 명에 달할 정도로 대단했다. 1988년에도 이 기세는 어느 정도 이어져 노동조합이 크게 늘어나고 노동조건도 개선되었다. 하지만 1989년 봄부터 공안정국이 조성되면서 노동운동을 둘러싼 충돌이 본격화했다. 자본 측은 무노동 무임금을 주장하면서 대대적 공세를 가했고 정부도 노동쟁의에 적극 개입함으로써 파업 → 공권력 투입 → 구속과 해고로 이어지는 악순환이 되풀이되었다. 1990년 노동계는 이에 맞서 신생 민주 노조들을 결집하여 전국노동조합협의회를 창립하는 한편 개별 사업장의 쟁의 수준을 넘어서는 '노동법' 개정 운동을 전개했다.

| 노학연대투쟁 |

서울대 학생들의 노학연대투쟁은 1988년 봄부터 시작되었다. 학생들은 3월 15일 아크로폴리스에서 당시 사회적 이슈가 되었던 현대엔진 노동조합에 대한 폭력 탄압을 규탄하는 집회를 열고, 교문으로 진출해 격렬한 시위를 벌었다. 그해 11월 13일 '전태일정신 계승 노동자대회'가 연세대에서 열렸을 때, 서울대를 비롯해 여러 대학의 PD그룹들이 이 대회에 조직적으로 참여하면서 노학연대투쟁이 본격화했다.

1989년 봄 노동운동에 대한 정부의 탄압이 강화되자, PD 계열 학생운동 세력은 이에 맞서 '민중운동 탄압분쇄와 노학연대를 위한 투쟁연합'(이하 노학투)을 결성했다. 10개 대학의 PD 계열 학생들이 4월 4일 서울대에 모여 '노학투준비위'를 결성했으며 4월 14일 서울대 노학투 발족식을 시작으로 각 대학마다 노학투를 출범시켰다. 이들은 '노학선봉대'를 조직하여 파업 현장에 대한 지원 활동에 나섰다. 서울대 학생들은 4월 27일부터 5월 1일까지 5일간 노동절 총궐기를 위한 동맹휴업을 실시했다. 이렇게 노학연대투쟁의 열기가 고조되자 정부와 여당은 이를 좌경으로 몰아 강경하게 대처했다.

| 전교조 대책위 활동 |

1989년의 노학 연대활동 가운데 가장 이색적인 사례로는 전국교직원노동조합(이하 전교조)에 대한 지원 활동을 들 수 있다. 전교조는 1987년에 만들어진 전국교사협의회를 바탕으로 1989년 5월에 결성되었다. 그 과정에서 노태우 정권의 행정력과 공권력을 총동원한 가혹한 탄압을 받아 1500여 명의 교사가 해직되었다. 그런데 전교조는 다른 노동조합들과는 달리 대학생들과 선후배 관계나 사제 관계로 연결되어 있었다. 따라서 학생들은 그에 대해 더욱 각별한 관심을 갖고 지원 활동을 펼쳤다.

서울대에서는 1989년 6월부터 전교조 대책위가 출범하여 지원 활동을 전개했다. 전교조 대책위 활동의 가장 큰 특징으로는 단과대학이나 학과가 아니라 서울대에 재학 중인 고교 동문 모임을 중심으로 활동을 전개했다는 점을 들 수 있다. 전교조 대책위 출범식 때는 각각 고교 동문회 깃발을 휘날리며 약 2000여 명의 학생들이 참석했다.

전교조 대책위는 동문회의 모교 방문, 지지 광고 게재, 서명운동 등 다양한 활동을 전개했다. 전교조 대책위는 6월 15일 서울대에서 열린 전교조 서울 지부 출범식 당시에도 큰 활약을 했다. 이들은 전교조 소속 교사들이 경찰의 봉쇄망을 뚫고 교내에 들어올 수 있도록 안내했으며, 출범식이 열릴 동안에는 서총련 전투조와 함께 교문 앞에서 전경의 교내 진입을 저지했고, 출범식을 마친 다음에는 다시 교사들을 안내해 무사히 학교 밖으로 탈출시켰다.

1989년 가을에 실시된 총학생회장 선거에서 PD 계열의 김주옥 후보가 당선되면서 노학연대투쟁은 더욱 탄력을 받았다. 그는 선거 유세 중 '세계청년학생축전 참가 등 통일운동을 정세 돌출적인 운동'이라고 비판하면서 노학연대를 통한 민중운동 탄압 분쇄 투쟁을 공약으로 내세웠다. 그가 총학생회장에 취임한 후 학생들은 학생회를 통해 더 광범하게 노학연대투쟁을 전개했다.

| 농학연대투쟁 |

1987년 6월항쟁 이후 노동운동뿐만 아니라 농민운동도 활성화되었고, 이에 따라 농학연대투쟁도 활발히 전개되었다. 1987년 이후 농민들은 '수입개방 저지투쟁, 농협민주화투쟁, 수세(水稅)거부투쟁, 고추제값받기투쟁, 의료보험제도 시정투쟁' 등을 활발하게 전개했다. 또한 1988년 이후 만들어지기 시작한 군 단위 농민회들을 바탕으로 1990년 전국농민회총연맹(이하 전농)을 결성하는 등 조직력을 강화하고 있었다.

이에 호응해 학생들은 방학 중 농촌활동 방식의 농학연대투쟁을 적극 전개했다. 당시 농촌활동은 전대협과 전농의 협력 사업으로 진행되었다. 전대협과 전농은 농촌활동을 농수산물 수입 개방 문제, 농가부채 문제, 농산물 가

격 문제, 농촌 의료보험 문제 등 농촌 현안을 제기하는 기회로 삼고자 했다. 1990년에는 약 5만여 명의 학생들이 전국에서 농촌활동을 전개했다.

농촌활동이 끝나는 날에는 으레 읍내에 모여 '농민학생결의대회'를 개최하는 것이 보통이었다. 이 결의대회는 대부분 곧바로 시위로 이어졌으며 경찰과 충돌했다. 서울대 농활 팀이 활동했던 충청남도 청양군에서도 해마다 여름이면 가두시위가 벌어졌다. 방학을 이용한 단기간의 연대투쟁이라는 제한이 있었지만, 학생들의 농촌활동은 전농을 중심으로 전개되던 농민운동에 활력을 더하고 농민문제에 대한 학생들의 관심을 증대시켰다.

● 노태우 정권에 대한 공세를 단계적으로 강화하다

1987년 6월항쟁으로 대통령 직선제가 쟁취되고, 12월 16일 실시된 대통령 선거에서 노태우 후보가 당선되었다. 전두환과 함께 12·12군사정변과 5·17군사정변을 주도한 그가 대통령이 됨으로써 1961년 5·16으로 시작된 군사정권은 공화국을 네 번이나 바꾸면서 그 명맥을 이어갔다.

당시 학생운동 진영은 대통령 선거와 관련해 세 갈래로 견해가 갈렸다. NL 주류가 김대중 후보에 대한 비판적 지지를 선언한 것에 비해, 서울대의 NL은 후보단일화를 주장했으며, CA 계열은 독자적인 정치세력화를 내세우면서 백기완 후보를 지지했다. 그러나 김대중 후보와 김영삼 후보의 단일화가 무산되는 바람에 노태우 후보가 당선되었다. 이렇듯 학생운동 진영의 분열로 생긴 정신적 상처는 선거 이후에도 이어졌다.

대통령 선거 당일 '구로구청사건'이 발생했다. 개표장 중 하나였던 구로구청에서 군(軍) 부재자 투표함에 의문을 제기하고 시민과 학생들이 농성에 돌입했다. 12월 18일 경찰이 이들을 강제 진압해 993명(최종적으로 1034명)을 연행하고 208명을 구속했다. 이 과정에서 서울대생 양원태가 척추를 크게 다쳐 평생 장애를 안고 살게 되었다. 이 사건은 부정선거의 상징으로 기억 속에 남아 있다가 2016년 투표함이 공개되었는데, 노태우 후보의 득표율은 72.4%로 전국 득표율 36.6%와 현격한 차이를 보였다.

노태우는 비록 선거를 통해 대통령이 되었지만, 구로구청사건에서도 볼 수 있듯이 서울대생들은 그 정당성을 결코 인정하지 않았다. 학생들은 노태우 정권을 전두환 정권 2기로 간주하고 6월항쟁을 재현해 군사정권을 완전히 끝장내야 한다는 생각을 버리지 않고 있었다. 이러한 생각은 이후 정세 변화와 맞물리면서 단계적으로 실행에 옮겨졌다.

| 전두환·이순자 구속 투쟁 |

노태우 정권에 대한 학생운동 진영의 첫 번째 공격은 1988년 가을 전두환·이순자의 구속을 목표로 전개한 '5공비리' 청산 투쟁이다. 이는 당시 국회가 5공특위와 광주특위를 설치해 활동에 들어갔기 때문이다. 4월 26일에 있었던 총선 결과 야당이 약진하여 여소야대의 국면이 조성된 결과인데, 노태우 정권도 전두환과 거리를 두기 위해 이를 용인했다. 학생들은 노태우 정권의 가장 약한 고리를 타격하기 위해 "전두환·이순자 구속"을 외치고 나섰던 것이다.

서울대에서는 10월 19일부터 전두환·이순자 구속을 위한 교내 서명운동이 시작되었다. 약 5000명의 학생들이 참여했고, 일부 학생들은 신림사거리와 구로공단 등 거리로까지 나가 일반 시민의 서명을 받았다. 10월 28일 서울 시내 여러 대학에서는 각 대학별로 '전두환·이순자 구속 투쟁을 위한 특별위원회'를 결성했다. 서총련은 이를 바탕으로 '부정비리주범 전·이 구속처벌 및 광주학살오적 처단을 위한 서울지역 학생투쟁연합'(이하 학투련)을 결성했다. 학투련은 산하에 체포 결사대를 조직해 전두환이 거주하고 있는 연희동으로 쳐들어가기도 했다.

11월에 들어서 전두환·이순자 구속투쟁이 더욱 고조되었다. 학생들뿐 아니라 재야 단체들까지 나서서 투쟁본부를 결성하고 시민 궐기대회를 개최했다. 궐기대회는 11월 5일과 19일 잇달아 전국 15~18개 도시에서 동시다발적으로 열렸다. 서울의 대학로 집회에만 약 1만 명의 군중이 모였고, 전국적으로 약 3만 명이 참가했다. 궐기대회를 전국적으로 개최한 것은 6월항쟁 때와 같은 시민의 참여를 기대한 것이었다.

하지만 11월 19일부터 열린 광주특위와 5공특위의 청문회가 TV로 생중계되면서 시민들은 모두 TV 앞으로 몰려갔고, 이후 시위 열기는 가라앉기 시작했다. 결국 전두환·이순자 부부가 11월 23일 사과문을 발표하고 설악산 백담사로 들어가는 선에서 사태가 마무리되었다.

| 노태우 퇴진 운동 |

1989년에 접어들면 군사정권에 대한 학생들의 공격 범위가 전두환을 넘어서 노태우 본인에게까지 미치기 시작했다. 학생들은 3월 17일 아크로폴리스에서 '광주학살 부정비리 민중운동 탄압주범 노태우 퇴진을 위한 결의대회'를 열고, 교문으로 나가 최루탄을 쏘는 경찰에 맞서 격렬한 시위를 벌였다.

이처럼 노태우 정권을 직접 공격하고 나선 것은 앞에서 본 대로 당시 정부가 공안정국을 조성해 급속히 활성화된 통일운동과 노동운동을 탄압했기 때문이다. 1989년 결성된 전민련을 비롯한 11개 재야 단체는 3월 19일 한양대에서 '노정권 퇴진을 위한 공동투쟁본부 발대식 및 불신임투쟁 선포대회'를 개최했다. 전국의 각 대학 학생들도 이에 적극 참여했고, 서울대 학생들은 3월 31일 아크로폴리스에서 '관악투쟁본부' 발족식을 마친 후 교문으로 나가 격렬한 시위를 벌였다. 시위는 1988년의 전두환·이순자 구속 투쟁보다 더욱 과격해졌다.

이렇게 노태우 퇴진 운동이 전개된 배경 중 하나로 중간평가를 들 수 있다. 노태우는 대통령 선거 때 중간평가를 공약으로 내걸었기 때문에, 1989년에 들어서자 이 문제가 정치권의 핵심 쟁점으로 떠올랐다. 야당들은 '즉각 중간평가를 실시하라'고 독촉했고, 여당 내 일부 강경파들도 이를 정면 돌파하자고 주장했다. 하지만 노태우 자신은 중간평가 결과를 자신하지 못했기에 6월 8일 '국론 분열과 사회 혼란이 우려된다'는 이유로 거부했다. 노태우 퇴진 운동은 그 뒤로도 계속되어 1989년 하반기까지 이어졌다.

| 민자당 일당독재 분쇄 투쟁 |

학생과 재야 세력의 압박으로 궁지에 몰린 노태우 정권은 1990년 3당 합당을 통한 보수대연합을 시도했다. 그 결과 1월 21일 개헌선을 상회하는 거대 여당인 민주자유당(민자당)이 출현했다. 일본식 보수대연합을 통해 장기집권 체제를 구축하려고 노태우·김영삼·김종필의 세 정당이 야합한 것이다. 학생과 재야 세력은 보수대연합과 정면으로 충돌하지 않을 수 없었다.

서울대 총학생회는 PD 계열 주도하에 노학연대투쟁의 연장선에서 노동운동과 손잡고 반민자당 투쟁에 나섰다. 이를 위해 총학생회 산하에 '반민중적 파쇼야합 분쇄와 민중의 민주적 권리쟁취를 위한 특별위원회'를 설치했으며 전국 PD 진영의 연대투쟁 기구인 전국학생투쟁연합에도 참여했다. 이렇게 학생회가 앞장선 가운데 서울대 학생들은 5월 8일과 9일에 노동운동 탄압 분쇄와 민자당 타도를 위한 동맹휴업에 들어갔다. 이틀 연속 아크로폴리스에서 집회가 개최되었는데, 평균 5000명 가까운 학생들이 참가했다.

한편 학교 바깥에서도 보수대연합에 맞서기 위한 연대 기구가 만들어졌다. '민자당 일당독재분쇄와 민중기본권쟁취 국민연합'(이하 국민연합)이 4월 21일 결성되었다. 국민연합은 민자당 전당대회가 열리는 5월 9일 대규모 가두시위를 계획했고, 전국 17개 도시 192개소에서 8만여 명의 군중이 집결해 민자당 해체를 외치며 시위를 벌였다. 그날 서울대에서는 4000여 명의 학생들이 아크로폴리스에서 총학생회 주최로 대규모 출정식을 가진 후 시청 앞·신세계백화점·서울역 앞 등지로 진출해 가두시위를 벌였다. 이는 이듬해 '5월투쟁'의 예고편이었다.

● 5월투쟁

반민자당 운동의 연장선에서 1991년 봄 전국적인 대규모 가두시위가 발생했다. 시위는 4월 26일 시작되어 6월 29일까지 두 달 넘게 이어졌지만, 그 정점이 5월이었기 때문에 당시 이 사건을 '5월투쟁'이라고 불렀다.

5월투쟁에는 대학생과 재야 단체들이 주로 참가했지만, 노동자들도 노동조합을 단위로 참여했다. 당시 《한겨레신문》의 보도에 의하면, 시위 참가자는 연인원 195만 명이었고, 시위가 정점에 도달한 5월 9일에는 하루에만 50만 명이었다. 5월투쟁은 참가 인원의 규모와 전국적인 동시다발 시위라는 면에서 1987년 6월항쟁을 연상시킨다.

5월투쟁은 4월 26일 명지대생 강경대가 시위 도중 전경들에게 집단 구타를 당해 사망한 사건을 계기로 시작되었다. 각 대학 학생들이 즉각 항의시위에 나섰고, 서울대생들은 곧바로 녹두거리로 몰려나가 경찰과 투석전을 벌이며 격렬한 시위를 전개했다. 재야단체들도 총출동해 4월 27일 '고 강경대열사 폭력살인규탄 및 공안통치 종식을 위한 범국민대책회의'(이하 대책회의)를 결성하고 규탄시위를 벌였다. 폭력 진압에 대한 규탄으로 시작된 시위는 열기가 고조되면서 노태우 정권 퇴진 운동으로 발전했다. 전교조와 전노협 등 노동운동단체들이 조직적으로 시위에 참가한 것은 1987년 6월항쟁 때보다 진전된 양상이었다.

시위 군중의 조직력과 결집력은 6월항쟁 때에 비해 강화되었지만 그때와 달리 일반 시민의 폭넓은 참여를 이끌어내는 데는 실패했다. 정원식 총리에 대한 밀가루 투척 사건과 이른바 김기설 유서대필 사건을 빌미로 노태우 정권과 보수언론이 대대적인 이데올로기 공세를 가하자 시위 열기는 슬그머니 가라앉고 말았다. 그 배경에는 또 다른 요인이 작용했으니, 당시 진보 진영의 주된 관심이 1991~1992년에 있을 광역의회 선거와 국회의원선거, 대통령 선거에 집중되어 있었기 때문이다. 어느덧 진보 정치의 무대가 거리에서 제도권으로 옮겨가고 있었던 것이다.

제5장

대안

1990년대

1. 서울대에 '신세대'가 나타나다

● 신세대 담론의 등장

1990년대에 들어 기성세대와 다른 새로운 세대를 가리키는 '신세대'라는 말이 유행했다. 'X세대'라고도 불린 이들은 1970년대에 태어난 20대 젊은이들로서 대학에서는 90년대 학번에 해당한다. 당시 대학가에서 이들과 직접 견준 기성세대는 80년대 학번들이었다.

신세대는 '졸업정원제세대'와는 성장환경, 사고방식, 감수성 등에서 크게 달랐다. 그들은 한국 경제의 3저 호황기에 청소년기를 보냈고, 대중소비 단계에서 대학 생활을 했기에 고도성장의 혜택을 흠뻑 누린 세대이다. 정치적으로도 그들은 1987년 6월항쟁을 중고등학교 시절에 겪었으므로, 이전 세대에 비해 자유롭고 민주적인 환경에서 성장했다. 따라서 그들은 상대적으로 자유롭고 활달한 사고방식과 생활 태도를 보이며, 개인주의적이고 실리적이었다.

신세대의 등장에 대한 반응은 다양했다. 일부 진보 학술지는 사회적 관습과 억압을 돌파할 가능성을 이들에게서 찾았다. 미메시스라는 문예창작 그룹은 『신세대: 네 멋대로 해라』(1993)라는 책을 통해 '사회과학의 시대'에 맞선 '문화의 시대', '이념의 시대'에 맞선 새로운 '감성의 시대'가 도래했음을 선언했다. 하지만 상업주의에 오염되고 대중매체에 의해 과대 포장되었다는 이유로, '오렌지족'이라 부르면서 그들의 행태를 못마땅하게 생각한 사람이 많았다.

학내에서도 세대 간의 문제가 거론되었다. 1993년 5월 10일 자 ≪대학신문≫은 "관악의 신세대"라는 기획 연재 기사를 실으면서, "파편화 경향의 여파로 공동체 문화 해체"라는 헤드라인을 뽑았다. 즉 신세대가 자기 관리에는 철저한 반면, 주변에는 무관심하며 협소한 시야를 가져 1980년대 대학사회가 구축한 공동체문화가 위기를 맞고 있다는 것이다. 이 기사는 신세대에 대한 학

1990년대 서울대생 패션의 대담한 변화를 풍자한 삽화

생들의 우려의 시선을 보여준다.

하지만 세대 간의 차이는 늘 있어온 일인 데다가, 신세대 담론은 1980년대 학번들이 후배들에게 느끼는 낯섦을 과도하게 확대해석 한 것일 수도 있다. 게다가 신세대의 실체도 그렇게 분명하지는 않았으니, 신세대로 불린 1990년대 서울대생들의 실체가 무엇이었는지 좀 더 살펴볼 필요가 있다.

● 연구중심대학의 추진과 학부제의 실시

1990년대 대학가에는 신자유주의적인 교육 개편의 바람이 밀어닥쳤다. 문민정부가 1995년에 '5·31교육개혁안'을 발표해 선진적인 미국식 대학 모델을 도입하는 개혁을 추진했기 때문이다. 이 기조는 그 후 국민의 정부와 참여정부의 고등교육 정책에서도 기본적으로 이어졌다.

그런 분위기 속에서 서울대는 자체적인 장기 발전 계획을 수립했는데, 그 기조는 문민정부의 그것과 크게 다르지 않았다. 서울대는 학부 과정이 아니라 대학원 과정을 중시하는 '연구중심대학'으로 발전 방향을 설정했다. 이런 발전 전략은 이전에도 시도된 바 있으나 정부가 졸업정원제를 실시해 학부 정원을 대폭 늘리는 바람에 무산되었다. 이제 10여 년의 세월을 건너뛰어 대학의 자율성이 회복되면서 다시 추진된 것이다.

연구중심대학 발전 전략의 개요는 학부대학·전문대학원 체제의 구축이었다. 학생들을 전공 구분 없이 모집해 학부대학에서 교양교육과 기초교육을 실시한 후 전문대학원에서 세분화된 전공 교육을 실시한다는 것이다. 이에 따라 학부제가 시행되었다. 세분화되었던 학과들 간의 울타리를 해체하고 광역화된 교육 단위인 학부로 통합해, 학생들이 학부 과정에서 폭넓은 기초교육을 받도록 하고 전공 교육은 대학원에서 하자는 것이었다.

학부제는 1994년부터 시행되었다. 학부는 규모가 너무 컸기에 학생들을 여러 반으로 나누어 편성했다. 학부제가 실시되면서 전통적으로 학생들의 기초적인 생활공간이던 학과가 사실상 사라졌다. 총학생회로 대표되는 학생회 활동도 과학생회에 뿌리를 두고 있었다. 따라서 학부제 시행은 단순히 교육 기구의 개편에 그친 것이 아니라 학생들의 학교생활 전반에 영향을 미쳤다. 학생운동도 이런 변화로부터 자유로울 수 없었다.

학부제의 진행과 학생 사회의 변화

전국에서 가장 먼저 학부제를 실시한 공대의 경우 1992년 전기전자제어공학군 시절부터 기존의 과학생회 체계를 학부학생회 체계로 바꿔 운영하기 시작했다. 하지만 한 학년당 250명이나 되는 학생들을 하나의 학생회 체계로 묶어내는 것이 힘들다는 현실적인 어려움 때문에 학부를 몇 개의 반으로 나눈 반학생회 체계로 전환했다. 전기공학부 이외에도 기계공학부, 공섬화학과군 등이 반학생회 체계를 운영하고 있으며 인원수가 적은 재료공학부는 학부학생회를 운영하고 있다. …… 하지만 학부제 체계 아래서는 대부분의 반학생회가 이전의 과학생회를 모태로 구성되고 있는 실정이다. 기계공학부의 경우 A반은 기계공학과, B반은 기계설계학과, C반은 항공우주공학과 학생회와 연계해서 학생회를 구성했다. …… 하지만 자신이 원하지 않는 전공과 자신이 속한 반이 연계되었을 때 1, 2학년들이 학생회 자체에 적극적으로 참여하지 않는 문제가 발생하기도 했다.

≪대학신문≫, 1996년 12월 2일

● 고학력 고소득 전문직·관리직들의 자녀가 다니는 학교

1990년대에 대학진학률이 증가하면서 대학생 숫자도 크게 늘어났다. '5·31 교육개혁안'에 따라 대학 설립이 '준칙주의'로 바뀐 것도 이에 크게 기여했다. 서울대의 경우 정원이 늘기는 했지만 그 증가폭은 전체 증가율에 미치지 못했고, 연구중심대학 발전 전략에 따라 학부생에 비해 대학원생이 크게 늘어난 상태였다.

학부생 가운데 여학생 수의 증가가 먼저 주목된다. 1991년 4294명에서 2001년 7047명이 되었다. 재학생 중 여학생 비율도 늘어, 1980년대의 20% 선이 1996년부터 점차 높아져 2001년에 30% 선을 넘어서고, 계속 늘어나 2009년에 40% 선을 돌파했다. 이 무렵이 되면 학내에서 여학생은 더 이상 소수자가 아니었다.

학생들의 가정 형편도 바뀌었다. 전통적으로 서울대는 어려운 집안 출신 수재들의 대학으로서의 특성을 지녔다. 이런 특성은 일찍부터 나타나서 1980년대에 강화되었지만 1990년대 이후 점차 약화되었다.

먼저 「서울대 신입생의 특성」(서울대학교 학생생활연구소, 해당 연도)에 의거해 가족의 총수입을 살펴보면 다음과 같다. 1988년에 학생들의 21.4%가 월 40~60만 원대, 15.9%가 월 20~40만 원대 구간에 분포해, 월 20~60만 원대의 저소득층이 주축을 이루었다. 이에 비해 1993년에는 월 160만 원 이상의 구간이 17.6%로 가장 많고, 월 80~100만 원대 구간이 16.6%로 그다음이고, 140~160만 원대 구간이 10.8%로 세 번째로 많았다. 물가상승률을 감안하더라도 학생들의 생활 형편이 나아진 것을 알 수 있다. 그에 따라 학비 충족도도 개선되었다. 1987년에 '많이 부족하다'는 응답이 20.1%였는데, 1997년에는 3.9%로 크게 줄었다. 반면에 '여유 있다'는 응답은 1987년 16.2%에서 1997년 37.2%로 대폭 증가했다.

이런 현상은 보호자의 학력 중 고학력자 비율의 증가와도 연관된다. 아버지 학력이 대졸 이상인 비율이 1982년 41.1%에서 1993년 52.7%로, 2002년에는 71.7%로 증가했다. 대학원 졸업 이상의 비율도 크게 늘어 1982년 5.6%에서

2002년 25.8%로 증가했다.

보호자의 학력이 높아진 것은 보호자의 직업 분포에도 반영되어 전문직과 관리직 비율이 크게 증가한 것으로 나타났다. 먼저 전문직의 경우, 1988년 7.8%에서 2002년 18.1%로 2배 이상 증가했다. 같은 시기에 관리직의 경우도 7.8%에서 20.6%로 3배 가까이, 행정·사무직도 16.5%에서 24.1%로 증가했다. 2002년에 세 직종을 합치면 무려 62.8%가 되었다. 이렇듯 서울대는 1990년대를 거치면서 고학력·고소득의 전문직 및 관리직 자녀들이 다니는 학교로 바뀌었다.

학생의 출신고에도 변화가 나타났다. 전술했듯이 명문고 시대는 고교평준화로 1980년대에 막을 내렸지만, 1990년대에 과학고·외고 등 특수목적고등학교(이하 특목고)가 등장하면서 특정학교 출신들이 다수를 차지하는 현상이 다시 나타났다. 1991학년도 입시에서부터 이미 대원외고가 139명, 서울과학고가 74명의 합격자를 배출했다. 이 두 학교는 1994학년도에도 각각 188명과 132명의 합격자를 냈다. 대일외고·명덕외고 등 다른 외고들과 경기고·서울고·단대부고 등 이른바 강남 8학군에 소재한 학교들도 좋은 성적을 거두었다. 이런 추세는 1990년대 후반에도 그대로 이어졌다.

- ● 서울대생은 정치적으로 보수화되었나?

흔히 1990년대 학생들은 선배들에 비해 정치적으로 보수화된 것으로 간주된다. 그들이 자유분방하고 개인주의적이며 사고방식이나 생활문화에서 상당한 차이를 보였다는 데서 나온 짐작이다. 하지만 여러 지표로 볼 때, 정치적 보수화가 아직은 본격화되지 않았다고 할 수 있다.

≪대학신문≫이 1992년과 1997년에 행한 정치의식에 관한 설문조사가 눈길을 끈다. 1992년 조사에서, 응답한 학생의 46.1%가 스스로 진보적이라고, 40.9%가 중도적이라고, 13.0%가 보수적이라고 답했다. 1997년 조사에서는 응답자의 47.6%가 스스로 진보적이라고, 41.4%가 중도적이라고, 11.0%가 보수적이라고 답했다. 5년 전과 별 차이가 없고 오히려 근소하게나마 진보층은 늘

고 보수층은 줄었다. 이 수치는 학생들이 적어도 주관적으로는 아직 보수화되지 않았음을 말해준다. 정치에 대한 관심이 있는가에 대해 긍정적으로 답한 학생은 1992년 77.3%에서 1997년 71.8%로 약간 감소했지만, 여전히 대다수 학생들은 정치에 큰 관심을 보였다.

하지만 미시적인 변화가 없지 않았다. 정치에 대한 관심이 '많이 있다'는 응답이 1992년 31.5%에서 1997년 21.0%로 꽤 줄어든 반면, '약간 있다'는 응답은 45.8%에서 47.8%로 약간 늘었다. 정치에 대한 관심 자체는 유지되었지만 그 열성도가 상당히 떨어졌음을 알 수 있다. 그러니까 1980년대식 진보적 합의가 외견상으로는 그런대로 유지됐지만, 내면적으로는 흔들리기 시작했다고 볼 수 있다.

더 세부적인 질문에 대한 응답은 이를 더 분명하게 보여준다. 우리나라에 적합한 민주주의 유형을 묻는 질문에 서구식 자유민주주의라는 응답이 1992년 17.0%에서 1997년 26.8%로 늘어난 반면, 서구식 사회민주주의라는 응답은 30.1%에서 14.3%로 크게 줄어들었다. 민중민주주의라는 응답은 23.4%와 24.8%로 거의 변화가 없다. 적합한 경제체제를 묻는 질문에 대한 답변도 비슷한 양상을 보였다. 자본주의 시장경제체제라는 응답이 같은 기간 4.4%에서 15%로 크게 늘어난 반면에 사회주의 혼합경제체제와 사회주의 계획경제체제라는 응답이 각각 23.7%와 7.8%에서 7.0%와 1.0%로 크게 줄었다. 그 대신 자본주의적 혼합경제체제라는 응답이 57.6%에서 1997년 67.3%로 증가했다.

대학의 목적에 대한 생각도 바뀌었다. 사회학연구실습팀의 조사에 따르면 대학이 '사회변혁을 위한 사회정치적인 사회화의 기능을 수행하는 곳'이라고 답변한 학생이 1990년 22.3%에서 1995년 13.6%로 줄어든 반면에 '개인의 자아를 실현하는 곳'이라는 답변이 40.6%에서 56%로 상승했다.

이렇게 학생들의 정치적 자의식은 1990년대에 크게 바뀌지 않은 듯 보이면서도 구체적인 양상에서는 사회변혁적 사고방식이 후퇴하고 있음을 확인할 수 있다. 이는 '현실사회주의'의 몰락과 우리 사회의 민주화에 따른 불가피한 변화였다.

2. 전투적 학생운동의 종언

● **문민정부의 출범으로 기세가 꺾이다**

4·19혁명 이후 1987년까지 학생운동의 암묵적인 목표는 4·19혁명의 재현이었다. 마찬가지로 1987년 이후 학생운동의 암묵적인 목표는 6월항쟁과 같이 전국적으로 동시다발적인 대규모 가두시위를 통한 정권교체였다. 이를 '전민항쟁'이라고 불렀다. 학생들은 이를 위해 '전투적 학생회론'을 전개했다. 즉 학생들이 전투적 학생회를 중심으로 단결해 군사정권을 상대로 정치투쟁을 전개한다는 것이었다.

하지만 4장에서 본 1991년 5월투쟁 실패 후 전투적 학생운동의 기세는 꺾였다. 우선 1992년부터 집회와 시위의 규모가 줄어들었다. 5월 19일 민자당 전당대회에 맞춰 재야 단체인 민주주의민족통일전국연합 주최로 전국 22개 지역에서 '민주자유당 해체와 민주대개혁을 위한 국민대회'가 열렸다. 이날 김영삼 대표최고위원이 제14대 대통령 후보로 선출되었다. 6월항쟁 당시 노태우 민정당 대통령 후보가 선출되던 날에 연 6·10대회를 염두에 두고 국민대회를 연 것으로 보인다.

이날 전대협 소속 대학생들이 전국에서 가두시위를 벌였고, 서울에서만 약 3만여 명이 참가했다. 서울대도 약 2500명이 아크로폴리스에서 교내집회를 갖고 도심지로 진출했다. 그 규모가 제법 됐지만 1년 전의 5월투쟁 때와 비교한다면 격세지감이 들 만큼 줄어든 것이다.

집회와 시위 규모가 줄어든 원인으로는 그해 3월 24일의 국회의원선거와 12월 19일의 대통령 선거 실시를 들 수 있다. 학생운동 진영은 두 차례의 선거에 자신의 역량을 쏟아부었다. 특히 대선은 진보 진영의 에너지를 모두 빨아들이는 블랙홀이 되었다.

1987년의 대선과 마찬가지로 1992년 제14대 대통령 선거에서도 학생운동 진영은 입장이 나뉘었다. NL 진영은 선거 구도를 '민주' 대 '반민주'의 대결 국면으로 보고 범민주 단일 후보를 지지할 것을 주장했다. NL 진영이 주도한 전대협은 선거를 통한 정권교체를 내걸고 전국 160개 대학에 '민자당 재집권 저지와 민주정부 수립을 위한 운동본부'를 결성했다. 전대협은 10만여 명의 학생들로 공명선거 감시단을 구성해 공안선거 분쇄 활동을 전개하는 한편, 각 대학 총학생회에 부정선거 고발 센터를 설치·운영하겠다고 밝혔다. 이들은 김대중 후보를 명시적으로 지지하지는 않았지만, 사실상 그의 승리를 기대했다.

반면에 진보학생연합과 전국학생정치연합 등 PD 계열 6개 단체는 NL 진영의 범민주 후보론에 의문을 제기했다. 이들은 '민중대통령 추대를 위한 전국학생추진위원회'를 결성해 민중후보론을 공개적으로 표명하고 그 후보로 선출된 백기완을 위해 후보 등록을 위한 모금운동 등 다양한 지원 활동을 펼쳤다. 하지만 결과는 민자당 김영삼 후보의 승리였다.

1993년 2월 25일 김영삼 대통령이 취임하고 문민정부가 출범했다. 그는 즉각 군부 내 사조직인 하나회 해체와 금융실명제 실시 등 개혁을 단행했다. 시국사건으로 제적된 학생의 복학과 수배자의 수배 해제를 단행하는 등 유화조치도 취했다. 전교조 해직교사에 대한 복직도 조건부로 허용했다. 이에 따라 문민정부는 초기에 높은 국민적 지지를 받았다. 이러한 조치들은 군사정권과의 차별성을 강조함으로써 궁극적으로 학생운동을 비롯한 진보 진영을 향해, 이제 문민정부에 대한 반정부 투쟁을 벌일 명분이 사라졌다는 점을 과시하려는 것이었다.

문민정부의 개혁 드라이브는 학생운동 진영에도 상당한 영향을 미쳤다. 1993년 5월 28일 출범한 한국대학총학생회연합(이하 한총련)은 생활·학문·투쟁 공동체를 내걸고 온건한 노선을 택했다. 한총련은 "달리는 말에 채찍을 가한다(走馬加鞭)"라는 논평을 통해, 기대감을 갖고 문민정부를 지켜보겠다는 입장을 보였다. PD 진영도 문민정부 초기에는 강경 투쟁을 벌일 엄두를 내지 못했다. 이렇게 문민정부의 출범으로 정부와의 대립 전선이 약화되면서 전투적 학생운동의 기반이 흔들리기 시작했다.

● 쌀시장 개방 반대운동과 문민정부와의 충돌

하지만 한동안 잠잠하던 집회와 시위는 1994년에 들어서 다시 고조되었다. 그 불씨를 제공한 것은 우루과이라운드 협상에 따른 쌀시장 개방이었다.

김영삼 대통령은 1993년 12월 9일 특별 담화를 통해 쌀시장 개방을 공식적으로 선언했다. 그러자 즉각 전국농민회총연맹을 중심으로 '쌀과 기초농산물 수입개방저지 범국민대책위원회'가 조직되어 전국 25개 시군에서 규탄 집회를 열었다. 학생들은 농민과 연대투쟁을 벌였으며, 시위는 1994년 봄까지 이어져, 4월 9일 보라매공원에서는 '우리 농업 지키기 범국민운동본부' 주최로 국민대회가 개최되었다. 서울대생들도 집회를 열고 보라매공원까지 행진을 벌였다. 집회는 전국 11개 도시에서 동시에 열렸는데, 서울에서만 1만 5000여 명 등 전국적으로 3만여 명이 참가했다.

5월에 출범한 제2기 한총련은 제1기와는 달리 1994년을 정권 타도의 해로 규정하고, 쌀시장 개방 반대운동을 '전민항쟁'으로 확대시키겠다고 선포하는 등 높은 수위의 정치투쟁을 시작했다. 이 과정에서 남총련의 열차 탈취 등 극단적인 투쟁 방법까지 등장했다.

1994년 7월 8일 북한의 김일성 주석이 사망하자, 김영삼 정권은 이를 틈타 한총련에 대한 공격을 본격화했다. 정권은 일부 대학에 추모 대자보가 나붙

우루과이 라운드 비준 거부와 의원 소환을 위한 서울대인 총출동

갈 길 바쁜 친구에게

우리 YS가 문민정부를 이마에 써 붙이고 무협지에나 나올 법한 칼을 들고 뎅겅 뎅겅 TK의 목을 자를 때는 우리는 멍했지. '아니?', '끝내준다', '존경스럽다' 등의 감탄사를 연발하며 우리는 보다 못해 쪽팔렸지. 이제 우리는 뭐해 먹고 살지? 그런데 우리네 삶이라는 것이 희한해서 조놈 속셈이 조거구나 하는 걸 차츰 짚어갔지. 현대에서 노동자 형님 아저씨 데모할 때 고놈이 중재권 걸어 넘어뜨릴 때 알아 봤지. 그리고 요번에 UR인가 어디에서 농민 할아버지 할머니 모가지 걸어놓고 협상할 땐 정말 열 받더구만. YS가 잘 사는 놈들 더 잘 벌게 하는 데는 머리를 싸매고, 못사는 사람 소외시키려 할 때 우리는 뭘 했지 하는 생각이 들더구만. 결국 우리는 실업자가 될 수는 없었단 말이지. …… 주마가편(走馬加鞭)은 안어울리는 것 같고 우공이산(愚公移山)이라 함세. ……

UR학교 자료집

은 것에 대해 '국가보안법'을 적용해 처벌하도록 했다. 경찰은 교내에 분향소를 설치한 학생들에 대해 긴급검거령을 내렸다. 이런 와중에 박홍 서강대 총장이 청와대에서 열린 대학교총장 초청 간담회에서 일부 학생들이 북한의 지시를 받고 있다고 주장해 큰 파문을 일으켰다. 대통령은 8월 16일 공권력을 총동원해 대학 내의 주사파를 발본색원하겠다고 천명했다. 주사파란 북한의 주체사상을 신봉하는 정파라는 뜻이다. NL 계열이 주도하는 한총련이 정권과 정면으로 충돌하게 되었지만, 1994년 하반기에 이렇다 할 반격을 가하지 못했다.

주사파 사냥이 반드시 NL만 겨냥한 것은 아니었다. 정권은 학생운동 전체를 주사파로 몰아붙였고, NL 진영과 치열하게 다투었던 PD 진영도 공안정국에서 결코 자유로울 수 없었다.

● 5·18특별법 제정 투쟁과 노학연대투쟁으로 힘을 되찾았지만

침체를 겪던 학생운동은 1995년에 들어 5·18특별법 제정 투쟁을 통해 힘을 되찾았다. 5·18특별법 문제는 1994년 10월 19일 김대중 내란음모사건 관련자들이 전두환 전 대통령 등 관계자 10명을 내란죄로 고소·고발하면서 불거지기 시작했다. 당시 서울대 총학생회장 선거에서는 이 문제가 외면받고 있었다. 그러자 한 학생이 선거에만 몰두하는 학생운동 진영의 각성을 촉구했고, 결국 5·18 학살자 처벌 문제가 선거 이슈로 떠올랐다.

서울지검은 질질 끌다가 1995년 7월 18일 전두환과 노태우 등에 대해 공소권이 없다는 이유로 불기소처분을 했다. 그러자 국민 여론이 끓어올랐다. 야당은 전두환과 노태우 등 5·18 학살자를 처벌하기 위한 특별법 제정에 나섰다. 한총련을 비롯한 학생운동 진영도 이에 뛰어들었다. 한총련은 9월 29일과 30일에 동맹휴업을 벌였고, 대부분의 학교에서 70% 이상의 학생이 참여했다.

서울대도 9월 14일의 전체학생대표자회의에서 5·18특별법 제정을 위한 총궐기를 결의했다. 이후 학과 단위부터 속속 학생총회를 개최해 시국선언서를 발표하고 삭발식을 거행했다. 대학원생들도 동참했다. 총학생회는 이런 열기를 이어받아 5월 29일과 30일 양일간 동맹휴업을 결행했다. 첫날인 29일 아크로폴리스에 약 5000여 명이 모여 집회를 열고 도심지로 진출해 다른 학교 학생들과 함께 명동과 신세계백화점 앞의 거리를 점령하고 밤늦게까지 시위를 벌였다.

5·18특별법 제정 투쟁은 9월 30일 이후 일시적으로 소강상태에 들어갔지만 10월 19일 국회에서 노태우 비자금 문제가 폭로되면서 다시 불거졌다. 총학생회는 11월 3일 5·18특별법 제정을 촉구하는 결의대회를 개최했고, 학생들은 대회를 마친 후 도심지로 진출해 가두시위를 벌였다.

11월에는 으레 총학생회장 선거가 있었다. 선거운동이 시작되면 다른 활동은 중단되는 것이 통례였지만, 5·18특별법 제정 투쟁만은 예외였다. 모든 선거캠프는 선거유세와 함께 그 제정 투쟁을 동시에 진행했다. 김영삼 대통령은 압력을 이기지 못하고 11월 24일에 5·18특별법 제정을 지시했다.

5·18특별법 제정 투쟁은 국민의 호응을 얻었을뿐더러 오랜만에 승리의 기쁨을 안겨주었다. 이처럼 1995년에는 이 투쟁 덕택에 학생운동이 오랜만에

활기를 되찾았다. 이를 주도한 것은 한총련이었다. 당시 한총련은 6월항쟁 때와 마찬가지로 평화시위를 유지하기로 방침을 정했기에, 현장에 화염병은 등장하지 않았다.

반면에 PD 진영은 5·18특별법 제정 운동에 상대적으로 소극적이었다. 이 무렵 그들은 이미 한총련이 주도하는 시위에 적극적으로 참여하지 않고, 대신 독자적으로 노학연대투쟁을 전개했다. 이 노학연대투쟁 역시 한총련의 쌀시장 개방 반대운동과 마찬가지로 1994년부터 재개되었다.

1994년 봄 노동운동 진영은 어용노조인 한국노총을 해체하고 민주노총을 건설하는 것을 목표로 활동을 전개했다. 서울지하철노조와 부산지하철노조도 이 무렵 전국지하철노동조합협의회를 결성하고 파업을 준비했다. 정권은 이에 맞서 공기업에 대해 임금인상 가이드라인을 정하고 제삼자 개입 금지를 엄격하게 적용하는 등 노동운동 탄압에 나섰다.

증언

6월에 서울 지하철노조가 파업에 들어갔다. 좌파 학생운동은 이미 노학연대투쟁을 준비하면서 학생 사수대를 조직하고 있었다. 지하철 노조가 파업 결의 대회를 열던 군자 차량기지에 선배들과 같이 갔다. 땅거미가 지는데 레일을 따라 차량기지에 닿으니 수천 명의 노동자가 "해방역에 닿을 때까지 달리자, 지하철 노조여"로 끝나는 「노동조합가」를 부르고 있었다. 지금 생각해도 잘 만든 노래다. 지하철 노조는 파업이 시작되면서 곧바로 고려대로 집결했다. 나도 선배들에게서 소식을 듣고 고려대로 갔다. 오늘날은 민주노총이 파업을 선언해도 뻥파업 취급을 받지만, 그때는 정말 공권력과 일대 결전을 앞둔 전쟁 전야와 비슷했다. 물론 학생운동을 시작하고 사회문제에 갓 눈을 뜬 내게 다른 것이 보이지 않아서 그랬을 수도 있겠다. 어쨌든 나는 정말 지하철 노동자들의 파업을 지켜야만 한다고 생각했다. 학생들은 이틀간 고려대 정문과 후문에 쇠파이프와 화염병을 들고 지켰다.

오준호(국어국문과 94)

봉천전화국 앞에서 열린 한국통신 파업 지지 집회

1994년 6월 서울지하철노조가 파업에 들어가자 PD 계열 학생들은 즉각 학생 사수대를 조직하여 파업 지원 활동을 벌였다. 그들은 군자차량기지에서 열린 파업 결의대회에 노동자들과 함께 참석했고, 파업 노동자들이 고려대로 집결하자 이동하여 화염병과 쇠파이프를 들고 교문을 지켰고, 노조 지도부가 경희대로 이동하자 함께 옮겨가 이들을 지켰다. PD 계열의 학생들도 이렇게 노학연대투쟁을 통하여 무기력한 상태에서 벗어나 활력을 되찾았다.

1995년에는 한국통신(KT) 노조의 파업을 둘러싸고 김영삼 정권과 노동운동 진영

사이에 일대 충돌이 빚어졌다. 정권은 이를 국가 전복 세력의 도전이라고 규정하고 공격에 나섰다. 노조 간부들이 5월 22일 명동성당에 임시 상황실을 설치하고 농성에 들어가자, 정권은 6월 6일 경찰 병력을 투입하면서까지 노조 간부들을 연행했다. PD 계열 학생들은 탄압에 맞서 '노동운동 탄압분쇄를 위한 전국학생특별위원회'(이하 전학특위)를 조직했다. 전학특위는 6월 4일 연세대에서 '노동운동 탄압 분쇄대회'를 개최했고, 24일에는 종로구 숭인동 이스턴 호텔 앞에서 화염병과 쇠파이프를 사용하면서 격렬한 가두시위를 벌였다. 서울대 총학생회도 5월 29일 '노학연대를 위한 서울대인 결의대회'를 개최하고, 집회가 끝난 뒤 봉천전화국 앞에서 구속자 석방과 임금 가이드라인 철폐 등을 요구하며 연좌농성을 벌였다.

이렇게 PD 계열 학생들이 파업 지원을 위해 노학연대투쟁을 열렬하게 전개했지만, 한국통신 노동조합이 7월 30일 일방적으로 투쟁 중단을 선언하자 더는 아무것도 할 수 없었다. 일방적인 노학연대투쟁의 한계가 드러났다. 이 무렵부터 학생들 사이에서 '몸 대주기'식 연대투쟁이라는 자조적인 목소리가 나오기 시작했다.

● 연세대 사태의 충격

학생운동은 5·18 학살자 처벌 운동과 노학연대투쟁 덕택에 잠시 활력을 되찾았지만 거기까지가 전부였다. 1996년 이후 전투적 학생운동의 기세는 급격하게 기울었고, 1990년대와 함께 그 시대도 막을 내렸다.

1996년 3월 29일, '교육재정확보와 김영삼 대선자금 공개를 위한 서총련 총궐기대회'에 참석한 연세대생 노수석이 경찰의 과잉 진압으로 사망했다. 명지대생 강경대가 사망한 1991년 5월처럼 이 사건의 규탄시위 과정에서 학생들의 분신이 잇달아 발생했다. '열사정국'이 다시 찾아온 것이었다.

학생운동 진영은 노수석의 사망을 문민정부의 반동성을 보여주는 증거로 여겨 정권 타도를 외치며 투쟁을 전개했다. 하지만 시위의 열기는 1991년의 5월 투쟁 때와 비교할 수 없을 정도로 저조했다. 일반 학생들의 호응은 크지 않았고, 노수석을 열사라고 부르는 것에 거부감을 표시하는 학생도 있었다.

전투적 학생운동의 기세가 결정적으로 꺾인 계기는 역시 1996년 8월의 연세대 사태였다. 한총련은 제6차 범청학련 통일대축전과 제7차 범민족대회를 8월 13일부터 사흘간 연세대에서 개최한다고 발표했다. 정부 당국은 불법집회로 규정하고 금지했지만, 한총련은 대회를 강행했다. 학생들은 경찰과 격렬하게 충돌했다. 경찰은 학교를 봉쇄하고 병력을 교내에 진입시켜 농성 중이던 5800여 명을 연행하고 462명을 구속했다. 경찰이 쳐놓은 덫에 한총련이 스스로 걸려든 셈이었다.

정부는 탄압과 함께 대대적인 이데올로기 공세를 펼쳤다. 지도부가 학생 대중을 남기고 먼저 빠져나온 것도 한총련의 리더십과 도덕성에 큰 상처를 남겼다. 지도부는 후일을 기약한 것이었지만 어떤 일도 할 수 없었다. 이 사건으로 한총련뿐 아니라 학생운동 전체가 큰 타격을 입었다.

이 무렵 서울대 학생운동 진영은 한총련과는 일정하게 거리를 두었다. 더욱이 당시 총학생회는 PD 계열이 맡았고, 연세대 사태에 휘말린 학생들도 많지 않았다. 하지만 거기에서 완전히 자유로울 수는 없었다. 그 사태의 여파가 아직 가시지 않은 9월 13일에 아크로폴리스에서 서총련 주최로 '연세대 사태 진상규명 및 기본권을 압살하는 김영삼 정권 규탄대회'가 열렸다. 참가한 학생 수는 500여 명에 그쳤고 대부분 타교생들이었다. 하지만 경찰은 학교 전체를 봉쇄하고 헬기로 최루액을 난사하는 등 초강경 진압 작전을 펼쳤다. 학생들은 대학에 대한 공권력의 침탈에 크게 분노했다. 총학생회 간부들은 9월 17일부터 사흘간 밤샘 단식농성에 들어갔고, 단식이 끝나는 20일에 학생총회를 개최했다. 이날 3000여 명이 아크로폴리스에 집결해 정부를 성토했다.

1996년 제39대 총학생회는 '거리의 싸움꾼'을 자처하며 한총련 못지않게 김영삼 정권에 강경한 태도를 취했다. 서울대에는 교문 투쟁이 부활하고, 한동안 자취를 감추었던 화염병이 다시 등장했다. 총학생회장 여성오는 결국 '화염병처벌법'(화염병 사용 등의 처벌에 관한 법률) 위반 혐의로 구속되었다. 사실 1991년 9월 화염병을 갖고 학교 인근 파출소를 습격하는 과정에서 경찰의 총

최루액 난사와 도서관 봉쇄를 규탄하는 학생총회

에 대학원생 한국원이 맞아 사망한 이후로, 서울대에서는 화염병 사용을 가능한 한 자제해 왔다. 그 사건 이후 한총련이나 서총련의 연합집회가 열린 때를 제외하고 서울대에서 화염병을 사용하는 일이 거의 없었다.

화염병이 다시 등장했지만 반대 여론도 만만치 않았다. 1997년 제40대 총학생회는 전임 총학생회의 과격한 노선을 비판하면서 비폭력 직접행동을 주장했다. 이는 세계적인 환경운동단체인 그린피스의 투쟁 방법에서 유래한 것이다. 이때부터 서울대에서는 전투적 학생운동의 상징이라 할 수 있는 화염병이 사라졌다.

● 실질적 정권교체 달성과 전투적 학생운동의 종언

연세대 사태를 통해 학생운동을 효과적으로 제압했다고 생각한 김영삼 정권은 1996년 12월 26일 무리하게 '노동관계법'과 '안기부법'을 날치기로 통과시켰다. 그러자 그 전해에 창립한 민주노총을 비롯한 노동계가 총파업으로 맞섰다. 전국에서 900여 개 사회단체가 '범국민대책위원회'를 결성해 총력 투쟁을 벌였다. 학생들도 이에 가세했다. 전통적으로 노학연대투쟁을 강조해 온 PD 계열의 전국학생연대는 당연히 반대투쟁에 나서서 이를 정권 타도로 이어가려 했고, 한총련도 정권 타도를 명분으로 합류했다.

1997년 1월 11일 종묘공원에서 파업 노동자와 시민·학생 등 약 2만 5000여 명이 '노동법' 개악 철회를 요구하는 집회를 열었다. 이들은 집회 후 인도를 따라 시가행진을 벌였다. 그런데 경찰이 이를 저지하자 약 500여 명이 도로로 쏟아져 나와 격렬한 가두시위를 벌였다. 일부 시민들이 박수를 보냈다. 투쟁의 선두에 섰던 민주노총 지도부가 유연한 대응을 명분으로 1월 18일로 예정했던 4단계 파업을 수요 파업으로 전환했다. 투쟁의 열기가 식기 시작했다. 21일 김영삼 대통령이 '노동법'을 다시 개정할 수 있다는 뜻을 밝힘에 따라 공은 국회로 넘어갔다. '노동법'의 재개정을 위한 협상 과정에서 집회와 시위가 4월까지 이어지고 학생들도 가담했지만 시간이 갈수록 그 열기가 가라앉았다.

다시 선거의 계절이 찾아오자 학생운동 진영도 대통령 선거에 휘말렸다. 기본적인 구도는 1992년과 별반 다르지 않았다. 한총련 주류는 민주 대연합을 통한 정권교체 방침을 고수했지만 나머지 학생운동 세력은 대부분 전국연합과 민주노총이 주축이 되어 창당한 국민승리21 후보로 출마한 권영길 후보를 지지했다. 민주노총을 기반으로 한 권영길 캠프는 5년 전의 백기완 캠프에 비해 조직적으로 진화했다.

서울대에서도 총학생회가 1997년 12월 1일 '대학자치 복원과 노동자 민중의 정치세력화를 위한 서울대 대선 정치실천단'을 결성해 지지 활동을 벌였다. 국민승리21 산하의 자원봉사단인 희망21 소속 학생들이 중앙도서관 근처에서 어묵과 군고구마를 판매해 호응을 받았다. 하지만 권영길 후보는 1.2%라는 미미한 득표율에 그쳤다.

이 선거에서 김대중 후보가 당선되어 처음으로 실질적인 정권교체가 이뤄졌다. 제13대 대통령 선거 이후 세 차례 치러진 대선을 거치면서 정권의 민주적 정당성은 단계적으로 확대되었다. 제15대 대통령 선거는 이 과정을 매듭지었다. 반면에 진보 진영은 선거를 거듭하면서 거리의 정치에서 제도권 정치로 점차 옮겨 갔고, 전투적 학생운동의 존립 기반은 무너져 갔다. 대선 기간에 몰아닥친 외환위기도 그 종언에 일조했다. 학생운동은 이제 새로운 대안을 모색하지 않을 수 없었다.

3. 학생정치조직의 등장

● 학생정치조직의 등장

1990년대는 학생정치조직이 등장해 공개적인
활동을 시작한 시기이다. 그 시초는 1992년 5월에
결성된 진보학생연합(이하 진학련)으로 민중당 청
년학생위원회에서 활동하던 사람들이 만들었다.
이후 수많은 학생정치조직이 등장해 학생운동에
서 중요한 역할을 맡았는데, 이를 '학정조'라고도
불렀다. 1990년대는 '학정조'의 시대였다.

대표적인 학생정치조직으로 진학련을 모태로
여러 정파가 힘을 합쳐 만든 21세기진보학생연합
(이하 21세기연합)을 들 수 있다. 1994년 9월에 서울

21세기연합의 기관지

대를 중심으로 만들어진 21세기연합은 전국적인 네트워크도 갖추고 있었다.
그 결성 과정을 간략히 살펴보자.

1993년 10월 각 대학 총학생회 선거를 맞이해 진학련과 뜻을 같이하는 학
생정치조직들의 연대 기구가 만들어졌다. 이 연대 기구의 이름은 '21세기 통
일한국을 향한 대학창조 진보학생연대'(이하 21세기연대)이다. 여기에 진학련
을 비롯해 생활진보대중정치대학생연합(이하 생대련), 진보정치대학생연합(이
하 진대련) 등 6개 정파가 참가했다. 21세기연대는 선거가 끝난 뒤에도 서울
대·이화여대·효성여대·금오공대 등 4개 대학 총학생회와 외국어대·건국대
등 20여 개 대학에 구성되어 있던 참여 조직들을 일부 남겨둔 채 유대 관계를
유지하다가, 1994년 8월 3일 한시적 통일 기구인 '한반도 평화정착과 통일시
대맞이 전국학생운동본부'(본부장 강병원 서울대 총학생회장)로 재결집했다. 그리
고 이를 기반으로 9월 10일에 21세기연합이 출범했다.

21세기연합에 참여한 조직들은 다음과 같다. 먼저 생대련은 'NL좌파' 혹은
'관악자주파'로 불린 서울대 NL 다수파가 1993년 6월 4일에 결성했다. 당시 6

개 단과대학에 지부를 두고 약 150여 명의 회원을 거느렸다. 생대련은 생활 진보와 대중정치를 토대로 한 제3세대 학생운동의 필요성을 역설했다. 진학 련과 진대련 등은 모두 PD 계열의 정파이지만, 그렇다고 PD 계열 모두가 21 세기연합에 가담한 것은 아니었다. 그 가운데 반제반파쇼투쟁을 강조하는 그 룹(AP)만이 참여했을 뿐, 반제반독점자본투쟁을 강조하는 그룹(AMC)은 그렇 지 않았다.

21세기연합은 NL과 PD의 대립 구도 혁파를 명분으로 하여 양 계열이 힘을 합쳐 만들었다. 한총련이 주도하는 학생운동의 노선과 활동 방식을 비판하 고, 새로운 학생운동의 패러다임을 원하는 모든 좌파를 '합리적 좌파'의 깃발 아래 결집시키려 했다. 이들은 국민의 정서와 생활 방식에 맞는 학생운동을 전개하겠다고 다짐하고, '양심의 1세대'와 '이념의 2세대'를 넘어 '전문성과 연 대의 3세대' 학생운동을 표방했다. 학생운동의 근본적인 방향 전환을 시도했 다고 할 수 있다.

● 비합법 노선을 폐기한 이유

학생운동이 비공개·비합법 활동을 포기하고 학생정치조직을 만들어 공개 적인 활동을 벌인다는 것은 단지 조직 형태나 운영 방식의 변화에 그치는 것 이 아니라 근본적인 노선 전환을 꾀했음을 뜻한다. 전환의 직접적인 계기는 1991년 5월투쟁의 실패라 할 수 있지만, 근본적으로는 1990년대 초에 벌어진 소련의 해체와 현실사회주의의 붕괴에 있다. 학생들은 이 세계사적 대격변의 충격을 흡수하면서 새로운 대안 형성을 위한 이론적·실천적 고투를 벌였으 며, 그 모색의 연장선상에서 공개적인 학생정치조직이 출현한 것이다.

소련으로 대표되는 현실사회주의는 그에 대한 문제 제기가 그 탄생 때부 터 있어왔고 여러 번 위기 상황을 겪기도 하다가, 1985년에 미하일 고르바초 프가 집권하면서 그 붕괴가 현실화되기 시작했다. 페레스트로이카라는 이름 으로 개시한 그의 개혁 정책은 권력의 핵심부가 소련 체제의 발본적인 쇄신 을 꾀했다는 점에서 유례가 없는 것이었고, 그 귀추의 중대성으로 말미암아 전 세계의 주목을 받았다. 국내에서 이에 대해 본격적인 관심을 기울인 것은 1987년 6월항쟁 이후였다. ≪한겨레신문≫이나 ≪말≫을 통해 사회주의 개혁에 관한 논쟁이 전개되었고, 학생들도 페레스트로이카의 귀추에 촉각을 곤두세웠다. 대학가 서점에서도 김정환의 『페레스트로이카와 약한 고리』(1990), 코뮤니스트지 편집부의 『페레스트로이카 정론』(1990), 서울대사회주의연구팀의 『사회주의개혁논쟁』(1992) 등이 많이 팔렸다.

하지만 페레스트로이카는 실패로 돌아갔고, 그 결과 1991년에 소련 체제 붕괴와 함께 현실사회주의도 사라졌다. 학생운동을 포함해 진보 진영은 큰 충격을 받았으며 NL 진영보다 PD 진영이 받은 충격이 훨씬 더 컸다. PD 진영이 이론적으로 마르크스레닌주의에 의존했기 때문이다. 학생들은 마르크스레닌주의의 위기에 직면해 새로운 이념적 좌표를 세우기 위해 고투를 벌어야 했다.

이론적 모색 과정에서 루이 알튀세르가 주목을 받았고, 진지전을 강조한 안토니오 그람시의 사상도 큰 관심을 끌었다. 그람시는 무솔리니 치하의 이탈리아에서 활동하다가 감옥에서 숨을 거둔 사회주의자이다. 그는 이탈리아와 같은 서유럽에서 혁명이 일어나지 않는 이유를 헤게모니 이론으로 설명하면서 그 대안으로 '진지전'을 제안한 바 있다. 많은 학생들이 그람시의 진지전 이론에서 현실사회주의의 붕괴를 넘어서는 이론적 대안을 찾으려 했다. 그람시의 『옥중수고』를 직접 읽기도 하고, 유팔무와 김호기가 엮어 지은 『시민사회와 시민운동』을 통해 한국적 수용을 모색하기도 했다. 진지전은 1990년대 캠퍼스에서 유행한 키워드 중 하나가 되었다.

이 외에도 서구에서 68혁명 주역들이 제기한 신좌파이론에 대한 관심도 높았다. 이 이론은 1985년에 『프랑스 5월혁명』이라는 단행본으로 이미 소개된 바 있지만 주목을 받지 못했다. 1990년대 초 진학련이 처음 68혁명에 주목했지만, 당시에는 개량주의라고 비판받았다. 하지만 1990년대 중반이 지나면서 신좌파이론은 널리 확산되었다. 1995년에는 안토니오 네그리와 펠릭스 가타리가 함께 지은 『자유의 새로운 공간』이 번역되어 상당한 영향을 미쳤다. 네그리는 이탈리아의 아우토노미아(autonomia)운동의 이론가이고 가타리는 프랑스 신좌파 이론가이자 활동가이다. 자치(autonomia)라는 말은 1990년대 관악캠퍼스에서 유행했다.

학생들은 대안 이론의 모색에 그치지 않고 운동노선의 변화도 시도했다. 그 결과 비합법 전위정당을 포기하고 합법적인 대중정당을 건설하는 쪽으로 조직 노선의 전환이 이뤄졌고, 이것이 구체적으로는 공개적인 학생정치조직의 결성으로 나타났다.

앞서 보았듯이 최초의 학생정치조직이자 21세기연합의 모태인 진학련은 1990년에 창당된 민중당의 청년학생위원회에서 비롯되었다. 민중당이 1992년 3월 24일의 국회의원선거에서 유효투표의 2%를 얻지 못해 등록이 취소되자 이 청년학생위원회가 부득이 진학련으로 개편된 것이었다.

민중당은 그 뿌리가 1987년의 '백기완 선거운동본부'이다. 여기에 집결한 세력들이 다음 해에 '민중의 당'을 급조하여 국회의원 선거에 참여했지만 별다른 성과를 거두지 못하고 해산했다. 이들은 이후 '진보정치연합'을 거쳐 1990년 11월 10일에 다시 민중당을 창당해 1991년 6월 광역의원선거에 참가했다. 그리고 1992년 1월 19일에 창당한 한국노동당이 민중당에 가세했다. 그것은 인천지역민주노동자연맹을 비롯해 삼민동맹과 안산노련 등 노동운동 세력이 힘을 모아 결성한 정당이었다. 이들은 1991년 8월까지만 해도 비공개 전위정당인 한국사회주의노동당의 창당을 준비했지만, 공개적인 노동자 정당 건설로 방향을 전환했다. 그 결과가 한국노동당 결성과 민중당과의 통합이었다.

그러니까 진학련의 모태가 된 민중당 청년학생위원회는 한국노동당으로 결집한 노동운동 세력과 연계되어 있던 학생들이 만든 조직이었다. 21세기연합 출범 대의원대회 자료집에는 진보정당추진위원회 주대환의 연대사가 들어 있는데, 그는 바로 한국노동당 창당을 주도한 인물이었다. 요컨대 학생정치조직의 등장은 비합법 전위정당 노선의 폐기와 합법적 대중정당 노선의 채택과 맞물려 나타난 현상이었다.

> ### 연대사: 21세기진보학생연합의 출범을 축하함
>
> 오늘날 한국 사회에서 학생운동은 누구에게나 부담스러운 존재가 되어 있습니다. 노동자에게도 자본가에게도 별로 도움이 안되는 존재입니다. 오늘날 학생운동을 특징짓는 반지성주의와 시대착오적 현실인식은 젊은 시절 학생운동을 했던 사람들을 당혹케 합니다. …… 진보정당추진위원회는 김일성 주석의 죽음을 냉전시대의 종식으로 규정하고 남북한 사회의 변화와 개혁을 촉구하고자 했습니다. 그러나 주사파 소동 속에서 그러한 목소리는 국민들에게 거의 전달되지 않았습니다. …… 최근의 논란 이른바 주사파 문제로 인한 소동은 오늘의 학생운동이 차지하고 있는 사회적 지위를 잘 보여주고 있습니다. …… 학생운동으로 인해 진보 운동 전체의 권위와 신뢰가 치명상을 입기도 했다고 봅니다. 그러므로 학생운동의 혁신은 매우 시급한 과제가 되어 있습니다. …… 여러분이 내건 '합리적 좌파의 결집'이라는 대의명분은 훌륭합니다. …… 엔엘이다 피디이다 라고 하는 대립구도를 넘어설 수 있는 주체의 형성이 비로소 이뤄졌기 때문에 여러분에게 거는 기대는 더욱 큽니다. 여러분이 학생운동을 혁신시키는 동안 우리들 선배들은 진보정당 건설에 더욱 매진하겠습니다. …… 새로운 진보정당은 국가사회주의와는 다른 길을 모색하여 세계적인 신좌파의 노선을 따라 갈 것입니다.
>
> 1994년 9월 1일, 진보정당추진위원회 주대환

● 여러 학생정치조직

1993년에 한총련이 생활·학문·투쟁의 공동체를 표방하면서 출범했다. 당시 한총련은 NL 계열 세력이 주도했고, PD 계열 역시 이 무렵까지는 그 울타리 안에서 활동했다. 1994년이 되면 한총련 주류와 입장을 달리하는 세력이 결집하기 시작했다. 그중 하나가 '한총련 개혁모임 진보를 향한 연대'(이하 진보연대)였다. 1994년 8월 4일의 진보연대 결성에는 PD 계열의 고려대·성균관대·경희대 등 33개 대학의 총학생회와 단과대학 학생회장이 참여했다.

앞서 보았듯이 21세기연합은 진보연대와는 달리 학생회가 아니라 NL 계열과 PD 계열의 학생정치조직들이 힘을 합쳐 만들었다. 21세기연합의 결성 의

대장정연합의 기관지

전국학생연대 기관지

도는 새로운 정파 하나를 더 만드는 것이 아니라, NL과 PD의 대립 구도를 넘어 학생운동의 구도 자체를 근본적으로 개편하려는 것이었다. 하지만 이런 의지를 다른 정파들은 받아들이지 않았고, 결국 그것은 대립 구도를 혁파하는 데 실패하고 별개의 정파로 남았다. 흥미롭게도 다른 정파들은 21세기연합을 개량주의로 매도하면서도, 공개적인 학생정치조직의 건설 등 그것이 제시한 각론의 내용들을 상당 부분 받아들였다.

서울대에는 21세기연합 이외에 NL과 PD의 대립 구도에 의거한 학생정치조직들이 만들어졌다. PD 계열 조직 가운데 대표적인 것으로 1993년에 결성된 '민중정치 실현의 대장정 학생연합'(이하 대장정연합)을 들 수 있다. 이것은 서울대 PD 진영 가운데 반제반독점자본을 강조하던 그룹(AMC)이 주축이 되어 결성했다. 대장정연합은 서울대에서 21세기연합 못지않게 강한 조직력을 자랑했다. 그 밖에 '학생연대'라는 조직도 있었다. 이는 1992년 대선 과정 중 AMC에서 떨어져 나온 PD 진영의 일부 세력이 전국학생연대(1993)의 산하 조직으로 만든 것이다. 학생연대는 대장정연합을 비롯한 다른 정파들을 기회주의적이라고 비판하면서 근본 혁명파임을 자처한 강경파였다. 그런 만큼 조직 규모는 작았다.

서울대 NL의 경우 다수파가 21세기연합에 참여했기 때문에 나머지 NL은 세력이 약했다. 이조차도 1995년에 '자주대오'와 '애국청년선봉대'로 분열했다. 이 밖의 군소 조직으로 민주진보연대를 위한 대학생연합 '젊은 벗', 학생연대에서 이탈한 '노나매기' 등이 있었다.

이렇게 서울대에는 여러 학생정치조직이 만들어졌는데 이들은 자신의 조직적 위상을 제각기 달리 정의했다. 하지만 21세기연합이 이미 전환의 방향을 제시했기에 모두 공개적으로 이름을 내걸고 활동을 전개했다. 학생정치조직의 시대가 열린 것이다.

● 21세기연합의 진단과 전망

학생정치조직의 시대가 열린 것이 당시 대학사회나 더 나아가 한국 사회에 뜻하는 바는 무엇일까? 학생운동의 방향 전환을 선도했던 21세기연합이 내린 진단과 제시한 전망을 통해 그 함의를 가늠해 볼 수 있다.

먼저 21세기연합은 당시 학생운동이 처한 상황을 다음과 같이 진단했다. 그간 한국 사회의 변화에 따라 학생들의 생활수준과 의식이 다양해지고 분화해 1980년대와 같은 진보적 합의의 기반이 약화된 상황에서, 한총련 주류가 이에 의거하지 않고 국민 정서에 반하는 활동 방식을 고수해 학생운동의 입지를 현저히 축소시켰고, 그 결과 학생운동은 생존을 걱정해야 하는 전략적 수세에 처하게 됐다는 것이다.

앞서 보았듯이 1990년대에 서울대생 대부분은 여전히 스스로 진보적이라고 생각했지만 그 충성도는 약화되었고, 특히 한국 사회의 발전 전망과 관련해서는 이미 온건화의 경향을 보였다. 그리고 이는 급기야 1997년의 외환위기와 맞물려 학생들이 본격적으로 정치적 보수화의 길로 들어서게 했다. 이런 점에서 21세기연합이 한국 사회의 현 단계와 학생 대중의 정치의식에 대해 내린 진단은 앞으로 나타날 변화의 조짐을 미리 예민하게 감지한 것이라고 할 수 있다.

21세기연합은 전략적 수세를 돌파하기 위해 '진지전'을 펼쳐야 한다고 보았다. 이는 그람시의 이론에서 따온 것이다. 그람시는 러시아혁명 이후 유럽혁명의 실패를 성찰하면서 제정 러시아와 같이 자본주의 세계질서의 약한 고리에서는 '기동전'으로 혁명을 이룩할 수 있었으나, 이미 자유주의 체제가 정

21세기진보학생연합
출범선언문

오늘 우리는 학생운동의 새로운 길을 열어 민중승리 통일세상을 예비할 21세기진보학생연합, 그 역사적 출범의 닻을 올린다. …… 1987년 6월항쟁 이후 한국 사회는 점진적 민주주의 확대의 시기를 경과하고 있다. 이러한 현실의 배경에는 유례없는 속도로 성장해 온 한국 자본주의의 발전이 놓여있다. …… 파시즘적 통치에 맞서왔던 진보진영의 체질과 운동 방식은 변화된 시대에 현대화될 필요성이 강력히 대두되었다. …… 이제 분명 세계사의 새로운 단계, 민족사의 새로운 단계는 새로운 진보 운동을 요구하고 있다. …… 그러나 이는 엔엘과 피디라고 하는 낡은 이념적 모델과 기존 양식으로 형성될 수 없다. 무엇보다도 냉전적 국가사회주의 관념이나 친북노선에서 완전히 벗어나야 한다. …… 이에 21세기진보학생연합은 새롭게 격동치는 민족사 앞에, 진보운동의 앞날을 개척하는 노동자-근로대중 앞에, 21세기를 준비하는 패기에 찬 젊은 청년 학도 앞에 우리의 더운 가슴과 뜨거운 피로 이렇게 선언한다.

1. 우리는 엔엘과 피디의 낡은 대립구도를 청산하고 대중 주체 참여정치, 개방적 연대의 기풍으로 합리적 진보운동을 전개한다.
1. 우리는 진보적 사회대개혁 운동에 적극 동참하며 노동자 근로대중 진보세력의 정치세력으로 나설 수 있도록 진보적 대중정당 건설 운동에 앞장서 나간다.
1. 우리는 탈냉전시대를 주도하는 진보적 평화통일 운동을 적극 전개한다.
1. 우리는 대학사회에 깊이 뿌리내린 학우 중심의 운동을 지향하며 대학개혁, 교육개혁에 앞장선다.
1. 우리는 시민의 생활을 고통스럽게 만드는 사회 환경과 악습을 타개하는 운동에 앞장선다.

착한 서구에선 기동전이 아니라 진지전을 펼쳐야 했다고 진단했다. 그것은 시민사회 내에서 장기적인 지적·도덕적·문화적 헤게모니를 장악하기 위한 투쟁을 뜻하며, 그람시 이론을 한국에 적용한 것은 곧 6월항쟁과 군부정권 퇴진이라는 새로운 사태 전개를 반영한 것이었다. 이에 따라 21세기연합은 진지전을 효율적으로 펼치기 위해 학생운동의 개편을 주장했다. 그 핵심이 바로 대중조직과 정치조직을 분리해 구축하는 것이다. 즉 대중조직은 선진 대중의 안정적 재생산을 통해 진보적 진지를 공고히 하는 일에 역량을 집중하고, 정치조직은 기동성 있고 신속한 정치활동을 전개한다는 것이다. 이런 구상은 기존의 전투적 학생회론의 폐기를 의미했다. 또한 과거의 비합법 정파와는 달리 공개적으로 정치조직을 결성하고 대중적인 정치활동을 전개해 검증받음으로써 종래 비합법 정파 조직들이 지닌 비기동성과 비효율성 그리고 운동권 중심의 발상을 극복할 수 있을 것으로 기대했다.

4. 변화를 모색한 학생회

● 학생정치조직들, 학생회장 선거에 뛰어들다

앞서 보았듯이 21세기연합은 대중조직인 학생회와 학생정치조직의 역할 분담을 구상했다. 학생회는 대중의 다양한 자치활동을 기반으로 대학을 진보적 공동체로 만드는 진지전을 전개하고, 학생정치조직은 순발력 있고 신속한 정치활동 즉 기동전을 전개한다는 것이다. 하지만 21세기연합은 사실상 양자를 병행하려고 했으며 이를 위해 학생회장 선거에 뛰어들어 학생회를 장악하고자 했다.

학생정치조직들은 1993년 가을의 제37대 총학생회장 선거에 처음 참여했다. 21세기연합, 대장정연합, 학생연대 등 5개 학생정치조직이 후보자를 냈으며, 21세기연합 후보가 1위를, 대장정연합 후보는 2위를 차지했다. 21세기연합은 1994년 가을의 제38대 선거에서도 승리했다.

1995년 가을의 제39대 선거에서는 대장정연합 후보가 승리했다. 이후 21세기연합이 1996년·1998년·2000년 선거에서, 대장정연합이 1997년·2001년 선거에서 승리했다. 비운동권 후보가 당선된 1999년을 제외하면, 1990년대 서울대 총학생회장 선거는 기본적으로 21세기연합과 대장정연합의 경쟁 구도

각 선거캠프가 학생회관에 내건 플래카드들(1994.11.27)

였다.

이렇게 학생정치조직들이 총학생회장 선거에 뛰어들어 경쟁을 벌이면서 유세의 모습도 과거에 비해 요란스러워지고 화려해졌다. 각 선거캠프의 선거 운동원들은 모두 똑같은 옷(선본 티)을 맞춰 입고 나와 노래·율동을 비롯한 다양한 퍼포먼스를 펼치며 이목을 끌려고 했고, 어떤 선거캠프는 대형 멀티비전을 동원하는 바람에 선거관리위원회로부터 경고를 받기도 했다.

반면 유세에 참가하는 학생의 숫자는 갈수록 줄어들었다. 1990년대 초만 해도 총학생회장 선거유세에 통상 3000명 넘는 학생들이 모여들었으나, 1993년부터 점차 감소하더니 2000년에는 운동원을 제외한 순수 참가자가 50여 명에 불과했다. 투표율도 시간이 지날수록 낮아졌고, 50%를 넘기지 못해 연장 투표를 해야 했다. 2000년대에 들어서면 연장 투표에도 불구하고 50%를 채우지 못하여 이듬해 봄에 재선거를 치러야 했다. 재선거에서는 신입생들이 적극적으로 투표하므로 투표율을 채울 수 있었다. 총학생회장 선거는 어느새 그들만의 잔치가 되어버렸다.

총학생회장 선거가 학생들로부터 호응을 받지 못했음에도 여러 학생정치조직이 거기에 매달린 이유는 무엇일까? 이는 학생회를 맡게 되면 대표성과 동원력, 재정적 기반을 한꺼번에 확보할 수 있었기 때문이다. 학생정치조직들은 이를 위해 선거에 거의 모든 역량을 투입했다. 어느 학생정치조직이 총학생회장을 배출하게 되면 그 조직은 총학생회 운영에 모든 힘을 기울여야 했고, 낙선한 조직들은 곧바로 다음 해 선거를 위한 준비 작업에 착수했다. 그 결과 대부분의 학생정치조직들이 사실상 상시적인 선거캠프 체제로 운영되었다.

당시 총학생회를 맡으면 최소한 15명 이상의 4~5학년 활동가가 필요했다. 학생정치조직들은 총학생회뿐 아니라 단과대학학생회도 함께 운영했고, 총학생회를 맡을 경우 조직의 4학년 이상 활동가 대부분이 이에 매진한다는 것을 의미했다. 따라서 조직 강화는 소홀할 수밖에 없어, 어느 조직이 총학생회를 맡아 운영하면서 힘을 소진하고 나면 다음 해 선거에서는 그동안 힘을 비축한 다른 조직에 패배하는 일이 되풀이되었다.

애초 21세기연합이 등장할 때 내세운 것은 학생정치조직과 학생회의 역할 분담이었다. 하지만 실제로는 학생정치조직들이 학생회 운영에 모든 힘을 쏟아야 했으므로 고유의 활동 영역인 정치활동을 제대로 수행하지 못했다. 정치활동조차도 학생회를 통해 수행할 수밖에 없었다. 그러다 보니 이들이 공개적으로 활동한다는 것 이외에는 과거 전투적인 학생회 시절에 비해 크게 달라진 것이 없었다. 달라진 것이 있다면, 이제는 활동가들이 정치활동뿐만 아니라 학생회의 다양한 일상 사업도 능숙하게 수행해야 한다는 것이다. 따라서 그들의 어깨는 전투적 총학생회 시절의 일꾼보다 훨씬 무거워졌다. 이렇게 학생정치조직이 학생회에 매달리게 되면서 정치조직의 의미를 살리지 못하는 문제점이 발생했다.

● 네트워크 학생회론의 등장

1990년대에 전투적 학생운동의 기세가 꺾이면서 학생회의 운영 방법, 즉 학생회론도 바뀌기 시작했다. 전투적 학생회론은 유능한 활동가 대부분을 학생회에 투입해 대중조직인 그것을 전투조직화한다는 것이다. 이는 1987년 6월 항쟁 이후 분출하기 시작한 학생 대중의 행동을 담아내는 과정에서 부상했다. 이에 대해 정치투쟁 일변도라고 비판하면서 학생들의 일상생활에도 주목하자는 '자주적 학생회론'이 NL좌파 내지 관악자주파에 속하는 학생정치조직인 '생활진보대중정치대학생연합'(이하 생대련)에 의해 제기되었다. PD 진영도 학생회의 중요성을 깨닫고 '민중민주 학생회론'을 제시했다. 하지만 이 두 입장도 역시 정치투쟁에 치우쳤다는 점에서 NL 진영의 전투적 학생회론과 크게 다르지 않았다.

이런 정치투쟁 중심의 학생회론에 실질적으로 변화를 준 것은 1993년 제36대 총학생회가 제창한 '생활학생회론'이다. 이것은 자주적 학생회론을 심화한 것으로, 대학사회의 가치관 및 생활양식의 급격한 변화에 발맞춰 "생활 속의 진보"와 "비판적 지성의 산실로서의 대학 복원"을 표방했다. 정치투쟁 중심이던 학생회 활동의 한계를 극복하고, 일반 학생들의 생활에 기초한 새로운 공동체 운동을 개척한다는 것이다. 이를 실천하기 위해 제36대 총학생회는 투쟁국을 정치국으로 바꾸고, 단과대학학생회 및 과학생회의 자율성을 보장하며, 학원개혁위원회를 신설하여 학내문제 해결에 적극적으로 나섰다.

이듬해 21세기연합이 장악한 제37대 총학생회는 '네트워크 학생회론'을 표방했다. 이것은 생활학생회론의 취지를 이어받아 발전시킨 것으로, 학생회 활동을 통해 대학사회를 진보의 진지로 만들어야 한다는 문제의식에 의거했다. 그들은 갈수록 다원화되는 학생들을 끌어들이려면 학생회의 중앙집권적 서울대에서는 기존 운동권과 차별성을 강조한 21세기진보학생연합이 "발런티어"라는 모토로 압승을 거뒀다. 발런티어라는 모토 그대로 이제 학생운동은 무거운 이념이나 동원 방식을 버리고 개인들의 자발성에 바탕 해서 새로 시작해야 한다는 것이었다. '파워 오브 원'(조직보다 개인 한 사람의 힘)의 가치를 강조하고 '총학생회 예산자치제'라는 파격적인 공약도 내걸었다. 총학생회를 수권한 정파가 학생회 예산을 좌지우지한 전례를 비판하면서 학생들이 사업안을 짜서 예산을 신청하면 일정 부분 예산을 학생들에게 지원한다는 것이다. 지금 생각하면 대단할 것도 없는 제안들이지만 1996년 서울대 학생회 선거에서 발런티어 선본과 그들의 제안은 쇼킹했다. 특히 운동권들이 경악했다. 운동권 선본들은 하나같이 발런티어 선본이 극단적 개량주의, 개인주의, 해체주의라고 비판했다. 찬찬히 생각하면 이해하지 못할 내용도 아닌데, 1996년 정세 속에서 극도로 경직된 운동권들은 그 정도의 아이디어조차 전혀 받아들이지 못했던 것이다. 선거 결과 21세기진보학생연합 이석형(92학번)이 총학생회장에 당선됐다. 발런티어 선본이 아크로폴리스 유세 마지막 날 「이매진」에 맞춰 율동과 유세를 하는 것을 보고 문화적 충격마저 받았던 기억이 난다.

오준호(국어국문학과 94)

구조를 혁파해 개방성을 강화하는 것이 불가피하다고 보고, 네트워크 학생회론을 통해 이 다채로운 흐름을 진보의 그물망(네트워크)으로 촘촘히 엮어내려고 했다.

제37대 총학생회는 이를 위해 다각도로 노력했다. 먼저 이제껏 학생운동의 외곽 사업 정도로만 대접받던 부문운동에 주목해 각 부문의 전문적 영역에서 진보적 가치를 실현하고자 하는 개인·학회·소모임과 부문 조직들을 학생회의 주체로 끌어들이려 했다. 또한 대학사회의 지방자치를 기치로 내걸고 종래의 관료적 형태의 집행부 부서 체계를 위원회 체계(생활문화위원회, 사회연대위원회, 학술위원회 등)로 개편해 이를 통해 부문별 학내 학회, 소모임, 동아리 등 여러 단체와 긴밀한 연계를 맺고자 했다. 그리고 대학사회의 지방자치를 실현하기 위한 또 하나의 시도로 학생회 예산 가운데 20%를 정파의 차이를 따지지 않고 학내 각급 자치단체에 지원하는 예산자치제도를 시행했다. 이는 1997년 21세기연합이 장악한 제40대 총학생회에서 처음 실시된 후, 정파와 상관없이 총학생회의 제도로 정착되었다.

그럼에도 21세기연합의 네트워크 학생회론에 대해 상당한 비판이 제기되었다. 자발성을 강조해 조직 체계를 개편하는 바람에 총학생회에서 단과대학 학생회를 거쳐 과학생회로 이어지는 골간 조직이 흔들리는 결과를 초래했다는 것이다. 정치사업의 비중이 지나치게 축소되었다는 비판도 나왔다. 특히 PD 진영은 그것을 "단말기 없는 네트워크"라고 비판했다. 하지만 예산자치제를 다른 학생정치조직들도 받아들였던 것처럼, 21세기연합이 제시한 네트워크 학생회론의 문제의식과 실험은 21세기에 들어서 서울대 총학생회 운영에 상당한 영향을 미쳤다.

● 정치문제에서 복지문제로

네트워크 학생회론은 정치사업의 비중을 지나치게 축소시켰다는 비판을 받았지만, 1990년대에 들어 학생회 활동의 중심이 정치문제에서 학내문제로 이동하는 것 자체는 이미 거스를 수 없는 현실이었다. 이에 따라 학생회의 성격도 학생운동의 사령부에서 학생들의 일상적인 이익을 옹호하는 조합으로 바뀌어갔다.

전투적 학생회론이 우세하던 시절에도 학생회는 학생들의 일상적인 이익을 옹호하는 활동을 펼치긴 했으나 그것은 부차적이며 수단에 불과했다. 당시에 총학생회장 선거의 투표 기준은 각 후보의 정치노선이었다. 예컨대 1992년 가을의 제35대 총학생회장 선거에서 가장 큰 쟁점은 '범민주 단일후보냐 아니면 민중대통령 후보 추대냐'라는 대선 투쟁의 방향이었다. 하지만 시간이 지날수록 학생복지 등 학내문제가 차지하는 비중이 커져갔고, 학생회장 선거에서도 학생복지와 관련된 공약이 큰 변수가 되었다. 1993년 제36대 총학생회가 식당 문제나 제2캠퍼스 문제 등을 선거공약으로 내걸고 생활학생회론을 제시하며 출범하자 이런 경향은 뚜렷해졌다. 이에 따라 학생회가 조합으로서의 성격을 분명히 하게 된 것이다.

이런 추세 속에서 학생들의 표를 얻기 위해서는 무엇보다 손에 와닿는 복지 공약이 필요했다. 예컨대 1994년 선거에서 구내식당의 품질개선 공약이 득표에 도움이 되었고, 1995년 선거에서는 학부제 반대 및 이수 학점 축소 공약이 학생들에게 먹혀들었다. 1999년 선거에서는 장학금을 성적이 아니라 필요를 기준으로 지급하자는 공약이 크게 주목받았다. 모든 학생정치조직은 선거가 임박하면 그럴싸한 복지 공약을 개발하기 위해 머리를 짜냈다. 이렇게 복지 공약을 놓고 치열한 경쟁을 벌인 결과, 그것만 가지고는 어느 조직의 것인지 구별하기 어려울 정도가 되었다. 학생회가 담당해 온 학생운동 사령부의 역할이 당장 사라진 것은 아니지만 시간이 갈수록 학생조합으로서의 성격이 강해지는 것은 어쩔 수 없는 현실이었다.

● 새로운 화두로 떠오른 대학개혁

1990년대에 학생회 활동의 중심이 정치문제에서 학내문제로 이동함에 따라 대학개혁이 새로운 화두로 떠올랐다. 그 직접적인 이유는 학생회장 선거에서의 경쟁 때문이었지만 근본적 이유는 학생운동 진영이 전략적 수세기를 맞이하여 대학사회에 진보의 진지를 구축하고 지구전을 펼쳐야 한다고 판단했기 때문이다. 이를 위해 당면한 정치적 이슈를 쫓아다니기에 앞서 대학사회 내부를 바꾸는 것이 급선무였다.

여기에는 국내외적 배경이 작용했다. 우선 당시 대학개혁이라는 이름으로 신자유주의적인 대학 개편이 김영삼 정부에 의해 시도되고, 학교 당국도 이에 보조를 맞춰 장기 발전 계획을 수립하고 있었던 것이다. 그런데 당시 학생들은 경쟁 논리에 입각한 신자유주의적인 교육개혁에 대해 비판적이었고, 따라서 그것이 대학가에서 뜨거운 이슈로 떠올랐다. 마침 그 무렵 서구의 68혁명에서 비롯된 신좌파 이론이 소개되기 시작했는데, 대학개혁은 68혁명의 핵심 이슈였다.

학생회는 대학개혁을 위해 여러 정책을 수립하고 이를 실천에 옮겼다. 그것은 두 방향에서 이뤄졌다. 하나는 학교 당국을 상대로 학생의 대학 운영 참여를 요구하는 것이었고, 다른 하나는 '자치교육'이라는 이름으로 스스로 대안적 교육을 시도하는 것이었다.

대학 운영 참여 요구는 일찍이 1971년 교련반대운동 과정에서 제기된 바있다. 당시 서울대 총학생회는 대학의 의사결정 과정에 학생 대표가 출석해 의견을 개진하고 투표권도 행사할 수 있어야 하며 특히 커리큘럼, 등록금 인상, 학생 징계에 관해서는 반드시 그러해야 한다고 주장했다. 대학원학생회도 학생의 대학 운영 참가를 요구했는데, 이를 위한 과도적인 통로로 '교수·학생협의회'를 상설 학칙기구로 구성할 것을 제안했다. 이러한 학내 민주화 요구가 박정희 정권의 폭압 통치에 맞서 투쟁해야 하는 현실 속에서 뒷전으로 밀려났다가, 20여 년 후 정치민주화가 일정 수준에 도달한 상태에서 다시 제기된 것이다.

학생의 참여를 보장하는 대학개혁 요구가 본격적으로 제기된 것은 1993년의 제36대 총학생회 시절부터다. 당시 총학생회는 산하에 학원 개혁위원회를 설치해 강의 실태 파악을 위한 설문조사를 실시했다. 이를 바탕으로 학생들의 이수 학점과 교수의 강의 시간을 줄일 것, 농촌활동이나 동아리 활동 등 정규 교육과정 이외에 현장성을 갖춘 비정규적 교육 활동도 학점이 부여되는 교과로 인정받을 수 있도록 할 것 등을 학교 당국에 요구했다.

제37대 총학생회도 전임 총학생회의 기조를 이어받았다. 1994년 3월 7일 교육개혁 협의회 준비 모임과 총학생회 학술교육국이 『교육개혁백서』를 발간해 각 단과대학의 교육과정을 학생의 견지에서 비판적으로 검토하고 '참여강의'를 제안했다. 나아가 '참여대학' 건설까지 주장했는데, 이는 학생들이 교육 결정과정에 대해 알권리(정보권), 교육 행정과정에 참여하고 비판할 권리(참여권), 필요에 따라 학생 자신이 직접 실행할 권리(자치 행동권)를 보장받는 대학을 뜻했다.

총학생회는 그해 10월 대학개혁학생추진위원회를 구성하여 학교 당국이 추진해 온 대학개혁에 대한 학생참여와 학생자치 영역의 강화를 촉구했다. 위원회는 '대학개혁 의견개진운동'을 전개해 그 내용을 담은 11개 개혁 과제를 학교에 전달했다. 여기에는 학부제 실시 논의 공개, 졸업 이수 학점 하향조정, 강의평가제 공식화 등이 포함되었다.

총학생회는 개혁 과제를 놓고 학교 당국과 여러 차례 간담회를 개최했으며, 협의 기구를 구성해 양자 사이의 논의를 제도화하기로 했다. 그 결과 이듬해인 1995년에는 총학생회 출범식에 총장이 직접 참석하고 학교 당국과 '학사행정개선논의모임'을 수시로 갖는 등 학생들이 참여할 수 있는 길이 열리기 시작했다. 이렇게 비공식적으로 시작된 학사행정개선논의모임은 1999년 교육환경개선협의회로 제도화되었다.

한편 학생회는 1990년대에 자치교육이라는 이름으로 대안적인 교육실험을 시도했다. 이 '자치(autonomia)'는 68혁명의 경험에서 유래한 것으로, 대의

서울대 개혁, 우리의 11대 요구

1) 학부제 실시 논의 공개, 졸업 이수 학점 하향 조정!

2) 강의평가제 공식화와 교수업적 종합평가제에 반영!

3) 도서관 증축과 단대도서관 증설(인문대·공대)!

4) 교직원 실명제를 통해 친절한 행정서비스 확립!

5) 성폭력 방지 학칙 제정! 성폭력 학내 구성원 징계 처벌!

6) 대동제 휴일 보장 및 대학문화 활성화 지원

7) 자연대·공대·사회대 과방을 보장, 인정하고 학생자치활동 보장하라!

8) 본부 후생과 관할 후생관 임대업체를 생복조 직영 산하로 전환하여 식당의 질을 개선
   하라! 사회대 이전에 대비하여 6식당을 신축하라!

9) 본부는 사범대 정상화와 올바른 임용고시제를 위한 서명운동에 동참하고 함께 노력해
   줄 것!

10) 캠퍼스 종합환경평가제를 실시하여 철저한 대학환경 보호!

11) 학생권 실현과 대학발전을 위한 대학발전협의회 구성!

의견개진운동 팸플릿

제민주주의의 한 형태인 지방자치를 뜻하는 것이 아니라 자본주의를 넘어서
는 대안적 질서의 추구를 말하는 급진적인 구호였다. 당시 프랑스에서는 대
학개혁 문제가 핵심 쟁점으로 떠올라 파리8대학과 같은 대안적인 대학의 건
설로 이어졌다. 이러한 문제의식이 뒤늦게 한국에 도입되어 자치교육이라는
이름으로 나타난 것이다.

　이러한 자치교육의 정신을 구현하여 한국의 대학 내에도 '대안대학'과 자
치교육의 체계를 구축해야 한다는 데는 여러 학생정치조직들이 정파를 초월
해 공감했다. 이 작업에 가장 적극적으로 나선 주체가 대장정연합이었다. 그
들은 1990년대 중반 총학생회장 선거운동 과정에서 '반(反)대학'과 '서울민중
대학(Seoul People's University)'이라는 매우 급진적인 구호를 내세운 바 있다.

대장정연합은 서울대의 미래상을 '미래 노동자의 자치대학'으로 설정하고 자본주의적 이데올로기와 문화가 대학에 침투하는 것에 맞서 서울대를 진보의 요람으로 만들어나가자고 주장했다. 하지만 그 구체적인 마스터플랜을 제시하지는 못했다.

과(科)학회에서 활동하고 있던 활동가들은 학과를 자치교육의 핵심 기반으로 주목하고 학회 연합의 결성을 시도했다. 이를 이론적으로 뒷받침하기 위해 ≪학회평론≫이 발행되었으며 1996년에는 '자치도서관'이 세워졌다. 자치도서관은 단순한 생활도서관이 아니라 여러 학회나 학생정치조직들이 생산한 자료를 수집·정리하는 한편 학생운동 관련 강연회를 개최하는 등 학생들 사이의 소통과 연대를 위한 자치정보센터의 역할을 수행했다.

자치도서관 건설을 위한 공개 워크숍

1998년 발행된 ≪학회평론≫ 제26호는 이러한 자치교육의 인프라를 바탕으로 '제2대학'의 설립을 구상하기도 했다. '제2대학'이라는 이름의 대안대학을 건설하려는 발상은 서울대에서도 싹텄지만, 직접 실행에 옮겨진 곳은 연세대였다. 연세대 총학생회는 1995년 '제2대학국'이라는 집행 부서를 설치해 독자적으로 진보적인 강좌들을 운영했다.

5. 대안으로 떠오른 부문계열운동

● 애국적·진보적 사회진출론

1990년대 관악캠퍼스의 유행어 중 하나로 '부문계열운동'을 들 수 있다. 이는 부문운동과 계열운동의 합성어로서 당시 '부계운'이라는 약어로 널리 사용되었다. 부문운동은 문예운동이나 학술운동 혹은 과학기술운동 등 관심 분야를 아우르는 것을, 계열운동은 단과대학이나 학과 등에 기초해 전공 분야를 중심으로 이뤄지는 것을 가리킨다. 부계운은 1987년 이후 학생운동의 대중적 기반 확장이라는 측면에서 거론되기 시작했다. 그러다가 1991년 5월투쟁 이후 전투적 학생운동의 기세가 꺾이자 학생운동의 위기를 극복할 수 있는 대안으로 떠올랐다.

부계운 등장의 디딤돌 역할을 한 것이 바로 애국적 사회진출론 혹은 진보적 사회진출론이다. 애국적 사회진출론이란 학생들이 애국적 관점을 가지고 전공 분야에 진출해 이를 바탕으로 사회운동을 전개한다는 운동론이다. 1980년대에 활동가들은 졸업 후에 노동 현장에 투신해 노동운동을 벌이는 것만이 의미 있다고 생각하는 경향이 있었으나, 이제 애국적 사회진출론이 대두하면서 전공을 살린 사회 진출이 노동운동 못지않게 떳떳한 일로 간주되었다.

애국적 사회진출론이 제기된 직접적인 계기는 1987년 6월항쟁 이후 화이트칼라 노동자들의 약진이었다. 그들은 6월항쟁 당시 이른바 '넥타이부대'로 일컬어지면서 여론의 향방을 좌우하는 중요한 역할을 담당했다. 이윽고 노동자대투쟁의 물결이 전국을 휩쓸면서 수많은 사무직·전문직 노조가 새로 만들어지자 이들의 역할에 새삼 주목하게 되었다. 독재권력과 보수언론이 자신을 위한 '성역'으로 간주해 온 교육 분야에서마저 전국교직원노동조합(전교조)이 결성되어 엄청난 사회적 관심과 파장을 불러일으켰다. 반면, 산업 분야의 일반 노동 현장에서는 노동운동이 자립적으로 발전함에 따라 학생 출신 노동운동가의 입지가 현저히 줄어들었다. 이에 학생운동 활동가들이 새로운 활로의 하나로 모색한 것이 애국적 사회진출론이다.

증언

당시 졸업을 앞둔 운동권 학생들은 노동현장에 몸을 던지는 운동이 지닌 극한의 위험에서 벗어나 명분과 실리를 동시에 챙길 수 있는 '애국적 사회 진출'에 열광했다. 게다가 당시에는 경제 호황이어서 서울대생이라는 조건상 비교적 쉽게 취업이 가능했기 때문에 운동권뿐만 아니라 취업을 준비하고 있는 일반 학생들까지 관심을 가질 정도였다. 물론 '애국적 사회 진출'은 그 나름대로 상당히 유연하고 세련된 관점이었고, 실제로 각 부문에 진출한 학생운동 출신들의 활약은 충분히 의미 있다고 생각한다. 문제는 '애국적 사회 진출'이 다분히 관념적이었다는 것, 즉 '애국'이 문제가 아니라 '사회 진출'에 적응하는 것 자체가 더 중요했다는 점이다. 예를 들어 나 같은 경우 수업과 학생 지도 그리고 각종 업무에 대해 제대로 파악하지 못한 상태에서, 발령받자마자 참교육을 외쳐야 하는 것에 한계를 많이 느꼈다. 전교조 활동가 중 많은 수는 학생운동 출신이 아니라, 학교 현장에 나와서 교육자로서의 길을 성실하게 밟아온 사람들이다. 그리고 또 다른 문제는 '애국적 사회 진출'은 준비된 학생운동권 출신이 각계각층의 대중들을 계몽해야 한다는 계몽주의적 사고에서 여전히 벗어나지 못했다는 점이다. 나는 '애국적 사회 진출'이 얼마나 관념적인 시도였는지, 대학 캠퍼스와는 질적으로 다른 일상적 공간인 직장에 출근하고 나서 바로 깨달았다.

구은모(국어교육과 86)

애국적 사회진출론은 애초 NL 진영에서 제기했지만 나중에는 PD 진영도 가세했다. PD 진영은 한국 산업구조의 고도화에 따라 대학이 지배 이데올로 그나 관료 또는 고위 경영자의 모판에서 전문기술 인력과 중간관리직의 대량 양성소로 변화하는 양상을 지켜보면서, 대학생도 "미래의 노동자"라는 구호를 내걸고 전문직으로의 진출을 적극적으로 받아들였다. 이들은 애국적 사회진출론 대신 '진보적 사회진출론'을 주장했지만, 양자 모두 기본적으로 학생들이 대학을 마친 후 진보적 세계관을 바탕으로 자신의 전문 분야에 진출해 사회운동을 펼친다는 운동론을 공유했다.

이렇게 애국적·진보적 사회진출론이 대두하면서 학생들은 재학 시절부터 각 전공별로 사회 진출을 준비하는 활동을 벌였다. 먼저 전국의 각 대학에서 1988년부터 사회 진출 동아리가 만들어졌다. 서울대에는 '새벽을 여는 사람들'이라는 이름의 동아리가 조직되었다. 총학생회도 이런 움직임을 지원해, 1990년에 다섯 차례에 걸쳐 사회 진출을 위한 대규모 강좌를 개설하는 한편 학내의 각종 소모임과 사회 진출 동아리, 인문대·사회대·약대·공대 등의 졸업준비위원회를 망라해 서울대 전체의 사회진출위원회를 출범시켰다.

● 대안으로 떠오른 부문계열운동

사회 진출을 위한 활동은 대부분 전공과 관심 분야에 따라 다양하게 이뤄질 수밖에 없었다. 따라서 1990년대에 사회진출운동을 바탕으로 부문계열운동이 활성화되었다. 서총련도 부문계열운동에 주목해, 1990년 '계열부문 강화 소위원회'를 구성하고 '서울지역전체학생계열부문 조직대표자연석회의'를 개최했다.

이 연석회의를 위한 토론 제안서에 따르면 당시까지 서총련이 파악한 계열별 조직으로는 서울지역의 법대대표자협의회, 의대학생회협의회, 치대학생회협의회, 미대학생회연합, 자연대학생회협의회, 동아리연합대표자협의회 등이 있다. 또한 부문별 조직으로는 여학생대표자협의회, 가톨릭대학생연합회, 한국기독학생총연맹, 대학생불교연합회, 원불교대학생연합회, 자유언론실천대학생기자연합, 영자신문연합, 대학방송국연합, 서울지역대학생문화예술운동연합, 청년미술공동체 등이 있다.

> 그람시의 말대로 위기란 '낡은 것'은 소멸해 가는데 아직 '새로운 것'이 나타나고 있지 않은 상황을 가리킨다. 위기국면의 남한 학생운동에 있어 곧 나타나야할 '새로운 것'은 무엇일까? 이에 대해 학내 활동가들은 대체로 대중운동의 영역 확장과 전문 분야에서의 주체 형성 및 대안 마련을 꼽는 데 망설이지 않는다. 이 같은 인식에서 출발할 때 '새로운 것'의 가장 유력한 실천적인 형태는 부문계열운동이다.
>
> ≪대학신문≫, 1993년 10월 18일

이 제안서에 따르면, 서총련은 부문계열운동을 통해 서총련 → 총학 → 단대 → 과학생회로 이어지는 골간 조직을 보완·강화해 학생운동의 대중화에 기여하는 한편, 이를 통해 전체 학생운동 영역을 확대하고자 했다. 이런 운동이 1990년대에 들어 새롭게 주목받은 이유는 이 무렵부터 탈정치화하고 다원화되기 시작한 학생 대중을 정치투쟁 방식만으로는 운동에 끌어들이기 어려웠기 때문이다. 특히 1991년 5월투쟁의 실패 이후 이 운동은 학생운동의 위기를 극복할 방안으로 떠올랐고, 이제 그 자체에 주목하기 시작했다. 대학사회 전체를 진보의 진지로 만들기 위해서는 부문별·계열별로 다양한 진로를 탐색하는 이 운동이 가장 적합한 방법론일 수 있다는 것이다.

서울대에서는 진보학생연합이 가장 먼저 부문계열운동을 위기 극복의 방안으로 제시했다. 1993년 출범한 생활진보대중정치대학생연합도 제3세대 학생운동을 표방하면서 '진보의 동력과 운동 정형을 이를 통해 창출하자'고 주장했다. 민중정치학생연합(이하 민정학련)도 부문계열운동 소위원회(이하 소위)를 구성해「스펙트럼」이라는 제목의 자료집을 펴냈다. 부문계열운동의 네트워크라는 부제가 붙은「스펙트럼」은 이 운동의 동향을 소개하는 글들과 함께 이에 대한 당시 학생운동 진영의

**부문계열운동의 네트워크를 표방한
「스펙트럼」**

생각을 보여주는 글들을 싣고 있다. 이 자료집은 제1호에서 발행자인 민정학련 이외에도 진보학생연합, 학생연대 등의 견해를 소개하고, 제2호에서는 생활진보·대중정치대학생연합과 21세기진보정치대학생연합의 글도 게재했다.

이 자료집을 통해 보건대, 부문계열운동을 보는 시각은 학생정치조직에 따라 다르지만 그 중요성에 대해서는 대부분 동의했다. 이들은 각기 자기 방식대로 운동을 펼치기 위해 노력했다.

- 부문계열운동에는 어떤 것들이 있었나

대학 내의 부문계열운동 활동 주체들이 1992년 5월 13일에 부문운동 활성화를 위한 강연회를 개최했다. 이 강연회는 자연대 과학기술학회연합, 공대 과학기술학회연합, 본부 총문학연구회를 중심으로 한 문학동아리연합 준비회, 음대 문예학회 준비위 등이 공동 주최했다. 또한 전술한 「스펙트럼」은 당시 부문계열운동의 동향을 소개하고 있었는데, 그 활동 주체는 공대신문사·약과사회·참의료실현대학생회·사회과학학술연합·학회평론·사회선교를위한복음청년들·대학문화연구소·동아리연합회연행매체분과문예팀·사범대예비교사모임·여성문제동아리·민주법학연구회·노동법연구회·환경단체·문학동아리연합 등 다양했다.

이러한 단체들의 활동 내용을 대략적으로 분류하면 다음과 같다. 우선 과학기술학회연합·사회과학학술연합·민주법학연구회·노동법연구회·학회평론과 여러 과학회 등 학술운동이 여전히 가장 큰 비중을 차지했다. 다음으로 참의료실현대학생회·약과사회 등 보건의료 계통 학생들의 활동이 일부를, 종교·문화·예술 계통의 동아리 활동이 다른 일부를 이루었다. 이러한 전통적인 학술운동과 함께, 1990년대에 주목을 받기 시작한 새로운 움직임으로 과학기술운동·환경운동·여성운동 등을 들 수 있다. 이제 이 운동들에 대해 살펴보자.

- 학술운동

부문계열운동 가운데 가장 큰 비중을 차지한 것은 학술운동이다. 그 활동 주체 가운데는 본부 소속의 학술동아리도 있었지만, 1990년대 학술운동의 기본 토대는 과(科)학회였다.

과학회는 1980년대 6월항쟁 직전에 조직되기 시작했고 그 후 학생회를 중심으로 하는 학생운동체제의 일부로 정착했다. 당시 과학회는 학생회 사업을 위한 동원체제의 기본 토대였고 학생회나 각 정파에서 활동할 인력을 양성하는 역할도 담당했다. 1990년대에 들어 부문계열운동이 주목받으면서 과학회는 '학회운동론'이라는 새로운 시각에서 파악되었다. 학회운동론이란 과학회가 단순히 학생회의 하부조직이라는 지위에서 벗어나 독자적인 위상과 역할을 갖는 운동조직으로 발전해야 한다는 주장이다. 이는 직접적으로는 부문계열운동이 등장한 결과이며, 궁극적으로는 진지전의 관점에서 과학회가 대학사회에서 진보적 소진지로서의 역할을 할 것으로 기대되었기 때문이다.

하지만 과학회들은 1990년대 초에 위기에 직면해 있었다. 학회들이 단지 전투적 학생운동의 도구 역할만 부여받는 바람에 신입생의 자발성과 적극성을 살리지 못하고 학회 교사들의 경험을 체계적으로 축적하지 못했다. 신입생들은 대부분 과학회에 가입했지만 1학년만 마치면 운영을 책임질 소수를 제외하고 빠져나갔다. 또한 대개는 커리큘럼이 천편일률적이고 그 수준도 낮았다. 당시 가장 많이 읽힌 것은 『한국현대사 이야기 주머니』나 『노동자 이야기 주머니』처럼 분야별로 나누어 읽기 쉽게 간략히 정리한 입문서였다. 이 '이야기 주머니' 총서는 세미나의 기본 교재로서는 적절했으나 더 깊은 내용을 추구하는 공부가 수반되지 않는다면 고식주의에 빠질 위험성이 농후했다.

학회운동론은 당시 학회들이 일반적으로 겪고 있던 매너리즘을 극복하기 위한 돌파구로서 제기된 것이기도 했다. 그 기본적인 전제는 과학회의 활동이 학생회나 각 정파를 중심으로 진행되던 기존의 학생운동과 구별되는 독자적인 영역이 될 수 있다는 것이다. 그렇기에 학회는 학생회나 정파의 도구로만 이용해서는 안 되며, 제3의 운동 영역으로 발전시켜 학생회·학생정치조직·학회라는 삼자가 균형 있게 정립(鼎立)하는 구도를 만들어야 한다는 것이 학회운동론의 요지였다.

학회운동론은 이를 위해 다음과 같은 전략을 제시했다. 즉 학회들을 단과대학이나 학과의 특성에 알맞게 계열화함으로써 대중성과 전문성을 함께 갖춘 독자 조직으로 발전시킨다는 것이다. 그리고 이를 위해 조직된 것이 바로 계열별 학회연합이었다. 이것은 이공 계열 단과대학들에서 먼저 만들어졌다. 1990년 자연대의 과학기술학회들이 결집해 과학기술학회연합을 결성했다. 이것은 앞서 보았듯이 공대의 과학기술학회연합, 문학동아리연합 준비위, 음대 문예학회 준비위와 함께 1992년 4월에 강연회를 공동 개최하기도 했다. 이어서 1993년에 사회과학학술연합이 결성되었다. 이것은 과학회가 아니라 사회대 학술동아리 그루터기와 동아리연합회 소속 학술동아리 정치경제연구회, 학회평론 편집부 등 동아리를 중심으로 결성되었기 때문에 과학기술학회연합과는 조직 형태가 달랐다.

하지만 학회연합 실험은 끝내 성공하지 못했다. 자연대의 과학기술학회연합은 채 3년을 넘기지 못하고 해체되었고, 사회과학학술연합도 그리 오래 가지 못했다. 이렇게 되자 과학회들을 결집하려는 시도보다는 그 바깥에서 그것을 지원하는 기구를 만들려는 움직임이 나타났다. 사실 이는 학회연합 건설 시도와 함께 시작되었지만 이 시도가 실패로 돌아간 뒤에 힘을 받아 계속 이어졌다.

학회 지원기구로서 먼저 학회들의 경험과 커리큘럼을 교환할 수 있는 매체인 학회지의 발간을 들 수 있다. 1990년 5월에 총학생회 학술부에서 학회연합을 시도하는 동시에 학회지 ≪함께 사는 세상≫을 창간했다. 하지만 학회연합 건설이 실패로 돌아가면서 이 학회지는 계속 발간되지 못했다.

학회운동의 길잡이 역할을
한 ≪학회평론≫

1992년 9월에 ≪학회평론≫이 일종의 동인지로 창간되어 학회운동의 방향을 제시하고 학회 운영을 위한 실질적 정보를 제공하는 역할을 수행했다. ≪학회평론≫은 정운영 교수가 강의한 '가치론' 수강생들과 김수행 교수가 강의한 '마르크스주의경제학' 수강생들이 합동 종강 모임에서 의기투합한 결과 만들어졌다. 이것은 곧 학회 활동가들의 필독서가 되었다. 이후 ≪학회평론≫은 학회운동을 넘어 학생사회 전체로까지 관심 범위를 확대해 학생운동 전반에 걸쳐 이론적 모색을 하는 매체로 자리 잡았다.

각 단과대학별로 과학회를 지원하는 기구가 만들어졌다. 사회대에서 1995년에 일부 과학회장들이 '사회대 학회연합 준비위원회'를 구성했지만 다른 과학회장들의 호응을 얻지 못하자, 지원 기구로 위상을 축소하면서 기관지 ≪학회교육≫을 발행했다. 공대에서는 정치조직인 '공대현장'의 학회분과가 '학회현장'이라는 이름을 내걸고 지원 기구 역할을 했다. 이것은 학회 관련 자료수집, 학회 교사에 대한 교육 등을 담당했다. 법대에서도 학회정책연구소가 만들어져 자료집 「Autonomia」를 발행하는 등 활동을 전개했다.

관악학회교사교양대회 자료집

● 과학기술운동

과학기술운동의 시발점은 이공 계열 단과대학에서 결성한 과학기술학회연합이었다. 자연대 과학기술학회연합이 1990년 1학기에 만들어졌으며 이후 사범대의 일부 학회를 포함해 자연대·사범대 과학기술학회연합으로 발전했다. 공대에서도 이와 별도로 과학기술학회연합이 만들어졌다. 자연대·사범대 과학기술학회연합은 1991년에 경인 지역 과학기술동아리협의회와 함께 "이공계열 대중운동의 비약적 발전을 위하여"라는 제목으로 '제1회 이공 계열 학회교양학교'를 개최했고, 낙동강 페놀방류사건과 관련해 시민 선전 활동을 벌였다. 하지만 이 단체들은 개별 학회들이 약화되고 활동 주체의 재생산에도 실패하면서 1993년 무렵 대부분 해체되었다.

한편 이공계 대학원생들이 부문계열운동의 일환으로 학회를 운영하고 자치회 활동을 벌이면서 과학기술운동의 새로운 주체로 가세했다. 이들은 실패로 돌아간 학회연합을 대신해 매체 발간을 통한 과학기술운동을 시도했다. 그 대표적인 사례가 1993년 설립된 공대신문사이다. 공대신문사는 ≪공대저널≫ 창간사에서 "이공계열 과학기술운동을 활성화하고 진보적 삶을 모색하는 매개로서 학생들의 삶과 운동을 연계하고 부문계열운동을 강화하는 데 이바지할 계획"이라고 포부를 밝혔다. 이를 위해 과학기술부·정치사회부·문화부·편집부로 편집위원회의 부서를 편성했는데, 공대라는 특수성을 살려 과학기술부에 큰 비중을 두었다. ≪공대저널≫은 뒤에 ≪이공대저널≫로 확대·개편되었다.

과학상점운동소식지

과학기술운동은 또한 애국적·진보적 사회진출론과 연결되어 과학기술노동운동으로 발전했다. 당시 과학기술운동 관련 행사에는 언제나 과학기술노동조합 관련자가 참석했다. 하지만 1990년대 후반에 과학기술노동운동이라는 문제의식은 점차 엷어지는 대신 '과학기술의 민주적 통제'라는 문제의식이 새롭게 등장했다. 1998년에 시작된 '과학상점운동'은 그 시초이다.

과학상점운동은 자본에 의한 과학지식의 독점을 막는다는 취지에서 그 지식을 사회화해, 일상의 과학적 문제와 산업사회로 인한 피해를 구체적으로 자문하기 위한 학생기구로 출발했다. 1998년 총학생회 선거 과정에서 공대신문사가 제기하고 총학생회가 받아들여 자연대 및 공대 학생회, 과학철학연구회, 전기공학부 통신반, 자연대 환경반 등이 참여하면서 성사되었다.

과학상점은 단지 과학 지식을 사고파는 곳이 아니라 그 지식이 필요하면 얼마든지 얻어갈 수 있는 공간으로서, 과거 소수의 전문가들이 독점해 왔던 과학 지식을 일반인과 공유하는 한편, 산업화로 말미암은 폐해를 과학적으로 자문해 주는 일을 수행하고자 했다. 과학상점은 진보적인 강좌의 개설을 위한 운동을 벌이고, 도림천 프로젝트와 용융 플라스마 공법을 이용한 소각법 등을 시민단체들과 함께 추진했다. 과학상점운동은 2000년 10월 13일에 3년간의 활동을 마감했다.

● 환경운동

1990년대에 부문계열운동 가운데 특히 주목을 받은 것이 환경운동이다. 이는 그것이 과학기술운동의 한 영역이기도 했지만 학교 바깥에서 이른바 '신사회운동'의 일부로서 주목을 받았기 때문이다.

한국에서 환경운동은 1987년 이후 사회운동으로 정착했다. 공해추방연합, 환경과공해연구회, 한살림 등이 결성되었고, 경제정의실천시민연합이나 YMCA와 같은 시민단체에도 환경운동 담당 부서가 설치되었다. 1993년에는 공해추방연합을 중심으로 여러 민간 환경운동단체가 역량을 결집한 환경운동연합이 출범했다.

1990년대에 환경운동의 물결은 서울대에도 미쳤다. 1994년 3월경 학내에서 활동하던 환경운동단체로는 동아리연합회 소속 환경동아리 씨올, 경실련 대학생회 환경 소모임, 서울대 YMCA 환경 소모임, 환경대학원 환경운동 소모임 동그라미 등을 들 수 있다. 이 가운데 씨올은 1993년 10월에 환경운동연합 대학생회를 주축으로 환경문제를 전공하는 대학원생들과 농대 환경문제 소모임 등이 힘을 합쳐 만들었다. 씨올은 학생운동의 전통 속에서 환경문제에 접근하여 구조적 문제 해결을 시도했다. 씨올은 환경운동연합과 함께 반핵운동을 전개했고, 앞의 3개 환경운동단체와 공동으로 관악캠퍼스의 환경에 대한 실태조사를 실시하는 등 학내 환경단체의 네트워크를 구성하기 위해 노력했다.

환경문제에 대해서는 환경운동단체들 외에 학생정치조직도 전투적 학생운동의 대안으로 환경운동을 주목했다. 21세기연합은 출범대의원회 자료집에서 환경문제의 근본 원인이 독점재벌과 선진제국들의 무분별한 개발에 있으므로 환경운동을 철저히 전개해 독점자본의 본질을 폭로하는 것이 무엇보다 중요하다고 밝힌 바 있었다. PD 계열의 학생정치조직 전국학생연대도 환경운동에 주목했다. 전국학생연대는 당시의 부문계열운동에 관한 논의를 전면적으로 비판하며, 전공 분야라는 울타리에 갇히지 않고 대중이 폭넓게 참가할 수 있는 실천적인 부문운동을 모색하는 과정에서 '환경현장활동'이라는 새 영역을 찾아냈다. 이것은 핵발전소나 핵폐기장 등 환경문제가 발생한 지역을 활동지로 선정해 전통적인 농촌활동과 아울러 지역 주민의 반대운동을 지원하는 민중 연대활동을 가리킨다.

환경현장활동은 1995년에 전국학생연대가 장악한 연세대 총학생회에서

환경현장활동대 자료집

처음 시도되었다. 당시 굴업도 핵폐기장 반대운동이 전개되고 있었는데, 연세대 총학생회는 한총련이 주도하던 농촌활동의 대안으로 이 반대운동에 동참했다. 전국학생연대는 1995년의 시도가 성공적이라고 판단하고, 이후 이를 더욱 확산시켰다. 이를 위해 산하에 환경위원회를 설치하고 환경운동연합 대학생회와 함께 한국학생환경회의를 구성했다. 1996년 이후의 환경현장활동은 전국학생연대 산하 환경위원회와 환경운동연합 대학생회가 함께 추진했다. 서울대에서는 학생연대가 총학생회 선거에 승리한 적이 한 번도 없지만, 서울대 학생연대와 환경운동연합 대학생회의 서울대 지부에 해당하는 환경동아리 씨을을 중심으로 이 활동에 참가했다.

1996년에는 고성 핵단지 및 영광 5·6호기 건설과 맞물려 환경현장활동이 전국적으로 확산되었다. 참가 인원은 1995년에는 소수에 그쳤지만 1996년에는 1000여 명, 1997년에는 1500명에 이르렀다. 이후 환경현장활동의 대상 지역은 월성과 울진 등 핵발전소 건설 지역으로 확대되고, 쓰레기소각장 건설 지역도 포함되기 시작했다.

● 여성운동

여성운동 역시 1990년대에 부문계열운동으로 부상했다. 서울대에서 여성운동은 1980년대에 시작되었지만, 1990년대 초반까지는 학생운동의 일환이었다. 하지만 그 후 여성주의 시각이 대두하면서 기존의 학생운동과는 결을 달리하는 독자적인 여성운동이 등장했다.

독자적인 여성운동이 등장한 것은 급진적인 여성주의 이론이 소개된 때문이기도 하지만, 잇달아 발생한 학내 성폭력 사건들의 영향을 받은 결과이기도 하다. 서울대에서는 1993년에 교수에 의한 성희롱 사건이 일어나 이 문제가 공론화되었다. 1996년에는 연세대 사태 당시 진압경찰에 의한 여대생 성추행 사건이 벌어졌고, 그 후 여러 대학에서 성폭력 사건이 잇달아 발생했다. 이런 성폭력 사건들은 여성문제와 여성운동에 대한 관심을 고조시키는 계기가 되었다.

1990년대 초 서울대 여학생 활동가들의 동향부터 살펴보자. 1980년대 여학생 활동가들은 학생운동과 여성운동을 동시에 실천했다. 1987년 이후 전투적 학생회론에 기반을 둔 학생운동체제가 성립하자 여학생들도 이에 호응해 총여학생회 재건에 나서 1989년에 이를 이룩하는 데 성공했다.

전국의 학생회가 결집해 전대협을 만들었듯이, 전국 각 대학의 총여학생회들도 결집해 전국여학생대표자협의회(이하 전여대협)를 만들었다. 당시 전여대협은 전대협의 부문운동 조직으로서 전대협의 전투적 학생운동을 뒷받침했다. 당시 여학생 활동가들은 학생운동과 여성운동을 함께 벌였지만, 여성문제를 계급문제나 민족문제에 비해 부차적으로 보는 경향이 없지 않았다. 하지만 1991년 5월투쟁 이후 전투적 학생운동의 기세가 꺾이면서 부문계열운동이 부상했는데, 여성운동도 그 일환으로 주목을 받았다.

또한 학교 바깥에서도 1990년대에 여성운동이 환경운동·평화운동·청소년 운동 등과 함께 종래의 계급운동 중심의 사회운동을 대신하는 신사회운동의 하나로 주목받기 시작했다. 여기에다 성폭력 문제가 연이어 발생하고 운동권 내부에 은폐되어 있던 남성 중심적인 문화의 폐단까지 수면 위로 떠오르면서 기존의 전투적 학생운동과는 성격이 다른 새로운 여성운동이 등장한 것이다.

　새로운 여성운동 등장의 신호탄은 바로 총여학생회의 해체이다. 총여학생회는 1989년에 재건되고 얼마 안 되어 1991년에 해체되어 다시 총학생회 여성국으로 편입되었다. 해체의 직접적인 요인은 학생들의 관심 부족과 저조한 투표율이었지만, 총여학생회의 수직적 위계에 대한 여학생 활동가들의 거부감이 근본적 요인이었다. 사실 저조한 투표율은 전여대협의 지침이 각 대학의 총여학생회, 그리고 다시 단과대학의 여학생회로 하달되는 하향식 조직문화에 대한 일반 여학생들의 거부감이 반영된 결과였다.

　이렇게 총여학생회는 해체되었지만 여학생들은 각 단과대학과 학과에서 다양한 형태의 자생적인 모임을 만들었다. 1994년 무렵 서울대 내의 여성운동단체로는 본부 동아리인 '한울타리', 인문대의 '여명'과 '어우르기', 법대의 '원을 지우는 사람들'이 있다. 이후에도 여러 단과대학이나 학과에서 여성운동 소모임들이 많이 등장했다. 사범대의 학과 내 여성운동 소모임으로는 화학교육과의 '파문', 국어교육과의 '비목', 윤리교육과의 'WAW', 지구과학교육과의 '파계' 등이 있었고, 다른 단과대학에서도 만들어졌다. 이 소모임들은 전여대협과 총여학생회로 이어지는 종래의 중앙집권적이고 하향적인 동원 체계를 거부하고 자율적으로 참여하고 사안별로 결합하는 수평적인 연대를 추구했다. 그 결과 관악여성주의모임연대(이하 관악여모)가 만들어졌다.

　1990년대에는 페미니즘을 보통 '여성주의'로 옮겨 사용했다. 그래서 학내 페미니즘 운동을 '대학 내 여성운동'으로, 여기에 참여하는 학생들을 '여성주의자'로 불렀다. 관악여모는 학내에서 페미니즘 운동을 전개하는 단체였던 셈이다. 그들은 미국의 페미니즘 이론을 받아들여, 여성의 몸과 섹슈얼리티의 문제를 여성 억압의 핵심으로 여겼다. 그들은 이전 세대의 여성운동가들과 구분해 스스로를 '영 페미니스트'라고 불렀다.

관악여모는 1996년 여름에 추진위를 구성하고 이듬해 3월부터 본격적 활동에 들어갔다. 관악여모에는 공대 여성위원회, 마음003, 법대의 '평지', 사범대의 성정치연구모임, 사회대의 여학생자치회, 인문대 여우방, 자연대 성정치연구모임, 자연대 여성(女聲), 본부동아리인 한울타리 등이 참여했다.

관악여모는 추진위 시절에 연세대 사태에서 생겨난 공권력에 의한 성폭력 문제와 관련해 이를 규탄하는 문화제 '너희가 X를 믿느냐'를 개최했다. 관악여모는 정식으로 출범한 1997년 1학기에 공권력에 의한 성폭력 대토론회를 시작으로 성폭력 문제, 그중에서도 특히 학내 성폭력 문제를 집중적으로 다루었다. 관악여모는 다른 학교의 여성운동단체들과의 연대 틀도 구축했다. 관악여모는 연세대 사태가 발생하자 신속하게 '공권력에 의한 성폭력 대책위원회'를 구성했으며 이를 바탕으로 1997년에 '학내 성폭력 근절과 여성권 확보를 위한 여성연대회의'를 꾸렸다.

관악여모는 '자치규약제정운동', '성폭력해방공간선언운동', '반성폭력학칙제정운동' 등을 지속적으로 전개했다. 자치규약제정운동은 학생사회에 성폭력 문제를 공론화하고 반성폭력 담론을 확산시킨다는 취지에서 각 단과대학을 단위로 반성폭력 학생회칙을 제정하려는 운동이었다. 그 결과 1998년에 사회대는 전체 학생의 총투표를 통해, 인문대는 전체 인문대 대표자대회의 의결을 거쳐 반성폭력 학생회칙을 제정했다. 자연대의 경우 이의 제정을 위한 총투표를 실시했지만, 투표율 미달로 무산되었다. 이 회칙을 적용하는 과정에서 '학내에서 피해자 중심주의'와 '실명 공개 사과'라고 하는 원칙을 둘러싸고 논란이 빚어지기도 했다.

관악여모는 1998년 9월부터 성폭력해방공간선언운동을 전개했다. 이것은 성폭력 문제에 대한 대응적 접근을 지양하고 그 문제를 일상생활 속에서 공론화해 자발적인 의식 변화를 유도하기 위한 운동이다. 이 운동은 구체적으로 성폭력에 대해 애인과 이야기해 보기, 자기 주변에서 성폭력 사건이 벌어질 경우 주위 사람들과 토론하기, 잡기장에서 성폭력해방공간선언운동에 대

관악여성모임연대 자료집

해 이야기하기 등을 포함했다.

관악여모는 반성폭력학칙제정운동도 전개했다. 반성폭력 학생회칙이 일부 단과대학에서 만들어졌지만 이는 자치규약에 불과했으며, 공식성과 강제력을 갖춘 더 강력한 규범이 필요했다. 이 움직임은 1997년 가을 총학생회장 선거 때 후보들에게 반성폭력 학칙제정을 선거공약에 포함할 것을 요구하면서 본격화되었다. 이에 따라 다음 해에 출범한 제41대 총학생회는 산하에 '성정치위원회'를 만들었다. 여기에 관악여모의 활동가들이 참여해 반성폭력 학칙 제정을 추진했다. 이는 기존 단과대학 체계 외의 부문운동 단위가 학생회 활동에 직접 참여하는 새로운 선례가 되었다.

이렇게 되자 학교 당국도 나서지 않을 수 없었다. 1998년 9월 학생생활연구소 여학생부는 '반성폭력 관련 학칙'과 '성적괴롭힘문제처리규정' 및 '서울대학교성폭력문제특별위원회규정'의 시안들을 발표했다. 이에 대해 성정치위원회가 성폭력문제특별위원회에 교수와 함께 직원·학생도 참여할 수 있도록 할 것을 주장하고 나섰다. 오랜 논의 끝에 2000년 6월 30일에 '서울대 성희롱 성폭력 예방과 처리에 관한 규정'과 관련 시행세칙이 제정되었다. 그리고 이 규정에 근거해 '서울대 성희롱 성폭력 상담소'가 학생생활연구소 안에 문을 열었다. 이렇게 만들어진 서울대의 성폭력 관련 규정은 다른 대학에도 모델이 되었다.

제6장

갈등과 균형

21세기

1. 21세기의 서울대와 서울대생

• 캠퍼스에 몰아닥친 신자유주의 바람

21세기 한국의 대학은 1997년 외환위기의 직격탄을 맞으면서 온갖 어려움과 변화에 직면했다. 신자유주의적인 경쟁 논리 속에 등록금이 인상되고, 교수의 업적 평가와 학생의 학사 관리가 강화되었다. 그런 소용돌이의 정점에 법인화의 강행이 자리하고 있다.

신자유주의의 바람을 탄 등록금 인상은 먼저 명문 사립대학 사이에서 경쟁적으로 나타났다. 서울대도 정부의 통제를 받지 않는 기성회비를 크게 올리는 방식으로 여기에 보조를 맞추었기 때문에 등록금 인상폭은 더욱 커졌다. 그 결과 같은 국립대학 안에서도 서울대 등록금은 다른 국립대보다 비싸졌고, 사립대학과의 차이는 줄어들었다. 등록금이 크게 오른 대신 장학금의 종류와 액수도 늘어났다. 지급 기준이 성적(우수)에서 소득(하위)으로 바뀐 것은 주목할 만한 변화이다. '비싼 등록금을 거두는 대신 장학금을 넉넉히 지급한다'는 것이 신자유주의적인 대학 발전 전략 중 하나였다.

21세기에 들어와 서울대에서 일어난 가장 큰 변화는 법인화이다. 서울대는 2011년 12월 28일 '국립대학법인 서울대학교'로 다시 태어났다. 법인화란 말 그대로 서울대가 교육부의 하부 기구로서의 지위에서 벗어나 독자적인 법인격을 갖게 됨을 의미한다. 서울대는 1990년대부터 자율성을 확보하기 위한 전략으로 법인화를 모색해 왔고, 이러한 발전 전략이 외환위기 이후 정부가 펼친 신자유주의적인 교육정책과 맞물리면서 법제화된 것이다. 형식논리로 보자면 서울대는 이로써 정부의 통제에서 벗어나 자율성을 확보할 수 있게 되었다.

그러나 당시 학내 구성원들 사이에는 법인화가 오히려 학문 공동체의 균형발전을 위협할 것이라는 염려가 적지 않았다. 특히 대다수 학생들은 등록금 인상을 초래할 법인화에 대해 맹렬하게 반대운동을 벌였다. 이 과정에서 많은 진통이 있었으나, 법인화는 국회에서 단 한 줄의 심의도 거치지 않은 채 통과된 법에 의거해 이뤄졌다.

● **대학원생과 여학생의 증가**

21세기에 들어서 전국의 대학생 수는 조금씩 감소하기 시작했고, 서울대도 예외가 아니었다. 정부가 고령화사회의 도래에 대비해 대학 정원 감축을 유도했기 때문이다. 이로써 서울대 학생 수는 2005년 3만 1059명에서 2010년 2만 6941명으로 줄었다.

그 내적구성을 살펴보면 학부생은 줄고, 대학원생이 늘어났다. 학부생의 숫자는 1998년 2만 3039명을 정점으로 줄어들기 시작해 2010년에는 1만 6325명이 되었다. 10여 년 만에 30%가 줄어든 것이다. 학부생 중에서도 남학생이 크게 줄어든 반면, 여학생은 오히려 약간 늘었다. 그 결과 서울대생 가운데 여학생이 차지하는 비율은 2001년 30% 선을 넘었고, 2009년에는 40% 선까지 돌파했다. 이제 서울대에서 여학생은 더 이상 소수자가 아니었다. 반면에 대학원생은 1998년 9076명에서 2010년 1만 616명으로 약간 늘어났다.

이렇게 21세기 들어 여학생과 대학원생이 차지하는 비중이 늘어나면서 학생자치활동의 양상에도 변화가 나타났다. 먼저 여학생들이 학생자치활동의 주역으로 등장하기 시작했다. 2004년 가을에 치러진 제48대 총학생회장 선거에서 대장정연합 소속 류정화 후보가 당선되었다. 이로써 서울대 최초의 여학생 총학생회장이 탄생한 것이다. 여성주의를 수용해 여학생 후보를 내세운 선거 전략이 서울대의 여학생 비율이 37.5%로 높아진 것과 맞아떨어진 결과로 보인다.

그에 앞서 여학생들은 단과대학학생회를 중심으로 한 학생자치활동에 적극 나섰다. 1980년대 초까지만 해도 여러 단과대학 가운데 여학생이 학생회장을 맡은 곳은 가정대뿐이었다. 하지만 1986년 인문대 학생회장 보궐선거에서 여학생이 당선된 것을 시작으로 여학생들이 단과대학 학생회장 선거에서 약진하기 시작했다. 1991년 사범대 학생회장 선거에서는 여학생이 정학생회장 후보를 맡고 남학생이 부학생회장 후보를 맡은 새로운 형태의 러닝메이트가 나타나기도 했다.

이러한 초기의 예외적인 사례를 넘어서 여학생들이 단과대학 학생회장으로 등장하는 것이 일반화된 시점은 2000년대부터다. 1999년 여학생이 경영대 학생회장 권한대행을 맡았으며, 2001년 가을 치러진 단과대학 학생회장 선거에서 여학생이 경영대와 법대의 학생회장으로 출마했다. 2003년에는 류정화가 인문대 학생회장으로 당선되었다. 최초의 여학생 총학생회장의 탄생은 이러한 흐름의 연장선에서 일어난 사건이었다.

2005년 최초의 여학생 총학생회장이 등장한 이후 총학생회장 선거 때마다 늘 여학생 후보가 적어도 한두 명씩은 출마했다. 그 결과 2010년 가을에 치러진 제53대 총학생회장 선거에서도 여학생 후보가 당선되었다. 2016년과 2017년에도 연이어 여학생이 총학생회를 이끌었다. 2017년에는 원래 남학생 총학생회장이 취임했지만, 5월 초에 조기 사퇴하는 바람에 여학생 부학생회장이 남은 기간 동안 총학생회를 이끌었다.

한편 대학원생의 증가와 함께 자치조직인 대학원총학생회가 만들어졌다. 그에 앞서 대학원생들의 자치조직인 대학원자치회는 1987년 6월항쟁 직후 만들어져 활발하게 활동을 전개한 바 있지만, 1990년대 후반부터 침체를 거듭하다가 2003년에는 아예 해체되었다. 출범 당시 대학원자치회는 대학원생들의 정치적 대표기관의 성격이 강했다. 따라서 전투적 학생운동의 쇠퇴와 함께 대학원자치회도 함께 침체의 길을 걸어간 것으로 보인다.

그러나 대학원생들의 의견을 대표하고 이익을 지켜줄 수 있는 조직의 필요성은 오히려 더 커졌다. 이에 따라 대학원자치회가 2013년 2월 이공계 대학원으로는 최초로 생명과학부에서 출범했고, 그 후 각 전공 분야로 확대되었다. 그 결과 2013년 9월 '대학원생총협의회'가 발족했고, 이것이 2년 뒤인 2015년에는 대학원총학생회로 확대·개편되었다. 이로써 대학원생들도 학생자치활동의 또 다른 주역으로 자리매김하게 되었다.

● 가정 형편의 양극화

서울대 학생의 가정 형편은 1990년대 들어 개선되기 시작했는데, 이 추세
는 2000년대에도 계속 이어졌다. 학부모의 학력도 21세기에 들어 크게 높아
졌다. 2009년 아버지의 학력은 대졸이 53.3%이고 대학원졸도 28.2%로 고학력
자 비율이 81.5%나 되었다. 어머니의 학력도 높아져, 2015년의 경우 고학력자
비율이 75.7%로 아버지에 못지않았다. 서울대가 저소득층 출신 수재들이 다
니는 대학이라는 말은 그야말로 옛말이 되어버렸다.

그럼에도 가정 형편이 어려운 집안 출신 학생들도 적지 않았다. 2007년 서
울대를 비롯한 7개 대학 학생들을 대상으로 실시한 ≪대학신문≫의 조사에
의하면, 서울대생들은 다른 대학 학생들에 비해 고소득층에 속한 학생도 많
지만, 저소득층에 속한 학생들 역시 많았다. 서울대생들은 경제적으로 양극
화되어 있었던 것이다. 서울대 안에서도 단과대학별로 고소득층과 저소득층
이 나뉘었다. 의대·경영대·음대·미대·치대의 경우 상대적으로 고소득층이
많았고, 인문대·사회대·사범대·간호대·수의대·약대 등은 상대적으로 저소
득층이 많았다.

이렇게 서울대생들이 경제적으로 양극화된 이유는 여러 가지가 있겠지만,
중요한 요인 중 하나는 입시제도인 것으로 보인다. 서울대는 21세기에 들어
서 수월성을 강조하는 전형과 사회적 형평성을 강조하는 전형이 병행되었다.
전자는 고소득층 학생들에게 유리했지만, 지역균형선발전형을 비롯한 후자
는 저소득층 학생들에게 상대적으로 기회를 넓혀주었다. 이는 합격자 다수가
특목고와 자사고 등 소수의 특정 고교 출신으로 집중되는 현상과 출신 고교
들의 숫자가 늘어나는 현상이 동시에 나타난 사실과도 부합한다.

● 크게 달라진 캠퍼스 풍경과 학생활동의 침체

21세기 들어 학생들의 경제적 형편이 개선되면서 캠퍼스의 분위기도 많이 바뀌었다. 과거의 집단적인 공동체문화는 어느덧 사라지고, 자유로운 개인주의 문화가 확산되었다. 학생사회의 주된 관심사도 정치에서 문화로 옮겨 갔다. 여학생들은 마음껏 화장을 하고 개성을 뽐내는 옷차림을 하고 다녔으며, 누구의 눈치도 볼 필요가 없었다. 이러한 변화는 1990년대에 이미 시작되었지만, 2000년대에 들어서 더욱 가속화되었다.

이런 변화 속에 학생들은 수강 출석과 성적 관리 등 전에 없이 면학에 몰입하는 모습을 보였다. 1990년대까지만 해도 학생들은 학교 당국의 '학사관리엄정화방안'이 학생들의 자유로운 활동을 억압한다는 이유로 극력 반대했다. 하지만 이제는 학생들 스스로 학교 수업에 전념했다. 이는 1997년 외환위기 이후 취업 경쟁이 더욱 치열해진 때문이다. 이른바 '청년실업문제'가 대두하면서 학생 개인의 '스펙(spec)'을 관리해야 하는 시대가 도래했고, 서울대생들도 이 압력으로부터 자유로울 수 없게 되었다.

학생들의 공론의 장도 크게 바뀌었다. 점차 대자보의 비중이 줄어들고 그 자리를 인터넷 공간이 대신하기 시작했다. 이전에는 학생들이 제기할 문제가 있으면 누구나 쉽게 이용할 수 있는 대자보가 점차 줄어들기는 했지만, 꾸준히 살아남아 공론의 광장 역할을 해왔다. 학내 성폭력 문제를 제기해 공론화한 공간도 바로 대자보였다. 그런데 21세기에 들어서면서 2002년에 만들어진 '스누라이프(SNULife)'와 같은 인터넷 공간이 더 큰 소통의 장으로 애용되기 시작했다. 이제는 무엇인가 제기하고 싶은 문제가 있으면 대자보 대신 '스누라이프' 게시판에 글을 올리게 되었다.

이러한 21세기 학생사회의 변화 속에서 학생운동은 전반적으로 침체되었다. 먼저 과학회를 비롯한 학생들의 자율적 학술활동이 위축되었다. 대부분의 과학회들이 세미나 운영에 해이해지면서 인원이 감소하자 하나둘 통폐합되었다. 다양한 형태의 소모임들이 만들어지긴 했지만, 학생들의 호응이 적어 지속되지 못했다. 본부 소속 학술동아리들도 점차 활력을 잃어갔으며, 그

대신 취미·교양 동아리와 취업·창업 동아리가 크게 늘어났다.

학생언론들도 하나둘 문을 닫기 시작했다. 교지 ≪관악≫은 6월항쟁 직후인 1988년 준비 호를 내면서 출범했는데, 2014년 제48호를 마지막으로 발간을 중단했다. ≪이공대저널≫도 2006년 휴간에 들어갔다가 여러 차례 복간을 시도했지만, 결국 폐간되고 말았다. 그 밖의 여러 학생 잡지들도 마찬가지였다. 주된 원인은 기자를 구하기 어렵고 독자의 관심이 저조했기 때문이다. 교지 ≪관악≫은 "학생사회의 원자화와 담론의 소멸로 인한 학생 독자의 감소"를 종간 이유 중 하나로 꼽았다. 이는 학생들이 스펙 쌓기에 내몰린 상황을 말해 준다.

다른 매체보다 제도적 기반이 굳건한 ≪대학신문≫도 이런 변화를 피하기 어려웠다. 어려움은 현저히 감소한 구독률 추이에 그대로 드러나서, 1999년 77%에서 2012년 34.7%까지 떨어졌다. 이는 학생들이 그만큼 각기 자기 개인의 문제에 침잠한 나머지 학생사회에 무관심했음을 의미한다. 이 무렵 서울대에서는 낮은 투표율 때문에 총학생회 구성이 어려울 정도였다.

2. 새로운 균형을 찾아가는 학생회

● 선거 구도의 변화

21세기에 들어서 총학생회장 선거 구도가 다시 한번 바뀌었다. 앞에서 살펴본 대로 1990년대의 선거는 학생정치조직 사이의 경쟁이어서, 운동권 안의 21세기연합과 대장정연합이 번갈아가며 승리하는 구도로 전개되었다. 그런데 1999년 11월 43대 총학생회장 선거에서 처음으로 비운동권 후보가 당선되었고, 이후에는 운동권 후보와 비운동권 후보가 경쟁하면서 번갈아 승리하는 구도가 정착되었다.

최초의 비운동권 총학생회는 2000년 봄 출범했다. 전년도 가을 선거에서 '광란의 10월' 선거캠프는 특별한 정책이나 공약을 제시하지 않았고, 선거운동도 거의 하지 않았다. 관례적으로 모든 선거캠프가 참가하는 후보자 토론회나 공동 유세에도 참가하지 않은 채 힙합 공연과 뮤직비디오 상영 등으로 대신했다. 다만 기존 학생회의 정치 편향을 비판하면서 축제 활성화와 문화사업 강화를 약속했을 뿐이다. 그럼에도 이 선거캠프는 기존 학생회에 대한 학생들의 권태감에 편승해 운동권 후보를 누르고 승리할 수 있었다. 이로써 서울대에서 최초로 비운동권 총학생회가 출현했다. 1990년대 초부터 이미 비운동권 총학생회가 등장한 다른 대학들에 비해 상대적으로 늦은 편이었다.

'광란의 10월' 선거캠프가 꾸린 제43대 총학생회는 출발부터 순탄하지 않았다. 총학생회가 출범하면서 제출한 총노선은 전학대회에서 부결되었다. 대부분 운동권 출신인 단과대학 학생회장들과도 손발이 맞지 않아 총운영위원회도 매우 파행적으로 운영되었다. 거의 유일한 공약 사항이던 가을 축제 과정에서도 여러 불상사가 생겨 총학생회는 큰 타격을 입었다. 그래서 당시 최초의 비운동권 총학생회의 실험은 "사전 준비도 갖추지 못했고 사업을 추진할 능력도 부족하여 실패로 돌아갔다"라는 평가를 받았다.

증언

12월 3일 결선투표 개표장이었던 라운지에서 개표를 바라보면서 참 많은 생각을 했던 기억이 납니다. 11월 23일, 제 주위의 누구도 예상치 못했던 '광란의 10월' 선본의 최다 득표 직후, 많은 친구들이 비슷한 감상을 털어놓았습니다. "지난 몇 년간의 나의 '운동'이 영화처럼 눈앞에 스쳐 지나갔다. 그 가운데는 철거 투쟁의 기억도 있었고 본부 점거의 기억도 있었다. 거리를 가득 메웠던 한총련 출범식, 총파업의 물결이 스쳐 가고, 5·18 총궐기, 동맹휴업 ……" 그리고 눈물 한 방울이 흘러내렸습니다. "관악 ……, 학생운동 ……" 그러고 나서 "서울대 학생운동도 이젠 끝났다. 대중들은 이미 반동으로 우경화되어 버렸다"라고 하는 탄식에서부터 "대중들의 변화를 따라가지 못했던 우리의 잘못이다. 지금이라도 늦지 않았다"라는 나름대로의 절치부심까지, 참 다양한 반응들이 뒤따랐던 것 같습니다.

긴급 쟁점 토론회 자료집 「광란의 11월」

그로 인해 제44대와 제45대 총학생회는 연이어 운동권 회장이 이끌었다. 각각 21세기연합과 대장정연합 소속이어서, 흡사 양측이 교대로 총학생회를 맡았던 1990년대의 구도로 되돌아가는 듯 보였다. 하지만 2002년 가을에 치러진 제46대 총학생회장 선거에서 다시금 비운동권 후보가 당선되면서, 이후로는 운동권과 비운동권이 번갈아가면서 당선되는 구도가 자리 잡았다.

제46대 총학생회장 선거에서는 다시금 비운동권인 '서울대생, 학교로 돌아오다'(이하 학교로) 선거캠프가 승리했다. 학교로 캠프는 실패로 끝난 광란의 10월 캠프와 달리 준비된 비운동권임을 자처했다. 먼저 총학생회장과 부회장 후보는 학내 정보 포털사이트인 스누라이프 회장과 생활협동조합 학생위원장 등 다양한 학생활동 경험을 내세웠다. 캠프 구성원들도 도서관 자치위원회나 ≪서울대저널≫ 등에서 활동한 경험이 있었다. 이들은 축제 활성화 이외에 제대로 된 선거공약이 없었던 광란의 10월 캠프와 달리 학생들의 대학 운영 참여와 자치활동 활성화에 기여할 수 있는 다양한 공약을 제시해 선거에 승리할 수 있었다.

제46대 총학생회는 운영 원리로 '네트워크 학생회'를 내걸고, 사안별로 독립성과 연속성을 갖는 위원회를 설치해 운영했다. 이것은 총학생회가 학내외의 모든 사안을 도맡아 운영하다가 업무 과부하로 인력난을 겪던 기존의 전철을 밟지 않겠다는 뜻이었다. 이런 운영 원리는 과거 21세기연합이 1994년 제37대 총학생회를 맡았을 때 실행한 바 있다. 그러나 정작 21세기에 접어들면서 21세기연합은 해산해 버렸고, 이제 동일한 운영 원리를 비운동권 출신들이 상당 부분 이어받아 실천에 옮겼다. 이로써 그중 상당 부분이 이후 총학생회의 정책과 제도로 정착되었다.

2003년 출범한 제46대 총학생회는 운동권과 비운동권 양측의 요구를 수용한 활동으로 무난한 평가를 받았다. 축제 활성화와 기성회비 반환 운동을 비롯한 대중적 호응이 큰 이슈는 물론이고 '이라크파병반대 동맹휴업' 등 정치적 이슈에 대해서도 적절히 대처한 것이다. 그 결과 제46대 총학생회 집행부에서 활동했던 학생들이 꾸린 후속 선거캠프가 다음 해 제47대 총학생회장

선거에서도 승리할 수 있었다.

2004년 11월에 치러진 제48대 총학생회장 선거에서는 대장정연합이 확대·개편된 '전국학생연대회의'의 계열의 'Q' 선거캠프 소속 운동권 후보가 당선되었다. 이 캠프의 승리 요인은 여태까지 경쟁하던 21세기연합이 해체되어 후보를 내지 않은 상황에서 당시 학생사회의 화두로 떠오르던 여성주의를 적극 수용한 데 있다고 분석되었다. 하지만 시간이 갈수록 운동권의 힘이 약화되는 것을 막을 수는 없었다.

● 2006년 운동권과 비운동권의 정면충돌

총학생회장 선거를 둘러싼 운동권과 비운동권의 경쟁은 마침내 양자 사이의 정면충돌로 이어졌다. 이 충돌은 세 번째로 비운동권이 장악한 제49대 총학생회 시절인 2006년에 벌어졌다. 이때 총학생회는 운동권과의 차별화 단계를 넘어서 운동권에 적대적인 정책을 펼쳤고, 이 때문에 반(anti)운동권 총학생회로 평가되기도 한다.

제49대 총학생회는 '서프라이즈' 선거캠프에서 꾸린 총학생회였다. 비운동권인 이 캠프는 2005년 11월의 선거에서 운동권인 '플레이' 캠프와 결선투표까지 가는 접전을 벌였으나 투표율 미달로 당선자를 내지 못했고, 다음 해인 2006년 3월 치러진 재선거에서 승리해 제49대 총학생회를 꾸렸다.

제49대 총학생회도 과거의 비운동권 총학생회들과 마찬가지로 탈정치를 표방했다. 주목되는 것은 더 나아가 선거운동 과정에서부터 정치적 학생운동에 대해 매우 적대적인 태도를 취하더니, 총학생회 출범 이후에는 사사건건 운동권과 충돌했다.

첫 번째 충돌로는 '4·19대행진'을 둘러싸고 벌어진 총운영위원회와의 갈등을 들 수 있다. 4·19대행진은 매년 4월 19일을 맞아 총학생회 주최로 아크로폴리스에서 집회를 연 후 두레문화관 앞의 4·19탑에서 마무리 짓는 연례행사였다. 그런데 제49대 총학생회장은 선거운동 과정에서 아크로폴리스에서의 집회 금지를 공약으로 내세웠다는 이유로 이 행사를 거부했다. 결국 일부 단과대학 학생회장들이 주축이 되어 총학생회와 별도로 4·19기획단을 구성해 이 행사를 치를 수밖에 없었다. 제49대 총학생회는 학습권을 명분으로 오래된 학생운동의 전통을 거부했을 뿐만 아니라, 경찰력을 동원해서라도 아크로폴리스 집회를 막겠다는 요지의 발언을 한 것으로 알려지면서 갈등은 더욱 심화되었다.

또 하나의 충돌은 한총련 문제를 둘러싸고 일어났다. 제49대 총학생회는 2006년 5월 14일 기자회견을 통해 '한총련 탈퇴 선언'을 했다. 서울대 총학생회는 이미 8년 전인 1998년 임시 전학대회에서 '서총련 불신임안'을 의결함으로써 사실상 이미 한총련을 탈퇴한 상태였다. 따라서 당시의 탈퇴 선언은 한총련에 대한 부정적 이미지를 이용해 운동권 전체를 비난하려는 일종의 정치공세였다. 이 '한총련 탈퇴안'은 그해 10월에 열린 전학대회에서 이미 탈퇴했다는 이유로 부결되었다. 그뿐만 아니라 제49대 총학생회는 전임 총학생회에 대한 근거 없는 중상모략으로 운동권을 비방하는 등 인터넷 여론을 조작했다는 의혹을 받기도 했다.

제49대 학생회의 집행국장은 2005년부터 '학생회 목에 방울달기'라는 단체를 만들어 활동하던 학생이다. 이 단체는 이름이 말해주듯이 당시 제48대 총학생회를 공격하는 활동을 했다. 이 무렵 뉴라이트 세력들이 각 대학에 비운동권 총학생회가 세워지도록 지원하고 있었다. '학생회 목에 방울달기'가 학교 바깥의 정치세력과 손을 잡고 있다는 직접적인 증거는 없었다. 하지만 당시 운동권은 이 단체가 주최한 한나라당 심재철 의원 초청 강연을 근거로 그 배후에 뉴라이트가 있다고 의심했다.

이러한 충돌 위에 몇 가지 문제가 겹쳐 제49대 총학생회는 중도에 무너졌다. 총학생회장은 선거운동 과정에서 ≪한겨레 21≫ 수습기자와 고려대 의대 입학이라는 거짓 경력을 내세운 바 있으며, 당선 이후 도박게임 업체로부터 기부금을 받는 등 부적절한 행동을 한 사실이 밝혀져 논란을 자초했다. 결국 그는 청문회와 임시전학대회의 의결을 거쳐 6월 12일 탄핵되었다. 탄핵안은 참석 대의원 56명 중 찬성 51명, 반대 3명, 기권 2명으로 가결되었다. 그 후 총

'학4모'의 탄생과 폐쇄성 논란

지난 7월 29일 '학생의, 학생에 의한, 학생을 위한 학생회를 만드는 모임'(학4모)이 결성됐다. 학4모는 회원 모집문에서 "▲평택 시위 부상자 치료비 지급 ▲황라열씨 졸속 탄핵 ▲보건노조 폭력 사태로 인한 송동길씨 사퇴 등에 깊이 연루돼 있는 단과대 학생회장들이 반성의 기미를 보이지 않는다"며 "학생회는 학생들의 필요에 부합하는 활동을 해야 한다"고 모임의 지향점을 밝혔다. 학4모에는 수의대 학생회장 김두현씨(수의학과·03), 미대 학생회장 이재호씨(디자인학부·04) 및 지난 49대 총학생회 집행부 대부분이 가입돼 있는 것으로 알려졌다. 한편 교지 『관악』 전 편집장 지산씨(철학과·03)는 지난 달 22일 학4모의 폐쇄성 문제를 제기하고 나섰다. 지산씨는 "'서울대 학부생이면 된다'는 말에 학4모에 가입신청을 했으나 거부당했다"며 "그들의 '학생'에 나는 없는 것 같다"고 비판했다.

《대학신문》, 2006년 9월 3일

학생회장 직무를 대행하던 부회장마저 7월 28일 중도 사퇴하는 바람에 제49대 총학생회는 출범한 지 석 달 보름 만에 무너졌다. 이후 단과대학 학생회장들이 연석회의를 구성해 총학생회의 업무를 인수했다.

제49대 총학생회가 무너진 뒤에도 운동권과 비운동권의 갈등은 가라앉지 않고 오히려 증폭되었다. 제49대 총학생회의 집행부는 2006년 7월 '학생의 학생을 위한 학생에 의한 학생회를 만드는 모임'(이하 학4모)이라는 단체를 만들어 조직적 결집을 시도했다. 당시 우파 학생정치조직이라는 평을 듣기도 한 이 학4모는 총학생회장 탄핵을 운동권의 정치 보복으로 몰아가면서 당시 총학생회의 역할을 대신하고 있던 단과대학 학생회장 연석회의를 공격했다. 그들은 말로는 탈정치를 내세웠지만 실제로는 또 다른 방향에서 정치를 하고 있었던 것이다.

흥미로운 것은 일반 학생들 중에도 '총학생회장 탄핵이 절차상 잘못되었다'고 생각하는 사람이 적지 않았다는 점이다. 약대 학생회장이 2006년 9월 26일 실시한 탄핵에 대한 설문조사에 의하면 서울대생 가운데 58.4%가 '탄핵

이 정당하다'고 응답했다. 하지만 69.2%의 학생은 '탄핵 절차에 문제가 있다'고 응답했고, 그중 58.5%의 학생이 '총투표 또는 학생총회를 거쳤어야 한다'고 응답했으며, 10.7%의 학생은 '절차상 문제가 많으므로 탄핵은 무효'라고 답했다. 이렇듯 일반 학생들의 여론도 결코 운동권에 우호적인 것만은 아니었다. 2006년은 서울대생들이 운동권과 반운동권으로 나뉘어 정면으로 충돌한 해였다.

● 운동권과 비운동권이 충돌한 이유

21세기에 들어서 비운동권 총학생회가 연이어 등장한 것은 학생들의 정치의식이 보수화된 결과이다. 1970~1980년대를 거치면서 형성된 진보적 컨센서스는 문민정부 출범 이후 무너지기 시작했고, 1997년 외환위기와 민주정부 수립 이후 정치적 보수화로 기울었다.

《대학신문》이 서울대 학생을 대상으로 진행한 조사에 의하면 스스로 진보적이라고 생각하는 학생이 1997년 47.6%였으나 2007년에는 33.5%로 줄어들었다. 반면 같은 기간에 스스로 보수적이라고 생각하는 학생은 11.0%에서 40.5%로 급증했다. 불과 10년 만에 다수였던 진보층이 14%p 감소한 대신 보수층은 30%p 이상 늘어나 다수를 차지함으로써 진보와 보수의 위치가 완전히 역전된 것이다.

이런 변화를 좀 더 자세히 살펴보면 이 시기에 진행된 학생들의 정치적 보수화 과정이 두 단계로 나뉜다는 것을 알 수 있다. 첫 번째 단계는 1997~2002년 시기이다. 이 기간에 진보층은 47.6%에서 29.8%로 17.8%p 줄어든 반면, 보수층은 11.0%에서 17.6%로 6.6%p 증가하는 데 그쳤으며, 중도층은 41.4%에서 52.7%로 11.3%p 증가했다. 수치의 변동을 단순화하면 진보층의 감소분 가운데 3분의 1 정도만 보수층으로 이동하고 나머지 3분의 2 정도는 중도층으로 이동한 셈이다. 그 결과 2002년 시점에는 서울대생 가운데 중도층이 가장 큰 비중을 차지했다. 다시 말하면 1997년 직후 진보층의 감소는 일단 중도층을 두텁게 했을 뿐 곧장 보수화로 이어지지는 않았다.

학생회는 부침을 겪었다. 과반, 단대, 총학 모두 그랬다. 사회대는 상대적으로 강력한 학생자치 조직을 갖추고 있었지만 점차적으로 그 활력은 약화되었다. 한 과반에는 10여 명 가까운 학생회 활동가가 있었다. 전통이 강한 과반은 20명 이상의 활동가가 있는 경우도 있었다. 동원력도 있었다. 중요한 학내 사안의 경우에는 과반의 1, 2학년 대부분이 참여할 정도였다. …… 학생사회에 탈정치화의 바람이 불었다. 학생회가 왜 특정한 정치적 성향을 갖고 사회에 목소리를 내야 하는가에 대해 학우들이 의문을 갖기 시작했다. 이런 흐름이 '비운동권'이라는 이름으로 집단화하기도 했다. 이른바 운동권에 대한 반감은 점차 높아졌고 적어도 학생운동은 대세에서 주변부로 고립되었다. 더 이상 학생운동을 하는 사람들은 학생사회의 주류가 아니었고 이질적인 사람들, 특수한 입장을 가진 사람들이라는 인식이 정착되었다.

최기원(경제학부 04)

하지만 두 번째 단계인 2002~2007년 사이에 보수층이 급속히 증가했다. 2002년에 17.6%였던 보수층이 2007년에는 40.5%로 크게 늘어난 것이다. 하지만 이 기간에 진보층이 줄어든 것은 아니어서, 2002년에 29.8%에서 2007년 33.5%로 약간 증가했다. 이 기간에 줄어든 것은 진보층이 아니라 중도층이며, 2002년 52.7%에서 2007년 23.2%로 절반 가까이 감소했다. 2002~2007년 사이에 중도층이 대거 보수층으로 이동한 것이다. 이때는 노무현 정부 시기로 민주정부 2기에 해당한다. 이 기간에 서울대생들의 정치의식은 전반적으로 보수화되는 가운데, 중도층이 무너지고 진보와 보수의 정치적 양극화가 뚜렷해졌다.

앞에서 보았듯이 2006년 총학생회를 둘러싸고 운동권과 비운동권이 격돌한 것은 이 시기 학생들의 정치의식이 심각하게 분열되어 있었기 때문이다. 2007년 시점의 수치를 가지고 말한다면, 33.6%의 진보층과 40.5%의 보수층이 정면으로 충돌하는 형국이었다. 상당수 학생들이 운동권에 우호적이지 않았으므로, 그들이 제49대 총학생회장 탄핵을 운동권의 정치 보복으로 여겼던 것도 그러한 배경에서 이해될 수 있다.

이러한 정치의식의 양극화 현상은 단과대학 사이에도 나타났다. 인문대·사회대·간호대·수의대·약대 등의 단과대학 학생들 가운데는 스스로 진보적이라고 생각하는 사람이 여전히 많은 반면, 의대·경영대·음대·치대 학생들 가운데는 스스로 보수적이라고 생각하는 사람이 많아졌다. 이렇게 2007년 무렵 서울대생들은 정치적으로 심각하게 분열된 상태였다. 따라서 총학생회장에 비운동권 출신이 당선되더라도 인문대와 사회대 등 진보적인 성향이 강한 단과대학 학생회장에는 여전히 운동권 출신이 당선되는 경우가 많았다. 이러한 경우 총학생회장과 단과대학 학생회장들이 충돌할 수밖에 없었다.

그리고 단과대학 학생회장들 사이에도 정치적 입장의 차이가 있었다. 모든 단과대학 학생회장이 다 진보적이지는 않았고, 보수적인 학생회장이 당선되는 경우도 많았다. 따라서 단과대학 학생회장들끼리도 충돌했다. 따라서 2000년대 중반이 되면 학생회는 온통 운동권과 비운동권 혹은 반운동권이 격돌하는 전쟁터가 될 수밖에 없었다.

● 운동권, 총학생회장 선거에서 퇴장하다

2007년 다시 운동권 총학생회가 등장해 2012년까지 비운동권과 번갈아가면서 총학생회를 맡는 구도가 이어졌으나, 2013년 이후 운동권은 총학생회 선거에서 아예 퇴장했다.

먼저 2007년부터 2012년까지 총학생회장 선거 경과를 살펴보면 다음과 같다. 2007년 3월에 치러진 제50대 회장 선거에서는 전국학생연대회의 계열의 '스폿라이트' 선거캠프가 승리했다. 그해 11월 치러진 제51대 회장 선거에서는 비운동권인 '실천가능' 선거캠프가 승리했고, 이 캠프는 이듬해 52대 선거에서도 승리했다. 2010년에는 투표율이 저조해 총학생회를 구성하지 못했고, 단과대학 학생회장 연석회의가 총학생회 역할을 대신했다. 2010년 11월의 제53대 회장 선거와 이듬해 제54대 선거에서는 운동권 후보가 연이어 승리했다. 하지만 2013년 3월의 제55대 선거에서 비운동권 후보가 승리한 이후 더 이상 운동권 총학생회는 등장하지 않았다.

이렇게 2013년 이후 운동권 총학생회의 명맥이 끊긴 이유는 무엇일까? 그 직접적인 이유는 1990년대부터 서울대 학생운동을 주도했던 학생정치조직들이 하나둘 문을 닫거나 약화되었기 때문이다. 1990년대 서울대의 대표적인 학생정치조직이었던 21세기연합은 2003년에 해체되었고, 그 후에는 대장정연합이 운동권의 명맥을 이어갔다. 대장정연합은 전국학생연대회의, 서울대 학생행진 등으로 이름을 바꾸어 2007년과 2011년에 총학생회를 맡았으나 이 것이 마지막이었다. 운동권은 2013년 가을의 선거 이후로는 후보조차 내지 못했다. 따라서 2014년부터는 ≪대학신문≫이 총학생회장 후보들을 소개할 때 더 이상 소속 학생정치조직을 거론하지 않게 되었다. 운동권 총학생회의 명맥이 끊어져 버린 것이다.

● 정치와 복지의 균형을 찾아서

총학생회장 선거에서 운동권 캠프와 비운동권 캠프가 경쟁할 때 비운동권 캠프들이 내세우는 구호의 하나가 "정치냐 복지냐"였다. 비운동권 캠프는 운동권 총학생회가 학생들의 복지문제를 도외시하고 정치에만 몰두한다고 비판하면서, '탈정치'와 '복지'를 자신들의 전매특허처럼 내세웠다. 2006년 제49대 총학생회가 그 대표적인 예이다.

그러나 운동권 총학생회들은 이미 오래전부터 복지문제에도 관심을 기울여 왔다. 학생회가 기본적으로 학생조합으로서의 성격을 갖고 있는 한 복지문제를 도외시할 수는 없고, 더구나 직선으로 회장을 뽑는 제도 아래서는 더더욱 그럴 수밖에 없다. 1990년대에도 이미 학생복지가 학생회 활동학생회 활동의 한 축을 이루고 있었다. 따라서 "정치냐 복지냐"라는 구호는 학생들의 이기적인 마음을 자극해 상대방을 공격하기 위한 일종의 선동이자 선거 프레임이었다고 할 수 있다.

하지만 달도 차면 기울듯이 2007년 이후 정치와 복지의 이분법은 서서히 무너지기 시작했다. 먼저 복지 분야에서, 운동권 선거캠프들도 총학생회장 선거에서 비운동권 후보와 경쟁하기 위해서는 과거보다 더 복지에 관한 공약을 늘려야만 했다. 그리하여 운동권과 비운동권 캠프는 각기 경쟁적으로 복지 공약을 개발했고, 따라서 2000년대 후반부터는 어느덧 복지 공약만 가지고는 후보의 성향을 가늠할 수 없게 되었다.

한편 정치 분야에서도, 극단적으로 '탈정치'를 추구했던 2006년의 제49대 총학생회가 중도에 무너진 이후로 비운동권 총학생회들도 극단적인 '탈정치'에서 점차 벗어나 정치적 이슈에 나름대로 대응하기 시작했다. 예컨대 2008년의 제51대 총학생회장 선거에서 '실천가능' 캠프가 실천 가능한 복지 공약을 내세워 승리했는데, 광우병 촛불집회 등 정치적 이슈에 대해서도 총투표를 거쳐 집회에 참여하는 등 나름대로 대응했다. 이후에도 여러 비운동권 총학생회들이 학생들의 요구에 따라 정치적 이슈에 대응하기 시작했다.

이렇게 시간이 갈수록 학생회 활동에서 복지와 정치의 이분법이 무너지고 양자가 공존하면서 균형을 찾아갔다. 그 원인은 2007년 이후 학생들의 정치의식이 다시 한번 변화한 데서 찾을 수 있다.

≪대학신문≫의 조사에 따르면, 2007~2017년 서울대생 가운데 스스로 진보적이라고 생각하는 학생이 33.5%에서 점차 증가해 41.8%로 나타났다. 반면에 보수층은 40.5%에서 급격히 감소해 2017년 9.4%로 떨어졌다. 10년 사이에 진보층이 8.3%p 증가하는 동안 보수층은 무려 31.1%p나 줄어든 것이다. 이 기간은 보수 정부인 이명박 정부와 박근혜 정부 시기에 해당한다. 보수층은 이명박 정부 시기에 이미 줄어들어 2012년 16.6%로 나타났고, 박근혜 정부 시기에는 더 급속히 줄어들었다. 특히 세월호 참사와 박근혜·최순실 국정 농단 사태를 거치면서 가속화해 2017년에 이르면 9.4%로 떨어졌다. 이는 1997년의 11.0%보다도 낮다.

하지만 여기서 주목해야 할 것은 2007년 이후 보수층에서 떨어져 나간 사람들이 모두 진보층으로 이동하지는 않았다는 점이다. 2007년 이후 10년 동안 보수층이 31.1%p 감소한 반면에 진보층은 8.3%p밖에 증가하지 않았다. 하지만 이 기간에 중도층은 23.2%에서 48.8%로 25.6%p나 늘어났다. 이는 2007년 이후 보수층에서 떨어져 나온 학생들이 진보층이 아니라 중도층으로 이동했음을 말해준다. 그 결과 2017년 시점에 서울대생 가운데 가장 큰 비중을 차지하고 있는 것은 중도층이었다.

보수층이 크게 감소한 2017년에 진보층과 중도층은 각각 41.8%와 48.8%로 엇비슷하다. 그러나 과거의 진보적 콘센서스가 원래의 모습 그대로 회복된 것은 아니며, 학생들은 정치적으로 다원화된 상태라고 할 수 있다. 중도층이 다수를 차지하면서 학생회를 둘러싼 운동권과 비운동권의 갈등과 대립이 잦아들고, 학생회 활동이 새로운 균형점을 향해 수렴하기 시작한 것이다.

● 절차적 민주주의 문제가 떠오르다

21세기에 들어서 학생회의 선거는 물론이고 운영과 의사결정 과정에서 절차적 민주주의 문제가 중시되기 시작했다. 이는 과거 전투적 학생회 시절에 비해 크게 달라진 모습으로서, '운동의 민주화'를 추구한 것이라 할 수 있다.

과거 전투적 학생회 시절에는 일단 총학생회장을 선출하고 나면 학생들은 총학생회장을 비롯한 집행부에 사실상 전권을 위임했다. 중요한 의제가 있을 때 아크로폴리스에서 학생총회가 열리면 참가해 총학생회의 결단에 따라 행동하곤 했다. 총학생회가 학생운동의 사령부 역할을 한 것이다. 당시 이러한 의사결정 방식을 민주집중제라고 불렀다. 이 방식으로 전두환 정권을 상대로 민주화 투쟁을 전개해 6월항쟁도 성사시켰다. 이런 의사결정 방식은 1990년대에도 얼마간 유지되었다. 학생들 사이에 진보적 콘센서스가 유지되고 있었기 때문이다.

그러나 21세기에 들어서면 이 방식을 대신해 절차적 정당성을 중시하는 민주주의 문제가 중시되었다. 이러한 변화를 보여주는 대표적인 사건이 바로 2005년 3월 31일에 있었던 비상학생총회다. 전국학생연대회의 계열의 운동권 총학생회가 이날의 비상학생총회를 통해 등록금 인상분 반환, 학부대학·전문대학원 체제에 대한 전면 재검토, 성적의 상대평가제 폐지 등을 결의하고 행

2011년 5월 30일의 비상학생총회 (참가자 수를 계산하기 위해 둘레에 흰줄을 쳤다)

정관을 점거해 농성을 벌였다.

당시 총학생회는 비상학생총회에 1701명이 참가해 개회 정족수인 전체 학생의 10%를 충족시켰다고 보아 회의를 진행했다. 하지만 일부 학생들이 '학생회칙에 따르면 개회 정족수는 20%이므로 3월 31일의 비상학생총회는 무효'라고 주장하면서 논쟁이 벌어졌다. 당시 총학생회는 비상학생총회 정족수 10%는 그동안의 관행이었고 2002년의 비상학생총회 때도 이 기준에 따랐다고 주장했지만, 절차적 정당성을 둘러싼 논란을 완전히 잠재울 수는 없었다.

일부 학생들이 개회 정족수를 문제 삼은 것은 운동권 총학생회가 학생들의 의견을 제대로 수렴하지도 않고 일방적으로 밀어붙인다고 생각했기 때문이다. 이러한 주장을 편 대표적인 집단은 우파 학생정치조직이라는 평을 듣던 '학생회 목에 방울달기' 모임이다. 그런 면에서 이 주장은 운동권 총학생회에 대한 정치공세의 성격도 일부 갖고 있었다. 하지만 당시 학생들의 여론 지형은 결코 운동권에 우호적이지 않았기 때문에 이 문제가 두고두고 논란이 되다가, 2011년 학생회칙을 정식으로 개정함으로써 비로소 해소되었다.

이와 같이 21세기에 들어서 학생회 활동의 절차적 정당성 문제가 제기된 이유는 몇 가지 측면에서 살펴볼 수 있다. 먼저 주목해야 할 이유는 학생회 활동에 대한 학생들의 참여도가 떨어진 점이다. 학생회장 선거의 투표율이 갈수록 떨어져 정족수 미달로 재투표를 하는 일이 다반사였고, 총학생회를 구성하지 못하는 경우도 적지 않았다. 총학생회장 선거뿐 아니라 학생회의 가장 중요한 행사인 전학대회조차 정족수를 채우지 못해 무산되거나 연기되는 일이 종종 벌어졌다.

학생총회 참가자도 크게 줄었다. 1980년대에는 1만 명 이상의 학생이 모이는 일도 있었고, 1990년대 초반까지도 3000명 정도는 모일 수 있었다. 따라서 당시에는 굳이 정족수 문제를 신경 쓸 필요가 없었다. 하지만 21세기에 들어서 총회 참가자가 크게 줄어들자 그 대표성을 따져 묻게 된 것이다.

그다음으로 주목되는 이유는 학생운동의 의제가 바뀐 점이다. 과거 군사독재정권을 상대로 전투적 학생운동을 벌이던 시절에는 정치적 명분이 중요했을 뿐 서울대 내에서의 대표성은 그다지 문제가 되지 않았다. 그때에는 한 학생이 혼자 도서관 난간에 올라가 유인물을 뿌리며 "군부독재 타도하자"라고 외쳐도 학생 다수가 호응하며 함께했으므로 그는 정치적으로 서울대생을 대표한 것이었다. 절차적 정당성보다는 정치적 정당성이 더 중요했던 것이다.

하지만 1990년대에 들어 학내문제가 학생운동의 중요한 의제로 떠올라 총학생회가 학생들을 대표해 학교 당국을 상대로 교섭을 벌여야 하는 일이 잦아졌다. 총학생회는 교섭력을 강화하기 위해 대표성을 더욱 분명히 확인할 필요가 있었고, 이에 따라 절차적 정당성 문제를 따지게 된 것이다. 실제로 학생회의 절차적 정당성에 하자가 있는 경우, 학교 당국이 이를 구실로 협상을 거부하는 일이 발생하기도 했다.

이상의 두 가지 이유와 관련되면서도 가장 중요한 또 다른 이유는 이 무렵 학생들이 정치적으로 다원화되었다는 점이다. 국가 차원의 민주화가 이런 변화를 떠받치고 촉진했다. 앞서 보았듯이 1997년 외환위기 이후 시작된 정치적 보수화는 2006년 무렵 정점에 달했다. 이 무렵 진보 주도의 공론 구조는 무너지고 스스로를 보수적이라고 생각하는 학생들이 다수를 차지했다. 2005년의 비상학생총회에서 절차적 정당성에 대한 문제 제기가 일어난 것도 이러한 여론 지형 때문이다. 이런 상황에서 민주집중제를 유지하는 것은 불가능했다.

이후 총학생회는 모든 의사결정 과정에서 절차적 민주주의를 철저히 준수해야만 했다. 학생총회를 개최하려면 먼저 개회를 위한 정족수부터 충족시켜야 했으며, 학생총회의 결의에 따라 행정관 점거농성 등 실력 행사에 들어간 뒤에도 각 단계마다 토론과 표결을 거쳐 다음 단계의 행동 방침을 결정해야 했다. 이는 학생들의 의견을 직접 반영한다는 점에서 민주주의의 진전이라고 할 수 있다. 하지만 총학생회가 학교 당국과의 협상 과정에서 전술적인 융통성을 발휘하기 어렵다는 문제점도 생겨났다.

3. 과거의 흔적을 간직한 교육투쟁

● 교육투쟁, 전투적 학생운동을 대신하다

2000년 이후 학생회 활동에 나타난 특징 중 하나는 학내의 교육문제가 중요 의제로 떠올랐다는 점이다. 매년 봄 학생회가 출범하면 곧바로 학사 관리나 등록금 등을 둘러싸고 학교 당국과 한바탕 실랑이를 벌이는 것이 관례처럼 되었다. 당시 이런 활동을 '대학개혁' 혹은 '교육투쟁'이라 했다.

학내 교육문제를 해결하기 위한 활동은 1994년 21세기연합이 주도한 제37대 총학생회에 의해 '대학개혁'이라는 이름으로 처음 의제화되었다. 그 후 이 계열의 총학생회들은 모두 이 용어를 사용했다. 반면 1996년 이래 대장정연합이 주도한 총학생회들은 이를 '교육투쟁'이라 불렀다. 그러나 21세기연합이 2002년 이후 총학생회장 선거에서 퇴장하면서 대학개혁이라는 용어는 사라지고 교육투쟁이라는 용어만 남았다. 그 후 등장한 비운동권 총학생회들도 이 용어를 따랐으므로 교육투쟁이 21세기 학생회 활동의 대표적인 내용을 일컫는 말로 자리 잡았다.

21세기연합의 대학개혁과 대장정연합의 교육투쟁은 서로 공유하는 부분도 많지만 서로 다른 면도 있었다. 21세기연합은 극한적인 대결을 추구하기보다는 오히려 학교 당국과의 협의 기구를 제도화하려고 했다. 1999년에 만들어진 교육환경개선협의회가 그 대표적인 예로서, 이를 통해 그들은 교육과정과 대학 행정에 학생들이 직접 참여하고, 자치교육을 직접 실시하는 것을 추구했다. 이에 비해 대장정연합의 교육투쟁은 상대적으로 비타협적이고 과격한 방법을 선호했으니 거기에는 아직도 혁명적 열정의 흔적이 남아 있었다.

대장정연합이 주도한 1996년 제39대 총학생회는 '반민중적 교육개혁 분쇄와 교육개혁 쟁취를 위한 교육투쟁특별위원회'를 설치했다. 반민중적 교육개혁이란 당시 문민정부가 추진하고 있던 '5·31교육개혁안'을 가리킨다.

5·31교육개혁안은 1995년 5월 31일 문민정부의 교육개혁위원회에 의해 입안되었다. 그중 대학교육과 관련된 내용의 요지는 '대학의 다양화와 특성화를 통해 경쟁력을 끌어올리겠다'는 것으로, 신자유주의적 이념에 의거하고 있었다. 이 개혁안을 본격적으로 실행에 옮긴 것은 1998년 출범한 국민의 정부다. 국민의 정부는 외환위기 직후 기업의 구조조정을 추진하면서 국공립 대학에 자율경영체제를 도입하는 등 대학 구조개혁도 실행했다.

당시 PD 계열에 속한 대장정연합이 주도한 총학생회는 국공립 대학의 자율경영체제 도입을 사실상 국공립 대학의 민영화를 의미하는 것으로 간주했다. 실제로 국민의 정부가 신자유주의적인 대학 구조조정을 밀어붙이자 대다수 대학생들은 살벌한 경쟁 논리 속에 내던져졌다. 이제 구조조정은 비단 노동자들만의 일이 아니라 학생들 자신의 일이 되어버렸다. 그들은 이에 맞서 반민중적 대학 구조조정에 반대하는 교육투쟁을 벌이기 시작했다. 국민의 정부가 출범하면서 학생운동이 정부와 각을 세우기 어려워진 상황에서 대장정연합 계열 총학생회에게 교육투쟁은 과거의 전투적 학생운동을 대신할 수 있는 대안으로 받아들여졌다. 교육문제를 가지고 정부 정책을 정면으로 공격한다면 일반 학생들의 대중적 호응이 나타나리라 기대한 것이다.

이에 대장정연합은 프랑스 68혁명의 경험을 참고하여 학생 대중의 이해와 요구에 근거해 변혁운동을 촉발시키기 위한 투쟁 방법을 찾아나갔고 그것이 바로 교육투쟁이었다. 이는 전투적 학생운동의 자취를 일부 간직한 새로운 영역으로서, 이른바 '몸 대주기식 노학연대투쟁'에 지쳐 있던 PD 계열에 새로운 희망이 열린 것이었다.

● 외환위기와 함께 시작된 교육투쟁(1998~2000)

교육투쟁은 외환위기 직후 신자유주의적인 대학 구조개혁에 저항하는 운동에서 시작되었다. 이는 학사 관리 엄정화와 등록금 인상에 반대하는 투쟁으로 이어졌다.

1998년 제41대 총학생회는 1996년에 이어 대장정연합이 주도했다. 정병도 총학생회장은 1998년 9월 7일 ≪대학신문≫과의 인터뷰를 통해 "경쟁과 효율성의 논리가 강조되는 상황에서 이뤄지는 대학 구조조정에 반대하여 교육의

우리에게 교육투쟁은 무엇이었나?

학생운동의 위기를 어떻게든 극복해 보려던 모든 활동가들에게 교육투쟁은 하나의 경이였다. 스스로가 '자기부정'이라는 지극히 괴롭고 지난한 과정을 통해서 저항 주체가 되었으나 1990년대 이후 급변하는 정세 속에서 더 이상 그러한 방식으로 대중 · 저항 · 주체를 형성해 내지 못해 고민하던 그들에게, 교육투쟁은 그 부담스러운 '자기부정'의 과정을 우회한 순수한 '자기긍정'을 통해서도, 즉 평범한 대학생들의 이해와 요구에 기반해서도 변혁적인 운동이 발생할 수 있다고 말해주는 것 같았기 때문이다. 몇 년 전만 하여도 그러한 주장을 코웃음으로 일축했을 그들이었겠지만 불행히도 이제 그들은 자신들의 모든 과거에 대해서 근본적으로 회의하고 있는 중이었고 그러한 주장의 뒤에는 68혁명이라는, 실패했지만 어쨌든 현실화된 역사적 사실이 있었기에 교육투쟁이라는 담론은 방황하는 활동가들 사이에서 폭발적인 인기를 누리면서 급속히 빠른 속도로 퍼져 나갈 수 있었다. ……
교육투쟁은 대학이라는 공간에 존재하는 '대학생'이라는 부문 대중들의 권리를 옹호하고 확장하는 투쟁이면서, 지배이데올로기/노동력을 재생산해냄으로써 자본주의 재생산의 핵심적인 고리 역할을 하는 대학을 타격하고, 그 공간을 진보의 진지로 구성하여 전체운동의 발전에 기여할 수 있는 투쟁이 될 수 있기 때문이다.

'1999 관악교육투쟁포럼' 자료집

관악교육투쟁포럼 자료집

공공성을 확보하는 교육투쟁"을 펼칠 것이며, 이는 "보편적인 민중의 생존권 투쟁과 긴밀히 연관된 만큼 노동운동에 대해서도 계속적으로 관심을 기울이겠다"라고 밝혔다. 그해 상반기에 총학생회는 기업 구조조정에 따른 정리해고 반대투쟁에 참가했지만, 민주노총과 한국노총이 7월 말 노사정위원회에 복귀함으로써 정리해고 반대투쟁은 일단락되었다. 따라서 이제 총학생회는 교육투쟁으로 방향을 전환할 수밖에 없었다.

총학생회는 우선 당시 졸속으로 진행되고 있던 대학 구조조정에 반대하는 활동부터 시작했다. 총학생회는 대학 본부가 발표한 '학사조직개편안'과 '학사관리엄정화방안'에 대해 찬반을 묻는 총투표를 실시했다. 학사조직개편안의 골자는 학부대학·전문대학원 체제로 전환하는 것이었다. '학사관리엄정화방안'은 당시 학교 당국이 추구하던 '연구중심대학'으로의 발전 전략을 뒷받침하기 위한 것으로 성적 상대평가제, 재수강 시 학점 제한, 학점 2.0 이하면 학사경고, 학사경고 4회면 제적 등의 내용이 포함되어 있다.

총투표는 9월 22일 실시되었는데, 투표 결과 84.9%의 학생이 두 방안 모두에 대해 반대하는 것으로 나타났다. 특히 학사관리엄정화방안에 대해서는 '학생들의 자율성을 저해하고 학점의 노예로 만든다'는 이유로 격렬하게 반발했다. 총학생회는 이렇게 확인된 학생들의 뜻에 따라 9월 28일 행정관을 점거하고 이튿날 교육부를 항의 방문했다. 9월 30일에는 서울 시내 각 대학 총학생회들이 참가한 가운데 '대학 학문 간 서열화정책 철회와 교육의 공공성 쟁취 청년실업문제 해결을 위한 청년학생총궐기'를 열고 시내 곳곳에서 시위를 벌였다. 서울대생 400여 명도 이 시위에 참가했다.

1999년 제42대 총학생회는 21세기연합이 주도하게 되었고, 따라서 교육투쟁 대신 '대학개혁'을 추진했다. 그들은 5월 31일부터 6월 4일까지 행정관 점거농성을 통해 학사관리엄정화방안 철폐, 교수와 학생으로 구성된 평의원회 건설, 서울대 발전 계획 공개 등 다양한 요구를 했다. 총학생회는 점거농성 이후 만들어진 교육환경개선협의회를 통한 교섭을 거쳐 성적처리규정을 개정함으로써 학생들에게 가장 절박한 학사관리엄정화방안을 일부 완화하는 데 성공했다.

제42대 총학생회는 'BK21 사업'에 대한 반대운동도 전개했다. BK21 사업은 1999년부터 시작된 대학원중심대학과 지역거점대학을 육성하기 위한 교육부의 프로젝트였다. 서울대는 애당초 이 프로젝트의 주요 수혜 대상으로 예정되어 있었다. 당시 교육부는 BK21 사업을 통한 재정적 지원을 미끼로 모집 단위 광역화를 비롯한 교육부의 시책을 각 대학이 받아들이도록 유도하고 있었다.

총학생회는 전학대회의 결정에 따라 9월 28일 BK21 사업에 대한 총투표를 실시했다. 당시 법대 학생회장은 이 총투표를 제안하면서 이 사업이 "대학 간 서열화를 고착함으로써 대학교육의 공공성을 훼손한다"라고 비판했다. 이와 아울러 "이 사업의 독점적 수혜자가 될 수 있는 서울대가 반대 입장을 내는 것은 더욱 큰 의미가 있을 것"이라고 밝혔다. 즉 '서울대생의 이익이 아니라 대학교육의 공공성이라는 대의명분을 위해 이 사업을 반대하자'는 것이다. 그러나 이러한 명분론은 호소력이 약했는지, 투표율이 38%에 불과했을 정도로 학생들의 호응이 저조했다.

2000년 제43대 총학생회는 처음으로 비운동권에 의해 주도되었고, 교육투쟁에 소극적인 태도를 취했다. 학생들의 이익과 직접 관련되어 있는 등록금 인상 반대투쟁조차 단과대학 학생회장들이 직접 나서야만 했다. 2000년 3월 의대 학생회장을 비롯한 4명의 학생들이 등록금 인상 철회를 요구하며 아크로폴리스에서 3일간 단식농성을 전개했다. 등록금 투쟁의 일환으로 진행된 '등록금납부 연기운동'은 총학생회의 운영 미숙으로 말미암아 큰 성과를 거두지 못했다.

당시 등록금 문제는 비단 서울대만의 문제가 아니었다. 고려대를 비롯한 각 사립대학 총학생회가 참여한 '반민족적 반민중적 교육정책 전면수정과 교

교육투쟁의 일환으로 이뤄진 본부 점거

육의 공공성 확보를 위한 교육대책위원회'(이하 교육대책위)는 '교육재정을 GNP 대비 6%로 늘리고 사학재단의 이월 적립금을 환수하라'고 정부에 요구했다. 이 무렵 봄만 되면 각 대학은 등록금 인상에 반대하는 점거농성으로 몸살을 앓았다. 그 시기가 마침 개나리꽃이 필 무렵이라 해서 '개나리투쟁'이라는 말이 생겨났다. 서울대도 교육대책위를 구성해 서명운동 등을 통해 등록금 인상에 반대하는 운동을 전개했다.

- **21세기에 더욱 고조된 교육투쟁(2001~2004)**

2001년 운동권이 다시금 총학생회를 주도하면서 교육투쟁이 더욱 활기를 띠었고, 2003~2004년의 비운동권 총학생회도 교육투쟁을 이어갔다. 주된 의제는 교육의 시장화 저지와 공공성 확보였다.

2001년 제44대 총학생회는 21세기연합이 주도했다. 주요 이슈는 모집 단위 광역화와 국립대 발전 계획이었다. 정부는 1990년대 중반 이래 각 대학의 학과를 통합하는 학부제를 추진했고, 그 연장선에서 BK21 사업을 통해 학부제의 효과를 거둘 수 있는 모집 단위 광역화를 유도했다. 학생운동권은 이것이 학과 공동체를 해체시켜 결과적으로 학생운동이 약화될 것을 우려했다. 정부가 2000년 발표한 '국립대 발전 계획'은 국립대학의 책임운영기관화를 지향했는데, 이는 사실상 국립대학의 민영화를 의미하는 것으로 간주되었다. 교수와 학생들은 그로 인해 일부 대학이 도태되고 등록금이 대폭 인상될 것을 우려했다.

이 두 가지 문제는 서울대만의 문제도 학생들만의 문제도 아니었기에 광범한 연대투쟁이 필요했다. 이에 2001년 5월 '국립대학 발전 계획 철회와 공교육 사수를 위한 공대위'가 출범했다. 공대위는 전국국공립 대학교수협의회·대학노조·전국교수노조준비위 등이 참여해 구성되었으며, 6월 1일 전국공립대투쟁본부(이하 투쟁본부)를 결성했다. 서울대 총학생회도 투쟁본부에 참여해 함께 반대운동을 전개했다.

2002년은 교육투쟁이 첫 번째 정점에 달한 해이다. 이해에 출범한 제45대 총학생회는 대장정연합 계열이었으므로 전투적으로 교육투쟁을 전개했다. 그들은 3월 25일부터 대학본부의 교육정책을 불신임하는 총투표를 실시했다. 투표율은 53.4%에 달했으며, 투표자의 96.1%가 불신임에 찬성했다. 이를 바탕으로 3월 28일 소집된 비상학생총회에서 학생들은 모집 단위 광역화 철회와 등록금 인상분 반환 및 '등록금책정협의회' 설치, 총장 사퇴 등을 요구했다. 학생들은 총장이 지나치게 많은 판공비를 사용하고 불법적으로 사외이사를 겸직하는 등 총장으로서 더 이상 직무를 수행하는 것이 부적절하다고 주장하면서 사퇴를 요구했다.

학생들은 비상학생총회를 마친 후 곧바로 총장실을 점거했다. 총장실 점거는 4월 8일까지, 보름 가까이 이어졌다. 총학생회는 모집 단위 광역화를 위한 논의에 학생이 참여하고, 인상된 기성회비를 일부 환원하는 것 등을 골자로 한 9개 조항에 합의하고 점거를 해제했다. 하지만 이 사태로 말미암아 총장이 사퇴했으며, 점거를 주도한 총학생회장도 중징계를 받았다.

2002년에는 전국의 대학생들이 교육투쟁에 적극 나섰다. 2001년 결성된 '교육 시장화 저지와 교육 공공성 쟁취를 위한 학생연대'(이하 교육학생연대)는 3월 29일 종묘공원에서 전국 대학생 총궐기대회를 열었다. 전국 각지에서 약 2000여 명의 학생이 모여들어 등록금 인상 저지, 교육재정 확충, 교육의 시장화 저지 등을 외치며 시위를 벌였다.

2003년과 2004년의 제46, 47대 총학생회는 비운동권인 '학교로' 선거캠프가 주도했다. 이런 까닭에 전년도의 고조된 모습에는 못 미쳤지만, 그들도 교육투쟁의 여러 현안에 나서지 않을 수 없었다. 그들은 학생들의 직접행동에 의지했던 제45대 총학생회와 달리 소송이나 헌법소원 등을 통한 제도적인 해결책을 추구했다. 기성회비 문제에 대해 감사원에 국민감사를 청구하는 한편, 기성회비 반환 소송을 제기한 것이다. 나아가 기성회「이사회 회의록」과 이사 명단을 공개하고 학생들을 기성회 이사회에 참여시킬 것, 등록금 책정을 위한 총학생회와 본부의 협의기구를 구성할 것을 학교 당국에 요구했다. 따라서 그들은 대장정연합의 교육투쟁이라는 용어를 사용했을 뿐 내용상으로는 과거 21세기연합의 대학개혁을 계승했다고 할 수 있다.

● 운동권과 비운동권의 갈등(2005~2006)

2005년과 2006년은 운동권과 비운동권이 총학생회를 둘러싸고 날카롭게 대립한 시기다. 이는 교육투쟁에도 부정적 영향을 미쳐 일반 학생들이 자신의 직접적 이해관계가 달려 있는 등록금 인상 반대투쟁에도 냉담해졌다.

2005년에는 대장정연합의 후신인 전국학생연대회의 계열의 'Q' 선거캠프가 제48대 총학생회를 꾸렸다. 총학생회는 3월 10일 개강 집회에서 학문의 상품화와 서열화를 조장하는 학부대학·전문대학원 체제는 "총성 없는 전쟁이자 양복 차림의 전쟁"이라고 비판하면서 강력히 반대했다. 3월 24일 전학대회의 결의에 따라 31일 열린 비상학생총회에는 약 1700명의 학생이 참가했다. 이 자리에서 등록금 인상분 반환, 학부대학·전문대학원 계획 전면 재검토, 상대평가제 폐지, 학점취소제(낮은 점수를 받았거나 재수강이 곤란한 과목에 대해 학생들이 스스로 이수 학점을 취소할 수 있도록 하는 제도) 쟁취, 대학운영위원회 건설 등이 결의되었다.

학생들은 비상학생총회를 마친 후 행정관을 점거했는데 이 과정에서 지도부의 분열과 혼선으로 우여곡절을 겪어야 했다. 점거 직후 총학생회장은 학생처장을 만나 요구사항을 전달하고 일단 점거를 해제하기로 했다. 그러나 사회대 학생회가 점거농성을 계속 이어갈 것을 주장함에 따라 '농성계속안'이 총운영위원회의 안건으로 상정되었으나 이 안은 부결되었다. 그럼에도 사회대 학생회는 독자적으로 철야 농성에 돌입했다. 다음 날 총학생회는 다시 입장을 바꿔 사회대 학생회와 연대하기로 했고, 인문대와 법대 학생회도 점거농성에 가세했다.

이후에는 이 단과대학 학생회장들이 주도한 '교육투쟁실천단'이 점거농성을 이끌어나갔고, 총학생회는 단지 이를 지지하고 보조하는 모습을 보였다. 점거농성은 약 20일간 이어져 4월 19일이 되어서야 비로소 해제되었다. 점거해제 직후 총장과 면담을 통해 상대평가제 폐지와 학점취소제 도입 등에 대해서는 학교 당국의 양보를 얻어낼 수 있었고, 학부대학·전문대학원 체제에 대해서는 자유전공제와 함께 추후 논의하기로 합의했다.

2005년의 비상학생총회와 그에 이은 행정관 점거는 여러모로 2002년과 비교된다. 2002년에도 대장정연합 계열의 총학생회가 보름 이상 행정관을 점거했지만, 비상학생총회를 거쳐 행정관 점거로 이어지는 과정에서 별다른 잡음이 일어나지 않았다. 하지만 2005년에는 총운영위원회의 의결이 단과대학 학생회장들에 의해 무시되었고, 비상학생총회의 개회 정족수가 학생회칙에 규정된 학부 재적 인원의 20%(약 4000명)인가 관행에 따른 10%인가를 둘러싸고 대립했다.

이로써 2005년의 교육투쟁은 운동권 총학생회가 주도했지만, 이에 반발하는 학생들이 적지 않았음을 알 수 있다. 교육투쟁을 주도한 단과대학 학생회장들도 있었지만, 반면에 이에 반발한 단과대학 학생회장들도 있었다. 이처럼 2005년의 교육투쟁에서 학생들은 심각하게 분열된 상태였다. 당시 ≪대학신문≫은 '제48대 총학생회와 학생들 간의 소통이 부족했다'고 평가했다. 그리고 운동권 총학생회의 교육투쟁에 대한 일반 학생들의 반발이 다음 총학생회장 선거에서 반운동권 후보가 당선되는 데 일정 부분 기여했다.

2006년 제49대 총학생회는 스스로 반(反)운동권을 표방한 '서프라이즈' 선거캠프에 의해 구성되었다. 따라서 그들은 처음부터 교육투쟁에 자체에 대해 부정적이어서, 선거 정책 간담회에서 "교육투쟁에 전체 학생들이 동의하는지 의문스러우며 실제로 등록금 때문에 힘들어하는 학생은 그리 많지 않다"라고 단언하기까지 했다. 결국 2006년 봄의 교육투쟁은 몇몇 단과대학 학생회장들이 주도한 교육투쟁특별위원회(이하 교투특위)를 통해 전개되었다.

교투특위는 4월 3~5일 등록금 인상분 반환, 재수강 제한 방침 철회, 국립대 법인화 계획 무효화, 기성회 이사회 의결권 쟁취를 위한 동맹휴업 등을 실행할지를 묻는 총투표를 실시했다. 하지만 투표율이 20.2%에 그쳐 동맹휴학은 무산되었고, 교육투쟁은 난항을 겪었다. 당시 학생들은 운동권과 비운동권의 갈등과 충돌에 염증을 느꼈기 때문에 등록금 인상 문제가 포함되어 있었음에도 교육투쟁에 냉담했던 것이다.

● 법인화 문제로 되살아난 교육투쟁(2008~2011)

교육투쟁은 2006년부터 잠시 그 기세가 꺾였지만, 2008~2011년 추진된 서울대 법인화 문제로 말미암아 되살아나서 마지막 1년간 절정에 달했다. 서울대 법인화가 국공립대 전체의 법인화로 나아가는 첫걸음일 수 있다는 우려 속에 법인화 반대운동은 광범한 연대활동을 불러일으켰다.

원래 참여정부가 국립대 전체를 하나로 묶어 추진한 '국립대 법인화'에 대해 서울대 당국은 부정적인 자세를 취하며 독자적인 법인화를 추진했다. 마침 2008년 이명박 정부가 출범하자 유리한 정치적 환경이 조성되었다고 판단하고 8월에 법인화추진위원회를 출범시켰다. 이 위원회는 '국립대학법인 서울대학교 설립운영에 관한 법률'(이하 법인화법)의 시안을 작성해 이듬해인 2009년 7월 교육과학기술부(교과부)에 제출했다.

교과부는 입법예고와 국무회의를 거쳐 12월 이 법안을 국회에 제출했고, 이는 2010년 12월 8일 상임위 심의도 없이 여당 단독으로 소집된 본회의를 통과해 공포되었다. 이에 따라 2011년 초부터 서울대는 시행령과 정관을 제정하고 그해 12월 법인 설립 등기를 마쳤다. 이로써 '국립대학법인 서울대'가 출

국회 앞에서 열린 서울대법 통과 규탄시위

범했다. 이 과정에서 학생과 일부 교수들이 법인화 반대운동을 전개했다.

　서울대가 법인화 작업에 착수한 첫해인 2008년의 제51대 총학생회는 비운동권 총학생회였다. 그들은 학교 당국의 법인화 준비 작업에 대해 별다른 대응을 하지 않았다. 그 대신 11월 5일 스쿨어택, 학생사회주의정치연대, 서울대학생행진, 진보신당서울대학생모임, 민주노동당서울대학생위원회와 총학생회 선거에 출마한 '네잎클로버' 선거캠프, '리얼리스트' 선거캠프, '로켓펀치' 선거캠프 등 7개 단체 소속 150여 명의 학생들이 서울중앙지방법원에 '서울대법인화위원회 활동중지 가처분신청'을 제출하는 것으로 반대의 뜻을 표시했을 뿐이다.

　2009년의 제52대 총학생회도 비운동권 총학생회였지만 출범할 때부터 총투표를 통해 법인화 문제에 대한 학생들의 여론을 수렴하겠다고 밝혔다. 9월 법인화법 시안이 서울대 평의원회를 통과할 때 총학생회와 일부 단과대학 학생회장들은 "총투표 때까지 평의원회는 의결을 보류하라", "평의원회의 법인화 의결 자체를 반대한다"라는 피켓을 들고 시위를 벌였다. 그 직후 총학생회는 9월 21일부터 사흘간 법인화에 대한 찬반 투표를 실시했다. 최종 투표율이 51.11%로 집계된 가운데 반대가 79.28%로, 찬성 12.84%보다 압도적으로 많았다. 학생들은 반대 이유로 등록금 인상, 기초학문 고사, 국공립대 격차 확대,

이사회를 비롯한 운영체제의 문제를 꼽았다. 총학생회는 투표 결과를 바탕으로 10월 14일 기자회견을 열고 학교 당국에 법인화 추진을 중단할 것을 요구했다.

법인화 법안이 2009년 12월 국회에 제출되면서 법인화 반대운동도 고조되기 시작했다. 2010년 1월 21일 서울대 민교협과 대학노조 등 법인화에 반대하는 여러 단체가 '서울대법인화반대공동대책위원회'(이하 공대위)를 구성했다. 공대위는 2월 23일 행정관 앞에서 기자회견을 열고 반대운동을 개시했다. 공대위에는 총학생회 대신에 '단과대학 학생회장연석회의'(이하 연석회의)가 학생을 대표해 참가했다. 이는 2009년 가을 선거와 이듬해 봄의 재선거가 모두 무산되어 총학생회가 구성되지 못했기 때문이다. 연석회의는 자료집 제작, 강연회 개최, 집회 등의 방법으로 법인화의 문제점을 알리고 반대운동을 전개했다.

'법인화법'이 국회를 통과한 후 반대운동은 더욱 고조되었다. 공대위는 2010년 12월 17일 '법인화법 날치기 처리 규탄대회'를 열고 행정관 앞에서 천막 농성에 들어갔으며, 이듬해 3월 개강을 맞아 행정관 앞에서 릴레이 시위를 벌였다. 의사결정의 절차적 정당성을 중시하는 21세기 학생들의 눈에 '날치기'로 통과된 '법인화법'은 정당성을 결여한 것이어서 전면 폐기해야 할 대상으로 비쳐졌다. 야당은 이듬해 초 '법인화법' 폐기 법안을 국회에 발의하고 총장은 국회 국정감사에서 학내 여론 수렴이 부족했음을 인정함으로써 반대운동의 명분을 더해주었다.

2011년 봄 총학생회 선거가 성사되어 교육투쟁에 적극적이었던 대장정연합 계열의 운동권 총학생회가 출범하자 법인화 반대운동은 탄력을 받았다. 제53대 총학생회는 곧바로 교육투쟁 특별위원회를 설치해 법인화 반대운동을 전담하도록 하고, 4년 만에 열린 개강 집회에서 국회가 법인화법을 날치기 통과시킨 것을 규탄했다. 3월 24일에는 '서울대 법인화반대 3000인 선언' 총화 집회가 열렸다. 이 총화 집회에는 총학생회와 일부 단과대학학생회를 비롯하여 공대위·민교협·공무원노조·대학노조 등 다양한 단체가 참여했다. 이를 위해 총학생회는 2월부터 국공립 대학 학내 구성원을 대상으로 서명을 받았으며 참여자는 2015명이었다.

총학생회는 4월 9일 서울역에서 서울대 공대위를 비롯해 국공립대법인화공동투쟁위원회·민주당·민주노동당·진보신당 등이 공동 개최한 '서울대 법인화 폐기와 교육 공공성 강화를 위한 결의대회'에 참가했다. 이 결의대회에는 다른 국공립 대학의 학생들도 함께 참가했는데, 이는 서울대가 법인화되면 법인화의 물결이 다른 국공립 대학들에도 파급될 것으로 우려했기 때문이다.

법인화 반대운동은 이렇게 점점 수위를 높여가다가 5월 30일 소집된 비상학생총회에서 그 정점에 달했다. 이날 총회에는 2057명이 참가해 개회 정족수인 1554명을 가볍게 돌파했다. 비상학생총회에서는 법인설립준비위원회 해체를 요구하는 안건이 표결 참가 인원 1810명 가운데 1715명(94.7%)의 찬성으로 가결됐다. 이어서 행정관 점거, 국회 앞 촛불집회, 총동맹휴업 등 세 가지 행동 방안을 놓고 표결에 들어갔는데, 표결 참가 인원 1327명 중 대다수인 1110명이 행정관 점거를 지지했다.

이 결정에 따라 300여 명의 학생이 곧바로 행정관을 점거해 이후 28일간 이어졌다. 점거 기간 동안 학교 당국과 여러 차례 협상을 시도했지만 성과는 없었다. 점거는 비교적 평화스러운 분위기 속에서 진행되었다. 직원들의 출입은 통제되었으나 학생들은 자유롭게 드나들 수 있어서 학생들은 수강과 과제 수행 등 일상생활을 유지하면서 농성을 이어갔다. 점거 중인 행정관에서 토론회와 문화제도 열렸으며, 6월 17일에는 행정관 앞 잔디밭에서 '본부스탁'이라는 이름으로 록페스티벌이 열렸다. 이 행사는 총학생회가 아니라 강산이라는 학생이 스스로 기획한 것으로, 학생들의 열렬한 호응을 받았다.

6월 25일 열린 전학대회는 행정관 점거를 해제하고 국회를 상대로 '법인화법' 폐기투쟁을 전개하기로 결의했다. 이에 따라 점거를 풀고 100여 명의 학생들이 6월 27일 오후 여의도 한나라 당사로 몰려갔다. 학생들은 당사 진입이 저지되자 기자회견을 열고 '법인화법' 폐기를 요구했다. 6월 30일에는 청계광장의 촛불문화제에 100여 명의 학생들이 참가해 "법인화법 폐기"를 외치며 시

민들에게 동참을 호소했다. 그러나 국회를 상대로 한 투쟁은 법안이 이미 통
과된 뒤여서 시기를 놓친 면이 있었고, 일반 시민을 상대로 한 여론전도 실질
적인 효과를 기대하기 어려웠다.

여름방학을 지나 2학기가 시작되자, 9월 22일 하반기 전학대회가 열렸다.
여기서 '법인화법' 폐기를 위한 동맹휴업을 포함한 총노선이 통과되었지만,
이때 5월 30일의 비상학생총회 총의를 둘러싸고 논란이 벌어졌다. 총의가 법
인화의 전면 중단이었다는 해석과, 앞으로 대학 운영에 학생 참여도를 높이
고 대학에 대한 통제권을 얻으려는 것이었다는 해석이 맞선 것이다. 격론 끝
에 두 번째 해석이 채택되어 법인화 반대운동의 목표에 학생의 학내 의사결
정기구 참여가 포함되었다. 이 결정은 당초의 총학생회 방침에 비해 한발 물
러선 것이다. 그날 오준규는 혼자 오전부터 학교 정문의 철제 구조물에 올라
가 무려 50시간 동안 "법인화 반대"를 외치며 고공시위를 벌였다.

9월 28일 전학대회의 결정에 따라 아크로폴리스에서 동맹휴업 선포식이
열렸다. 학생들은 선포식을 마친 후 거리 진출을 시도했으나 경찰의 제지로
뜻을 이루지 못하고 개별적으로 광화문으로 이동해 문화제를 개최했다. 하지

만 이날 선포식에는 불과 300여 명(주최 측 추산)이 참가했고, 대부분의 강의는 평상시와 같이 진행되었다. 동맹휴업은 사실상 실패로 돌아간 셈이다. 그 후에도 여러 가지 방법으로 학교 당국의 법인화 추진을 저지하려고 노력했지만, 더는 학생 대중의 적극적인 참여를 이끌어내지 못했다.

- **교육투쟁의 여진, 시흥캠퍼스 반대운동(2013~2017)**

이처럼 교육투쟁의 동력은 상당히 약화되었지만, 법인화 이후에도 그 여진은 2013~2017년의 시흥캠퍼스 반대운동으로 이어졌다.

시흥캠퍼스 조성 계획은 2009년 서울대 장기 발전 계획의 하나로 수립되었다. 시흥 배곧신도시에 국제화 캠퍼스를 만들어 신학문 분야의 교육과 연구를 위한 '거주대학(RC: residential college)'으로 활용하겠다는 구상인데, 2013년 한라건설이 사업사로 선정되면서 뒤늦게 학생들에게 알려졌다.

이런 계획에 대해 총학생회는 문제를 제기하고 나섰다. 학생들의 비판은 캠퍼스 조성 자체가 아니라 그 계획을 학생들 모르게 추진해 온 것과 학생의 입주를 의무화하는 거주대학 형태를 취한 것에 맞춰졌다. 2013년 9월 29일 '시흥캠퍼스학생대책위원회'(이하 시흥캠대책위)를 구성하고 10월 16일 긴급 행동 집회를 가진 후 행정관 앞에 천막을 치고 농성에 들어갔다. 대책위는 농성 보름 만인 11월 1일부터 학교 당국과 협상에 들어가 이듬해인 2014년 1월 14일 학교 당국이 제시한 대화협의회 운영 지침에 합의하고 농성을 해제했다. 이후 대화협의회를 통한 학교 당국과의 협의가 시작되었다.

그 후 학생 대표와 학교 당국 사이에 여러 채널의 대화가 시도되었다. 총학생회장이 참여하는 대화협의회뿐 아니라 기숙사프로그램위원회와 교육프로그램위원회 등도 만들어져 학생대표가 참여했다. 총학생회는 학생들의 의견을 수렴하기 위한 TF인 '세움단'을 구성해 기숙사프로그램위원회와 함께 설문조사를 실시했는데, 설문조사 원자료 공개 여부를 둘러싸고 학교 당국과 의견 차이가 발생해 장기간 협의가 중단되기도 했다. 학생들은 '세움단이 구색을 갖추기 위한 형식적인 소통만을 하고 있다'고 비판했다.

시흥캠퍼스 실시협약 규탄 기자회견

2015년 8월 학교 당국이 추진단을 구성하고 대화협의회를 비롯한 기존의 협의 기구들을 그 안에 흡수했지만, 학생들과의 소통은 더 이상 진전되지 못했다. 그해 11월 15일 자 ≪대학신문≫은 사설을 통해 "대학 본부가 실질적으로 학생들의 의견을 수렴해 정책에 반영하려고 하는지 혹은 학생들과 소통했다는 명분만을 취하려 하는지 그 진실성을 의심하게 한다"라고 지적했다.

그러던 중 학교 당국이 2016년 5월 시흥캠퍼스 조성에 관한 첫 법적 절차인 실시협약을 추진하자 학생들의 태도는 전면 반대로 바뀌었다. 실시협약계획안이 5월 30일 학교 이사회를 통과한 후 총학생회는 6월 23일부터 7월 1일까지 그에 대한 총조사를 실시했다. 1안 '시흥캠퍼스 계획 전면 철회'와 2안 '추진과정에 학생참여 및 의견 반영' 중 하나를 선택하도록 한 결과, 응답자 가운데 63.17%가 1안을 선택했다. 학생들이 2013년에는 의무적인 RC 계획만을 반대했지만, 2016년 여름에는 시흥캠퍼스 조성 자체를 반대하는 쪽으로 돌아선 것이다. 절차적 정당성 문제가 그만큼 중시되고 있었음을 보여준다.

총학생회는 조사 결과를 토대로 시흥캠퍼스 계획 전면 철회를 요구하는 결의안을 임시전학대회에 발의했으나 과반수의 동의를 얻지 못해 부결되었다. 그러는 사이 학교 당국은 8월 22일 실시협약 체결을 강행했다.

이에 대해 총학생회는 단과대학학생회들과 함께 강력한 반대운동을 펼쳤다. 그들은 우선 '시흥캠퍼스 전면 철회를 위한 학생대책위원회'를 설치한 후 8월 30일 행정관을 기습 점거해 이틀간 연좌농성을 벌인 후에, 9월 1일 자진 해산하고 행정관 앞에서 천막 농성에 들어갔다. 총학생회는 9월 7일 하반기 전학대회 의결을 거쳐 10월 10일 '전체학생총회'를 소집했다. 정족수 1610명을 훨씬 넘는 2000여 명의 학생들이 참석해, "시흥캠퍼스 실시협약 철회를 요구한다"라는 안건을 1980명 중 1488표로 통과시켰다. 이를 위한 행동으로 '본부점거안'도 1097표를 얻어 통과되었고, 이에 따라 학생들은 즉각 행정관으로 몰려가 총장실을 점거했다.

이렇게 시작된 본부 점거농성은 장기간 이어져 150일 넘게 계속되었다. 이 기간 동안 학생들과 학교 당국이 여러 차례 대화를 시도했지만 서로 불신이 너무 깊어 타협이 이뤄지지 않았다. 학교 당국은 점거 학생에 대한 징계, 행정관에 대한 단전·단수, 본부 직원들의 행정관 진입 등 여러 가지 강경책을 모두 동원했다. 학생들도 이에 맞서 실시협약을 완전히 철회할 것을 요구하며 강경히 맞섰다. 하지만 점거농성이 장기화되면서 학생들 사이에서 의견 차이가 발생해, 점거를 지속하자는 안과 본부와 협상을 통해 타협점을 찾자는 안을 놓고 토론과 표결을 거쳤지만 어느 쪽도 과반의 지지를 얻지 못했다. 학생들은 이미 지쳐 투쟁 동력을 상실한 상태로 점거를 유지할 뿐이었다. 그 상태로 지속된 점거는 이듬해 5월 11일 학교 당국에 의해 해산되었다.

유례없는 장기 점거농성이 지속된 이유는 학교 당국의 소통 노력 부족 때문이기도 했지만, 학생들의 경직된 사고와 융통성 없는 의사결정 구조 때문이기도 했다. 시흥캠퍼스 반대운동은 이렇게 학교와 학생들 모두에게 깊은 상처만 남긴 채 허무하게 끝나고 말았다.

● 교육투쟁의 특징과 역사적 성격

이상으로 1998년부터 2017년까지 약 20년 가까이 진행된 교육투쟁에 대해서 살펴보았다. 이를 바탕으로 교육투쟁의 전체적인 특징과 역사적 성격을 정리해 보자.

첫째, 경제투쟁과 정치투쟁의 결합이다. 앞에서 이미 말했듯이 교육투쟁은 학생 대중의 일상적인 이익을 옹호하기 위한 경제투쟁으로 시작되었다. 학생 대중의 이익과 직결된 등록금 투쟁과 학사 관리 엄정화 반대투쟁 등이 그런 예에 속한다. 하지만 교육투쟁은 동시에 정부 정책을 비판하는 정치투쟁의 성격도 띠고 있었으니, BK21 사업에 대한 반대운동이 그런 예이다. 이는 학생 자신의 이익을 위한 것이 아니라 신자유주의적 대학 구조개혁에 맞서 교육의 공공성을 지키기 위한 것이었다. 법인화 반대운동에서도 등록금 인상에 대한 우려는 자신의 일상적 이득을 위한 것이지만, 기초학문 고사나 국공립대 격차 확대에 대한 우려는 역시 교육의 공공성과 직결되는 의제였다.

둘째, 연대투쟁이다. 교육투쟁이 기본적으로 정부 정책을 비판하는 정치투쟁인 만큼 개별 학교를 넘어 광범위한 연대투쟁이 이뤄졌다. 이는 다른 대학 학생들과의 연대는 물론이고 대학사회의 또 다른 구성원인 교수나 직원들과의 연대, 교육 관련 노조 및 사회운동단체들과의 연대도 포함한다. 1998년 대학·학문 간 서열화 정책 철회를 요구한 청년학생 총궐기에서부터 BK21 반대, 교육의 시장화 저지, 국립대 발전 계획 반대를 거쳐 2011년 법인화 반대에 이르는 교육 공공성 확보 운동들이 모두 그러하다. 그러나 이러한 연대투쟁으로서의 성격은 시간이 갈수록 약해져서, 시흥캠퍼스 반대운동 단계에 이르면 서울대 학생들만의 투쟁으로 고립된 모습을 보였다.

셋째, 전투적 학생운동 시절의 흔적이다. 교육투쟁은 정치투쟁 성격을 일부 갖고 있으므로, 과거 전투적 학생운동의 전통을 상당 부분 이어받았다. 그중 하나가 격렬한 투쟁 방식이다. 교육문제와 관련해 이슈가 발생하면 집회와 시위를 벌이는 것은 기본이고, 사안이 중요한 경우에는 장기간에 걸친 점거와 농성으로 이어지곤 했다. 교육투쟁의 격렬함은 과거 전투적 학생운동 시절과 비교해도 결코 뒤떨어지지 않았다.

먼저, 점거 대상이 도서관에서 행정관으로 바뀌고 점거의 목적도 투쟁의 지속에서 행정관 타격으로 바뀌었다. 과거 전투적 학생운동 시절에는 학생운동의 칼날이 학교 바깥을 향했다면, 교육투쟁 시절에는 그것이 교내 행정관을 겨누게 된 것이다. 점거의 횟수도 전에 없이 늘어나서 1998년 이후 10년 동안 행정관 점거는 1998년, 1999년, 2000년, 2002년, 2005년, 2011년, 2016년 등 7회나 되었다. 점거 기간도 갈수록 길어졌다. 2016년을 제외한 나머지는 모두 운동권 총학생회 시기에 해당하고 대장정연합 계열의 총학생회 시기에는 어김없이 발생했다. 주목되는 것은 운동권 총학생회가 퇴장한 2016년의 시흥캠퍼스 반대운동에서 가장 격렬하고 긴 점거농성이 발생한 점인데, 이 역시 그런 전통의 연장선상에 있는 것으로 보인다.

교육투쟁은 근본주의적 시각과 비타협적인 태도라는 측면에서도 과거 전투적 학생운동의 전통을 계승했다. 교육투쟁은 여러 가지 다양한 이슈를 제기했지만 한결같이 '신자유주의적 구조조정 비판'과 '교육의 공공성 확보'를 명분으로 내세웠다. 근본주의적 시각에 입각해 이념적으로 문제에 접근한 것이다. 이렇게 하면 모든 문제가 옳고 그름의 문제가 되어버려서 절충과 조정의 여지없이 비타협적인 태도로 일관하기 십상이다. 정부를 상대하는 경우는 말할 것도 없고, 심지어 학교 당국을 상대로 하는 경우에도 그러했다. 가령 시흥캠퍼스 반대운동을 보면 장장 150일이나 점거농성을 하면서도 협상을 통해 해결하려는 자세는 취약해, 학생들이 얻어낸 게 거의 없다.

4. 정치적·사회적 이슈에 어떻게 대응했나?

● 진보 정권 등장으로 정치투쟁 사라지다

1998년 2월 김대중 정부가 출범함으로써 한국 역사상 최초로 선거에 의해 정권이 교체되었다. 이는 2003년 2월 노무현 정부로 이어져 10년간 이른바 진보 정권 시대를 맞이했다. 이제 학생들이 정부의 민주적 정당성을 문제 삼고 정치투쟁을 벌일 여지가 상당히 줄어들었다.

김대중 정부 시기에는 학생들이 교육투쟁에 전념해 정치투쟁은 매우 잠시 동안만 전개되었다. 1998년 상반기에 민주노총과 한국노총이 구조조정 과정에서 생긴 해고자의 생존권을 지키기 위해 정치투쟁을 전개하자 학생들도 함께한 것이다. 노무현 정부 시기에는 학생들이 이라크 파병을 비롯한 여러 정치적·사회적 이슈에 대해 대응하기 시작했다. 기대와 달리 진보 정부가 잇달아 신자유주의적인 정책을 내놓은 데 대한 저항이었다.

| 이라크 파병 |

노무현 정부는 2003년 국민의 정부의 햇빛정책을 계승하는 데 대해 미국의 협조를 얻기 위해 이라크 파병을 강행했다. 이에 대해 진보 진영은 맹렬히 반대했고, 서울대에서도 총학생회가 앞장섰다. 당시 제46대 총학생회는 비운동권인 '학교로' 선거캠프가 주도했는데, '비교적 균형감각을 갖고 성공적으로 임무를 수행했다'는 평가를 받았다.

총학생회는 출범하자마자 산하에 '반전평화위원회'를 설치해 3월 19일 '미국 주도의 이라크 침공에 반대한다'는 성명서를 발표한 후 이튿날 아크로폴리스광장에서 규탄대회를 개최했다. 여기에는 약 600여 명의 학생이 참가했고, 그들은 광화문에서 열린 반전 집회에도 참가했다. 3월 25일 총학생회는 국회 앞에서 연세대·경희대·이화여대 등 서울 지역 13개 대학 총학생회장들과 함께 공동성명을 발표했다. 성명서는 국회가 '파병동의안'을 처리하는 4월 2일 동맹휴업을 결행하고 국회 앞에서 항의 집회를 벌인다는 내용을 담고 있었다.

이에 따라 총학생회는 동맹휴업 시행 여부를 묻는 총투표를 3월 31일까지 실시했다. 그 결과 1만 10명이 참가하고 8722명이 찬성해 4월 2일 동맹휴업을 결행했다. 이날 아크로폴리스광장에서 열린 반전 집회에 약 3000명의 학생이 참가했으며, 집회 후 학생들은 신림사거리까지 4.2km 평화 행진을 벌였다. 그들은 대중교통을 이용해 국회로 이동해 다른 대학 학생들과 함께 결의대회를 열었고, 국회에서 파병동의안이 통과되자 이에 항의해 가두시위를 벌였다.

국회에서 파병동의안이 통과된 뒤에도 반전운동의 열기는 좀처럼 가라앉지 않았다. 4월 4일 '반전평화 학생행동의 날'을 맞아 대학생 1000여 명이 전국 각지에서 종묘공원으로 모여들어 반전 집회를 열었다. 그 후 정부가 추가 파병을 결정하자 대규모 파병 반대 집회가 9월 27일 대학로에서 열렸고 서울대 총학생회도 이 집회에 참가했다.

| 노무현 대통령 탄핵 소추 |

여소 야대 정국에서 국회는 2004년 3월 12일 당시 노무현 대통령에 대한 '탄핵소추안'을 의결했다. 이날 17개 대학 학생들은 국회 앞에서 탄핵 소추에 반대하는 집회를 개최했다. 하지만 이 자리에서 서울대생들은 찾아볼 수 없었다. 이 집회는 각 대학의 총학생회들이 공동으로 주최했는데, 당시 서울대에서 총학생회의 역할을 대신하고 있던 단과대학 학생회장 연석회의(이하 연석회의)가 이 논의에 참가하지 않았기 때문이다.

이렇게 연석회의가 노무현 대통령 탄핵 문제에 대해 적극적으로 나서지 않자, 사범대와 사회대 등 몇몇 단과대학학생회나 과학생회 차원의 성명서가 발표되었다. 연석회의는 3월 17일이 되어서야 비로소 아크로폴리스광장에서 탄핵 소추에 반대하는 집회를 열었지만, 이후 구성원들 상당수가 총학생회장 선거운동에 뛰어드는 바람에 별다른 활동을 보여주지 못했다. 일반 학생들도 노무현 정부가 이라크 파병과 한미 FTA 추진 등 신자유주의적인 정책을 펼치는 데 대한 불만이 커서 소극적이었다. 노무현 대통령에 대한 탄핵 소추는 헌법재판소에서 기각되었다.

| 평택 미군기지 이전 |

2006년 5월 용산 등지의 미군기지를 평택으로 이전하기 위해 팽성읍 대추리 일대의 토지를 수용하는 과정에서 이에 반발한 주민들이 경찰과 충돌한 사건이 벌어졌다. 한총련을 비롯한 학생운동 진영은 대추리 주민들을 돕기 위한 연대투쟁을 전개했다. 하지만 당시 서울대 제49대 총학생회는 반운동권인 '서프라이즈' 선거캠프가 맡고 있어 이를 외면했다. 그 대신 일부 단과대학 학생회와 학생정치조직들이 나서서 이 문제에 대응했다.

대추리 주민들과 학생들은 2006년 5월 4일 행정대집행에 맞서서 대규모 반대시위를 벌였다. 시위 현장에서 524명이 연행되어 그중 37명에게 구속영장이 청구되었다. 이날 시위에서 최소 50여 명의 서울대생이 연행되었고, 10명에게 구속영장이 청구되었다. 하지만 이들에게 청구된 구속영장은 법원에서 모두 기각되었다. 이때 서울대 총학생회장은 "평택에서 서울대생이 연행된 까닭에, 서울대 총학생회는 왜 아직도 한총련의 불법시위에 가담하느냐는 말을 듣고 있다"라고 하면서 뜬금없이 한총련 탈퇴를 선언하는 소동을 벌였다.

그 후에도 서울대의 일부 학생들은 지속적으로 미군기지 이전을 반대하는 운동을 벌였다. 인문대와 사회대 등 7개 단과대학 학생회장과 민주노동당 서울대 학생위원회, 애국학생연대 등 학생정치조직들이 '평택실천단'을 조직해 이 문제에 집중했다. 이로 인해 교육투쟁이 한때 소강상태를 맞이하기도 했다.

● 다시 정치적·사회적 이슈에 대해 발언하기 시작하다

이처럼 노무현 정부 시기에 몇 가지 정치적·사회적 이슈에 대응하기 시작한 학생들의 움직임은 2008년 이명박 정부가 출범하자 한층 거세졌다. 10년 만에 다시 등장한 보수 정권이 학생들의 불만을 자극하는 정책을 잇달아 내놓았기 때문인데, 특히 보수화되던 학생들의 정치의식이 2007년 이후 반전되었기 때문이다. 주요 사안별로 살펴보면 다음과 같다.

| 미국산 쇠고기 수입 |

이명박 정부는 2008년 5월 전격적으로 미국산 쇠고기 수입을 사실상 전면 개방하는 조치를 취했다. 이는 노무현 정부에서 시작된 한미 FTA 협상의 일환이었는데, 이명박 정부가 이를 조기에 타결하고자 국민의 동의를 제대로 구하지 않은 채 성급하게 추진한 것이다. 시민들은 광우병을 우려해 미국산 쇠고기 수입 반대운동을 전개했다. 광화문에서 10대들이 먼저 앞장서 촛불집회를 시작했는데 이것이 곧 대규모 거리시위로 발전했다.

서울대에서 미국산 쇠고기 수입 개방 문제는 일찍부터 인터넷 공간인 스누라이프 게시판을 통해 공론화되었다. 그 게시판에는 총학생회에 미국산 쇠고기 수입을 반대하는 성명을 발표할 것을 요구하는 학생들의 글이 연이어 올라왔다. 그래도 비운동권 총학생회가 움직이지 않자 인문대·공대·사회대 등 일부 단과대학학생회와 동아리연합회가 2008년 5월 14일 오후 6시 아크로폴리스광장에서 서울대 학생대회를 촛불집회 형식으로 개최해 미국산 쇠고기 수입 문제를 제기했다. 동아리연합회는 이후에도 지속적으로 '광우병 쇠고기 수입 반대 집회'를 주도했다.

이렇게 하여 미국산 쇠고기 수입 개방 문제에 대한 여론이 달아오르자 총학생회는 6월 4일 미국산 쇠고기 수입 반대운동에 총학생회가 참가해야 하는지를 묻는 총투표를 실시했다. 그 결과 전체 투표자 중 89.25%인 7804명이 찬성하자 이에 따라 총학생회는 6월 5일 동맹휴업에 들어갔다.

촛불집회가 시작된 지 한 달이 지난 6월 10일에는 약 70만 명(경찰 추산 10만 명)의 시민과 학생이 세종로와 광화문 일대를 가득 메웠다. 서울대에서도 약 200명의 학생들이 총학생회 깃발을 들고 참가했다. 총학생회는 경찰청을 방문해 촛불시위 도중 전경이 음대생을 폭행한 사건에 대해 항의했다.

그러나 당시 총학생회는 비운동권이어서 그랬는지 7월부터 '미국산 쇠고기 수입 반대의 범위를 벗어난 촛불집회에는 참여하지 않겠다'는 입장을 밝혀서 학생들 사이에 논란을 일으키기도 했다.

| 용산 참사 |
2009년 1월 20일 용산구 한강로 2가에 위치한 남일당 건물에서 비극적인 사건이 발생했다. 건물 옥상에 망루를 지어놓고 점거농성을 벌이던 세입자와 경찰이 충돌하는 과정에서 경찰의 과잉 진압으로 말미암아 다수의 사상자가 발생한 것이다. 이 참사는 지난 20년간 한걸음씩 진전돼 온 민주화 과정에서는 볼 수 없던 국가폭력의 귀환으로 여겨져, 사회적으로 큰 충격을 안겨주었다.

당시 서울대 총학생회는 비운동권이 맡고 있던 터라 이 문제에 대응하지 않았다. 그 대신 사회대를 비롯한 7개 단과대학학생회가 주축이 되어 '실천단 무한도전'을 조직해 용산 참사를 규탄하는 운동을 벌였다. 이들은 '용산 참사

해결을 위한 서울대인 5000인 청원운동'을 벌여 2700명의 서명을 받았고, 이를 바탕으로 2009년 11월 25일 용산 참사 진상규명을 촉구하는 기자회견을 가졌다.

| 4대강 사업 |

이명박 정부는 토건 사업으로 경기를 진작시킬 생각으로 4대강 개발 사업을 추진했다. 사전조사와 준비가 졸속인 데다 국민의 여론도 무시한 채 밀어붙이는 방식은 흡사 용산 참사를 연상시켰다. 이에 대해 환경운동단체를 비롯한 수많은 시민단체들이 '불필요하고 무모한 사업'이라고 비판하면서 반대하고 나섰다.

서울대에서 4대강 사업에 대한 반대운동은 환경 동아리 씨올이 주도했다. 씨올은 2009년 9월 1일부터 18일까지 중앙도서관 통로에서 4대강 사업에 반대하는 서명운동을 벌였으며, 9월 21일에는 국회 앞에서 시위를 전개했다. 이날은 정운찬 총리 내정자의 인사청문회가 있는 날이었다. 씨올은 정운찬 총리 내정자에게 보내는 탄원서를 발표했다. 탄원서에는 서울대생 1006명으로부터 받은 서명이 첨부되어 있었다.

| 디도스 사건 |

2011년 11월 26일 이른바 디도스 사건이 발생했다. 당시 여당이던 한나라당 인사들이 중앙선거관리위원회와 박원순 서울시장 후보 홈페이지에 디도스 공격을 가해 투표를 방해하려다가 적발된 것이다. 이 사건이 일어나자 서울대에서는 곧바로 스누라이프 게시판에 "시국선언을 발표해야 한다"는 의견이 올라왔다. 이에 동의하는 학생들이 결집해 2012년 1월 11일 '민주주의의 퇴보를 걱정하는 서울대인' 명의로 디도스 사태에 대한 시국선언문을 발표했다.

당시는 총학생회장 선거가 무산되는 바람에 연석회의가 그 역할을 대신하고 있었다. 연석회의는 스누라이프 게시판을 통해 결집된 학생들의 여론을 받아들여 행동에 들어갔다. 12월 24일 신문광고 게재를 위한 기금 모금을 개시하고 26일부터 온라인과 오프라인을 병행해 서명운동을 시작했다. 이듬해 1월 9일 일간지 1면에 의견광고를 게재했으며, 1월 11일에는 학생회관 앞에서 시국선언문을 발표했다. 그날까지 시국선언에 서명한 학생 숫자는 3334명이었고 모금액은 2140만 원이었다.

| 국정원 선거 개입 사건 |

2012년 12월 대통령 선거 과정에서 국가정보원(이하 국정원) 직원이 불법 댓글을 다는 등의 방법으로 선거에 개입한 사실이 적발되었다. 이후 경찰과 검찰에 의해 수사가 이뤄졌지만, 2013년 6월 초 법무부와 청와대가 검찰 수사에 개입한 의혹이 제기되면서 이를 규탄하는 움직임이 일어났다.

2013년의 제55대 총학생회는 비운동권 총학생회였지만, 처음부터 적극적으로 이 사건에 대응했다. 총학생회는 6월 20일 대검찰청 앞에서 기자회견을 열어 검찰의 축소 수사를 규탄했고, 7월 3일부터 페이스북과 단과대학학생회를 통해 국정원 사태에 대한 설문조사를 실시했다. 이 설문조사에는 학부생 1205명, 대학원생 128명, 졸업생 123명이 참여했고, 응답자의 91.35%인 1330명이 규탄 집회를 개최하는 데 찬성했다. 총학생회는 이를 근거로 7월 12일 여의도 새누리당 당사 앞에서 규탄 집회를 열고 학생선언문을 발표했다.

국정원 선거개입 관련 기자회견

8월에는 총학생회가 각 대학 간 연대조직을 결성해 대응했다. '민주주의수호 국정원 정치공작 대선개입 진상규명 대학생 시국회의'(이하 시국회의)가 그것인데, 서울대·이화여대·숙명여대 총학생회와 노동자연대학생그룹·전국학생행진 등 12개 단체가 참여했다. 가톨릭대·건국대·서울교대·카이스트 등의 학생들은 이를 참관했다. 시국회의는 8월 23일 청계광장에서 9차 범국민 촛불집회를 열고 9월 2일부터 9월 28일까지 전국 대학생을 대상으로 서명운동을 벌였다.

총학생회는 9월 25일 '국정원 선거 개입 사건 서울대인 시국토론회'를 개최했다. 서울대생들은 이 토론회에서 국정원 선거 개입 사건의 성격을 따지는 한편, 총학생회의 대응이 적절했는지에 대해 집중적으로 논의했다. 총학생회가 이 사건에 대해 적극적으로 대응한 점은 높은 평가를 받았지만, 의사 표출 과정에서 일반 학생들의 생각을 반영하지 않은 채 앞서나갔다는 지적도 나왔다.

| 세월호 참사 |

2014년 4월 16일 세월호 참사가 일어났다. 안산의 단원고 학생들이 인천항에서 세월호를 타고 제주도로 수학여행을 가던 중 진도 앞바다에서 좌초되었

세월호 추모 플래카드

는데, 해경과 정부 당국의 구조 작업이 지체되는 사이에 배가 침몰해 304명이 사망한 것이다.

총학생회는 이 사건에 대해 비교적 신속히 대응했다. 먼저 4월 20일 열린 총운영위원회에서 '축제를 하는 사람들'(이하 축하사)이 발의한 '봄 축제 취소안'을 의결하고 5월 13일부터 열릴 예정이던 축제 일정을 모두 취소했다. 총학생회는 4월 29일 광화문광장에서 경기대 총학생회, 연세대 총학생회, 한양대 총학생회와 청소년유니온·민달팽이유니온 등 12개 청소년·청년 단체와 함께 공동 기자회견을 열고 "세월호 실종자 구조와 진상규명"을

촉구했다.

학생들은 세월호 참사와 관련해 자원봉사활동을 전개했다. 이것은 어느 학생이 스누라이프 게시판에 '세월호와 관련된 봉사활동에 참가할 사람을 모집한다'는 글을 올리면서 시작되었다. 이후 '글로벌사회공헌단'을 비롯한 봉사 단체들도 스누라이프를 통해 참가자를 모집하고 봉사활동을 추진했다. 일본군위안부 문제 해결을 위한 프로젝트 동아리 네트워크 평화나비는 5월 30일 세월호 참사와 관련해 리본 달기 운동과 촛불 추모제를 진행했다.

시간이 흐르면서 학교 안팎에서 세월호 참사에 대한 박근혜 정부의 무능하고 무책임한 대처가 도마 위에 오르기 시작했다. 총학생회 총운영위원회는 6월 2일 서울대 정문과 미술관 앞 세월호 추모 공간에서 기자회견을 열고 세월호 참사와 관련해 시국선언문을 발표했다. 총운영위원회는 이 시국선언문을 통해 "청와대까지 포함하여 성역 없는 수사로 철저히 진상을 규명할 것과 국민의 알권리를 보장할 것" 등을 요구했다.

4월에 시작된 세월호 참사에 대한 학생들의 분노는 8월이 되어서도 가라앉을 줄 몰랐다. 학생들은 8월 25일 세월호특별법 제정을 촉구하는 거리 행진을 했다. 이 행진에는 총학생회뿐 아니라 서울대 민교협과 서울대 민주동문회 소속 교수와 동문 등 200여 명이 참가했다. 참가자들은 학교 정문에서 시작해 광화문광장까지 거리 행진을 벌여 이화여대·건국대·성신여대 등의 학생들과 노동자연대학생그룹·청년좌파 등 청년들과 합류했다. 광화문광장에서 서울대 총학생회장의 사회로 집회를 가진 후 "대통령이 책임져라", "특별법을 제정하라"라고 적힌 손 팻말을 들고 청와대로 몰려가 탄원서를 제출하려 했으나 경찰의 제지로 뜻을 이루지 못했다.

| 역사 교과서 국정화 시도 |

박근혜 정부는 2015년 9월 중고등학교 한국사 교과서를 검정제에서 국정제로 바꾸겠다고 밝혔다. 이에 대해 먼저 서울대의 역사 전공 교수들이 연명으로 교육부 장관에게 반대 입장을 담은 의견서를 전달했고, 이어서 학생들은

'역사 교과서 국정화를 반대하는 서울대인 모임'을 구성해 활동을 개시했다.

학생들은 우선 대자보 릴레이를 통해 학내에 국정 교과서에 반대한다는 뜻을 알렸다. 사범대 교육사회 동아리 길벗도 여러 강의실을 방문해 역사 교과서 국정화의 문제점을 알리는 활동을 전개했다. 이러한 활동을 기반으로 10월 22일 '한국사 교과서 국정화 저지 서울대 네트워크'가 출범했다. 이 네트워크에는 학부와 대학원 총학생회를 포함한 여러 단위의 학생회와 동아리 등 17개 단체가 참여했다.

그들은 역사 교과서 국정화에 반대하는 학생들의 글을 교내 곳곳에 게시한 후 10월 29일 '한국사 교과서 국정화를 반대하는 서울대인 만민공동회'를 개최했다. 이 만민공동회는 역사 교과서 국정화에 반대하는 학생들의 자유발언, 학내 행진, 총학생회장의 시국선언문 낭독 순서로 두 시간 넘게 진행되었다. 서울대뿐 아니라 전국의 사학과와 역사교육학과 학생들은 '한국사 교과서 국정화 결정 규탄 및 철회를 요구하는 역사학도 긴급 공동선언'을 발표했다.

| 박근혜·최순실 국정농단 사건 |

2016년 10월 24일 저녁 JTBC 〈뉴스룸〉에서 방송된 일명 태블릿 PC 보도로 말미암아 이른바 박근혜·최순실 국정농단 사건의 전모가 드러나기 시작했다. 박근혜 대통령이 다음 날 급히 사과했지만 사건은 걷잡을 수 없이 확대되었다. 박 대통령은 결국 12월 9일 국회에서 탄핵 소추되었으며 2017년 3월 10일 헌법재판소의 판결에 의해 파면되었다.

서울대생들은 사건 초기부터 예민하게 반응했다. 총학생회는 10월 26일 신속히 시국선언문을 발표했다. 하지만 문구가 부적절하고 선언문의 질적 수준이 낮다는 지적 때문에 다섯 시간 만에 철회하고, 문장을 다듬어 10월 28일 다시 발표했다. 법학전문대학원과 사회대 등 단과대학학생회들도 총학생회와는 별도로 시국선언문을 발표했다. 사회대 학생회는 다른 대학들의 사회대나 정경대들과 연합해 전국 단위의 대응을 모색하기도 했다.

10월 29일 청계광장에서는 첫 번째 촛불집회가 열렸다. 서울대에서도 총

주권자의 이름으로 정권에 퇴진을 명한다

오늘 우리는 주권자의 이름으로 박근혜 정권에 퇴진을 명한다.

피 흘려 이룩한 우리 대한민국의 근본 원리인 민주주의와 법치주의가 뿌리째 흔들리고 있다. 최순실로 대표되는 비선 실세가 선거를 통해 대통령에게 부여된 행정권을 아무 자격 없이 남용하였다. …… 2년 전 팽목항에서도, 역사교과서 국정화 과정에서도, 광화문의 물대포에서도, 대사관의 소녀상 앞에서도 정권의 몰상식함은 적나라하게 드러났다. …… 우리는 국가의 민주주의를 지켜내야 하는 사명 아래, 주권자의 이름으로 허수아비 같은 대통령에게 그 자리에 앉을 자격과 책임을 묻는다. …… 우리는 1987년 이후 또 한 번의 역사적 순간 앞에 이렇게 서 있다. …… 이제 이 나라의 진정한 주권자가 누구인지 보여줄 때이다. 그래서 우리는 국민을 기만하고 정치적 대표성을 상실한 박근혜 정권의 퇴진을 엄중히 요구한다. 지금 우리는 기로에 서 있다. 민주주의를 지켜낼 것인가? 아니면 역사의 퇴보를 바라만 보고 있을 것인가? 정권은 짧지만 우리가 이끌어갈 대한민국의 미래는 길다.

2016년 10월 28일 제58대 서울대학교 총학생회

학생회 주도로 400여 명의 학생들이 첫 번째 촛불집회에 참석했다. 총학생회는 첫 번째 촛불집회가 열린 다음 날인 10월 30일 전국 30여 대학의 학생회와 '416대학생연대', '청년하다' 등의 학생단체들과 함께 '박근혜 정권 퇴진을 위한 전국 대학생 시국회의'(이하 시국회의)를 결성해 박근혜 대통령 퇴진 운동을 벌이기 시작했다.

총학생회는 11월 3일 학생의 날을 맞아 아크로폴리스광장에서 서울대 시국대회를 개최했다. 학생들은 집회를 마친 뒤 "비선실세 국정농단 박근혜는 물러나라", "민주주의 파괴하는 박근혜 정부 타도하자" 등의 구호를 외치며 학교 정문을 지나 신림역까지 행진했다. 집회에 참석한 한 학생은 이 싸움이 "보수와 진보의 싸움이 아닌 정의와 불의, 정상과 비정상의 싸움"이라고 주장했다.

총학생회는 11월 18일부터 4일간 동맹휴업을 발의하는 서명운동을 전개해

11월 30일 동맹휴업을 실시했다. 공교롭게도 11월 30일은 민주노총 주도로 박근혜 대통령 퇴진을 촉구하는 총파업이 실시된 날이었다. 11월 30일 행정관 앞 잔디밭에서 1000명이 넘는 학생들이 참가한 가운데 동맹휴업대회를 열고 서울대입구역까지 행진했다. 그들은 대중교통편으로 광화문광장에서 열린 촛불집회에 합류해 박근혜 대통령의 즉각 퇴진을 요구했다.

한편 총학생회와는 별도로 학생들이 자발적인 시위를 조직하는 사례도 나타났다. 10월 30일 스누라이프에 올라온 의경 출신 공대생의 제안이 그 기폭제가 되었다. 제안의 요지는 광화문에 집결해 청와대로 향하는 것과는 별도로 강남이나 신촌 등 번화가에서 동시다발적으로 집회를 열어 더 광범한 시민들의 동참을 이끌어내야 한다는 것이었다. 이에 공감한 학생들이 급히 쪽지를 통해 연락을 취하기 시작했고, 그 결과 '숨은주권찾기TF'라는 조직이 급히 꾸려졌다.

숨은주권찾기TF는 서울대 총학생회 및 시국회의와 협력해 11월 15일 동시다발적인 시위를 조직했다. 강남역·신촌·대학로·청량리 등 네 곳을 지정해 인근 대학생들이 이곳에 집결하여 시위를 벌이도록 한 것이다. 서울대생들은 강남역 11번 출구에 집결하여 시위를 벌였으며, 시위에 익숙하지 않은 사람들을 위해 백색 가면도 준비했다. 실제로 참석자 가운데는 태어나서 한 번도 시위에 참가해 보지 않은 사람들이 많았다.

● 주요한 특징, 무엇이 달라졌나?

21세기 들어 정치적·사회적으로 중요한 이슈에 대한 학생운동의 대응은 전투적 학생운동의 퇴조와 함께 크게 약화되었으며 그 방식도 많이 달라졌다. 이 시기에 새롭게 나타난 주요 특징은 다음과 같다.

먼저, 정치적·사회적 이슈에 대응하는 과정에서 총학생회가 차지하는 위상과 역할이 크게 약화되었다. 오히려 인터넷 공간인 스누라이프가 이슈를 공유하고 시위와 집회를 조직하는 데 큰 역할을 담당했다. 또는 오프라인에서 학생회와 무관하게 개별 동아리가 나서거나 필요에 따라 사안별로 꾸려진

일시적 실천단이 나서서 이슈에 대응했다. 과거 전투적 학생운동 시절에 총학생회가 정치투쟁의 사령부였고, 총학생회장은 그 사령관 역할을 담당한 것과 현격한 대조를 이룬다. 총학생회의 위상과 역할이 축소된 가장 직접적인 이유는 비운동권 총학생회의 등장이다.

그다음 주목되는 점은 의사결정 과정에서 전투적 학생운동 시절과 달리 민주적 절차를 밟아야 했다는 것이다. 먼저 총투표나 설문조사 혹은 서명운동을 통해 의견을 수렴한 후 이를 바탕으로 서울대생들의 정치적 견해를 밝히기 위한 동맹휴업을 결행하고, 마지막 단계로 촛불집회 등 가두시위에 나서는 패턴이 정착되었다. 따라서 총학생회가 학생들의 의견을 수렴하는 절차를 제대로 밟지 않고 일반학생들의 생각을 앞질러 갈 때는 늘 비판을 면치 못했다. 총학생회가 학생들의 전위·선두가 아니라 학생들의 한가운데 자리한 학생들의 대표가 된 것이다.

이상은 이라크 파병 반대운동에서 4대강 반대운동과 역사 교과서 국정화 저지운동 등에 이르는 일련의 과정에서 드러난 특징들이다. 이제 학생들의 정치적 행동은 과거의 전투적 학생운동 시절처럼 총학생회가 중심에 서서 하향식으로 동원하는 방식에서 벗어나 다양한 소규모 주체들이 네트워크를 통해 일반 학생들의 의사를 모아 상향식으로 조직하는 방식으로 바뀌었다.

5. 민주화의 길

● 대가와 희생, 추모와 기념

지난 70년 동안 학생운동은 한국정치의 민주화를 진전시키는 과정에서 중대한 역할을 담당했다. 민주화를 위해서는 무엇보다 독재정부와 폭압통치를 무너뜨리는 것이 급선무였는데, 그 과정에서 학생들은 어느 집단보다도 적극 앞장섰고 그만큼 큰 대가를 치르지 않으면 안 되었다. 징계나 구속을 감내하는 것은 물론이고, 목숨까지 바친 이들이 적지 않다. 이를 기억하고 기념하기

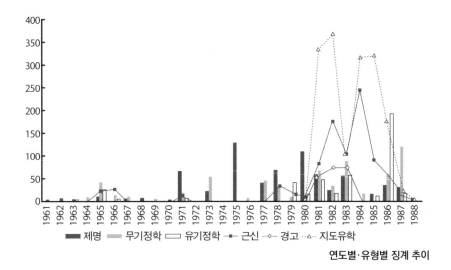

연도별·유형별 징계 추이

위한 '민주화의 길'이 2009년 관악캠퍼스 안에 조성되었다. 그 경과를 간략히 살펴보자.

서울대 학생처가 제공한 '시국관련 연도별·사유별 징계현황'에 따르면 1954~1990년의 징계 건수는 경고 1579건, 근신 886건, 유기정학 496건, 무기정학 681건, 지도휴학 206건, 제명 730건, 합계 4578건이다. 제명의 대다수는 구속자에 대한 징계이고, 지도휴학은 필요하다고 판단되는 학생을 강제로 휴학시키는 조치로, 흔히 강제 입대로 이어졌다. 6월항쟁 이후 정치민주화의 진전에 따라 이른바 '시국관련' 집회와 시위로 인한 징계는 사라졌다. 다만 2002~2011년 학내문제로 총장실이나 행정관을 점거한 학생들이 징계된 사례(유기정학 2건, 무기정학 4건, 근신 1건)가 있을 뿐이다. 유형별·시기별 징계 상황 추이는 그래프와 같다.

제명된 학생들에게는 정치 상황의 변화와 정치민주화의 진전에 맞춰 뒤늦게 특례재입학의 기회가 주어졌다. 그에 따라 1980년 240명, 84년 132명, 85년 27명, 87년 13명, 93년 36명 등 466명이 학적을 회복했다. 이는 그들의 구속이 법률적 근거를 결여했다는 법원의 판결과 함께 학칙상 명예회복의 의미를 갖는다. 그러나 제명자 730명 중 466명만 학적을 회복했으니, 264명은 이를 포기할 수밖에 없는 처지에 있었던 것이다.

징계와는 별도로 민주화의 제단에 목숨을 바친 학생들도 적지 않다. 4·19혁명 이래 민주화운동과 관련해 희생된 서울대 학생은 34명이다. 시위 도중 경찰의 총탄에 쓰러진 사람, 공안 당국의 물고문으로 숨이 끊긴 사람, 항거의 뜻으로 스스로 자기 목숨을 던진 사람, 시위 도중 추락사 한 사람, 강제 입대 중이거나 수배 중에 의문사한 사람 등 여러 유형이 있다. 이들에게 필요한 명예회복은 살아남은 사람들이 그들의 넋을 위로하고 그 정신을 기리며 이어가는 것이다. 이는 또 하나의 민주화운동이라 할 수 있다.

먼저 시작된 일은 희생자의 학우들이 후배들과 함께 뒤늦게나마 장례식을 치르고 유고집을 정리한 것이다. 박정희·전두환 정권 시절에 희생된 학생들 중에는 장례식조차 치르지 못하고 유품도 흩어져 있는 경우가 있었기 때문이다. 희생자가 남긴 글을 정리해 출간하고, 추모 문집을 내는 일도 미룰 수 없었다. 서울대민주열사추모사업회가 엮은 『산자여 따르라』(1984)는 이런 취지에서 출간된 책으로 김상진·김태훈·황정하·한희철의 약력과 유고 및 추모의 글을 담았다. 그 후 『벗이여 해방이 온다: 김세진·이재호 열사 추모집』(1989), 『그대 온몸 깃발 되어: 투사 박종철 이야기』(1989), 『긴 겨울 얼음 뚫고: 김상진의 삶과 죽음』(1995), 『누군들 죽음이 두렵지 않으랴: 조성만의 죽음과 정치적 순교』(1998) 등이 뒤를 이었다. 박종철출판사가 고인의 유지를 기리는 서적을 출판하는 일도 이런 부류의 활동에 속한다.

그보다 좀 더 많은 사람의 뜻과 힘이 모아지고 사회적 공감대가 형성되어야 가능한 일이 추모비나 기념물을 세우는 것이다. 이는 6월항쟁 직후에 비로소 추진될 수 있었다. 김세진·이재호 추모비(1988), 황정하 추모비(1989), 한희철 추모비(1989), 김태훈 추모비(1990), 조성만 추모비(1993), 조정식 추모비(1994), 박종철 추모비(1997)가 세워졌다. 이동수·우종원·김성수·최우혁의 추모비와 박혜정의 추모비도 속속 들어섰다. 이상은 모두 신군부의 군사독재하에서 1980년대에 희생된 이들을 위한 추모비이다.

이와 달리 1960년대~1970년대 희생자를 위한 추모비가 그 무렵에 뒤늦게 세워지기도 했다. 하나는 1960년 4·19혁명 당시 희생된 6명 중 한 명인 상대 안승준을 위한 추모비가 1991년 관악캠퍼스의 공대 폭포 뒤 4·19공원에 세워진 것이다. 다른 하나는 유신 반대운동 과정에서 1974년 할복 자결한 농대 김상진을 위한 추모비가 1988년 수원의 농대 캠퍼스에 세워진 것이다.

추모비·기념물을 세우는 일이 반드시 순탄했던 것만은 아니었다. 노동 현장에서 노동운동을 하다가 산업재해로 사망한 조정식의 추모비를 세울 때는 그가 제적생이었다는 이유로 학교 당국과 갈등을 겪기도 했다. 그에 앞서 1975년 종합화 당시 각 단과대학 캠퍼스에 있던 추모비와 기념탑은 관악캠퍼스 공대 폭포 뒤쪽 숲속으로 이전되었다. 학교 당국은 거기에 4·19공원이라는 이름을 붙였으나, '공원'이라는 이름이 무색할 정도로 접근성이 좋지 않아 산새들만 찾을 뿐이었다. 당시 학생들은 박정희 대통령이 '서울대를 한강 건너 관악산 기슭으로 유배 보냈듯이 4·19탑을 관악캠퍼스 안에서 가장 외진 곳에 방치했다'고 수군거리면서, '언젠가는 이를 아크로폴리스광장로 옮기겠다'고 다짐하곤 했다.

● 민주화의 길 조성

앞에서 본 대로 그간의 추모와 기념사업들이 각기 개별적으로 진행되거나 학교 당국의 무관심 속에 방치되었던 만큼, 이제 이것들을 유기적으로 연결해 대학의 역사 유산으로 정비할 필요성이 제기되었다. 이에 서울대는 6월항쟁 20주년을 맞은 2007년, 민주화를 향한 투쟁의 역사를 기억하고 계승하기 위해 '서울대민주화운동기념위원회'(위원장 조홍식 교수)를 구성했다. 이를 위해 위원회는 자료의 수집과 정리, 기념관 건립, 표지석·조형물 등의 기념물 건립, 명예졸업장 수여, 민주화의 길 조성, 민주화운동사 편찬, 교양과목 개설 등의 필요성을 광범하게 논의했다.

하지만 당시 실제로 실행된 것은 '민주화의 길' 조성 사업이었다. 위원회는 캠퍼스 곳곳에 자리 잡은 민주화운동 기념물들을 재정비하고 안내 표지판을

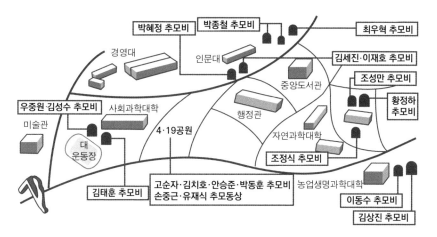

세워 하나의 길로 연결하는 작업을 진행했다. 그 결과 6월항쟁 22주년이 되는 2009년 11월 17일 4·19공원 → 사회대 → 인문대 → 자연대·공대 → 농대로 이어지는 1.2km의 순례 코스가 만들어졌다. 이 '민주화의 길'을 따라 민주주의를 위한 희생의 역사를 따라 가보자.

| 사회대 주변 |

민주화의 길은 두레문예관 앞 야트막한 언덕 위에 자리 잡은 4·19공원에서 시작된다. 이곳에는 4·19혁명 당시 희생된 학생 6명의 추모비가 세워져 있다. 과거 문리대에 있었던 4·19혁명 기념탑을 비롯해 사범대의 손중근·유재식 추모 동상, 법대의 박동훈 추모비, 상대의 안승준 추모비, 미대의 고순자 추모비 등이 이곳에 자리 잡고 있다. 앞에서 말했듯이 이 중 대부분은 개별 캠퍼스에 있다가 1975년 공대 폭포 뒤 숲속으로 옮겨졌는데, 1996년 그곳에 신공학관이 건립되면서 두레문화관 앞으로 다시 이전해 4·19공원을 조성한 것이다. 규모는 여전히 자그마하지만 접근성은 많이 나아졌다.

4·19공원에서 내려와 두레문예관의 뒤쪽으로 올라가면 사회대 부근 외진 곳에 추모비 두 개가 서 있다. 그 하나는 1981년 "전두환 물러가라"를 외치며

도서관에서 몸을 던진 김태훈 추모비이고, 다른 하나는 학생운동으로 수배를
당한 후 1985년과 1986년 의문사를 당한 우종원과 김성수의 추모비이다. 이
들은 각각 경제학과, 사회복지학과, 지리학과 학생이다. 원래 김태훈 추모비
는 현재 신공학관 자리에 4·19 추모비들과 함께 있었으며, 우종원과 김성수
의 의문사를 기리는 추모비는 교수학습개발센터 근처에 있었다. 6~8동에 있
던 사회대가 1995년 현재 위치에 새로 건물을 지어 이전하면서 추모비들도
함께 옮겨왔다.

| 인문대 주변 |

사회대에서 법대 앞을 지나 인문대 쪽으로 올라오면 인문대와 중앙도서관
사이의 사거리 주변에 추모비 네 개가 자리 잡고 있다. 박혜정 추모비, 박종철
추모비, 최우혁 추모비, 김세진·이재호 추모비가 그것이다.

이 가운데 박혜정 추모비는 인문대 1동 건물 앞에 있다. 박혜정은 1986년
5월 잇단 분신과 암울한 현실, 학생운동에 뛰어들지 못하는 부끄러움을 가슴
아파하면서 한강에 몸을 던졌다. 그가 세상을 훌쩍 떠나고 난 지 10주기가 되
는 1996년 국문학과 동료와 후배들이 그의 안타까운 죽음을 기억하기 위해
이 비석을 세웠다.

인문대와 중앙도서관 사이 사거리 근처에는 김세진·이재호 추모비가 서
있다. 두 사람은 1986년 4월 신림사거리에서 전방 입소를 거부하는 시위 도
중, 반전·반핵 구호를 외치며 분신했다. 당시 그들은 각각 자연대 미생물학과
와 사회대 정치학과 학생이어서 인문대와는 전혀 상관이 없는데, 그 추모비
는 왜 이곳에 자리한 것일까?

이 비석을 세운 1988년 봄에는 사회대가 6동에서 8동까지의 건물을 사용
하고 있었다. 사회대가 현재 위치로 옮겨온 후 그 건물들은 인문대가 사용하
고 있다. 당시 인문대와 중앙도서관 사이의 사거리는 인문대뿐 아니라 수많
은 서울대생이 모여드는 공간 중 하나였으므로, 바로 거기에 추모비를 세운
것이다. 사망할 당시 사회대 정치학과 학생이었던 이재호만을 생각한다면 사

회대가 현재의 자리로 옮겨올 때 추모비도 함께 옮겨오는 것이 마땅한 일이었다. 하지만 이 추모비는 이재호뿐 아니라 그의 동지였던 자연대의 김세진도 함께 기리고 있기 때문에 원래의 자리를 그대로 지키게 되었다.

교수학습개발센터와 중앙도서관 사이에는 박종철 추모비와 최우혁 추모비가 서 있다. 1991년 박종철을 추모하기 위해 조그마한 돌을 하나 세우고 나무 한 그루만 심어두었는데, 1997년 그의 10주기이자 6월항쟁 10주년을 맞이해 지금의 추모비를 세우게 되었다. 이 추모비는 물고문을 받는 장면을 너무도 생생히 형상화한 모습이어서 보는 이의 가슴을 더욱 아프게 한다. 박종철 추모비 뒤편에는 군 복무 중 의문사한 최우혁을 추모하는 작은 표석이 자리잡고 있다.

| 자연대 주변 |

인문대에서 중앙도서관 터널을 지나 자연대 구역으로 건너가면, 그 주변에 추모비 세 개가 서 있다. 조성만 추모비, 조정식 추모비, 황정하 추모비가 그것이다. 조성만은 화학과 학생으로 1988년 5월 명동성당 교육관 옥상에서 조국통일과 공동올림픽 개최를 외치며 할복·투신했다. 조정식은 물리학과 제적생으로 노동 현장에 들어가 활동을 하다가 1989년 산업재해로 목숨을 잃었다. 조성만 추모비는 도서관 터널을 빠져나와 공대 방향으로 가는 길 바로 옆에 1993년 세워졌으며, 조정식 추모비는 자연대 녹두마당에 1994년 세워졌다.

한편 조성만 추모비 옆에는 황정하 추모비가 서 있다. 황정하는 1983년 도서관 6층에서 시위를 이끌다가 바닥에 떨어져 목숨을 잃었다. 원래 황정하 추모비는 공대학생회, 공대민주동문회, 도시공학과학생회가 뜻을 모아 1989년 10월 23일 공대 연못가에 세웠다. 그 후 민주화의 길을 조성할 때, 유족의 동의를 얻어 이곳으로 옮겨 왔다.

| 농생대 주변 |

　자연대에서 농생대 쪽으로 내려오면 그 주변에는 추모비 두 개가 자리 잡고 있다. 하나는 김상진 추모비이고, 다른 하나는 이동수 추모비이다. 김상진은 1975년 봄 농대에서 열린 자유성토대회에서 양심선언을 낭독하고 할복했다. 그의 죽음은 이른바 오둘둘사건이 일어나는 기폭제 역할을 했다. 당시 그는 제대로 된 장례식도 없이 화장되어 버렸기 때문에 1980년 서울의 봄을 맞아 뒤늦게 장례식을 치렀다. 그의 추모비는 1988년 농대 수원캠퍼스 학생회관 옆 동산에 세워졌다가, 2003년 농생대가 관악캠퍼스로 옮겨오면서 그의 추모비도 이전했다. 이동수는 1986년 오월제 행사 도중에 학생회관 옥상에서 몸에 불을 붙인 채 투신했다. 그의 추모비는 농대 선배인 김상진 추모비 옆에 자리 잡고 있다.

● 추모사업회와 기념사업회

　희생자의 동학과 선후배들은 민주화의 제단에 목숨을 바친 이들을 기리기 위해 여러 기념사업회·추모사업회를 조직해 기념사업을 전개하고 있다. (사)김상진기념사업회, 김성수기념사업회, 김세진이재호기념사업회, (사)민주열사박종철기념사업회, 우종원추모사업회, 조성만추모사업회(가톨릭평화공동체), 조정식추모사업회, 최우혁기념사업회, 한희철추모사업회, 황정하기념사업회 등이다.

　이들의 기념사업은 다양하지만, 대외적으로 의미가 큰 하나를 예로 들면 박종철기념사업회가 2003년 제정해 매년 수여하는 박종철인권상이다. 이 상은 '국가권력의 부당한 폭압에 맞서 민주주의와 인권신장을 위해 노력해 온 사람이나 단체 또는 소수자와 사회적 약자의 인권을 지키고 향상시키기 위해 노력해 온 사람이나 단체'에 수여한다.

　한편 이 개별 사업회들은 민주동문회, 총학생회 등과 함께 2014년 11월부터 매년 '서울대학교 민주열사·희생자 합동추모제'라는 이름으로 4·19혁명 이래 희생된 34위의 넋을 위로하는 추모제를 지내고 있다. 이 합동 추모제를 서울대의 공식 행사로 거행하고, 관악캠퍼스 안에 민주화운동 기념관을 건립하는 것이 현재 당면 과제로 논의되고 있다.

개교 70주년과 6월항쟁 30주년을 기념해 서울대학생운동사를 편찬하는 작업이 2016년 시작되었다. 『서울대 교수민주화운동사』가 민교협에 의해 6월항쟁 10주년인 1997년 편찬된 것에 비하면 많이 지체되었다. 총학생회나 민주동문회가 나서지 않는 상황에서 편찬 작업을 감당할 주체가 모호했기 때문이다. 서울대학생운동사의 편찬은 한국 현대사의 한 줄기를 정리하는 작업인 동시에 희생자들을 추모하고 기념하는 의미도 있다.

'기념'이란 과거의 사적이나 인물을 오래도록 잊지 않음을 뜻한다. 과거는 기억하는 사람에게만, 반성적 사색을 통해 기억할 때만 미래를 비추는 등불이 될 수 있다. 그때 비로소 과거는 역사가 된다.

사진·그림 출처

신문·잡지

≪경향신문≫, ≪관악≫, ≪국사학과 소식지≫, ≪대학신문≫, ≪동아일보≫, ≪민주선언≫, ≪민주수호전국청년학생연맹보≫, ≪사회대시론≫, ≪상대평론≫, ≪상록≫, ≪새세대≫, ≪새세대≫, ≪서울대저널≫, ≪서울신문≫, ≪아크로폴리스≫, ≪약대의 소리≫, ≪열림과 스밈≫, ≪우리세대≫, ≪월간말≫, ≪의단≫, ≪자유언론≫, ≪자유의 종≫, ≪자주관악≫, ≪전야≫, ≪조선일보≫, ≪청산≫, ≪학생연구≫, ≪학회교육≫, ≪학회평론≫, ≪형성≫, ≪활화산≫

교사

『서울대학교20년사』, 『서울대학교30년사』, 『서울대학교40년사』, 『서울대학교50년사』, 『서울대학교60년사』, 『서울대학교70년사』, 『1906~2006 Challenge for Change농학교육100년』, 『서울대학교 교수민주화운동50년사』, 『서울대학교공과대학60년사』, 『서울대학교공과대학사』, 『서울대학교미술대학사1946~1993』, 『서울대학교법과대학100년사』, 『서울대학교사범대학50년사』, 『서울대학교사범대학교육학과50년사』, 『서울대학교사범대학역사과60년사』, 『서울대학교사회학과50년사』, 『서울대학교수의과대학60년사』, 『서울대학교약학대학100년사』, 『서울대학교의과대학사1985~1978』, 『서울대학교인문대학30년사』, 『서울대학교화학과60년사』

대학 발행 자료

「2002~2011 서울대학교장기발전계획」.
「사회봉사프로그램SNU멘토링사업보고서」. 2013. 서울대학교 대학생활문화원.
「서울대생의 집단특성 연구」. 서울대학교 학생생활연구소.
「서울대학교 통계연보」.
「서울대학교 학부생 진로의식조사」. 2007·2009·2013·2015. 서울대학교 경력개발센터.

「신입생특성조사보고서」. 각 연도. 서울대학교 학생지도연구소(학생생활연구소·대학생활문화원).

「신입생현황자료집」. 각 연도. 서울대학교 학생생활연구소.

「지금처럼: 2013서울대학교 학생봉사활동백서」. 2015. 서울대학교 학생처.

학생운동 관련 팸플릿·자료집·보고서 등

「국민계몽운동 지침서」. 1960. 서울대학교 국민계몽대.

「학원대민주화운동지침」. 1971. 서울대 총학생회.

「대학개혁의 기본방향」. 1971.서울대학교대학원 학원자유수호위원회.

「학생과 농촌봉사」. 1977. 한국기독학생회총연맹(KSCF).

「학원민주화의모색: 학생회부활추진위원회 활동자료집」. 1980. 학추위.

「사회학 학풍 개선을 위한 백서」. 1980. 서울대 대학원 사회학과.

「민중생활조사위원회 보고서」. 1984. 학자추 산하 민중생활조사위원회.

「학원자율화를 위한 학원문제 백서」. 1984. 학도호국단.

「85년 농촌활동 1차답사보고서」. 1985. 자연대 학생회.

「농촌활동안내서」. 1985. 한국기독학생회총연맹(KSCF).

「교지창간호 편집계획서」. 1989. 교지편집위원회.

「농활추진위원회 활동계획」. 1990. 농활추진위원회.

「학회지 준비호 그림터」. 1990. 총학생회 학술부 산하 학회연합주비위.

「PRAXIS」. 1990. 총학생회.

「학생계열부문운동의 발전을 위하여」. 1990. 서총련 계열부문강화소위.

「일곱송이 새벽바리기: 부문계열운동확성화를 위한 강연회 자료집」. 1992. 공대과학기술학회연합.

「농활자료집」. 1992. 법대 학생회.

「스펙트럼」. 1993. 서울대 민중정치학생연합 부문계열운동 소위.

「민들레 그 투혼으로 일보 전진: 임시총회 자료집」. 1993. 서울대 생활진보대중정치 대학생연합(준).

「출범 대의원대회 자료집」. 1994. 21세기진보학생연합 출범준비위원회.

「우리세대: 95선거정책자료집」. 1994. 21세기진보학생연합.

「미래를 선도하라」(94 하반기 민중정치학생연합 정기총회 자료집). 1994. 민중정치학생연합.

「학생회 백서」. 1994. 인문대 학생회.

「학회의 겨울나기 그리고 머지않은 봄」(학회공청회 자료집). 1995. 국사학과 학생회 학술부.

「학회소개서」. 1995. 화학과.

「진보의 뿌리내림」. 1995. 21세기진보학생연합.

「한국사회의 분석과 변혁전망」(여름 정치학교 자료집). 1995. 민중정치 실현의 대장정학생연합(추).

「사회과학대학 학회자료집」. 1995. 사회대 학생회 학술부.

「학생회운동 토론 자료집」. 1995. 민중정치 실현의 대장정 서울대 학생연합.

「전진: 전국학생연대전진대회자료집」. 1995. 전국학생연대.

「96상반기 회원총회 자료집」. 1996. 민중정치 실현의 대장정 서울대 학생연합.

「농활자료집」. 1996. 동아리연합회.

「전환: 회원통신문」. 1997. 21세기진보학생연합.

「학회살리기 자료집」. 1998. 제16대 인문대 학생회 학회사업국(준).

「성폭력해방공간 선언운동을 제안합니다」. 1998. 관악여성모임연대.

「People Power」(99년 상반기 총회자료집). 1999. 21세기진보학생연합.

「관악교육투쟁포럼」. 1999. 서울대연대회의.

「성폭력 학칙제정 관련 서울대총학생회 보도자료」. 1999. 서울대 총학생회.

「46대총학생회백서」. 2004. 서울대 총학생회.

「야학비판」, 「깃발」 등

구술 자료

「1960년대 전반기 지성사와 학생운동」. 2009. 국사편찬위원회 수집 구술 자료.

「1970년대 후반기~1980년대 노동야학운동과 사회적 영향」. 2013. 국사편찬위원회 수집 구술자료.

「6.3항쟁의 전개와 한국현대민족주의」. 2008. 국사편찬위원회 수집 구술자료.

나병식, 이종구, 문국주 집단구술. 「서울대 10.2시위」. 민주화운동 구술자료.

유용태·정숭교·최갑수 엮음. 2020. 「학생들이 만든 한국 현대사: 서울대 학생운동 70년(제3권 증
　　　　언집)」. 전자판(서울대 중앙도서관 소장).

「내가 겪은 민주와 독재」. 2001. 한국정신문화연구원.

「언론정치인 남재희를 통해 본 한국 언론 및 정치사」. 2007. 국사편찬위원회 수집 구술자료.

단행본

6·3동지회. 2001. 『6·3학생운동사』. 역사비평사.

71동지회. 2001. 『나의 청춘 나의 조국』. 나남출판.

91년 5월투쟁 청년모임. 2002. 『그러나 지난 밤 꿈속에서 이 친구들이 나에 대하여 이야기하는
　　　　소리가 들려왔다: 91년 5월』. 이후.

강만길. 1985. 『4월 혁명론』. 한길사.

강신철. 1988. 『80년대 학생운동사』. 형성사.

건대항쟁계승사업회. 2016. 『1980년대 학생운동: 10.28 건대항쟁을 중심으로』. 오월의봄.

경실련 대학생회. 1993. 『다시 출발하는 학생운동: 전환기 한국사회와 새로운 학생운동의 모색』.
　　　　비봉출판사.

경찰청. 1992. 『해방 이후 좌익운동권 변천사: 1945~1991년』. 보안국.

고려대100년사편찬위원회. 2005. 『고려대학교 학생운동사』. 고려대학교 출판부.

김원. 1999. 『잊혀진 것들에 대한 기억』. 이후.

김원. 2011. 『잊혀진 것들에 대한 기억』. 이매진.

김귀옥·윤충로. 2007.『1980년대 민주화운동 참여자의 경험과 기억』. 민주화운동기념사업회.

김동춘·박태순. 1991.『1960년대 사회운동』. 까치.

김삼웅. 2001.『민족·민주·민중선언』. 한국학술정보.

김성주·강석승. 2013.『4월학생민주혁명: 배경·과정·영향』. 지식과교양.

김성환 외. 1983.『1960년대』. 거름사.

남재희. 2006.『아주 사적인 정치 비망록』. 민음사.

농촌법학회50년사발간위원회. 2012.『고난의 꽃봉오리가 되다: 서울대학교 농촌법학회 50년사』.
　　　민주화운동기념사업회.

대학신문. 1980.『대학.자유.지성』. 서울대출판부.

민주화운동기념사업회. 2008.『한국민주화운동사』. 돌베개.

민청학련운동계승사업회. 2003.『1974년 4월, 실록 민청학련』. 학민사.

박찬수. 2017.『NL현대사: 강철서신에서 뉴라이트까지』. 인물과사상사.

배규한. 1999.『학생운동과 대학생자치활동』. 나남.

백호민. 1987.『민족이여 통일이여』. 풀빛.

사상계 편집부. 1988.『항소이유서』. 사상계.

사월학생혁명동지회. 1965.『4월혁명』. 사월학생혁명동지회.

사월혁명연구소. 1990.『한국사회변혁운동과 4월혁명』. 한길사.

서울대 민주열사추모회. 1984.『산 자여 따르라』. 거름.

서울법대 학생운동사 편찬위원회 엮음. 2008.『서울법대학생운동사: 정의의 함성 1964~1979』.
　　　블루프린트.

서울지역교지편집인연합회. 1988.『백두에서 한라까지』. 돌베개.

서중석. 2011.『6월 항쟁: 1987년 민중운동의 장엄한 파노라마』. 돌베개.

신동호. 2006.『70년대캠퍼스 1』. 환경재단 도요새.

신동호. 2007.『70년대캠퍼스 2』. 환경재단 도요새.

오근석. 1988.『80년대 민족민주운동』. 논장.

오하나. 2010.『학출: 80년대, 공장으로 간 대학생들』. 이매진.

유경순. 2015.『1980년대, 변혁의시간 전환의기록』. 봄날의 박씨.

이근영. 1988.『학생운동논쟁사』. 일송정.

이재오. 1977.『해방후 한국학생운동사』. 금문사.

이창언. 2014.『박정희 시대의 학생운동』. 한신대 출판부.

이호룡·정근식 외. 2013.『학생운동의 시대』. 선인.

이호룡·함세웅. 2006.『한국민주화운동사 연표』. 민주화운동기념사업회.

이후 편집부. 1998.『오래된 습관 복잡한 반성 2』. 이후.

이후 편집부. 1998.『오래된 습관 복잡한 반성』. 이후.

일송정 편집부. 1991.『학생운동논쟁사2』. 일송정.

전국대학생대표자협의회. 1991. 『전대협』. 돌베개.

전대협동우회 엮음. 1994. 『불패의 신화(전대협이야기6년사)』. 두리.

전재호. 2004. 『91년 5월투쟁과 한국의 민주주의』. 민주화운동기념사업회.

정국로. 1995. 『한국학생민주운동사』. 한국현대사연구소.

정국로. 2005. 『4·19혁명의 뿌리를 찾아서』. 한국현대사연구소.

정근식·이호룡 엮음. 2010. 『4월혁명과 한국민주주의』. 선인.

정선이. 2002. 『경성제국대학 연구』. 문음사.

정철희 외. 2007. 『상징에서 동원으로 1980년대 민주화운동의 문화적 동학』. 이학사.

조영래. 2009. 『전태일평전』. 아름다운 전태일.

천성호. 2009. 『한국야학운동사: 자유를 향한 여정 110년』. 학이시습.

최규진. 2016. 『한국보건의료운동의 궤적과 사회의학연구회』. 한울아카데미.

최종고·이충우. 2013. 『다시 보는 경성제국대학』. 푸른사상.

추진위원회. 2005. 『30년만에 다시 부르는 노래: 긴조9호철폐투쟁30주년기념문집』. 자인.

카치아피카스, 조지. 1999. 『신좌파의 상상력: 세계적 차원에서 본 1968』. 이재원·이종태 옮김. 이후.

한국기독교교회협의회 인권위원회. 1987. 『1970년대 민주화운동』. 동광출판사.

한국기독교사회문제연구원. 1983. 『1970년대 민주화 운동과 기독교』. 한국기독교사회문제연구원.

한국기독교사회문제연구원. 1987. 『6월 민주화대투쟁』. 민중사.

한국기독교사회문제연구원. 1986. 『개헌과 민주화운동』. 민중사.

한국기독교사회문제연구원. 1987. 『민중의힘, 민중의교회: 도시빈민의 인간다운 삶을 위하여』. 민중사.

한국반탁·반공학생운동기념사업회. 1986. 『한국학생건국운동사』. 한국반탁·반공학생운동기념사업회.

한완상·이우재 외. 1983. 『4.19 혁명론』. 일월서각.

한용 외. 1989. 『80년대의 한국사회와 학생운동』. 청년사.

한인섭 외. 2014. 『한국현대사와 민주주의』. 경인문화사.

황의봉. 1986. 『80년대의 학생운동』. 예조각.

논문

강내희. 2013. 「변혁운동의 거점에서 신자유주의 지배공간으로」. ≪역사비평≫, 통권 104호. 역사비평사

강순원. 1984. 「민립대학 설립운동과 국대안 반대운동의 민족운동사적 의미」. 『자본주의사회의 교육』. 창작과비평사.

강형민. 1990. 「1980년대 조직운동의 전개과정에 대한 연구」. ≪경제와 사회≫, 6호. 비판사회학회.

김기돈. 2002. 「낙골연가: 낙골교회 이십년 역사읽기」. ≪시대와 민중신학≫, 7호. 제3시대그리

스도교연구소

김기식. 1997. 「80년대 이후 학생운동 세력의 사회진출: 고민과 모색」. ≪역사비평≫, 계간 39호. 역사비평사

김동완·조순임. 1984. 「교육선교와 교회 야학」. ≪기독교사상≫, 28호. 대한기독교서회.

김동춘 외. 1997. 「토론 한국 학생운동의 역할과 새로운 모색」. ≪역사비평≫, 계간 39호. 역사비평사.

김동춘. 1998.6. 「90년대 학생운동의 현황과 전망」. ≪황해문화≫, 19호. 새얼문화재단.

김동춘. 1990. 「레닌주의와 80년대 한국의 변혁운동」. ≪역사비평≫, 계간 11호. 역사비평사.

김동춘. 2000. 「한국사회운동의 현주소」. ≪황해문화≫, 29호. 새얼문화재단.

김민호. 1988. 「80년대 학생운동의 전개과정」. ≪역사비평≫, 계간 1호. 역사비평사.

김병오. 2010. 「1990년대의 청년과 노래, 확장과 순환」. ≪대중서사연구≫, 16호(2). 대중서사학회.

김소희. 1993. 「학생운동의 세대 차이와 한총련의 변화」. ≪월간말≫, 5월 호. 월간말.

김소희. 1992. 「학생운동의 정당방위대」. ≪월간말≫, 10월 호. 월간말.

김연철. 2011. 「노태우정부의 북방정책과 남북기본합의서」. ≪역사비평≫, 통권 97호. 역사비평사.

김영임. 2011. 「사상계에 나타난 농촌인식」. ≪서강인문논총≫, 31호. 서강대 인문과학연구소.

김종원. 1993. 「변신 모색하는 학생운동의 현주소」. ≪월간말≫, 11월 호. 월간말.

나지아. 2005. 「장애인야학 열린배움터, 희망을 얘기하다」. ≪월간복지동향≫, 76호. 참여연대사회복지위원회.

남재희. 1969. 「60년대 학생운동에 대한 단상」. ≪기독교사상≫, 13호. 대한기독교서회.

류청하. 1989. 「학생운동사 서술의 제문제」. ≪창작과비평≫, 17호. 창작과비평사.

류호진. 2015. 「덴마크식으로 살기」. ≪역사문제연구≫, 33호. 역사문제연구소.

소영현. 2010. 「교양론과 출판문화」. ≪현대문학의 연구≫, 42호. 한국문학연구학회.

신명순. 1987. 「1980년대 학생운동의 성격분석」. ≪아세아연구≫, 77호. 고려대아세아문제연구소.

신준영. 1990. 「학생운동의 새바람 애국적 사회진출운동」. ≪월간말≫, 10월 호. 월간말.

연정은. 2004. 「감시에서 동원으로, 동원에서 규율로: 1950년대 학도호국단을 중심으로」. ≪역사연구≫, 14호. 역사학연구소.

오제연. 2008. 「1950년대 대학생집단의 정치적 성장」. ≪역사문제연구≫, 19호. 역사문제연구소.

오제연. 2011. 「1960년대 전반 지식인들의 민족주의 모색·민족혁명론과 민족적 민주주의 사이에서」. ≪역사문제연구≫, 25호. 역사문제연구소.

오제연. 2018. 「1970년 전후 한국 학생운동의 새로운 양상과 68운동의 '스튜던트 파워'」. ≪역사비평≫, 통권 123호. 역사비평사.

오제연. 2012. 「1970년대 대학문화의 형성과 학생운동」. ≪역사문제연구≫, 28호. 역사문제연구소.

월간말 편집부. 1988. 「새학기 맞은 학생운동」. ≪월간말≫, 3월 호. 월간말.

월간말 편집부. 1988. 「새학기 학생운동의 동향」. ≪월간말≫, 4월 호. 월간말.

유경순. 2011. 「1970년대 청계피복노동조합 노동자와 지식인의 연대관계 형성 및 상호영향」. ≪한

국사학보≫, 44호. 고려사학회.

유경순. 「1980년대 학생운동가의 노학연대활동과 노동현장 투신 방식의 변화」. ≪기억과전망≫, 32호. 민주화운동기념사업회 한국민주주의연구소.

유경순. 2006. 「공장으로 간 지식인, 구로동맹파업과 노동운동」. ≪내일을 여는 역사≫, 25호. 내일을여는역사재단.

은수미. 2006. 「80년대 한국 학생운동이 노동운동에 끼친 영향」. ≪기억과 전망≫, 15호. 민주화운동기념사업회.

이광욱. 2005. 「1970년대 청계지역 노동자들의 소모임 활동과 노동자 의식의 변화」. ≪역사연구≫, 15호. 역사학연구소.

이기훈. 2005. 「1970년대 학생 반유신운동」. ≪유신과 반유신≫. 민주화운동기념사업회.

이숭녕. 1982. 「국대안 반대맹휴」. ≪전환기의 내막≫. 조선일보사.

이영미. 1989. 「노래로 본 80년대 학생운동」. ≪월간말≫, 12월 호. 월간말.

이영미. 1997. 「노래로 본 학생운동의 역사」. ≪역사비평≫, 계간 39호. 역사비평사

이용환·강권영. 1999. 「서둔야학에 관한 일고찰」. ≪농업교육과 인적자원개발≫, 31호. 한국농산업교육학회.

이인영. 1997. 「학생운동: 선도투쟁에서 대중성 강화로」. ≪역사비평≫, 계간 39호. 역사비평사

이재오. 1989. 「80년대 학생운동 사조에 관한 소고」. ≪현상과인식≫, 12호(4). 한국인문사회과학회.

이재현. 1991. 「독서유형으로 본 학생운동 풍속도」. ≪월간말≫, 11월 호. 월간말.

이재현. 1993. 「신세대, 그들은 누구인가」. ≪월간말≫, 9월 호. 월간말.

이정철. 2011. 「김일성의 남방정책과 남북기본합의서」. ≪역사비평≫, 통권 97호. 역사비평사.

이한기. 1992. 「대학문화의 새바람, 학생운동이 변하고 있다」. ≪월간말≫, 6월 호. 월간말.

임송자. 「전태일의 분신과 1970년대 노동·학생운동」. ≪한국민족운동사연구≫, 65호. 한국민족운동사학회.

장상환. 2001. 「1970년대 사회운동과 크리스챤 아카데미 교육」. ≪이론과실천≫. 11월 호. 민주노동당.

장석준. 2016.12. 「1987년 이후 한국 사회운동의 역사적 궤적과 현재의 성찰: 서구 사회운동과 비교하며」. ≪시민과 세계≫. 참여연대 참여사회연구소.

장석준. 1997. 「대학사회의 위기와 학생운동의 진로」. ≪경제와사회≫, 33호. 비판사회학회.

장준오. 1995. 「80년대 학생운동의 담론 분석」. ≪한국사회학회 사회학대회 논문집≫. 한국사회학회.

정주회. 2011. 「교육투쟁, 더 이상 주춤하지 말고 분위기를 반전하자」. ≪정세와 노동≫, 72호. 노동사회과학연구소.

정현백. 2008. 「68학생운동의 한국적 수용」. ≪독일연구≫, 16호. 한국독일사학회.

조희연. 1988. 「80년대 학생운동과 학생운동론의 전개」. ≪사회비평≫, 창간호. 나남.

천정환. 2014. 「1980년대와 '민주화운동'에 대한 '세대 기억'의 정치」. ≪대중서사연구≫, 20호
    (3), 대중서사학회.
천호영. 1993. 「운동권 신세대 미메시스의 신세대문화론」. ≪월간말≫, 10월 호. 월간말.
최광만. 1990. 「국대안 관철에 관한 재고」. ≪교육사학연구≫, 2월 호. 교육사학회.
최혜월. 1988. 「미군정기 국대안반대운동의 성격」. ≪역사비평≫, 계간 1호. 역사비평사.
최호진. 1990. 「경성대 재건과 국대안파동의 와중에서」. ≪신동아≫. 동아일보사.
한홍구. 2003. 「박정희정권의 베트남 파병과 병영국가화」. ≪역사비평≫, 통권 62호. 역사비평사.
허수. 2000. 「1970년대 청년문화론」. ≪논쟁으로 본 한국사회100년≫. 역사비평사.
허은. 2009. 「1969~1971년 국내외 정세 변화와 학생운동세력의 현실인식」. ≪한국근현대사연구≫,
    49호. 한국근현대사학회.
허신행. 2010. 「노들장애인야학 소개」. ≪정세와노동≫, 60호. 노동사회과학연구소.
호창헌. 1990. 「학생운동권의 하반기 투쟁전략」. ≪월간말≫, 9월 호. 월간말.
홍석률. 2007. 「최루탄과 화염병 1980년대 학생운동」. ≪내일을 여는 역사≫, 28호. 내일을여는
    역사재단.

찾아보기

인명

용어

서적

잡지·신문 등

유인물, 시, 노래, 공연 등

● 지은이

유용태(柳鏞泰)
서울대학교 사범대학 역사교육과 교수로, 전공 분야는 동아시아 근현대사이다. 한국중
국근현대사학회 회장을 지냈다. 주요 저서로『중국역사연구법』(역주, 2019),『혁명과 민
주주의』(공저, 2018),『21세기 동아시아와 역사 문제: 사색과 대화를 위한 강의』(공편,
2018),『동아시아사를 보는 눈』(2017),『직업대표제: 근대중국의 민주유산』(중문판,
2017),『동아시아의 농지개혁과 토지혁명』(편저, 2014) 등이 있다. 서울대 민교협 의장으
로 일하면서 학생운동사 편찬을 기획하고 주관했다.

정숭교(鄭崇敎)
명지대학교 객원교수로, 전공 분야는 한국근대사이다. 서울대학교 인문대학 국사학과
강사와 규장각한국학연구원 책임연구원을 역임했다. 주요 저서로『1919, 그날의 기록 5』
(2019),『한국 근현대 100년과 민속학자』(공저, 2014),『미래를 여는 한국의 역사 4』(2011),
『친일재산에서 역사를 배우다』(공저, 2010),『시대와 인물, 그리고 사회의식』(공저, 2009),
『한국근대사회와 문화 III』(공저, 2006) 등이 있다.

최갑수(崔甲壽)
서울대학교 명예교수로, 전공 분야는 서양근대사이다. 서울대학교 인문대학 서양사학과
교수로 36년간 서양사상사와 프랑스혁명사를 가르쳤다. 한국서양사학회와 한국프랑스
사학회 회장을 지냈다. 주요 저서로『프랑스혁명사』(역서, 2018),『혁명과 민주주의』(공
저, 2018),『역사용어사전』(편찬책임, 2015),『파리의 풍경』(전 6권, 공역, 2014),『프랑스
의 열정: 공화국과 공화주의』(공저, 2011) 등이 있다. 민주화를 위한 전국교수협의회 상
임의장으로 일했고, 현재 세계역사학대회 프랑스혁명사 국제위원회 위원이자 '시민과 함
께하는 연구자의 집' 운영위원장이다.

학생들이 만든 한국 현대사

서울대 학생운동 70년: 제1권 시대사

ⓒ 유용태·정숭교·최갑수, 2020

지은이 유용태·정숭교·최갑수
펴낸이 김종수
펴낸곳 한울엠플러스(주)
책임편집 이동규·최진희

초판 1쇄 인쇄 2020년 5월 20일
초판 1쇄 발행 2020년 5월 28일

주소 10881 경기도 파주시 광인사길 153 한울시소빌딩 3층
전화 031-955-0655
팩스 031-955-0656
홈페이지 www.hanulmplus.kr
등록번호 제406-2015-000143호

Printed in Korea.
ISBN 978-89-460-6909-1 03910

* 책값은 겉표지에 표시되어 있습니다.